Direito da Saúde

ESTUDOS EM HOMENAGEM AO

PROF. DOUTOR GUILHERME DE OLIVEIRA

Direito da Saúde

ESTUDOS EM HOMENAGEM AO PROF. DOUTOR GUILHERME DE OLIVEIRA

VOLUME V

EXPERIMENTAÇÃO E INVESTIGAÇÃO, ADN, TRANSPLANTES, ABORTO, VIH, TELEMEDICINA, SAÚDE MENTAL E NEUROCIÊNCIA

2016

Coordenadores

João Loureiro

André Dias Pereira

Carla Barbosa

ALMEDINA

DIREITO DA SAÚDE
ESTUDOS EM HOMENAGEM AO
PROF. DOUTOR GUILHERME DE OLIVEIRA
VOLUME V – EXPERIMENTAÇÃO E INVESTIGAÇÃO, ADN, TRANSPLANTES, ABORTO, VIH, TELEMEDICINA, SAÚDE MENTAL E NEUROCIÊNCIA

COORDENADORES
João Loureiro
André Dias Pereira
Carla Barbosa

EDITOR
EDIÇÕES ALMEDINA, S.A.
Rua Fernandes Tomás, nºs 76-80
3000-167 Coimbra
Tel.: 239 851 904 · Fax: 239 851 901
www.almedina.net · editora@almedina.net

DESIGN DE CAPA
FBA.

PRÉ-IMPRESSÃO
EDIÇÕES ALMEDINA, SA

IMPRESSÃO E ACABAMENTO
ARTIPOL - ARTES TIPOGRÁFICAS, LDA.
Outubro, 2016

DEPÓSITO LEGAL
410899/16

ALMEDINA | GRUPOALMEDINA

BIBLIOTECA NACIONAL DE PORTUGAL – CATALOGAÇÃO NA PUBLICAÇÃO
DIREITO DA SAÚDE
Direito da saúde : estudos em homenagem ao Prof. Doutor Guilherme de Oliveira / coord. João Loureiro, André Dias Pereira, Carla Barbosa
V. 5: Experimentação e investigação, ADN, transplantes, aborto, VIH, telemedicina, saúde mental e neurociência.
- p. - ISBN 978-972-40-6603-5
I - LOUREIRO, João
II – PEREIRA, André Dias
III – BARBOSA, Carla
CDU 34

VOLUME V
EXPERIMENTAÇÃO E INVESTIGAÇÃO, ADN, TRANSPLANTES, ABORTO, VIH, TELEMEDICINA, SAÚDE MENTAL E NEUROCIÊNCIA

El Convenio del Consejo de Europa contra el tráfico de órganos humanos: principios y bienes jurídicos penalmente protegidos

Carlos M. Romeo-Casabona*

1. La necesidad del Convenio para prevenir y combatir penalmente el tráfico de órganos a nivel internacional

Los esfuerzos para lograr un incremento de donaciones de órganos humanos para su trasplante que vienen realizando al unísono las autoridades nacionales sanitarias, los profesionales de la salud y las asociaciones de pacientes han dado frutos espectaculares en algunos países, como es el caso de España. Sin embargo, no han impedido que se hayan producido casos individuales de obtención de órganos o incluso sistemas de trasplante más o menos organizados paralelos a los oficiales. Todos ellos

* Catedrático de Derecho Penal. Universidad del País Vasco/EHU. Miembro del Drafting group of the Convention against Trafficking in Human Organs, Consejo de Europa. Director, Cátedra Interuniversitaria de Derecho y Genoma Humano, Universidad de Deusto y Universidad del País Vaco/EHU. Bilbao, España.
Este texto constituye la ponencia presentada en la Conferencia Internacional sobre la Lucha contra el tráfico de órganos humanos, celebrada en Santiago de Compostela los días 25 y 26 de marzo de 2015 y organizada conjuntamente por el Consejo de Europa y el Gobierno de España. En lo esencial se ha mantenido la versión original del texto (en inglés) y se han añadido algunas referencias bibliográficas.

tienen un conjunto de características comunes que ha propiciado que este fenómeno se conozca como tráfico (ilícito) de órganos humanos.

El tráfico de órganos tiene como víctimas más propicias y frecuentes a personas que son vulnerables por cualquier motivo o circunstancia, pero sobre todo por razón de su situación social, económica o edad que les lleva a ceder un órgano no vital a cambió de una contraprestación económica. Es por ello que la persona que consiente en vender un órgano a cambio de una cantidad de dinero para hacer frente a una situación de penuria económica extrema está siendo instrumentalizada por terceros que actúan con ánimo de lucro como intermediarios en favor de otros, que son quienes contribuyen decisivamente al fomento y extensión de esta lacra transnacional; al igual que por profesionales de la salud que se involucran voluntariamente y con la misma motivación de lucro en la extracción y/o en el trasplante de un órgano de origen humano. Estas prácticas vulneran de la forma más rechazable los derechos fundamentales de los afectados; en último extremo, también se ve afectada la dignidad de las personas, pues estos "donantes" son tratados como mero instrumento o cosa mercantilizada, más todavía si se les ha extraído el órgano sin su consentimiento, o éste se ha obtenido mediante engaño, violencia o intimidación.

Se atenta, además, contra su integridad corporal e incluso puede afectar a su propia vida. Por otro lado, no debe olvidarse que esta afectación puede alcanzar también a la salud y a la vida de los receptores si tanto la extracción del órgano como su implante posterior no se realiza en las mejores condiciones médico-sanitarias.

El tráfico de órganos puede constituir, asimismo, una quiebra de los sistemas nacionales de trasplante, que son los ejes rectores que garantizan la calidad y la seguridad de la extracción y del trasplante tanto en beneficio de los receptores como de los donantes. De este modo se compromete la salud pública, cuya relevancia especialmente destacada será mencionada más abajo.

En resumen, el tráfico de órganos subvierte valores que se han fomentado desde el espíritu del trasplante, como son la solidaridad, el altruismo, la autonomía, la equidad y la justicia.

Por las razones expuestas, el tráfico de órganos es objeto de rechazo universal, de ahí que los organismos gubernamentales internacionales hayan querido contribuir a erradicar este problema tan grave. Como consecuencia de esta preocupación, la Asamblea Parlamentaria del Consejo de Europa aprobó una Resolución[1] sobre un sonado caso de tráfico de órganos, que incluía la implantación de los mismos en Kosovo. Esta Resolución constituye una irrefutable muestra de que este problema también existe en Europa, aunque con menor intensidad por el momento que en otras zonas geográficas, con manifestaciones especialmente reprobables, como el caso kosovar.

Como puede comprobarse a través de éste y otros casos, el tráfico de órganos ofrece una problemática específica que requiere un tratamiento singular y diferenciado de otras prácticas próximas, como es, por ejemplo, la trata de personas con el fin de extraer sus órganos, pues de una cobertura contra estas prácticas incompleta e insuficiente. Conviene recordar que el Protocolo de las Naciones Unidas para Prevenir, Reprimir y Sancionar la Trata de Personas, Especialmente Mujeres y Niños (Protocolo contra la trata de personas) fue adoptado en Palermo Italia en el 2000, vinculado a la Convención de las Naciones Unidas contra la Delincuencia Organizada Transnacional, que es el principal instrumento internacional para la lucha contra el crimen transnacional[2]. El Protocolo contra la trata de personas incluye la finalidad de extraer órganos de las personas con fines comerciales.

Este es el contexto en el que surge el Convenio contra el Tráfico de Órganos Humanos que ha sido aprobado por el Consejo de Europa[3]. Se ha abierto a la firma de los Estados el 25 de marzo de 2015 en la ciudad española de Santiago de Compostela[4], tanto a Estados miembros del Consejo de Europa como a terceros (art. 28.1).

Las prescripciones del Convenio son fundamentalmente de carácter penal, pues señala a los Estados parte los delitos que están obligados a incorporar a su legislación interna. Por consiguiente, es la primera vez

[1] *Resolution 1782 (2011) on Investigation of allegations of inhuman treatment of people and illicit trafficking in human organs in Kosovo.*

[2] Convención de las Naciones Unidas contra el Crimen Organizado Transnacional, adoptado por la Asamblea General en su Resolución 55/25 de 15 de Noviembre de 2000. El Consejo de Europa aprobó también el instrumento correspondiente unos años más tarde: Convenio sobre Acciones contra el tráfico de seres humanos, (Varsovia, 16 de mayo de 2005).

[3] En la reunión de su Comité de Ministros celebrada el 9 de julio de 2014.

[4] Este día fue firmado por catorce Estados: Albania, Austria, Bélgica, República Checa, España, Grecia, Italia, Luxemburgo, Moldavia, Noruega, Polonia, Portugal, Reino Unido y Turquía. Está abierto a la firma de estados no europeos.

que la comunidad internacional dispone de un instrumento jurídico con un enfoque de naturaleza básicamente penal de carácter vinculante en materia de tráfico de órganos humanos, incluyendo los delitos correspondientes.

Los otros objetivos del Convenio son proteger los derechos de las víctimas de estos delitos y fomentar la cooperación nacional e internacional en las actuaciones contra el tráfico de órganos (art. 1º)[5]. En efecto, el tráfico de órganos está muy ligado al crimen organizado, es decir, a que su perpetración se realice por grupos de delincuentes coordinados a partir de ciertas estructuras organizativas, aunque éstas sean elementales. Además, es un fenómeno criminal que suele ir más allá de las fronteras de los Estados y nos sitúa en el poderoso ámbito del crimen organizado transnacional, lo que sucede con especial intensidad con respecto a la trata de seres humanos con fines de tráfico de órganos. Los delitos de tráfico de órganos humanos cometidos a través de estas organizaciones suelen ser más difíciles de identificar y de perseguir con eficacia. En consecuencia, las previsiones específicas establecidas en el Convenio para lograr dar cumplimiento a este objetivo son de enorme relevancia. Lo mismo puede sostenerse, bien que desde otra perspectiva, la atención que se presta a las víctimas, que, lamentablemente, suelen quedar desamparadas en sus derechos y excluidas de todo tipo de protección y asistencia. Por razón del marco disponible en este trabajo me centraré en el primero de los objetivos apuntados.

La relevancia individual y social que presentan los bienes jurídicos y derechos afectados por el tráfico de órganos, por un lado, y la gravedad de las agresiones que comporta éste para aquéllos, por otro, justifican sobradamente la decisión del Consejo de Europa de que el Convenio contra el tráfico de órganos humanos sea un instrumento jurídico internacional penal vinculante, como señalaba con anterioridad, esto es, el recurso más firme y contundente de que dispone el Derecho para hacer frente a las conductas que merecen una desaprobación social más intensa y generalizada.

[5] Según el art. 1º: "Los fines del presente Convenio son: a. La prevención y la lucha contra el tráfico de órganos humanos mediante la tipificación como delitos de ciertos actos; b. la protección de los derechos de las víctimas de los delitos establecidos de conformidad con el presente Convenio; c. el fomento de la cooperación en el ámbito nacional e internacional en las actuaciones contra el tráfico de órganos humanos".

Por consiguiente, parece oportuno detenernos unos instantes en precisar cuáles pueden ser los -derechos y- bienes jurídicos protegidos y cuáles son los delitos que ha recogido el Convenio como formas de agresión más graves contra esos bienes. Este análisis nos dará una dimensión más precisa sobre el alcance del Convenio y sobre las obligaciones legislativas y ejecutivas a las que se comprometen los Estados parte, entre ellas observar los principios de proporcionalidad, mínima intervención y *ultima ratio* que caracterizan al Derecho Penal moderno. En resumen, se trata de ofrecer en esta presentación ciertas pautas orientativas a los Estados parte para cuando procedan a la introducción en su derecho interno de las previsiones legales del Convenio.

2. Los delitos incluidos en el Convenio

Lo que se conoce como Derecho Penal material o parte sustantiva del Convenio figura en los artículos 4 a 8 del Convenio. Es decir, en estos preceptos se recogen los delitos que los Estados parte están obligados a incorporar en sus derechos internos, sin perjuicio de las salvedades que se indicarán más adelante.

Con el fin exclusivo de situarnos en el contexto del Convenio, pues el estudio de los delitos que establece no forman parte del objetivo que se ha marcado para esta contribución, veamos brevemente cuáles son:

1. *Extracción ilícita de órganos humanos de donantes vivos o fallecidos*:

a) si la extracción se realiza sin el consentimiento libre, informado y concreto del donante, o la donación no está autorizada por la legislación interna en el caso del donante fallecido;

b) si se ha ofrecido al donante vivo o a un tercero o han recibido un beneficio económico o una ventaja comparable;

c) cuando a cambio de la extracción de órganos de un donante fallecido se le haya ofrecido a un tercero o haya recibido un beneficio económico o una ventaja comparable (art. 4.1)[6].

[6] Si bien el Convenio no indica qué debe entenderse por "beneficio económico o ventaja comparable" (cfr. art. 2), sí señala lo que no debe calificarse como tal y que, por ello, queda fuera de las prohibiciones que establece sobre esta cuestión: no incluirá la compensación por pérdida de ingresos o cualquier otro gasto justificable causado por la extracción o por exámenes médicos relacionados con la misma, o la compensación por daños que no sean inherentes a la extracción de órganos (art. 4.3).

2. *Extracción* de órganos de donantes vivos o fallecidos si aquélla ha sido realizada *fuera del marco del sistema nacional de trasplantes* o vulnerando los principios esenciales de las leyes o reglamentos nacionales sobre trasplantes (art. 4.4)[7].

3. *Uso de órganos ilícitamente extraídos* para fines de implantación u otros distintos (art. 5). Nótese cómo aquí la acción delictiva puede ir encaminada tanto a la implantación del órgano como a cualquier otro fin, aunque en este caso no lo sea un trasplante. Es decir, podrían usarse los órganos con fines de investigación o para la elaboración de determinados productos (medicamentos), pero también para la extracción de células o tejidos de un órgano obtenido ilícitamente con el propósito de implantar sólo éstos en un paciente.

4. *Implantación* de órganos *fuera del marco del sistema nacional de trasplantes* o con vulneración de los principios esenciales de la legislación nacional sobre trasplantes (art. 6).

5. Propuesta, captación, ofrecimiento y solicitud ilícitas de ventajas indebidas (art. 7). Estos delitos enumeran conductas de intermediación, que se dirigen tanto a donantes y receptores como a profesionales y funcionarios con la pretensión de involucrar a unos y otros en el tráfico ilícito de órganos. Estos delitos son especialmente graves y por ello rechazables, pues que contribuyen, muchas veces de forma decisiva, al fomento y extensión del tráfico criminal

6. Preparación, conservación, almacenamiento, transporte, traslado, recepción, importación y exportación de órganos humanos ilícitamente extraídos (art. 8).

Por otro lado, se incluyen varias circunstancias agravantes (art. 13), que en algunos sistemas jurídicos penales se podrán plasmar como auténticos delitos agravados o figurarán ya como delitos punibles o como circunstancias agravantes genéricas de diversos delitos.

Se consideran asimismo punibles la participación en el delito y la tentativa (art. 9). Estas modalidades de aparición del delito podrán ser

[7] La necesidad de contar con un sistema que permita a los pacientes acceder de forma equitativa a los servicios de trasplante se exige ya en el Protocolo Adicional, relativo a los Trasplantes de órganos y tejidos de origen humano de 2002 (art. 3), al Convenio sobre Derecho Humanos y Biomedicina de 1997 (Convenio para la Protección de los derechos humanos y la dignidad del ser humano en relación con la aplicación de la Biología y la Medicina, Convenio de Oviedo).

ya punibles en el derecho interno de forma genérica o bien circunscrita a varios grupos de delitos.

Téngase en cuenta que se ha previsto la posibilidad de presentar la reserva por parte de un Estado Parte de no aplicar el art. 4.1, a) a la extracción de órganos de donantes vivos; ha de tratarse de casos excepcionales y de conformidad con las salvaguardias adecuadas o disposiciones sobre el consentimiento previstas en su legislación nacional (art. 4.2). La introducción de esta reserva fue muy controvertida durante la redacción del Convenio, especialmente en sus fases finales, pues se temía que quedara muy debilitada la eficacia de aquél para perseguir la modalidad delictiva afectada por la reserva en cuestión. Sobre esta disposición volveré más abajo[8].

Por otro lado, se deja a la discrecionalidad de cada Estado parte la incorporación a su derecho interno como delito la extracción o implantación de órganos fuera del marco del sistema nacional de trasplantes o vulnerando los principios esenciales de la legislación nacional sobre trasplantes, así como las llamadas circunstancias agravantes, mencionados más arriba (art. 4.4)[9].

Como se verá en otro lugar de esta contribución, algunos de estos delitos presentan estructuras realmente complejas, que se derivan en cierta medida de su configuración como delitos pluriofensivos, es decir, que atacan al mismo tiempo a una pluralidad de bienes jurídicos de naturaleza distinta: individuales (p. ej., la integridad corporal y/o la salud de las personas) y supraindividuales o colectivos (p., la salud pública). Por este motivo, los Estados parte se verán obligados a tener en cuenta esta complejidad cuando procedan a aprobar la ley correspondiente y/o a modificar el Código Penal. Volveremos sobre este asunto capital más abajo.

Obsérvese que el objeto material del delito son órganos humanos (de terceros), pero no sus tejidos o células, cuya inclusión en el Convenio se sopesó en algún momento, pero acabó descartándose por varios motivos técnicos y polítitico-criminales.

[8] V. las explicaciones que aporta el *Explanatory Report* (ER) sobre esta reserva, de dejar abierta la posibilidad como donantes a personas incapaces de prestar su consentimiento (nº 38). De ser así, hubieran merecido una mayor concreción en el texto del Convenio, por lo que hacen dudar sobre su consistencia.

[9] V. las aclaraciones que hace al respecto el ER, nºs 43 y 44.

3. La introducción de los delitos en las legislaciones internas a la vista de los bienes jurídicos protegidos

La inserción de los delitos del Convenio en la legislación interna de los Estados parte no puede hacerse a ciegas o de forma arbitraria. El eje orientador para el legislador interno debería ser, además de las conductas tipificadas como delito acabadas de señalar, el bien jurídico o bienes jurídicos protegidos a través de estos delitos[10], incluso aun reconociendo que presente una dificultad el hecho de la pluriofensividad a la que me refería poco más arriba y a la que tendremos que volver de nuevo.

En primer lugar, hay que tener presente que algunos de los bienes jurídicos que se deducen como protegidos por el Convenio ya se hallan penalmente protegidos en otros contextos por la legislación interna de los Estados mediante los delitos correspondientes. Así sucede, por ejemplo, con la integridad corporal de las personas y con la salud pública. La introducción en el Derecho interno de los delitos del Convenio deberá tener presente esta proximidad o parentesco, evitando en todo caso incurrir en la vulneración del principio *ne bis in idem* a través de estructuras delictivas complejas, sin perjuicio de que pueda recurrir a éstas, como apunto a continuación.

En segundo lugar, la plasmación de los delitos en la legislación interna no podrá perder de vista los bienes jurídicos que se trata de proteger. Esto podrá comportar la exigencia de construir delitos pluriofensivos, es decir que puedan atentar contra varios bienes jurídicos al mismo tiempo. Las consecuencias jurídicas que se impongan (penas y medidas de seguridad, principalmente) y la referencia explícita a las reglas concursales aplicables, en su caso, deberán tener en cuenta estas características, sin perjuicio de que se opte por la vía de la construcción de delitos separados, aplicando en este caso las reglas del concurso de delitos. Esta acción del legislador es particularmente compleja, por lo que deberá evitar caer en ambigüedades y confusiones, en particular respecto al objeto u objetos de protección en cada delito.

[10] El Preámbulo del Convenio señala ya certeramente algunos de los bienes jurídicos implicados: "Considerando que el tráfico de órganos humanos vulnera la dignidad humana y el derecho a la vida y constituye una grave amenaza para la salud pública". Por lo que se refiere a la dignidad humana, sin querer pronunciarme aquí sobre su naturaleza jurídica, me inclino por la concepción que puede deducirse de la Constitución Española (art. 10.1), por lo que quedará al margen de este estudio.

El Convenio contra el Tráfico de órganos humanos protege penalmente un variado conjunto de bienes jurídicos, lo que estando plenamente justificado desde una perspectiva político-criminal, podrá plantear dificultades de adaptación a la legislación interna de los Estados parte.

En efecto, en una primera aproximación puede apreciarse un conjunto de bienes jurídicos de naturaleza individual, esto es, respecto a los cuales su titular es una persona física determinada o determinable. Junto a estos bienes encontramos una variedad de bienes jurídicos de carácter supraindividual o colectivo, es decir, en ellos su titular no es una persona física o una pluralidad concreta de éstas, sino la sociedad en cuanto tal, pues afectan a ella en su conjunto.

1. Bienes jurídicos individuales

Bienes jurídicos de carácter individual relacionados con el tráfico de órganos son la integridad corporal y la salud de cada persona individualmente considerada y su autonomía en relación con las anteriores –libre disponibilidad de este bien jurídico por su titular– expresada en la necesidad de prestar su consentimiento libre, informado y concreto. Como es sabido, la donación de órganos no vitales de vivo suele estar permitida por los diversos sistemas jurídicos estatales, siempre que haya sido consentida, como se acaba de recordar, y no haya mediado un beneficio económico. El Convenio considera delito la donación de vivo o de fallecido no consentidas (o no autorizada por la ley en el caso del donante fallecido), y también cuando ha mediado un beneficio económico o se ha ofrecido el mismo a favor del donante o de un tercero.

Es digna de ser destacada la enorme y extraordinaria importancia que tienen estas prohibiciones, pues constituyen el núcleo del Convenio. Por tal motivo la reserva establecida en el Convenio (art. 4.2) debería ser utilizada con la máxima prudencia, de forma excepcional y siempre que la legislación interna existente ofrezca suficientes prescripciones para garantizar la autonomía del donante vivo y prevenir la obtención de un beneficio económico a favor de éste o de un tercero. De lo contrario, se frustraría uno de los principales objetivos del Convenio.

Otra limitación frecuente es que el donante vivo no sea un menor, al menos cuando se trata de órganos sólidos, en cuyo caso se considera que su consentimiento no es válido, por carecer de la autonomía suficiente para tomar este tipo de decisiones, sin poder acudir a ninguna solución vicarial, p. ej., mediante el consentimiento de sus representantes legales o la autorización de la autoridad competente, por lo general el juez. Pero es éste es un asunto sometido a debate en algunos países, pues se admiten algunas excepciones[11].

En ocasiones el delito cometido puede causar la muerte de la víctima y, por tanto, verse afectada la vida humana como bien jurídico agredido (art. 13, a)[12]. Víctimas pueden serlo tanto el donante vivo como el receptor, siempre que haya mediado alguna de las prohibiciones mencionadas más arriba (con o sin consentimiento, con o sin beneficio económico).

En estos casos el Convenio señala que este resultado dará lugar a una circunstancia agravante, agravación que deberá tener el reflejo correspondiente en el incremento de la pena por este hecho. En realidad en este caso de homicidio (o de asesinato, según los casos) se comete un delito diferente de los previstos en el Convenio (art. 4 a 8) y habrá que proceder, para seguir las indicaciones del mismo, a introducir un tipo agravado de homicidio a partir del que ya exista en el Derecho interno. Su fundamento se encuentra entonces en el solo motivo de haberse causado en el contexto del tráfico de órganos. En cambio, en sentido estricto, supone una circunstancia agravante según es entendida por el Convenio haber producido en la víctima un deterioro grave de su salud física o mental (art. 13, a *in fine*).

2. *Bienes jurídicos supraindividuales*

Los delitos que recoge el Convenio pueden constituir también agresiones a otros bienes jurídicos

Pensemos, en primer lugar, en la salud pública. En el marco del Convenio la salud pública debe ser entendida como la salud de la colectividad, esto es, la salud física y psíquica de los ciudadanos no personal o individualmente considerados. La salud individual no tiene por qué verse afectada por estos delitos, pues en ellos la *ratio legis* es el riesgo

[11] Sobre éstas se pronuncian tanto el Convenio sobre Derecho Humanos y Biomedicina (art.20) como su Protocolo Adicional relativo a los Trasplantes de órganos y tejidos de origen humano (art. 14).

[12] De acuerdo con el art. 13 a) del Convenio: "que el delito haya causado la muerte de la víctima o un deterioro grave de su salud física o mental".

general para la colectividad, y por ello la estructura típica de aquéllos no se adapta a una perspectiva meramente individual.

Como se ha apuntado con razón, estos delitos se sitúan en la problemática común a otros en los que se protegen bienes jurídicos colectivos; por ejemplo, si más bien son realmente bienes jurídicos intermedios e instrumentales para la protección de bienes individuales, sobre qué ha de predicarse el resultado de lesión del bien jurídico de carácter supraindividual, etc. Son cuestiones del máximo interés en las que no podemos entrar aquí.

Este bien jurídico protegido ha de tenerse muy presente siempre en el estudio e interpretación de al menos varias figuras delictivas concretas que incorpora el Convenio (así, arts. 4.4 y 6), puesto que es el único medio disponible para captar correctamente el sentido de los tipos delictivos en algunas ocasiones en las que se observa cierta indeterminación o ambigüedad en la descripción legal de los mismos, todavía más cuando coexisten con otros bienes jurídicos en el mismo delito (delitos pluriofensivos). Sin embargo, no parece sostenible que la salud pública en general o en la mayor parte de las dimensiones que ésta puede presentar sea el bien jurídico protegido. Tan sólo se protegen aquellos aspectos de la salud pública directamente relacionados con la calidad y la seguridad de la extracción e implantación de órganos en beneficio de los donantes y de los receptores, así como otras actividades secundarias orientadas a los mismos objetivos de calidad y seguridad (trazabilidad; preparación, conservación, transporte, exportación, importación, etc., art. 8).

En relación con los donantes fallecidos también se protege un bien jurídico de naturaleza supraindividual, al menos como fundamento inicial. La concreción de este bien no es tarea fácil, en particular debido a la celeridad de la evolución de las concepciones culturales actuales relativas a los difuntos y a sus voluntades expresadas en vida para surtir efectos después de la muerte, cuando la personalidad jurídica ha dejado ya de existir[13]. En cualquier caso puede continuar siendo válido apuntar al respeto a la memoria de los difuntos como bien jurídico protegido. Sin embargo, la *ratio legis* muy bien puede continuar siendo la salud pública, pues debe garantizarse en la medida de lo posible -aplicando en

[13] V. ER, nº 34.

todo caso, las prácticas estándar establecidas para la extracción y uso de órganos y de otros materiales provenientes de fallecidos-.

Estas reflexiones pueden ser de interés para que el legislador estatal decida la ubicación más adecuada en el conjunto del ordenamiento jurídico del delito de tráfico referido a órganos de fallecidos, pareciendo indicada, según la sistemática adoptada por el Convenio, su regulación junto con los demás delitos de tráfico ilícito de órganos humanos, probablemente dentro de los delitos contra la salud pública.

En ocasiones se afirma que otros bienes jurídicos que pueden verse afectados por algunos de los delitos del Convenio son también de naturaleza supraindividual. Éstos serían al solidaridad, el altruismo, la equidad y la justicia. En realidad varios de estos conceptos no aluden en sentido estricto a bienes jurídicos protegidos por medio de los delitos del Convenio, aunque constituyan valores sociales dignos de promoción y hasta de alguna forma de tutela jurídica, pero no necesariamente penal.

La solidaridad, pudiendo calificarse como un bien jurídico que suele encontrar tutela en los Derechos internos (p. ej., suele aceptarse su presencia en las diversas modalidades de omisión del deber de socorro o auxilio a una persona en peligro que necesita tal ayuda), no parece que esté directamente protegida por el Convenio. Se trata más bien de la *ratio legis* de algunos delitos que venimos tratando, es decir, el fundamento normativo de la incriminación de éstos.

Semejante fundamento puede aplicarse a la equidad y a la justicia, que pueden verse afectadas si un trasplante se realiza fuera de los principios del sistema nacional de trasplantes, como, por ejemplo, no respetando el orden establecido conforme a los criterios acordados para elaborar las listas de espera y el orden de prelación de los candidatos a un trasplante, que pueden confeccionarse con criterios de urgencia vital, de dificultad para el receptor de encontrar un donante compatible y otros semejantes, siguiendo a continuación como criterio rector general el de la antigüedad en la lista de espera[14]. La justicia misma se ve plenamente afectada cuando las víctimas del tráfico son sujetos vulnerables por cualquier circunstancia. En este caso, los donantes; pero indirecta-

[14] Así se indica Protocolo Adicional relativo a los Trasplantes de órganos y tejidos de origen humano, al indicar que los Estados parte garantizarán un acceso equitativo de los pacientes, la necesidad de las listas de espera, etc. (art. 3).

mente también, los receptores que no disponen de recursos para adquirir un órgano o bien que objetan por principios morales participar en este procedimiento mercantilista de obtención de un órgano, aunque llegase a ser lícito.

En resumen, los últimos principios mencionados pueden ayudar a reforzar la calificación de la integridad del sistema nacional de trasplantes como bien jurídico protegido.

4. Los principios penales aplicables

4.1. El principio de legalidad penal en el Convenio

El Convenio es muy escrupuloso por lo que respecta a la observancia del principio de legalidad que, de modo estricto, rige en materia penal. Es decir, encomienda a los Estados parte que introduzcan en su legislación interna los delitos que prevé el propio Convenio, y lo recuerda explícitamente en todos y cada uno de los delitos que establece y cuya incorporación al Derecho interno es obligatoria para los Estados parte.[15]

En su entendimiento casi unánime significa que el legislador interno de cada Estado parte deberá introducir estos delitos en su ordenamiento jurídico mediante una ley formal aprobada por el poder legislativo (parlamento). Es decir, al menos en lo que se refiere a las figuras delictivas que incluye el Convenio, éstas no son directamente aplicables por los tribunales de justicia de los Estados parte.

En dicha ley, y de acuerdo también con las exigencias derivadas del principio de legalidad, deberán recogerse los tipos penales correspondientes previstos en el Convenio, que serán descritos con la mayor claridad, precisión y concisión posibles (principio de taxatividad), sin extralimitarse de las conductas prohibidas por aquél, para lo cual ya se advirtió de la importancia que tiene mantener el punto de mira fijamente hacia los bienes jurídicamente protegidos.

El legislador incluirá, asimismo, las consecuencias jurídicas (penas y otras medidas de diversa naturaleza penales y no penales, art. 12) que se establezcan para cada delito en particular, apoyándose para ello en el principio de proporcionalidad, según se indicará más adelante.

[15] Así: "Las Partes adoptarán las medidas legislativas y de otra índole necesarias para tipificar como delito con arreglo a su Derecho interno....", art. 4.1; v. también arts. 5, 7.1, 2 y 3, 8, 9.1 y 2.

El Convenio acude de forma aislada a una técnica bien conocida en Derecho Penal, al igual que suele suceder en relación con otros delitos cuyas actividades lícitas paralelas a las delictivas están sometidas a un alto control y regulación administrativos. Esta técnica, es conocida, como es sabido, como "ley o norma penal en blanco". En estos delitos el tipo -la conducta prohibida- no aparece descrito de forma completa en la ley penal, sino que remite para su acotación completa a otras disposiciones legales o reglamentarias extrapenales, a veces especialmente abundantes, complejas y cambiantes. No obstante, es admitida su conformidad con el principio de legalidad, siempre que: 1º el reenvío normativo sea expreso y esté justificado en razón del bien jurídico protegido por la norma penal; 2º el núcleo esencial de la prohibición o del mandato aparezca ya descrito en la propia ley penal en blanco, además de señalar la pena; y 3º sea satisfecha la exigencia de certeza o concreción de la conducta prohibida u ordenada.

En el Convenio contra el Tráfico de órganos humanos el recurso a esta técnica es infrecuente. Así, por ejemplo, las remisiones más evidentes son las del art. 4.1, a (que requiere que en el caso del donante fallecido la extracción se realice sin que esté autorizada por la legislación interna). En este caso el Convenio aporta en términos generales una concreción mínima suficiente del núcleo de la conducta prohibida en este delito y, por otro lado, la remisión a la normativa no penal que desarrolla el hecho prohibido parece también sencilla (siempre que el Estado parte cuente con una normativa específica sobre la cuestión).

No es fácil llegar a la misma conclusión respecto a los otros dos delitos que han recurrido a esta técnica: la extracción (art. 4.4) o la implantación (art. 6) de un órgano fuera del marco del sistema nacional de trasplantes del Estado parte, o cuando se realice vulnerando los principios esenciales de las leyes o reglamentos nacionales sobre trasplantes. En efecto, ¿cuándo deberemos concluir que la intervención se ha realizado fuera del marco del sistema nacional de trasplantes del Estado parte? o, peor todavía, ¿cuáles serán los principios esenciales de las leyes o reglamentos nacionales sobre trasplantes que han de ser vulnerados? En estos casos el legislador nacional deberá esmerarse en depurar el alcance de los delitos que tipifique a partir de lo que señala el Convenio, pues éste apenas da orientaciones de los hechos concretos que deberían sancionarse penalmente, ¿La infracción u omisión de cualquier aspecto procedimental debería dar lugar ya a la existencia del delito? ¿Habrá que contar con que la legislación interna proporcionará suficientes pistas como para poder identificar aquellos con facilidad? Parece entonces obligado que el legislador interno identifique con claridad qué aspectos del marco nacional del sistema de trasplantes suponen estar ya fuera de él o cuándo los principios legales y reglamentarios serán esenciales, en ambos casos a los solos efectos de estos dos delitos del Convenio.

En conclusión, con el fin de que la seguridad jurídica, que es una emanación irrenunciable del principio de legalidad, no sufra de forma grave el legislador deberá actuar con especial esmero y atención. Si el legislador del Estado parte se decide por incluir estos dos delitos (arts. 4.4. y 6) en su legislación interna, pues en relación con ellos el Convenio señala, acertadamente, que no es obligatoria su inserción en el Derecho interno, la única opción aceptable que le queda estrictamente fiel al principio de legalidad consiste en incluir en el delito correspondiente aquellas conductas específicas y concretas relacionadas con el sistema nacional de trasplantes o con la normativa nacional de trasplantes que por su gravedad intrínseca deben constituir delito, dejando fuera del ámbito penal las conductas que hayan sido excluidas de los nuevos delitos derivados del Convenio. Hay que reconocer que con este proceder se corre el riesgo de incurrir en un casuismo excesivo, al que tan remisos somos los penalistas, pero en este caso sería el mal menor frente a un debilitamiento todavía menos deseable de la seguridad jurídica.

4.2. Los principios de proporcionalidad, mínima intervención y *ultima ratio*

Es importante destacar que se invoca explícitamente el principio de proporcionalidad en el Convenio (Preámbulo, considerando 7º), que es otro indicador irrenunciable para lograr que la intervención del Derecho Penal esté sometida a unos límites (internos). Esta alusión es también explícita en relación con las sanciones: han de ser efectivas, *proporcionadas* y disuasorias. Y se prevé que las sanciones para las personas naturales pueden consistir en privación de libertad respecto a los delitos de los arts. 4.1, 5 y 7 a 9 del Convenio (art. 12.1)[16], sanción con la que ha de estarse plenamente de acuerdo.

[16] El art. 12.1 señala lo siguiente: "Las Partes adoptarán las medidas legislativas y de otra índole necesarias para garantizar que los delitos tipificados de conformidad con el presente

La aplicación del principio de proporcionalidad requiere tener en cuenta, en primer lugar, la relevancia del bien jurídico afectado y la gravedad del hecho (del delito) con el que se vulnera aquél. Esta consideración puede ayudar al legislador tanto a decidir si va introducir como delito o no un determinado hecho que el Convenio deja a la discrecional consideración de los Estados parte, como ocurre, en este caso, con la realización de una extracción o de un implante fuera del sistema nacional de trasplante (arts. 4.4 y 6). En esta hipótesis el principio de proporcionalidad ayudará a decidir si debe incluirse o no como delito en la legislación interna, para cuya equilibrada ponderación será de la máxima importancia tener también presentes los principios de mínima intervención del Derecho Penal, según el cual éste deberá reservarse para las agresiones más graves a bienes jurídicos de especial relevancia social; y de *ultima ratio,* lo que significa que habrá que explorar antes de decidir su incriminación si es suficiente con sancionar el hecho como una infracción administrativa no penal.

En segundo lugar, deberá hacerse una doble ponderación que se centra en especial en las sanciones penales. Por un lado, guardar una proporcionalidad o equilibrio entre los delitos que el Estado parte introduzca en su legislación interna como consecuencia de las obligaciones contraídas con la adhesión al Convenio. Y, por otro lado, deberá procederse a una comparación con el sistema de penas que rige previamente en la legislación penal interna, previniendo así incurrir en una distorsión y excesiva disparidad entre las penas previstas para los diversos delitos ya existentes y las penas que se puedan imponer para los nuevos delitos traídos del Convenio. Este proceder es imprescindible, en cuanto que el Convenio, con buen criterio, no procede a indicar el marco dentro del que han de moverse las penas y otras consecuencias jurídicas que se impongan a estos delitos por las legislaciones internas de los Estados parte.

Convenio sean punibles con sanciones efectivas, proporcionadas y disuasorias. Estas sanciones incluirán, en cuanto a los delitos tipificados con arreglo al apartado 1 del artículo 4, y, en su caso, el artículo 5 y los artículos 7 a 9, cuando hayan sido cometidos por personas naturales, sanciones de privación de libertad que puedan dar lugar a la extradición". Si los penalmente responsables son personas jurídicas se prevén penas específicas para ellas (art. 12.2).

5. Estructura de los delitos. La exigencia de que los delitos punibles sean intencionados (dolosos)

Con buen criterio, y en aras a la observancia del principio de mínima intervención del Derecho Penal, se ha excluido del Convenio la incriminación de la comisión por imprudencia en todos los delitos que incluye, sin perjuicio de la excepción que se recordará más abajo. En efecto, la expresión "intencionadamente" que se utiliza como exigencia del delito en todos ellos (arts. 4 a 9) es incompatible con la comisión imprudente de estos delitos. De acuerdo con la concepción de la mayoría de los sistemas penales europeos la palabra intención habrá de interpretarse en el sentido de que abarca al mismo tiempo el doble requerimiento de tener conciencia y voluntad de realización del hecho sancionado por la ley penal.

Por consiguiente, sólo es posible su tipificación dolosa, quedando abierta la cuestión de si el término "intencionadamente" incluye sólo el dolo directo –fin directo perseguido o resultado típico asumido como seguro por el delincuente– o también el dolo eventual –resultado de producción incierta pero aceptado por el sujeto de llegar a producirse–. Este importante matiz debería dejarse al criterio de los Estados parte.

En cuanto a las circunstancias agravantes (art. 13), no se menciona explícitamente la necesidad de que tengan que ser cometidas intencionadamente. Como la inclusión de estas circunstancias en el Derecho interno se deja al criterio de cada Estado parte, de su regulación interna dependerá en gran medida que el hecho se castigue o no también por imprudencia.

6. Algunas consideraciones finales

En esta presentación hemos tomado como punto de partida que el tráfico de órganos humanos es rechazado universalmente. Con la aprobación del Convenio del Consejo de Europa contra el tráfico de órganos humanos es la primera vez que la comunidad internacional se ha inclinado por la aprobación de un instrumento legal vinculante de naturaleza básicamente penal.

Por lo que se refiere a los aspectos específicos del Convenio que han sido objeto de atención en esta contribución, me permito destacar ahora tan solo las siguientes reflexiones:

1º Los Estados parte en el Convenio deberán prestar atención cuando introduzcan en su legislación interna los delitos que establece aquél al hecho de que éstos -los delitos- se dirigen tanto contra bienes jurídicos individuales (vida, salud e integridad corporal) como supraindividuales (salud pública). La construcción de los tipos delictivos correspondientes deberá hacerse dejando claro el alcance de los mismos respecto a los bienes jurídicos a los que se quiere dar cobertura, y la gravedad de las penas respectivas, de modo que no presente dificultades al intérprete de la ley si nos hallamos ante un concurso de delitos o de normas en relación con otros delitos ya existentes.

2º En relación con lo anterior el legislador tendrá que decidir con la máxima cautela la ubicación geográfica de estos delitos en la ley penal interna (Código penal). Parece lógico pensar que la mejor solución será incorporarlos en un capítulo conjunto, fuera de otros delitos con los que pueda guardar cierta proximidad. El eje rector debería ser la salud pública.

3º La aplicación por parte de los Estados parte de la reserva que prevé el Convenio sobre el donante vivo debería hacerse de forma muy prudente y muy excepcional, pues puede correrse el riesgo de frustrar las expectativas preventivo-punitivas establecidas en torno a uno de los delitos más significativos del Convenio.

4º Aunque por mi parte sea con un propósito contrario (el de no incriminación), los delitos cometidos vulnerando el sistema nacional de trasplantes o la legislación interna sobre la materia deberían ser introducidos en las legislaciones internas también de forma excepcional, no sólo por los problemas de técnica legislativa apuntados más arriba que pueden plantearse, sino sobre todo porque podrían relegar el principio de mínima intervención del Derecho Penal. Debería contemplarse la opción de mantener estos hechos como ilícitos administrativos.

5º Los legisladores deberían respetar, en todo caso, las exigencias derivadas de los principios de legalidad, proporcionalidad y mínima intervención, sin perjuicio de lo señalado en el párrafo anterior.

Bibliografía

Alastuey Dobón, C., "Aspectos problemáticos del delito de tráfico de órganos", *Revista Penal*, nº 32, 2013.

Council of Europe / United Nations, *Trafficking in organs, tissues and cells and trafficking in human beings for the purpose of the removal of organs. Joint Study*, 2009.

Felip i Saborit, D., "Delitos de lesiones. El nuevo delito de tráfico, obtención y trasplante ilegales de órganos humanos", en Silva Sánchez, J.M. (Dir.), *El nuevo Código penal. Comentarios a la reforma*, La Ley, Madrid, 2012.

Flor, R., "Prime riflessioni a margine della nuova Convenzione del Consiglio d'Europa contro il traffico di organi umani. Prospettive attuative e tutela penale della salute e della dignità umana", *Diritto Penale Contemporaneo*, 2015.

García Albero, R., "El nuevo delito de tráfico de órganos", en Quintero Olivares, G., *La Reforma penal de 2010: Análisis y Comentarios*, Aranzadi, Navarra, 2010.

Gómez Martín, V., "Artículo 156 bis", en Corcoy Bidasolo, M. y Mir Puig, S., *Comentarios al Código Penal. Reforma LO 5/2010*, Tirant lo Blanch, Valencia, 2011.

Gómez Rivero, C., "El delito de tráfico ilegal de órganos humanos", *Revista Penal*, nº 31, 2013.

Herrera Moreno, M., "Delitos relativos al tráfico de órganos (artículo 156 bis CP)", en Polaino Navarrete, M., (Dir.), *Lecciones de Derecho penal. Parte especial. Tomo I*, Tecnos, Madrid, 2010.

König, F. "Das strafbewehrte Verbot des Organhandels", en Roxin, C. / Stroth, U., (Hrsg.), *Medizinstrafrecht. Im Spannungsfeld von Medizin, Ethik und Strafrecht*, 2. Aufl., Richard Boorberg Verlag, Stuttgart, 2001.

Moya Guillén, C., "El convenio contra el tráfico de órganos humanos del Consejo de Europa. nuevas claves para la interpretación del delito del artículo 156 bis del Código Penal", *Revista General de Derecho Penal* 22, 2014.

Mendoza Calderón, S., "El delito de tráfico de órganos. Una primera aproximación al artículo 156 bis del Código Penal: ¿Un futuro ejemplo más del derecho penal simbólico?", *Derecho y Salud*, vol. 24, nº 1, 2014.

Price, D., *Legal and ethical aspects of organ transplantation*, Cambridge University Press, Cambridge, 2000.

Puente Aba, L.M., "La protección frente al tráfico de órganos: su reflejo en el Código penal", *Revista Derecho y proceso penal*, nº 26, 2011.

Romeo Casabona, C.M., "La prohibición del tráfico ilegal y la exclusión de la comercialización de los órganos y tejidos", *Revista Aranzadi Doctrinal*, nº 7, 2010.

Sánchez Linde, M., "Comentario al nuevo delito de tráfico y trasplante ilegal de órganos en el Código penal", *Actualidad Jurídica Aranzadi*, nº 849, 2012.

"Se uma gota ... uma gotinha apenas ..."
A inserção de perfis de ADN de condenados na base de dados com finalidades de identificação criminal

HELENA MONIZ*

1. Irei apenas analisar o problema da inserção de perfis de ADN de condenados na base criada pela lei nº 5/2008, de 12 de fevereiro (lei que aprovou a criação de uma base de dados de perfis de ADN para fins de identificação civil e criminal). De acordo com o art. 8º, nº 2, do referido diploma, após trânsito em julgado de uma decisão, pode o juiz de julgamento ordenar a recolha de uma amostra biológica para obtenção de um perfil de ADN de um condenado imputável (desde que não tenha sido anteriormente recolhida esta amostra, nos termos do art. 8º, nº 1: isto é, quando não tenha havido lugar à recolha a pedido do arguido, ou quando não tenha sido ordenada – oficiosamente ou a requerimento – a recolha por despacho do juiz após a constituição de arguido e ao abrigo do disposto no art. 172º, do Código de Processo Penal). Será o regime estabelecido para esta recolha e inserção do perfil na base que irei analisar. Todavia, é também possível, de acordo com a mesma lei, a recolha de amostra em inimputável condenado numa medida de segurança pela

* Centro de Direito Biomédico/ Instituto Jurídico da Faculdade de Direito da Universidade de Coimbra (Grupo 2 – Vulnerabilidade e Direito, *Desafios Sociais, Incerteza e Direito*: UID/DIR/04643/2013).

prática de um crime contra as pessoas ou um crime de perigo comum punível com uma pena de prisão superior a 5 anos, de acordo com o determinado no art. 91º, nº 2, do Código Penal – mas na análise que se segue irei apenas ater-me ao caso de recolha de amostra biológica, de obtenção de perfil de ADN e de inserção na base do perfil de condenado imputável.

O objetivo da lei nº 5/2008 foi o de criar uma base de dados de ADN com finalidades de identificação e investigação criminal (para além da identificação civil). Ou seja, em vez de uma base de dados de toda a população, que teria estado na mente do legislador numa fase inicial, acabou por ser deliberado contruir uma base de dados de perfis de ADN mais restrita.

No que será objeto de análise, cumpre destacar vários momentos:

a) o momento da recolha da amostra biológica

Nos termos do art. 8º, nº 2, da lei nº 5/2008, é possível a recolha de amostra para obtenção de um perfil de ADN, em condenado, por crime doloso, em pena concreta de prisão igual ou superior a 3 anos (ainda que tenha sido substituída), após trânsito em julgado da decisão que o condenou, e por despacho do juiz do julgamento.

A solução encontrada pelo legislador foi, então, a de permitir a recolha de amostra em condenado tendo por base não a moldura abstrata da pena, que estiver prevista no tipo legal de crime, mas sim a pena concreta. Tendo em conta o critério utilizado, podem ser abrangidas condenações em espécies de crimes bastante diferentes, embora já com alguma gravidade. Na verdade, a norma é bastante ampla, uma vez que qualquer arguido condenado numa pena de prisão igual ou superior a 3 anos poderá ser sujeito a esta recolha, ainda que se trate, por exemplo, de delinquente primário e/ou delinquente económico. O que poderá colocar algumas dúvidas quanto à proporcionalidade da medida. Ou seja, uma lei que poderia ser considerada bastante restritiva, dado que apenas abrange a prática dolosa de crimes punidos com pena de prisão igual ou superior a 3 anos, acaba por adotar um critério bastante amplo que engloba uma diversidade muito grande de crimes.

A recolha de amostra biológica deve ser realizada com respeito pelo disposto no art. 10º, isto é, "através de método não invasivo" e com respeito pela "dignidade humana e a integridade física e moral"; em qualquer um dos casos em que se procede a recolha para obtenção de perfil, esta recolha deverá ainda ser realizada "no estrito cumprimento dos princípios e regime do Código de Processo Penal" (dispositivo citado). Assim sendo, ainda que em algum momento a lei não remeta expressamente para o Código de Processo Penal, no que respeita à recolha de amostra esta deve respeitar os princípios e o regime estabelecido naquele diploma, no que concerne, nomeadamente, às regras relativas à sujeição a exame.

b) o momento da integração do perfil de ADN na base

Após a recolha da amostra, através de "método não invasivo" e com respeito pela "dignidade humana e integridade física e moral" da pessoa, e após a obtenção do perfil de ADN do condenado, este apenas é integrado na base após despacho do juiz de julgamento (art. 18º, nº 2).

Tendo em conta o momento da recolha e o momento da inserção, parece aqui existir uma duplicação de despachos: por um lado, um despacho para a recolha (art. 8º, nº 2) e depois um despacho para a inserção do perfil na base (art. 18º, nº 2). Ainda que me pareça que esta duplicação deveria ser evitada, não posso deixar de considerar que a preocupação do legislador terá sido a de submeter a escrutínio judicial qualquer ato lesivo de direitos fundamentais – não só o ato de recolha da amostra, como ainda o ato de inserção do perfil na base, onde o direito à autodeterminação informativa assume um relevo especial. Porém, entendo que uma só decisão judicial a autorizar a recolha e a inserção asseguraria esta proteção.

c) o momento da interconexão de dados e a comunicação do resultado obtido

A partir do momento em que são integrados os perfis de ADN de condenados, estes podem ser interconexionados com os perfis dos voluntários, com os perfis obtidos a partir de amostras-problema, de amostras encontradas em local de crime, e ainda com os perfis dos profissionais.

E distinto deste é o referente à comunicação de dados já integrados na base: a comunicação deverá ser realizada a um juiz, que autorizará (ou não) a sua comunicação ao Ministério Público e/ou aos órgãos de polícia criminal (cf. art. 19º, nº 1). Também aqui a lei parece ter exagerado ao exigir várias autorizações. Mas, mais uma vez, parece que o que esteve na mente do legislador foi a preocupação de assegurar a proteção de direitos fundamentais, só admitindo a sua restrição quando os princípios da necessidade, adequação e proporcionalidade estivessem assegurados; quer se trate de perfis de ADN de condenados e/ou arguidos – casos em que é essencial fazer o necessário juízo de concordância prática entre a lesão de direitos fundamentais e as necessidades de investigação criminal –, quer se trate de perfis de voluntários e profissionais, o acesso a estes dados pessoais deve sempre ser precedido de autorização judicial que assegure o cumprimento daquele princípio. Ainda que se possa considerar que, *de lege ferenda*, o legislador, quando esteja em causa o acesso a perfis de condenados e/ou arguidos, deva estabelecer um elenco de situações bem delimitadas em que o acesso pelo Ministério Público, no âmbito de uma investigação criminal, seja possível sem aquela autorização judicial.

Assim, à pergunta de saber qual a razão porque o legislador impôs que a comunicação dos dados integrados na base fosse realizada através de magistrado judicial, quando muitas vezes a necessidade de transmissão daqueles dados ocorre no âmbito de um inquérito judicial onde parecia ser bastante a comunicação ao Ministério Público, deve dizer-se que a ideia-base é a referente à necessidade de proteção de direitos fundamentais, sendo o juiz, no processo penal, o garante das liberdades quando em causa estão aqueles direitos. Esta comunicação é, nos termos do art. 19º, nº 1, al. a), feita ao "juiz competente consoante o tipo ou fase do processo", isto é, ao juiz de instrução se o processo ainda estiver na fase de inquérito e ao juiz de julgamento se já estiver nesta fase.

d) o momento da eliminação do perfil de ADN

Acresce referir que a mesma preocupação com o cumprimento, em matéria de direitos fundamentais, do princípio da proporcionalidade em sentido amplo, presidiu à exigência de eliminação dos perfis de ADN da base. E assim se estabeleceu um paralelismo com o cancelamento definitivo do registo criminal. Isto é, os perfis de ADN de condenados são eliminados "na mesma data em que se proceda ao cancelamento definitivo das respectivas decisões no registo criminal" – art. 26º, nº 1, al. f).

Na análise que se segue, irei centrar-me nos problemas relativos à recolha de material biológico, à inserção do perfil de ADN (de condenados e arguidos) e à eliminação do perfil de ADN da base.

2. No que respeita à *recolha de amostras em condenados* (uma vez preenchidos os requisitos do art. 8º, nº 2) deve seguir-se a regra geral do art.

10º, isto é, a recolha deve, como referi, ser realizada através de um método não invasivo, que respeite a dignidade humana, segundo os princípios e regime do Código de Processo Penal.

Se, numa primeira leitura da lei, parece não haver dúvidas quanto à forma de recolha, numa segunda leitura já o mesmo não se pode dizer, isto porque a doutrina tem classificado o ato de recolha de forma diversa – ora como exame, ora como perícia –, o que poderá originar soluções diferentes.

Tenho entendido que a recolha de amostra biológica é um exame, todavia a análise da amostra biológica que permite a obtenção do perfil de ADN é uma perícia. Isto é, tento distinguir, por um lado, o momento da colheita – pois só posso obter um perfil de ADN para inserir na base a partir de uma amostra de produto biológico que pode ser obtida por simples raspagem da mucosa bocal com uma zaragatoa (caso em que se tem entendido que, em particular, o direito à integridade física sofre uma pequena lesão) – e, por outro lado, o momento do tratamento científico da amostra colhida. Se, no primeiro caso, temos um meio de obtenção de uma prova, o exame, e após o exame não temos qualquer meio de prova, dado que o simples material biológico antes de tratado não pode servir como prova, no segundo momento já através da perícia temos uma prova – a resultante da prova pericial. Trata-se de uma distinção – entre meio de obtenção de prova e meio de prova – também realizada no Código de Processo Penal: no título II, do livro III, regulamentam-se os meios de prova (arts. 128º e ss) onde se integram, entre outros, a prova pericial (arts. 151º e ss), e no título II (do mesmo livro) disciplinam-se os meios de obtenção de prova, onde se integram, entre outros, os exames (art. 171º e ss). Ou seja, o meio de prova é o perfil de ADN obtido, sendo a colheita um simples meio para obter uma prova. A colheita, só por si, sem mais, não constitui prova; a colheita de material biológico, sem qualquer análise científica, nada nos diz que possa constituir prova no âmbito do processo. Se não se proceder a uma análise científica do material biológico colhido, o simples material biológico de nada serve aos tribunais. Enquanto não se obtiver o perfil de ADN, de pouco serve o material biológico colhido, não constituindo meio de prova.

Por isto se tem recorrido ao disposto no art. 172º do Código de Processo Penal, aquando da recolha de material biológico para obtenção de um perfil de ADN a inserir na base; e a Lei nº 5/2008 é expressa quando, no referente à recolha em arguido, remete para aquele dispositivo.

É certo que podemos dizer que a colheita de material biológico para obtenção do perfil de ADN, em condenado, numa primeira análise, não constituirá um meio de obtenção de prova, dado que o perfil daí resultante também já não será um meio de prova no âmbito daquele processo em que o arguido acabou de ser julgado. Porém, sabendo que o perfil do condenado, uma vez inserido na base, irá ser interconexionado, nomeadamente com amostras-problema encontradas em local de crime, nessa altura estamos a utilizar aquele como meio de prova em um outro processo. E porque assim é, a colheita inicial deverá obedecer aos mesmos requisitos que deve obedecer quando realizada no âmbito de um processo, nomeadamente ser determinada por juiz (de acordo com o disposto no art. 8º, nº 2, da Lei nº 5/2008) que, não havendo consentimento do condenado, deve ponderar a necessidade da sua realização tendo em conta o direito à integridade pessoal e à autodeterminação informativa do visado, devendo a colheita ser realizada por médico legista. O perfil é então inserido na base, cumpridos os restantes requisitos impostos pelo art. 8º, nº 2 citado, e a amostra deve ser destruída, nos termos do art. 34º, nº 1, da Lei nº 5/2008.

Considero, pois, que a colheita de amostra de material biológico deve cumprir certos requisitos. O que me pode conduzir a um problema – o de saber se pode ou não ser utilizada força física para a obtenção da amostra (por exemplo, tapando o nariz para que o condenado abra a boca para assim se conseguir fazer a raspagem da mucosa bucal), ou se estamos, neste caso, perante a obtenção de material biológico sob coação; o que pode colocar a questão de saber se o perfil obtido a partir daquela amostra constitui ou não uma prova proibida, o que inviabilizaria a sua utilização em processos futuros, e inviabilizaria as informações (correspondência) obtidas a partir, nomeadamente, do cruzamento daquele perfil com outros obtidos a partir de amostras-problema, por exemplo.

Por isto entendo que a lei devia ser mais clara quanto às exigências a impor aquando da recolha de material biológico em condenado; e porque se trata, em última análise, de matérias conexionadas com direitos fundamentais, a lei devia estabelecer de forma expressa e clara o modo de recolha do material biológico, de forma a permitir que os operadores judiciários saibam como atuar.

3.1. Após a recolha do material biológico e a obtenção do perfil, em princípio, procede-se à *inserção do perfil* na base. Mas, é necessário esclarecer quando é que o perfil é inserido e, uma vez inserido, quando se pode ter acesso à informação armazenada na base.

É aqui que se colocam os problemas relativos ao princípio da não auto-incriminação. Em que medida este princípio nuclear do processo penal é respeitado quando se admite, sem que a pessoa saiba, que o seu perfil inserido pode ser a todo o tempo cruzado com, por exemplo, perfis de amostras-problema inseridos na base? Na verdade, sempre que é feita uma pesquisa destas, aquele que foi uma vez condenado está novamente, e sem que saiba (meio oculto de obtenção de prova), a ser investigado. Não deveria, então, a lei estabelecer um regime pormenorizado sobre as situações em que esta investigação pode ser realizada, à semelhança do que ocorre, por exemplo, com as escutas telefónicas?

Um outro problema que se coloca é o de saber se poderemos condenar o arguido *unicamente* com base na correspondência que ocorreu entre o perfil de ADN de um condenado e o perfil de ADN de uma amostra obtida, por exemplo, na vítima; se não existindo outras quaisquer provas, nem confissão livre e sem reservas, poderemos condenar o arguido exclusivamente com a prova resultante da correspondência entre um perfil e outro. E neste âmbito assume relevo o disposto no art. 38º, e no art. 3º, nº 4, da Lei nº 5/2008: nestes determina-se que não pode haver uma decisão baseada única e exclusivamente nos dados, informação, obtida a partir de perfis. O que não é uma inovação. Na verdade, uma norma idêntica aparece na regulamentação dos dados pessoais: a lei nº 67/98, de 26 de outubro, estabelece, no seu art. 13º, nº 1, que "qualquer pessoa tem o direito de não ficar sujeita a uma decisão que produza efeitos na sua esfera jurídica ou que a afecte de modo significativo, tomada exclusivamente com base num tratamento automatizado de dados destinado a avaliar determinados aspectos da sua personalidade, designadamente a sua capacidade profissional, o seu crédito, a confiança de que é merecedora ou o seu comportamento". Isto é, nunca pode haver uma decisão tomada única e exclusivamente com base numa informação armazenada numa qualquer base. E tratando-se de um perfil de ADN, sendo dado pessoal, o mesmo regime terá de ser respeitado. Ou seja, mesmo que não haja norma expressa, como a resultante dos arts. 3º, nº 4 e 38º, da Lei nº 5/2008, a regra mantém-se por força do regime geral relativo à proteção de dados pessoais. Assim sendo, não pode constituir fundamento de condenação apenas uma correspondência entre um perfil de um condenado e um perfil de uma amostra-problema. Outras provas complementares têm que ser trazidas ao processo, que nos permitam esclarecer qual foi, na realidade, a intervenção de uma certa pessoa no crime a ser julgado. Assim, por exemplo, numa sala onde ocorreu um crime, e por onde passaram várias pessoas, não é pelo facto de se encontrar um vestígio a partir do qual se obtém um perfil que corresponde a outro obtido de um condenado que poderemos, de imediato, concluir que o crime foi praticado naquela sala e por aquele condenado. São necessárias outras provas.

3.2. Analisemos agora o critério legal que possibilita a inserção de um perfil de ADN de um condenado na base criada pela lei nº 5/2008.

Um dos critérios restritivos (assim impedindo que todos os condenados tenham o seu perfil integrado) é o da pena concreta em que foi condenado: terá que se tratar de pena privativa da liberdade com duração igual ou superior a 3 anos; mas poderá ser uma condenação em pena de prisão efetiva ou em pena de prisão substituída. Por exemplo, se um arguido for condenado numa pena de prisão de 3 anos substituída pela pena de suspensão da execução da pena de prisão poderá ver, também neste caso, o seu perfil inserido na base, após condenação.

O outro critério é o referente ao elemento subjetivo do crime que o arguido/condenado cometeu: terá que o ter realizado dolosamente, ficando assim de fora a prática negligente de qualquer crime.

A possibilidade de inserção na base de perfis de condenado em prisão de 3 anos, ou mais, pela prática de crime doloso, coloca o problema de saber se não se abrangeu, na previsão legal, um leque de situações demasiado vasto. A partir de um critério baseado exclusivamente na medida da pena concreta, e não na espécie de crime praticado, consegue-se abranger uma panóplia muito diferenciada de tipos legais de crimes: desde crimes contra as pessoas, até à criminalidade terrorista, mas também a criminalidade violenta e a criminalidade altamente organizada, e ainda crimes patrimoniais ou até mesmo crimes tributários. Trata-se, pois, de uma lei que só *aparentemente* é restritiva. Atenta a necessária concordância prática entre as necessidades de investigação criminal e os direitos fundamentais do condenado, poderemos sempre questionar se a possibilidade de inserção de um perfil de um condenado em pena de prisão de 4 anos pela prática de um crime tributário (por exemplo, um crime de fraude qualificada ou de abuso de confiança fiscal agravado) obedece às restrições impostas pelo princípio da proporcionalidade, em sentido amplo, em matéria de restrição de direitos fundamentais.

Para além desta crítica, uma outra pode surgir: o que terá levado o legislador a estabelecer o limite da pena concreta de 3 anos? Não poderia ter considerado o limite da criminalidade de média gravidade, aquela em que haja condenação superior a 5 anos (assim se estabelecendo um paralelismo com os casos que admitem a aplicação da pena de substituição da suspensão da execução da pena de prisão)?

Na verdade, o projeto que deu origem a esta lei foi elaborado quando o CP ainda previa a possibilidade de suspensão da execução da pena de prisão aplicada em medida não superior a 3 anos; este poderia ter sido o critério usado pelo legislador. Mas se assim tivesse sido, não se entendia como ao mesmo tempo admitiu que se introduzissem perfis de condenado em pena de prisão igual ou *superior* a 3 anos, ainda que substituída: tendo em conta a redação do CP vigente até 2007, apenas haveria um caso em que o condenado via o seu perfil inserido na base, ainda que tivesse sido condenado naquela pena de substituição – seria o caso do condenado numa pena de 3 anos (uma vez que uma pena de prisão superior a 3 anos já não permitia a sua substituição pela pena de suspensão da execução da pena de prisão). Considero, pois, que a razão terá sido outra, nomeadamente a de permitir abranger alguns casos de condenações em crimes contra a liberdade e autodeterminação sexual, como, por exemplo, o crime de violação, previsto no art. 164º, nº 2, do Código Penal, cuja pena máxima era de 3 anos (quer na versão do CP resultante da lei nº 65/98, de 2 de setembro, quer a resultante da lei nº 59/2007, de 4 de setembro; já o mesmo não acontece na atualidade, dado que a moldura desta pena foi agravada pela lei nº 83/2015, de 5 de agosto, e passou a ser de pena de prisão entre 1 e 6 anos).

Só assim se entende que o legislador não tenha usado, por exemplo, um outro critério: o decorrente da noção de "criminalidade violenta" do art. 1º, al. f), do Código de Processo Penal (introduzido pela lei nº 48/2007, de 29 de agosto, embora com uma redação distinta da atual transcrita *infra*, mas com o mesmo limite no que respeita ao máximo da moldura da penal), caso em que apenas seriam integrados na base os condenados pela prática de "condutas que dolosamente se dirigirem contra a vida, a integridade física, a liberdade pessoal, a liberdade e autodeterminação sexual ou a autoridade pública e forem puníveis com pena de prisão de máximo igual ou superior a 5 anos". Mas, para muitos, este poderia ainda ser entendido como um critério demasiado restrito não só porque abrangia apenas algumas espécies de crimes, como apenas abrangia aqueles em que o limite máximo da moldura é igual ou superior a 5 anos, e assim teria deixado de fora alguns crimes integrados nas categorias elencadas. Ou seja, parece que este critério também não é isento de críticas.

Porém, a demonstrar que o critério estabelecido na lei não é tão restrito quanto possa parecer, verificamos que o legislador entendeu ser possível integrar na base o perfil de ADN do condenado em pena de prisão igual ou superior a 3 anos, o que poderá ser bastante abrangente se considerarmos que se integra neste critério o caso do condenado numa pena única conjunta igual ou superior a 3 anos de prisão (ainda que substituída). Terá sido intenção do legislador permitir a integração de um perfil de ADN na base nos casos em que o arguido é condenado numa pena única conjunta, resultante de um concurso de crimes, igual ou superior a 3 anos, ainda que as penas parcelares aplicadas sejam inferiores a este limite? Nestes casos pode considerar-se que o princípio da proporcionalidade, em sentido amplo, em matéria de direitos fundamentais, está assegurado? Sabendo que, apesar de a pena única conjunta ser igual ou superior a 3 anos, provavelmente muitas das penas parcelares serão inferiores a este limite?

O que me faz pensar que o melhor critério para delimitar quais os perfis que podem ser inseridos na base seria o resultante da espécie de crimes praticados. E assim facilmente conseguiríamos justificar a integração na base de todos os perfis de condenados pelos crimes de homicídio (doloso), homicídio qualificado, ou crimes contra a liberdade e autodeterminação sexual; embora pudéssemos ter dificuldade em justificar a possibilidade de integração na base de perfis de condenados em crimes de furto simples, por exemplo. Mas, como temos constatado em outros ordenamentos jurídicos, ainda que numa primeira fase apenas se admita a integração de perfis de condenados em crimes de maior gravidade, numa segunda fase logo surgem defensores da integração na base de perfis de condenados em pequenos crimes contra o património, principalmente quando se trata de condenados em pequena criminalidade, mas com um número elevado de crimes (da mesma espécie) praticados. E, na verdade, estas situações podem facilmente caber nos critérios estabelecidos pela lei portuguesa dado que, por exemplo, 10, 15 crimes de furto simples praticados pelo mesmo agente poderão atingir uma pena única conjunta igual ou superior a 3 anos de prisão. Isto é, mais uma vez se verifica que a nossa lei não é tão limitativa como parece.

Porém, e tendo em conta que uma vez inserido o perfil do condenado na base este pode servir em futuras investigações, sem que aquele saiba que o estão a investigar, assim tornando este método de investigação oculto, sabendo isto e atento o princípio da proporcionalidade em sentido amplo, a referência expressa aos tipos legais de crimes não só relativamente aos perfis de condenados a inserir na base, como também relativamente aos tipos legais de crime que estando em investigação permitiriam o recurso à informação armazenada na base, afigura-se-me ainda a solução mais consentânea com a proteção dos direitos fundamentais. Ou seja, sempre que surge uma amostra-problema, e se obtém o perfil de ADN respetivo, e se procede ao cruzamento deste perfil com todos os inseridos na base, sem que os titulares daquela informação genética saibam que estão a ser investigados, estamos a usar um método oculto de investigação. E assim sendo poderíamos considerar que o regime deveria ser tão cauteloso como o que está consagrado em matéria de escutas telefónicas. Mas não constitui também um método oculto de investigação a comparação entre uma impressão digital armazenada numa qualquer base e a impressão digital encontrada num local do crime? Também nesta situação, sempre que se faz esta comparação, não estamos perante uma investigação oculta para todos aqueles que têm a sua impressão digital armazenada na base e desconhecem a investigação? As semelhanças são evidentes sempre que o perfil genético armazenado na base se restrinja à informação genética que permita apenas a identificação.

3.3. Tenho vindo a referir que são inseridos na base os perfis de condenado (por crime doloso) punido com pena de prisão igual ou superior a 3 anos (ainda que a pena tenha sido substituída). Mas isto significa que, sempre que tenhamos um condenado nestas circunstâncias, a decisão de inserir o perfil é automática, ou deve o juiz proceder a um juízo de ponderação para avaliar da necessidade e da proporcionalidade da lesão de direitos fundamentais do condenado?

O entendimento de que, a partir de uma condenação em pena de prisão igual ou superior a 3 anos por crime doloso, automaticamente se deve proceder à inserção do perfil na base, poderá colocar o problema de saber se não estamos perante um efeito automático de uma condenação, se não se trata de um efeito que ocorre sem prévia ponderação do juiz. Nem mesmo a recente declaração de indignidade sucessória após condenação por crime de homicídio doloso (consumado ou tentado) de ascendente, por exemplo, constitui um efeito automático, uma vez que o tribunal "*pode* declarar a indignidade sucessória" (art. 69º-A, do Código Penal).

Na verdade, a Constituição da República Portuguesa é muito clara quando expressamente determina que "nenhuma pena envolve como efeito necessário a perda de quaisquer direitos civis, profissionais ou políticos" (art. 30º, nº 4). Com isto pretendeu-se abolir da legislação portuguesa os efeitos automáticos das penas. Todavia, mantiveram-se efeitos não automáticos e penas acessórias.

Os efeitos não automáticos são efeitos determinados a partir de uma condenação em função de duas exigências: exigências de prevenção geral positiva ou de integração e exigências de prevenção especial positiva ou de socialização. Estas mesmas exigências presidem também à aplicação das penas acessórias; porém, a determinação das penas acessórias depende ainda da culpa do agente, e em função da qual é delimitada temporalmente aquela pena (por exemplo, podem ser inibidas as responsabilidades parentais no caso de um condenado por crime contra a liberdade e autodeterminação sexual, por delimitado um período, cf. art. 69º-C, do Código Penal). Ou seja, as penas acessórias são determinadas em função da culpa do agente, e de acordo com as exigências de prevenção geral e especial. Por seu turno, os efeitos não automáticos são estabelecidos em função das exigências de prevenção geral e especial e, eventualmente, da perigosidade do delinquente. Assim, "concorda-se hoje, de forma generalizada, que importa retirar aos instrumentos sancionatórios jurídico-penais qualquer efeito infamante ou estigmatizante – inevitavelmente dessocializador e, portanto, criminógeno (...). Mas nem por isso as penas e efeitos acessórios têm desaparecido (...). Tudo o que se tem conseguido é evitar – como entre nós sucedeu com o artigo 65º –

que aqueles efeitos acessórios decorram *por necessidade* da aplicação de penas de certa natureza (...). No restante, porém, continua a considerar-se que certos efeitos jurídicos da condenação desempenham uma **função preventiva adjuvante da pena principal**, de que o sistema penal não pode ou não quer prescindir e, na verdade, de uma função preventiva que se não esgota na *intimidação da generalidade*, mas se dirige também, ao menos em alguma medida, à *perigosidade do delinquente*." (Figueiredo Dias[1])

Ora, sabemos que o objetivo básico que preside à criação de uma base de dados de perfis de ADN de condenado é o de esta constituir um auxiliar na investigação de crimes futuros. Para se atingir este objetivo, parte-se da ideia que aquele que é condenado por certos crimes já de alguma gravidade, e atento o modo como os praticou e os crimes que praticou, irá praticar outros crimes da mesma ou maior gravidade. Ou seja, parece que a ideia básica que presidiu a esta necessidade de criar uma base deste género reside numa presumida perigosidade de certos condenados. Assim sendo, parece que se tratará de um efeito não automático de uma condenação. Pelo que, justifica-se que mesmo no caso de condenação por crime doloso em pena de prisão igual ou superior a 3 anos, ainda que substituída, deve existir uma decisão do juiz que determine a inserção do perfil na base (tal como estabelece o art. 18º, nº 3, da Lei nº 5/2008). Na verdade, só razões de prevenção e perigosidade justificam essa inserção, o que terá que ser avaliado em função de cada caso concreto. Por exemplo, será que se justifica que se insira na base um perfil de um condenado de, por exemplo, 66 anos de idade, que cometeu um crime de homicídio e foi condenado numa pena de prisão de 20 anos? Não será diferente o caso, por exemplo, do rapaz de 17 anos que comete um crime de ofensa à integridade física grave e que é condenado numa pena de 8 anos? Ora, se entendermos que o simples preenchimento dos requisitos previstos no art. 8º, nº 2, da Lei nº 5/2008 é suficiente para que o juiz automaticamente determine a inserção do perfil na base, não vamos poder diferenciar os dois casos referidos, ou seja, não vamos determinar a inserção do perfil com respeito por exigências de prevenção e em função da perigosidade do delinquente concreto.

[1] *Direito Penal Português. As Consequências jurídicas do crime*, Lisboa: Æquitas/Ed. Notícias,1993, § 88 (p. 95-6), itálicos e negrito do autor.

4. E tendo em conta o delinquente concreto (relevando o tipo de crime praticado, e o modo da sua prática) poderá justificar-se a *inserção do perfil de arguido*. Tal como está a nossa lei, relativamente ao arguido podemos colher a amostra e obter o perfil (art. 8º, nº 1), e podemos cruzar este perfil com os existentes na base (cf. art. 20º, nº 1, da Lei nº 5/2008); porém, o perfil do arguido não é inserido na base. Esta parece ser uma limitação da lei. Isto é, diferentemente dos casos de condenados, o perfil do arguido é obtido, cruzado com outros, mas não inserido na base. Mas também nestes casos deveria ser possível, em certos tipos de crime, que o perfil de arguido fosse inserido na base. Na verdade, tendo em conta a aparente (porque ainda estamos numa fase inicial da investigação com meros indícios da prática do crime) perigosidade do delinquente, e as razões de prevenção, poderia afirmar-se a necessidade de integração na base daquele perfil sem que, no entanto, se considere, também aqui, que esta inserção deva ser automática. A ser assim, devia estar expressamente previsto na lei quais os tipos legais de crime que poderiam levar a uma inserção na base. Neste ponto, poderiam assumir relevo as definições de "criminalidade violenta", "criminalidade especialmente violenta", "terrorismo". Ou então poderia criar-se um elenco de crimes, onde se integrariam, com certeza, os crimes contra a vida, os crimes graves contra a integridade física, os crimes contra a liberdade e autodeterminação sexual, o terrorismo...

Mas, mesmo assim, um outro requisito deveria ser estabelecido. Sabendo que a constituição de arguido no âmbito do nosso processo penal ocorre numa fase muito inicial, entendo que a inserção do perfil de arguido, relativamente a alguns tipos legais de crime, apenas deveria ocorrer após uma acusação. Ainda assim, entendo que se justificaria um despacho do juiz (não se tratando, portanto, de uma inserção automática) que apresentaria as razões impostas pela perigosidade do delinquente, e impostas pelas exigências de prevenção que fundamentariam a inserção do perfil na base. Quer umas quer outras seriam aferidas em função de uma fundada suspeita de cometimento no futuro de crimes da mesma espécie, baseada na natureza do crime praticado, no modo de execução do crime, na personalidade do arguido revelada através do facto praticado, e outras informações relevantes que já estejam inscritas no processo.

5. Um último ponto deve ser referido no que respeita à inserção dos perfis de ADN de condenado na base. Qual o tempo que devem permanecer integrados na base? Ou quando devem ser *eliminados* da base?

De acordo com a lei atual, o critério foi construído tendo por referência as regras de cancelamento definitivo do registo criminal. Assim, no caso de um perfil de condenado em crime doloso com pena de prisão igual ou superior a 3 anos (ainda que substituída), o perfil será eliminado consoante a pena concreta. Nos termos do art. 26º, nº 1, al. f), da lei nº 5/2008, serão retirados da base na mesma altura em que se proceder ao cancelamento definitivo das respetivas decisões no registo criminal. Ora, nos termos da lei de identificação criminal – lei nº 37/2015, de 5 de maio –, no caso de uma condenação numa pena de prisão inferior a 5 anos, procede-se ao cancelamento do registo criminal decorridos 5 anos sobre a extinção da pena (cf. art. 11º, nº 1, al. a); só assim não será se se tratar de condenação em crime contra a liberdade e autodeterminação sexual, caso em que o cancelamento apenas ocorre 23 anos após a extinção da pena, independentemente da concreta pena em que o delinquente tenha sido condenado, e desde que não tenha havido nova condenação, nos termos do art. 4º, nº 1, da lei nº 113/2009, de 17 de setembro). Ou seja, o perfil não é retirado da base logo após o cumprimento da pena, mas somente decorrido um certo tempo (que regra geral varia de acordo com a pena concreta em que foi condenado) após este cumprimento. Por exemplo, numa condenação por um crime de homicídio numa pena de prisão de 17 anos, apenas será cancelado definitivamente o registo criminal, e consequentemente eliminado o perfil da base, 10 anos após a extinção da pena. E no caso dos crimes sexuais o período ainda será maior – se o arguido for condenado numa pena de 6 anos, apenas se procede ao cancelamento ao fim de 23 anos após a extinção da pena, assim abrangendo grande parte da sua vida adulta. Entendo, pois, que não tem razão de ser a crítica por vezes avançada no sentido de se afirmar que o perfil não está praticamente nenhum tempo na base após o condenado ser libertado, dado que há ainda um período longo em que o perfil está na base após a extinção da pena (que até pode ocorrer em momento posterior à saída do condenado na prisão – o que ocorrerá sempre que o arguido sai em liberdade condicional, dado que a pena só se extingue quando tiver terminado este período).

De tudo isto, verificamos que o legislador teve a preocupação de não fazer da inserção do perfil de ADN de condenado na base um efeito automático das penas, em atenção às exigências constitucionais. Além disto, permitiu que o julgador tivesse alguma maleabilidade na aplicação da lei, adaptando-a ao caso concreto, ou seja, às exigências de prevenção impostas pelo caso, e à perigosidade futura do condenado (tendo em conta a revelada no facto praticado). E dado o critério estabelecido em função da pena concreta aplicada, permitiu que fosse abrangido um leque vasto de crimes, independentemente da sua natureza (pessoal ou patrimonial). É este critério amplo que impõe uma necessidade de avaliação do caso concreto em respeito pelo princípio da proporcionalidade, em sentido amplo, em matéria de restrição de direitos fundamentais, e assegurando a necessária concordância prática entre aqueles direitos e as necessidades da investigação criminal.

Já vai um pouco distante o tempo em que apenas uma gota de sangue permitia obter informação sobre a identificação de cada um. Hoje, uma gota de saliva permite a obtenção da informação necessária para inserir o perfil de ADN na base criada pela Lei nº 5/2008. Por isso são muito atuais as palavras de Guilherme de Oliveira:

"se uma gota (...) – uma gotinha apenas – foi capaz de salvar o mercador António, a quem o credor mau queria arrancar o coração, também uma gotinha chega para fazer perder, se não a vida, a dignidade social de cada um"[2].

À "ciência global do direito penal" cabe utilizar os novos meios, respeitando a dignidade humana e os direitos fundamentais!

Bibliografia

AGOSTINHO, Patrícia Naré, *Intrusões corporais em processo penal*, Coimbra: Coimbra Editora, 2014

ALBUQUERQUE, Paulo Pinto de, As Bases de Dados de Perfis de ADN à Luz da Convenção Europeia dos Direitos do Homem, 2015, *in http://app.parlamento.pt/webutils/docs/doc.pdf?path=6148523063446f764c324679626d56304c334e706447567a4c31684a5355786c5a79394454303764d554e425130524d5279394562324e316257567564447397a51574e3061585a705a47466b5a554e-*

[2] O sangue e o direito – entre o ser e o pertencer, *Temas de Direito da Medicina*, Coimbra: Coimbra Editora, 2005[2], p. 275.

7662576c7a633246764c7a67774e6a6378596d4e684c544977595449744e-4445335953303559 7a49324c5759315a5463785a546c6a4d-446b314e6935775a47593d&fich=80671bca-20a2-417a-9c26-f5e71e9c0956.pdf&Inline=true

Andrade, Manuel da Costa, *Nemo Tenetur se ipsum accusare* e direito tributário, Ou a insustentável indolência de um acórdão (nº 340/2013) do Tribunal Constitucional, *RLJ*, nº 3989 (nov.-dez.2014), p. 121 e ss

Bravo, Jorge dos Reis, O aprofundamento da cooperação transnacional em matéria de intercâmbio de prova genética; A Ordem de recolha de amostras em condenados, apra análise e inserção na Base de Dados de Perfis de ADN, 2014, *in http://www.cfbdadosadn.pt/pt/estudosjurisprudencia/Documents/TRABALHOCFBDADNJORGE_RBRAVO.pdf*

Bravo, Jorge dos Reis, Perfis de ADN de arguidos-condenados (o artigo 8º, nº 2 e 3, da Lei nº 5/2008, de 12-02), *RPCC*, 2010, nº 1, p. 97 e ss

Bravo, Jorge dos Reis, Recolha de amostra, inserção e interconexão de perfis de ADN de arguidos não condenados, *in http://www.cfbdadosadn.pt/pt/atividade/Documents/ADN%20-%20Arguidos%20-%20J.%20Reis%20Bravo%20(VF).pdf*

Carracedo, Angél/ Prieto, Lourdes, Valoración de la prueba genética, *ADN forense: problemas éticos y jurídicos*, Barcelona: Universitat de Barcelona, 2014, p. 145 e ss

Corcoy Bidasolo, Mirentxu, ¿Listado de delitos en relación con las bases de datos de identificadores de ADN? Significado y alcance de la prueba de ADN en el proceso penal, *ADN forense: problemas éticos y jurídicos*, Barcelona: Universitat de Barcelona, 2014, p. 241 e ss

Corcoy Bidasolo, Mirentxu, Protección penal de la intimidad genética, *ADN forense: problemas éticos y jurídicos*, Barcelona: Universitat de Barcelona, 2014, p. 79 e ss

Fidalgo, Sónia, Determinação do perfil genético como meio de prova em processo penal, *RPCC*, 2006, nº 1, p. 115 e ss

Fiori, Angelo, Mito, realtá e fallacie del DNA (nella pratica) forense, *Rivista Italiana di Medicina Legale*, 2011, nº 6, p. 1329 e ss

Gómez Colomer, Juan-Luis, *La prueba de AND en el proceso penal*, Valencia: Tirant lo Blanch, 2014.

Leo, Guglielmo, Il prelievo coattivo di materiale biologico nel processo penale e l'istituzione della banca dati nazionale del DNA, *Rivista Italiana di Medicina Legale*, 2011, nº 5, p. 931 e ss

Machado, Helena/ Moniz, Helena/ Santos, Filipe/ Silva, Susana, Bases de dados genéticos com fins forenses: Análise comparativa de legislação europeia, Coimbra: CES, 2011, *in http://dnadatabase.ces.uc.pt/list_documents.php*

Mesquita, Paulo Dá, A Lei nº 5/2008, de 12 de Fevereiro, face ao Código de Processo Penal – O problema dos regimes de recolha de amostras para efeitos de identificação de perfis ADN em processo penal, *in http://www.cfbdadosadn.pt/pt/atividade/Documents/Paulo%20dá%20mesquita%20ADN--AR-Comunica-oral.pdf*

Milheiro, Tiago Caiado, Prova por ADN e o papel do Juiz de Instrução Criminal, 2015, *in http://www.cfbdadosadn.pt/pt/estudosjurisprudencia/Documents/Prova%20por%20adn%20e%20o%20papel%20do%20Juiz%20de%20Instrução%20criminal2-2.pdf*

Moniz, Helena, A base de dados de perfis de ADN para fins de identificação civil e criminal e a cooperação transfronteiriça em matéria de transferência de perfis de ADN, *RMP*, 2009, nº 120, p. 145 e ss

Moniz, Helena, A base de perfis de ADN para fins de identificação civil e criminal em Portugal (A Lei nº 5/2008, de 12 de fevereiro), *Revista General de Derecho Penal* , 2012, nº 17, (in http://www.iustel.com/v2/revistas/detalle_revista.asp?id_noticia=411853&d=1 acesso reservado a assinantes)

Moniz, Helena, Os problemas jurídico-criminais da criação de uma base de dados genética para fins criminais, *RPCC*, 2002, nº 2, p. 237 e ss

Moniz, Helena, Parâmetros adjetivos, constitucionais e de Direito Comparado na estrutura das soluções legais previstas na Lei nº 5/2008, de 12 de Fevereiro, *Revista do CEJ*, 2011, nº 15, p. 93 e ss

Monte, Mário, O resultado da análise de saliva colhida através de zaragatoa bucal é prova proibida?, *RMP*, 2006, nº 108, p. 239 e ss

Moreno Verdejo, Jaime, Algunos problemas de la identificación penal através de la prueba pericial de AND: ámbito, asistencia letrada y empleo de fuerza, *ADN forense: problemas éticos y jurídicos*, Barcelona: Universitat de Barcelona, 2014, p. 119 e ss

Pascali, Vincenzo L., L'uso del DNA-Profiling nel procedimento penale: fatti e misfatti, *Rivista Italiana di Medicina Legale*, 2011, nº 6, p. 1339 e ss

Pereira, Artur, Bases de dados genéticos: interesse e limitações, 2015, *in http://www.cfbdadosadn.pt/pt/atividade/Documents/Bases%20de%20Dados%20Genéticos%20artur%20pereira.pdf*

Raposo, Vera Lúcia, CSI – Quando a ficção se torna realidade, *Lex Medicinae*, 2008, nº 10, p. 83 e ss

Salardi, Silvia, DNA ad uso forense: paladino di giustizia o reo de ingiutizie? *Rivista Italiana di Medicina Legale*, 2011, nº 6, p. 1359 e ss

Santos, Filipe/ Machado, Helena/ Silva, Susana, Forensic DNA: databases in European countries: is size linked to performance?, *Life Sciences, Society and Policy*, 2013, nº 9, p. 12 e ss

SANTOSUOSSO, Amedeo/ Colussi, Haria Anna, La banca date del DNA: questioni in tema di alimentazione, trattamento e accesso, presupposti, cancellazione, tempi di conservazione (artt. 5-15 l. n. 85/09), *Politica del diritto*, 2011, nº 3, p. 437 e ss

SCAFFARDI, Lucia, Il *Genetic Information Nondiscrimination Act*: un percorso *in itinere* per gli Usa, una strada su cui riflettere per l'Europa, *Studi Parlamentari e di politica costitutionale*, 2009, nº 165-166, p. 81 e ss

SCAFFARDI, Lucia, L'uso del DNA in ambito investigative penale nell'Unione Europea: Titti per uno o ognuno per sé?, *Associazione Italiana dei Constituzionalisti – Rivista*, 2012, nº 4 (http://papers.ssrn.com/sol3/papers.cfm?abstract_id=2457955)

SILVA, Inês Pedroso da, A (i)legitimidade da colheita coerciva de ADN para efeitos de constituição da base de dados genéticos com finalidades de investigação criminal, *Lex Medicinae*, 2011, nº 15, p. 159 e ss

SILVA, Sandra Oliveira e, O arguido como meio de prova contra si mesmo: considerações em torno do princípio *nemo tenetur se ipsum accusare*, *Revista da Faculdade de Direito da Universidade do Porto*, 2013, p. 361 e ss

Transplantes *post mortem*

Nuno Manuel Pinto Oliveira*

Sumário: 1. O conceito de colheita de órgãos *post mortem*. 2. Os princípios de direito constitucional sobre a colheita de órgãos *post mortem*. 3. Os dois paradigmas de regulamentação – a *solução do consentimento* e a *solução do dissentimento*. 4. O problema da constitucionalidade da solução do dissentimento. 5. (Cont.) O princípio de que a decisão de autorizar ou de não autorizar a colheita de órgãos para transplantação deve ser uma decisão esclarecida. 6. (Cont.) O princípio de que a declaração de dissentimento deve ter uma probabilidade razoável de ser conhecida. 7. (Cont.) O princípio de que a declaração de dissentimento deve ter uma probabilidade razoável de ser respeitada. 8. Os princípios de direito internacional sobre a colheita de órgãos *post mortem*. 9. A solução do dissentimento alargado do Decreto-Lei nº 45683, de 25 de Abril de 1964. 10. A solução do dissentimento estrito (= estritamente pessoal) do Decreto-Lei nº 553/76, de 13 de Julho. 11. A solução do dissentimento estrito (= estritamente pessoal) da Lei nº 12/93, de 22 de Abril. 12. O princípio da tipicidade dos meios de declaração da vontade do Decreto-Lei nº 45 683, de 25 de Abril de 1964. 13. O princípio da atipicidade dos meios de declaração da vontade do Decreto-Lei nº 553/76, de 13 de Julho. 14. O acórdão do Tribunal Constitucional nº 130/88, de 8 de Julho. 15. O princípio da tipicidade dos meios de declaração da vontade da Lei nº 12/93, de 22 de Abril, e do Decreto-Lei nº 244/94, de 26 de Setembro. 16. (Cont.) A concepção legislativa da declaração de dissentimento como declaração expressa e formal. 17. (Cont.) Corolários da concepção legislativa da declaração de dissen-

* Professor da Escola de Direito da Universidade do Minho

timento como declaração expressa e formal. 18. O problema da constitucionalidade da concretização legislativa da solução do dissentimento do art. 10º, nº 1, da Lei nº 12/93, de 22 de Abril, e do Decreto-Lei nº 344/94, de 26 de Setembro. 19. A concretização legislativa da solução do dissentimento do art. 10º da Lei nº 12/93, de 22 de Abril, e do Decreto-Lei nº 344/94, de 26 de Setembro, é materialmente inconstitucional 20. (Cont.) Como a concretização legislativa da solução do dissentimento é materialmente inconstitucional, deverá aplicar-se a solução do consentimento estrito (= estritamente pessoal). 21. Caso a concretização legislativa da solução do dissentimento não fosse materialmente inconstitucional, o art. 10º da Lei nº 12/93, de 22 de Abril, e o Decreto-Lei nº 244/94, de 26 de Setembro, deveria (pelo menos) interpretar-se correctivamente. 22. Conclusão. Contributo para uma revisão dos princípios e das regras do direito português.

1. O conceito de colheita de órgãos *post mortem*

O tema da *colheita de órgãos em cadáver* pressupõe uma pergunta *difícil* – de que falamos, quando falamos de um cadáver?

As palavras podem mudar um pouco: pode evitar-se a palavra *cadáver* para falar em *fonte de órgãos, tecidos e células de origem humana*, esclarecendo que a *fonte* está *morta* [1]; pode evitar-se a palavra *cadáver* para falar em *dador post mortem*[2]; não pode, porém, evitar-se a *difícil* pergunta – de que falamos, quando falamos de um *dador post mortem*?

O *conceito de morte* é um *conceito de valor*[3]. Quando se pergunta *o que deve entender-se por vida* e *o que deve entender-se por morte*, está a perguntar-se *o que deve entender-se por pessoa*[4]. O art. 2º da Lei nº 141/99, de 28 de

[1] Cf. art. 1º-A, alínea d), da Lei nº 12/93, de 22 de Abril, na redacção da Lei nº 22/2007, de 29 de Junho.

[2] Cf. arts. 6º e 10º da Lei nº 12/93, de 22 de Abril.

[3] Nuno Manuel Pinto Oliveira, *O direito geral de personalidade e a "solução do dissentimento". Ensaio sobre um caso de "constitucionalização" do direito civil*, Centro de Direito Biomédico da Faculdade de Direito da Universidade de Coimbra / Coimbra Editora, Coimbra, 2002, págs. 31-33.

[4] David DeGrazia, The Definition of Death (2011), in: Edward N. Zalta (coord.), The Stanford Encyclopedia of Philosophy, in: WWW: < http://plato.stanford.edu/archives/fall2011/entries/death-definition/ >; Luís Carvalho Fernandes, "A definição de morte, transplantes e outras utilizações do cadáver", in: *Direito e justiça*, ano 16º (2002), págs. 29-59 (30); Nuno Manuel Pinto Oliveira, *O direito geral de personalidade e a "solução do dissentimento". Ensaio sobre um caso de "constitucionalização" do direito civil*, cit., págs. 31-33 ; João de Oliveira Geraldes, "*Finis vitae* ou *ficta mortis* ?", in : *Revista da Ordem dos Advogados*, ano 70º (2010), págs. 625-674 [= WWW: < http://www.oa.pt/Conteudos/Artigos/detalhe_artigo.aspx?idc=30777&idsc=11

Agosto, ao afirmar que *a morte [de uma pessoa] corresponde à cessação irreversível das funções do [seu] tronco cerebral,* está a dizer que a *personalidade* depende da *função global do cérebro.*

O ser humano deixaria de ser uma *pessoa em sentido jurídico* desde que se desse a "falência completa e irreversível da função global do cérebro"[5].

O problema está em que o *princípio* de que a morte de uma *pessoa* pode definir-se a partir da *falência* da *função global* de um dos seus órgãos é um princípio *controverso*[6] [7]. A *pessoa* cujas funções cerebrais cessaram completa e irreversivelmente será, em substância, *menos* que "uma 'pessoa a morrer' que ainda não está morta"? Será *menos* que uma pessoa viva[8]?

Os adeptos da ideia de que o ser humano em estado de morte cerebral deve ser tratado como pessoa viva, alegam que a constitucionalidade da definição da morte do art. 2º da Lei nº 141/99 é, pelo menos, duvidosa[9] [10].

2472&ida=112723 >]; Eugenio Lecaldano, "La definizione della morte. Definizioni tra etica e filosofia", in: Stefano Rodotà / Paolo Zatti (coord.), *Trattato di biodiritto,* vol. II – *Il governo del corpo,* tomo II, Giuffrè, Milano, 2011, págs. 2015-2036; Alberto Defanti, "La morte cerebrale. Defnizioni tra etica e scienza", in: Stefano Rodotà / Paolo Zatti (coord.), *Trattato di biodiritto,* vol. II – *Il governo del corpo,* tomo II, Giuffrè, Milano, 2011, págs. 2037-2051.

[5] José Joaquim Gomes Canotilho / Vital Moreira, *Constituição da República Portuguesa anotada,* vol. I – *Artigos 1º a 107º,* 4ª ed., Coimbra Editora, Coimbra, 2007, anotação ao art. 24º, págs. 445-452 (448).

[6] Entre os críticos do conceito de morte cerebral econtram-se, p. ex., Wolfram Höfling, "Um Leben und Tod: Transplantationsgesetzgebung und Grundrecht auf Leben", in: *Juristenzeitung,* 1995, págs. 26-33; Idem, "Rechtsfragen der Transplantationsmedizin – Eine rechtsvergleichende Betrachtung", in: *Zeitschrift des bernischen Juristenvereins,* 1996, págs. 787-807; Idem, "Über die Definitionsmacht medizinischer Praxis und die Aufgabe der Verfassungsrechtslehre", in: *Juristenzeitung,* 1996, págs. 616-619; Stephan Rixen, "Todesbegriff, Lebensgrundrecht und Transplantationsgesetz", in: *Zeitschrift für Rechtspolitik,* 1995, págs. 461-466; Wolfram Höfling / Stephan Rixen, *Verfassungsfragen der Transplantationsmedizin,* J. C. B. Mohr (Paul Siebeck), Tübingem, 1996; e, em Itália, Carlo Alberto Defanti, "La morte cerebrale. Definizioni tra etica e scienza", cit., págs. 2037-2051.

[7] O Conselho de Bioética dos Estados Unidos, ainda que aceitasse, maioritariamente, que a definição da morte decorresse da cessação das funções cerebais, admitiu que o critério era controverso e sugeriu a substituição do termo morte cerebral, *brain death,* por falência total do cérebro, por *total brain failure* [cf. The President's Council on Bioethics, *Controversies in the Determination of Death,* Washington, 2008, in: WWW: < www.bioethics.gov >].

[8] Colocando a questão, sem lhe dar uma resposta conclusiva, José Joaquim Gomes Canotilho / Vital Moreira, *Constituição da República Portuguesa anotada,* vol. I – *Artigos 1º a 107º,* cit., págs. 448.

[9] José Joaquim Gomes Canotilho / Vital Moreira, *Constituição da República Portuguesa anotada,* vol. I – *Artigos 1º a 107º,* cit., pág. 448.

O carácter absoluto da protecção do direito fundamental à vida exigiria que o conceito de morte fosse definido como "a 'falência' completa do organismo humano no conjunto dos seus órgãos e funções"[11]. O momento da cessação completa e irreversível da função global do cérebro seria só um momento, ainda que um momento *terminal*, da vida da pessoa[12].

O caso está todo em averiguar por que se protege a vida do ser humano: pode pensar-se que que se protege a vida *por causa da vida*, ou pode pensar-se que a vida que se protege a vida *por causa da pessoa*.

Estamos em crer que a razão está do lado de quem pensa que se protege a vida por causa da pessoa – que a dignidade da pessoa ocupa o lugar principal, subordinante, e que a vida do ser humano ocupa um lugar subordinado na *ordem de valores* da Constituição da República Portuguesa.

"[O art. 24º, nº 1, da Constituição da República Portuguesa] protege [...] a vida que se abre a cada homem", para que cada homem, para que cada ser humano, possa cumprir o seu destino ou realizar o seu projecto[13].

O carácter absoluto da protecção do direito fundamental à vida exigirá que o ser humano seja protegido em todos e cada um dos casos, em todos e cada um dos momentos, em que ainda possa alcançar ou recuperar o seu estatuto moral. O conceito de morte terá de restringir-se, em termos de não abranger nenhum dos casos, nenhum dos momentos, em que a vida seja ainda um valor. Em que o ser humano ainda possa alcançar, ou recuperar, o seu estatuto moral[14]. O carácter absoluto da protecção não exigirá mais – não exigirá, p. ex., que o conceito de morte seja

[10] Paolo Becchi completa os argumentos deduzidos o princípio da igualdade: a definição legal do conceito de morte como cessação completa e irreversível da função global do cérebro conflituaria com o princípio da igualdade, por tratar de igual forma os dadores e os não dadores de órgãos e tecidos [cf. Paolo Becchi, "Definizione e accertamento della morte: aspetti normativi", in: Stefano Rodotà / Paolo Zatti (coord.), *Trattato di biodiritto*, vol. II – *Il governo del corpo*, tomo II, Giuffrè, Milano, 2011, págs. 2053-2085 (2082-285)].

[11] José Joaquim Gomes Canotilho / Vital Moreira, *Constituição da República Portuguesa anotada*, vol. I – *Artigos 1º a 107º*, cit., págs. 448-449.

[12] José Joaquim Gomes Canotilho / Vital Moreira, *Constituição da República Portuguesa anotada*, vol. I – *Artigos 1º a 107º*, cit., pág. 449: "Neste sentido, o conceito de 'morte cerebral' teria de considerar-se apenas como o momento temporal da morte de uma vida em 'processo de falecimento'".

[13] Cf. declaração de voto do Conselheiro José Manuel Cardoso da Costa no acórdão do Tribunal Constitucional nº 25/84, de 19 de Março de 1984.

[14] Cf. designadamente Agnieszka Jaworska / Julie Tannenbaum, "The Grounds of Moral Status", in: Edward N. Zalta (coord.), *The Stanford Encyclopedia of Philosophy* (Summer 2013

definido como "'falência' completa do organismo humano no conjunto dos seus órgãos e funções".

O art. 2º da Lei nº 141/99, de 28 de Agosto, será ainda conforme com aquilo que o art. 24º da Constituição significa: se antes da cessação irreversível da função do cérebro faz ainda alguma sentido, depois dela já não faz sentido algum representar-se o ser humano como pessoa chamada a algum destino, ou comprometida com algum projecto. Em caso de morte cerebral, a vida do ser humano é só um facto e não um valor[15].

2. Os princípios de direito constitucional sobre a colheita de órgãos *post mortem*

O problema da colheita de órgãos em cadáver (em dador *post mortem*) relaciona-se com o princípio constitucional da dignidade da pessoa humana.

O acórdão do Tribunal Constitucional nº 130/88, de 8 de Junho, ligava o conceito de *dignidade* à *liberdade ética do homem individual*[16]. Entre os corolários da *liberdade ética do homem individual* estaria a *liberdade de o homem individual decidir sobre o destino do seu corpo depois da morte*[17].

O princípio da dignidade da pessoa humana do art. 1º concretizar-se através do *direito geral de personalidade*[18], do *direito à integridade pessoal* (art.

Edition), in: WWW < http://plato.stanford.edu/archives/sum2013/entries/grounds-moral-status/ >.

[15] Cf. Nuno Manuel Pinto Oliveira, *O direito geral de personalidade e a "solução do dissentimento". Ensaio sobre um caso de "constitucionalização" do direito civil*, cit., págs. 155-165.

[16] Cf. acórdão do Tribunal Constitucional nº 130/88, de 8 de junho de 1988, relatado pelo Conselheiro Martins da Fonseca, in: *Boletim do Ministério da Justiça*, nº 378 (Julho de 1988), págs. 141-167 (155-156).

[17] Sobre a ligação entre o conceito de *dignidade da pessoa humana* e a *liberdade de o homem individual decidir sobre o destino do seu cadáver*, *vide* João Loureiro, *Transplantações: um olhar constitucional*, Coimbra Editora, Coimbra, 1995, pág. 23; Paulo Mota Pinto, "O direito ao desenvolvimento da personalidade", in: *Portugal-Brasil ano 2000 – Tema Direito*, Faculdade de Direito da Universidade de Coimbra / Coimbra Editora, Coimbra, 1999, págs. 149-246 (220); Nuno Manuel Pinto Oliveira, *O direito geral de personalidade e a "solução do dissentimento". Ensaio sobre um caso de "constitucionalização" do direito civil*, cit., págs. 105-120; Luísa Neto, *O direito fundamental à disposição do próprio corpo (A relevância da vontade na configuração do seu regime)*, Faculdade de Direito da Universidade do Porto / Coimbra Editora, Porto / Coimbra, 2004, págs. 809-836.

[18] Sobre o conceito de um *direito geral de personalidade*, *vide* Rabindranath Capelo de Sousa, *O direito geral de personalidade*, Coimbra Editora, Coimbra, 1995 ; Paulo Mota Pinto, "O direito ao desenvolvimento da personalidade", cit., *passim* ; Nuno Manuel Pinto Oliveira, *O direito*

25º, nº 1[19]) e / ou da *liberdade de consciência, de religião e de culto* (art. 41º da Constituição da República Portuguesa)[20]. O Tribunal Constitucional extrai do princípio do art. 1º, em ligação com as normas dos arts. 25º, 26º e 41º da Constituição um direito fundamental ao *dissentimento* ou à *oposição*: "deve[ria] ser reconhecida dignidade constitucional ao direito da pessoa a opor-se à utilização do seu próprio cadáver para efeitos de recolha de tecidos ou órgãos" –, pelo menos desde que a actuação do direito da pessoa a opor-se à utilização do seu cadáver se fundasse em "razões éticas, filosóficas ou de carácter religioso".

3. Os dois paradigmas de regulamentação – a *solução do consentimento* e a *solução do dissentimento*

O direito fundamental ao *dissentimento* ou à *oposição* à colheita implica a exclusão, por *inconstitucionalidade*, de um princípio de *irrelevância da vontade privada*. Excluído o princípio da irrelevância da vontade privada, os problemas de regulação da colheita de órgãos em cadáver são sobretudo dois.

O primeiro consiste em determinar qual a relevância que deve atribuir-se à *vontade da pessoa falecida*. O segundo, em determinar qual a relevância que deve atribuir-se à vontade dos *familiares da pessoa falecida*.

a) Quanto ao primeiro problema, pode atribuir-se relevância à vontade da pessoa falecida de duas formas: dando-lhe o direito de autorizar a colheita, de a tornar *lícita*, ou o direito de não a autorizar, de a tornar *ilícita*.

A primeira solução, aquela que consiste em dar à pessoa falecida o direito de autorizar a colheita, de a tornar *lícita*, chama-se *solução* ou *sistema do consentimento*; a segunda, aquela que consiste em dar à pessoa falecida o direito de não autorizar a colheita, de a tornar *ilícita*, chama-se sistema ou solução do *consentimento presumido*, do *dissentimento* ou da *oposição*.

geral de personalidade e a "solução do dissentimento". Ensaio sobre um caso de "constitucionalização" do direito civil, cit., págs. 78-98 e 125-128.

[19] Sobre a ligação entre o *direito à integridade pessoal* e a *liberdade de o homem individual decidir sobre o destino do seu cadáver*, *vide* Pedro Garcia Marques, anotação ao art. 24º, in: Jorge Miranda / Rui Medeiros, *Constituição portuguesa anotada*, tomo I – *Introdução geral. Preâmbulo. Artigos 1º a 79º*, 2ª ed., Coimbra Editora, 2010, págs. 499-550 (561-562).

[20] Cf. Nuno Manuel Pinto Oliveira, *O direito geral de personalidade e a "solução do dissentimento". Ensaio sobre um caso de "constitucionalização" do direito civil*, cit., págs. 122-124.

Os termos não são equivalentes. O primeiro – *consentimento presumido* – deve evitar-se, por não ser um termo apropriado. O consentimento poderia presumir-se desde que a colheita fosse feita no interesse da pessoa falecida (art. 340º, nº 3, do Código Civil). O problema está em que a colheita de órgãos para transplantação é um caso paradigmático de intervenção médica no interesse de outrem (no interesse do receptor).

Evitando *consentimento presumido*, ficam os termos *dissentimento* e *oposição*. Entre os dois poderá porventura preferir-se *dissentimento*, por uma razão de simetria.

A *solução do consentimento* diz-nos que a colheita de órgãos em cadáver só é permitida desde que o dador tenha declarado, em vida, a sua vontade de dar os seus órgãos e tecidos para transplante ; a *solução do dissentimento* diz-nos que a colheita de órgãos é permitida desde que o dador não tenha declarado, em vida, a sua vontade de não os dar.

Enquanto na *solução do consentimento*, o *silêncio* tem um *valor negativo* – se o potencial dador nada declarar, a colheita de órgãos depois da sua morte é proibida (*ilícita*) –, na *solução do dissentimento* o *silêncio* tem um *valor positivo* – se o não dador nada declarar, a colheita é permitida (*lícita*)[21]:

> "todos os cidadãos, em princípio, são dadores, excepto se, em vida, [...] tiverem manifestado a vontade de não quererem ser, *post mortem*, dadores de órgãos ou tecidos"[22].

b) Quanto ao segundo problema, pode combinar-se qualquer uma das duas grandes *soluções* com um *princípio de relevância* ou com um *princípio de irrelevância* da vontade dos familiares da pessoa falecida.

O problema põe-se, essencial ou exclusivamente, para os casos de silêncio. Se a pessoa falecida tiver decidido dar ou não dar os seus órgãos, o assunto é mais ou menos simples – a vontade da pessoa falecida prevalecerá sempre sobre a vontade dos seus familiares. Se, porém, a pessoa falecida nada tiver decidido, o assunto é mais complicado.

[21] Cf. Nuno Manuel Pinto Oliveira, *O direito geral de personalidade e a "solução do dissentimento". Ensaio sobre um caso de "constitucionalização" do direito civil*, cit., págs. 11-14.

[22] José Francisco de Faria Costa, "O valor do silêncio do legislador penal e o problema das transplantações", in: *Transplantações. Colóquio Interdisciplinar (25 de Março de 1993)*, Centro de Direito Biomédico da Faculdade de Direito da Universidade de Coimbra, Coimbra, 1993, págs. 87-134 (124-125).

As soluções do *consentimento estrito* (= estritamente pessoal) e do *dissentimento estrito* (= estritamente pessoal) partem do princípio de que a competência para decidir sobre o destino do cadáver cabe exclusivamente à pessoa falecida. Como a pessoa falecida nada disse, nada há que perguntar.

As soluções do *consentimento alargado* e do dissentimento alargado partem do princípio de que a competência para decidir sobre o destino do cadáver cabe, concorrentemente, à pessoa falecida e aos seus familiares.

Em primeira linha, *a título principal,* à pessoa falecida; em segunda linha, *a título subsidiário,* aos seus familiares – ao menos, aos mais próximos.

Como a pessoa falecida nada disse, há que perguntar aos seus familiares se querem, ou não querem, dar os órgãos para transplantação.

Enquanto na solução do *consentimento alargado* o *silêncio* da pessoa falecida e dos seus familiares tem um *valor negativo* – sem o *consentimento* da pessoa falecida ou dos seus familiares, a colheita de órgãos é proibida –, na solução do *dissentimento alargado* o silêncio tem um *valor positivo.*

4. O problema da constitucionalidade da solução do dissentimento

O direito fundamental ao *dissentimento* ou à *oposição* há-de configurar-se como um *direito a competências jurídico-privadas.* O Estado-legislador tem o dever de criar as normas jurídicas necessárias (normas constitutivas) para que os actos de exteriorização do consentimento ou do dissentimento constituam *actos jurídicos* (i. e.: actos juridicamente relevantes).

Os direitos a competências jurídico-privadas constituem direitos a procedimentos; ora, "as normas de organização e de procedimento devem ser constituídas de tal forma que o resultado seja, com suficiente probabilidade e em suficiente medida, conforme aos direitos fundamentais" [23]. O resultado das normas de organização e de procedimento relativas à colheita de órgãos e tecidos em cadáver para transplantação deverá considerar-se conforme aos direitos fundamentais desde que garanta, "com suficiente probabilidade e em suficiente medida", a autonomia ética da pessoa e desconforme aos direitos fundamentais desde que não a garanta, ou não a garanta "com suficiente probabilidade e em suficiente medida".

[23] Robert Alexy, *Theorie der Grundrechte,* 3ª ed., Suhrkamp, Frankfurt-am-Main, 1996, pág. 431.

Caso o legislador se decida pela *solução do consentimento*, só *permitindo* a colheita de órgãos ou tecidos se a pessoa falecida tiver exteriorizado, em vida, a vontade de os dar para transplantação, o resultado das normas de procedimento será *sempre* conforme aos direitos fundamentais: a colheita órgãos e/ou de tecidos resultará *sempre* de um acto de autonomia.

Caso o legislador se decida pela *solução do dissentimento,* só *proibindo* a colheita de órgãos e tecidos se a pessoa falecida tiver exteriorizado, em vida, a vontade de não os dar para transplantação, deverá fazer-se uma pergunta – a colheita de órgãos sem o consentimento, expresso ou tácito, da pessoa falecida, será (poderá ser) constitucionalmente admissível?

a) Os argumentos deduzidos para sustentar a tese de que a solução do dissentimento só pode ser inconstitucional – ou seja: de que todas as soluções do dissentimento são inconstitucionais – podem resumir-se a dois.

O primeiro é o de que a solução do dissentimento conflitua com princípios constitucionais, entre os quais estaria, sobretudo, o direito geral de personalidade do art. 1º, nº 1, em ligação com o art. 26º, nº 1, da Constituição da República Portuguesa. A solução do dissentimento significaria uma restrição não adequada, não necessária ou não proporcionada de direitos fundamentais[24]. O segundo é o de que a solução do dissentimento conflitua com *regras constitucionais*, entre as quais estaria a regra do art. 41º, nº 3, da Constituição da República Portuguesa.

O art. 41º, nº 3, da Constituição da República Portuguesa proíbe as perguntas sobre as convições religiosas; deveria interpretar-se, declarativa ou extensivamente, de forma a abranger as perguntas directas e as perguntas indirectas. Ora a solução do dissentimento significa uma pergunta indirecta sobre as convicções religiosas, ou sobre convicções éticas e morais equiparáveis às convições religiosas; significando uma pergunta indirecta sobre convições religiosas, ou sobre convicções éticas e morais equiparáveis, seria sempre proibida pelo art. 41º, nº 3[25].

[24] Sobre os argumentos deduzidos, *vide* desenvolvidamente Nuno Manuel Pinto Oliveira, *O direito geral de personalidade e a "solução do dissentimento". Ensaio sobre um caso de "constitucionalização" do direito civil*, cit., págs. 196-213.

[25] José Francisco de Faria Costa, "O valor do silêncio do legislador penal e o problema das transplantações", cit., págs. 128-129 (nota nº 58) – com a concordância de Pedro Garcia

A *Commission nationale d'éthique pour la médecine humaine* suíça chegou recentemente a uma resultado em tudo semelhante, concretizado na seguinte regra: "em mátéria de dádiva de órgãos, cada pessoa deve ser livre de não se exprimir"[26]. A solução do dissentimento seria sempre uma *solução problemática*, no plano ético e/ou no plano moral, e *mais que problemática*, no plano jurídico (juriídico-constitucional).

O primeiro argumento representa o problema constitucional do dissentimento como um problema de aplicação de princípios, através de uma ponderação de bens ou de valores. Os bens jurídicos relacionados com a pessoa do dador, como a *liberdade*, deveriam ponderar-se com os bens jurídicos relacionados com a pessoa do receptor, como *saúde* e a *vida*.

O erro está em que o argumento valoriza em demasia o bem da *liberdade* e desvaloriza em demasia o valor da *solidariedade*, esquecendo que a solução do dissentimento pode ser uma medida adequada e uma medida necessária para a protecção da *saúde* e da *vida* dos receptores.

O segundo argumento, esse, representa o problema constitucional do dissentimento como um problema de aplicação de regras.

Ora o art. 41º, nº 3, da Constituição da República Portuguesa contém implicitamente um princípio e explicitamente uma regra.

O princípio é o de que cada pessoa tem o direito à reserva sobre convicções religiosas ou sobre convicções éticas e morais equiparáveis às convicções religiosas. Entre os corolários do direito à reserva sobre as convicções está a regra da proibição de perguntas. O princípio deve aplicar-se a todas as perguntas, às perguntas directas e às indirectas, e a regra deve aplicar-se só a algumas – às perguntas directas[27]. Estando em

Marques, anotação ao art. 24º, in : Jorge Miranda / Rui Medeiros, *Constituição portuguesa anotada*, tomo I – *Introdução geral. Preâmbulo. Artigos 1º a 79º*, cit., págs. 561-562.

[26] Commission nationale d'éthique pour la médecine humaine, *Le consentement présumé en matière de don d'organes. Considérations éthiques*, Berne, 2012, pág. 9.

[27] O raciocínio desenvolvido em texto, sobre a admissibilidade de uma *restrição* do direito à reserva sobre convicções religiosas, ou sobre convicções equiparáveis às convicções reliigiosas, só pode ser confirmado pela circunstância de a lei alemã sobre a transplantação (*Transplantationsgesetz*) ter alterada em Julho de 2012, substituindo-se uma solução do consentimento alargado em que se confiava na iniciativa do dador por uma solução do consentimento alargado em que não se confia na sua iniciativa, fazendo com que todas as pessoas sejam perguntadas sobre a sua vontade de dar ou de não dar os seus órgãos (cf. *Gesetz*

causa tão-só um princípio, o problema da constitucionalidade da solução do dissentimento deve reconduzir-se a um *problema de ponderação*[28].

b) Criticados os argumentos deduzidos para sustentar a tese de que a solução do dissentimento só pode ser inconstitucional, deverá enunciar-se o seguinte critério: o resultado das normas de organização e de procedimento relacionadas com a *solução do dissentimento* só será um resultado conforme aos direitos fundamentais desde que cada pessoa tenha uma oportunidade razoável de se pronunciar por si própria sobre a colheita de órgãos – tenha uma oportunidade razoável de autorizar ou não autorizar a colheita[29].

Entre as condições necessárias para que possa sustentar-se que cada pessoa tem um oportunidade razoável de autorizar ou não autorizar a colheita de órgãos encontram-se, designadamente, as três seguintes:

Em primeiro lugar, a decisão de cada pessoa de *autorizar* ou de *não autorizar* a colheita de órgãos, *consentindo* ou *dissentindo*, deverá ser uma decisão esclarecida. Em segundo lugar, a declaração de dissentimento deverá ter uma probabilidade razoável de ser conhecida e, em terceiro lugar, deverá ter uma probabilidade razoável de ser respeitada.

5. (Cont.) O princípio de que a decisão de autorizar ou de não autorizar a colheita de órgãos para transplantação deve ser uma decisão esclarecida

O princípio de que a decisão de *autorizar* ou de *não autorizar* a colheita de órgãos deve ser uma decisão esclarecida significa que o Estado se encontra adstrito a deveres de esclarecimento e de informação.

zur Änderung des Transplantationsgesetzes de 21 de Julho de 2015, publicada na *Bundesgesetzblatt*, de 25 de Julho de 2012, págs. 1601-1612). Os autores alemães falam a propósito de uma solução ou de uma sistema de decisão (*Entscheifungslösung*).

[28] Sobre os argumentos deduzidos, *vide* desenvolvidamente Nuno Manuel Pinto Oliveira, Nuno Manuel Pinto Oliveira, *O direito geral de personalidade e a "solução do dissentimento". Ensaio sobre um caso de "constitucionalização" do direito civil*, cit., págs. 190-196.

[29] Cf. David Price, *Legal and Ethical Aspects of Organ Transplantation*, Cambridge University Press, Cambridge, 2000, pág. 114: "*The avaliability of a 'reasonable opportunity to object' would seem to be the minimum ethical requirement for decedents under all regimes*".

O acórdão do Tribunal Federal suíço de 16 de Abril de 1997[30] contrapõe o dever de informação em sentido amplo *(information au sens large)* e o dever de informação em sentido estrito *(information au sens étroit)*[31].

A primeira, a informação em sentido amplo, dirigir-se-ia ao conjunto dos cidadãos (através da imprensa, da rádio ou da televisão); a segunda, a informação em sentido estrito, dirigir-se-ia aos familiares da pessoa falecida, para que exercessem o direito-dever de cuidado, comunicando à equipa encarregada da transplantação as decisões da pessoa falecida informalmente exteriorizadas, ou que exercessem o direito subjectivo (subsidiário) de decisão sobre o destino do corpo inanimado[32].

O problema está em que o dever de informação em sentido amplo e o dever de informação em sentido estrito, entendido como dever de informação dos familiares da pessoa falecida, são insuficientes para constituir as normas de organização e de procedimento "de tal forma que o resultado seja, com suficiente probabilidade e em suficiente medida, conforme aos direitos fundamentais". O direito da pessoa viva a opor-se ao utilização do seu próprio cadáver para efeitos da colheita de tecidos ou órgãos há-de ser exercido exclusiva ou, ainda que não exclusiva, há-de ser exercido essencialmente por cada indivíduo – por cada dador ou não dador.

O dever de informação em sentido amplo, como dever de informação do público (através da imprensa, da rádio ou da televisão), não conduz, "com suficiente probabilidade e em suficiente medida", ao esclarecimento de cada um dos interessados (de cada um dos cidadãos)[33]; o dever de informação em sentido estrito, como dever de informação dos familiares da pessoa falecida, não contribui em nada, ou em quase nada. para que cada um dos interessados, cada um dos dadores ou não dadores, disponha de uma oportunidade razoável para se pronunciar, autó-

[30] In: *Entscheidungen des Bundesgerichts* (BGE), nº 123, I, págs. 112-143.

[31] Como diz a *Commission nationale d'éthique pour la médecine humaine* suíça, o Tribunal Federal liga a solução do dissentimento a um dever de informação (*Le consentement présumé en matière de don d'organes. Considérations éthiques*, cit., pág. 9).

[32] *BGE*, nº 123, I, pág. 140.

[33] Contra, Luísa Neto, *O direito fundamental à disposição do próprio corpo*, cit., págs. 818-819 e 832-834 – o direito à informação em sentido amplo, concretizado em "acções de informações adequadas e suficientes", seria necessário; o direito à informação em sentido estrito não o seria.

noma, consciente e responsavelmente, sobre a colheita de órgãos e/ou de tecidos.

O conteúdo do *dever de informação em sentido estrito* deverá reconstruir-se: ainda que o acórdão do Tribunal Federal Suíço de 16 de Abril de 1997 o construísse como dever de informar os familiares da pessoa falecida, deverá reconstruir-se como dever de informar cada um dos potenciais dadores ou não dadores da opção legislativa pela solução do dissentimento[34].

6. (Cont.) O princípio de que a declaração de dissentimento deve ter uma probabilidade razoável de ser conhecida

O princípio de que *a declaração deve ter uma probabilidade razoável de ser conhecida* significa que o Estado se encontra adstrito a três deveres:

Em primeiro lugar, ao dever de proporcionar a cada um dos potenciais dadores ou não dadores um meio adequado para declararem a sua vontade.

Os meios informais devem ser completados por meios formais (p. ex., pela disponibilização de formulários, para que os não dadores, preenchendo-os, possam actuar ou exercer o seu direito ao *dissentimento* ou à *oposição*).

Em segundo lugar, ao dever de proporcionar a cada um dos potenciais dadores ou não dadores um meio adequado para a documentarem.

Os meios informais de documentação da vontade declarada devem ser completados por meios formais (p. ex., pela inscrição dos formulários no registo nacional informatizado de dadores ou de não dadores).

Em terceiro lugar, o Estado encontra-se (deve encontrar-se) adstrito ao dever de concretizar o conteúdo do *dever de diligência* das equipas encarregadas da transplantação (dizendo, p. ex., que as equipas têm o dever de consultar o registo nacional informatizado de não dadores, de perguntar aos familiares se a pessoa falecida exteriorizou em vida a sua vontade real e/ou de perguntar aos familiares se a pessoa falecida exteriorizou em vida convicções relevantes, para reconstituir a sua vontade presumível).

[34] Cf. desenvolvidamente Nuno Manuel Pinto Oliveira, *O direito geral de personalidade e a "solução do dissentimento". Ensaio sobre um caso de "constitucionalização" do direito civil*, cit., págs. 217-229.

7. (Cont.) O princípio de que a declaração de dissentimento deve ter uma probabilidade razoável de ser respeitada

Finalmente, o princípio de que a declaração de dissentimento deve ter uma probabilidade razoável de ser respeitada significa que a colheita de órgãos contrária a uma declaração de dissentimento deve ser proibida.

Os dois princípios, o de que a declaração de dissentimento deve ter uma probabilidade razoável de ser conhecida e o de que a declaração de dissentimento deve ter uma probabilidade razoável de ser respeitada, devem distinguir-se: o primeiro concilia-se ainda com o princípio da tipicidade dos meios de declaração da vontade; o segundo, não.

O problema deverá enunciar-se nos seguintes termos: se a pessoa falecida emitir uma declaração de dissentimento, expressa ou tácita, exteriorizando-a de forma diferente da forma legal (p. ex., oralmente), a equipa encarregada da colheita estará obrigada a respeitá-la?

O sistema de direitos fundamentais da Constituição da República Portuguesa, como o sistema de direitos fundamentais de todas as Constituições dos Estados democráticos e pluralistas, exige sempre o respeito pela actuação ou pelo exercício da autonomia ética da pessoa.

A *Commission nationale d'éthique pour la médecine humaine* suíça alega que, ainda que seja "altamente provável [...] que uma pessoa tenha querido dar os seus órgãos", deve dar-se sempre prioridade ao direito de cada pessoa se pronunciar por si própria. O facto de a pessoa se ter pronunciado formal ou informalmente é (tem de ser) um facto irrelevante[35].

Caso a pessoa se tenha pronunciado pelo dissentimento, a colheita de órgãos é (tem de ser) ilícita: O Estado, ao atribuir a cada pessoa o direito de se pronunciar por si própria, terá de impor a todas as outras pessoas o dever de respeitarem a declaração por que a pessoa se pronuncia[36].

8. Os princípios de direito internacional sobre a colheita de órgãos *post mortem*

a) Os instrumentos de direito internacional elaborados no quadro do Conselho da Europa, em especial a Convenção Europeia dos Direitos do

[35] Commission nationale d'éthique pour la médecine humaine, *Le consentement présumé en matière de don d'organes. Considérations éthiques*, cit., pág. 9.

[36] Commission nationale d'éthique pour la médecine humaine, *Le consentement présumé en matière de don d'organes. Considérations éthiques*, cit., pág. 9.

Homem e da Biomedicina, de 4 de Abril de 1997[37], e o Protocolo Adicional à Convenção Europeia dos Direitos do Homem e da Biomedicina de 24 de Janeiro de 2002, sobre a transplantação de órgãos e tecidos de origem humana, ainda não ratificado pelo Estado português, confirmam duas coisas:

- que cada pessoa tem o direito fundamental de dissentir (de se opor à colheita de órgãos e tecidos no seu cadáver);
- que, ainda que o direito fundamental de dissentir seja actuado ou exercido de forma diferente daquela que está prevista na lei, a declaração de dissentimento é uma declaração relevante.

O art. 17º diz que "a colheita não deve efectuar-se se a pessoa falecida se lhe opôs"[38]; o relatório explicativo esclarece que o art. 17º deve interpretar-se como se disesse que a colheita de órgãos não deve efectuar-se se a pessoa falecida se lhe opôs, formal ou informalmente[39].

O parágrafo 99 do relatório explicativo declara que a consulta de um registo oficial informatizado deve ser um dos meios, e não deve ser o meio, de determinar ou estabelecer a vontade da pessoa falecida, "salvo se a inscrição no registo for obrigatória" *(unless registration is compulsory)*.

O parágrafo 102, que, em todas as circunstâncias em que a vontade da pessoa falecida não esteja "suficientemente estabelecida", a equipa encarregada da colheita há-de esforçar-se por recolher o testemunho dos familiares sobre a vontade da pessoa falecida (do dador/não dador)[40].

[37] O Considerando 22 da Directiva 2004/23/CE, de 31 de Março de 2004, pressupõe que da Carta dos direitos fundamentais da União Europeia e da Convenção Europeia sobre os direitos do homem e a biomedicina deve retirar-se um princípio de relevância da vontade da pessoa falecida, ao dizer que "a presente directiva respeita os direitos fundamentais e observa os princípios inscritos na Carta dos Direitos Fundamentais da União Europeia (1) e tem na devida conta a Convenção para a protecção dos direitos do homem e da dignidade do ser humano face às aplicações da biologia e da medicina: Convenção sobre os direitos do homem e a biomedicina, *designadamente no que respeita ao consentimento do dador*" (sublinhado nosso).

[38] O texto em inglês do art. 17º do Protocolo Adicional é o seguinte: "*The removal shall not be carried out if the deceased person had objected to it*".

[39] O texto em inglês do relatório explicativo do Protocolo Adicional encontra-se disponível em: www: < http://conventions.coe.int/Treaty/en/Reports/Html/186.htm >.

[40] Cf. Nuno Manuel Pinto Oliveira, "Considerações em torno do Protocolo Adicional à Convenção dos Direitos do Homem e da Biomedicina relativo à transplantação de órgãos e

O Conselho Nacional de Ética para as Ciências da Vida, no seu *Parecer sobre o Protocolo Adicional à Convenção sobre os Direitos do Homem e a Biomedicina relativo ao transplante de órgãos e tecidos de origem humana*, desvaloriza a diferença entre o art. 17º do Protocolo Adicional, o art. 10º da Lei nº 12/93, de 22 de Abril, e o Decreto-Lei nº Decreto-Lei nº 244/94, de 26 de Setembro. "O Protocolo defin[iria] [...] as regras para a colheita em cadáveres remetendo para a lei nacional a questão de *opting in* ou *opting out*".

O art. 17º do Protocolo Adicional significaria, tão-somente, "que não poderá haver colheita se a pessoa, em vida, tiver feito objecção" e a doutrina do art. 17º já teria sido acolhida na Lei nº 12/93, de 12 de Abril, e no Decreto-Lei nº 244/94, de 26 de Setembro.

Concordando com o parecer do Conselho Nacional de Ética para as Ciências da Vida, André Dias Pereira contesta a afirmação de que a Convenção Europeia dos Direitos do Homem e da Biomedicina, seja através das suas disposições, em que «pouco conteúdo normativo » se encontraria, seja através das disposições do seu Protocolo Adicional, exige um princípio de atipicidade dos meios de declaração da vontade do dador/ /não dador:

> «O princípio da liberdade declarativa não [teria sido] querido pelo legislador nacional e não teria sido imposto, nem sequer recomendado, pelo Conselho da Europa»[41].

O parágrafo 99 do relatório explicativo, ao falar em «registo obrigatório», abrangeria os casos em que a inscrição no registo é um dever e os casos em que a inscrição no registo é um ónus. Em primeiro lugar, o conceito de obrigação abrangeria os ónus. Em segundo lugar, os regimes dos Estados do Conselho da Europeia não deveriam ser uniformizados. «A Europa [construir-se-ia] na diversidade!»[42]. Em terceiro lugar, ainda que devessem ser uniformizados, não deveriam sê-lo através de um Protocolo Adicional. Em quarto e último lugar, mas decisiva-

tecidos de origem humana", in: *Lex Medicinæ – Revista portuguesa de direito da saúde*, nº 2, 2004, págs. 15-23.

[41] André Gonçalo Dias Pereira, "O cadáver no direito", in: *Revista de Estudos do Século XX*, 2005, nº 5, págs. 401-410 (406-407 – nota nº 18).

[42] André Gonçalo Dias Pereira, "O cadáver no direito", cit., pág. 406.

mente, a afirmação de que o relatório explicativo, ao falar em «registo obrigatório», está a falar em obrigações e não em ónus significaria que o relatório explicativo, ao falar em «registo obrigatório», está a falar em abstracções e não em realidades. «[E]m que país o registo da recusa será verdadeiramente uma obrigação em sentido técnico e não um mero ónus jurídico? Se esse sistema se afigura impensável, então [por que] razão os relatores do *Explanatory Report* colocaram essa hipótese?»[43].

O argumento de que o termo *obrigação* é alternadamente usado de forma mais rigorosa, de forma a abranger tão-só os deveres, e de forma menos rigorosa, de modo a abranger também os ónus, não é (não pode ser) decisivo. O facto de os legisladores, nacionais e internacionais, se exprimirem, com frequência, de uma forma pouco precisa e pouco rigorosa significa tão-só que todos os argumentos textuais devem ser (têm de ser) completados por argumentos extratextuais – p. ex., por argumentos sistemáticos e teleológicos.

Ora bem. O Protocolo Adicional enuncia, ou pelo menos pretende enunciar, princípios. Os princípios são sempre abstracções, e não são nunca realidades. O problema da solução do dissentimento é sempre o problema da «ambiguidade» ou da «ambivalência» do silêncio. O facto de uma pessoa nada dizer, ficando em silêncio, não significa que esteja a dizer que sim ou que não. O Protocolo Adicional, ao falar em «registo obrigatório», está a dizer que a ambiguidade do silêncio só pode superar-se com segurança se a declaração for obrigatória.

Em todos os casos em que a solução adoptada fosse a solução do dissentimento, o único meio adequado para garantir que não haveria nenhuma colheita de órgãos contra a vontade da pessoas falecida seria uma solução ou sistema de declaração obrigatória – uma solução ou sistema em que cada pessoa tivesse o dever de declarar e, porventura, o dever de documentar a sua vontade de dar ou não dar os seus órgãos[44].

Entre um sistema em que a declaração é um dever e um sistema em que a declaração é um ónus há uma fundamental diferença ética, moral e jurídica.

[43] André Gonçalo Dias Pereira, "O cadáver no direito", cit., págs. 46-47 (nota nº 18).

[44] Commission nationale d'éthique pour la médecine humaine, *Le consentement présumé en matière de don d'organes. Considérations éthiques*, cit., pág. 9.

Quando a declaração seja um dever já não haverá dúvida alguma acerca do significado do silêncio – a consulta do registo oficial será suficiente –; quando a declaração seja (só) um ónus, ainda haverá (ainda poderá haver) alguma dúvida – a consulta do registo oficial não será suficiente ou, pelo menos, não deverá sê-lo. Os parágrafos 99 e 102 do Protocolo Adicional reflectem a diferença ética, moral e jurídica entre os dois sistemas.

Finalmente, o argumento de que os regimes dos Estados do Conselho da Europa não devem ser uniformizados, ou não devem ser uniformizados através de um Protocolo Adicional, conflitua (i) com a função geral das Convenções ou dos Protocolos Adicionais às Convenções do Conselho da Europa e (ii) com a função específica do Protocolo Adicional à Convenção Europeia dos Direitos do Homem e da Biomedicina de 24 de Janeiro de 2002.

Como todos os instrumentos de direito internacional dirigidos a alguma harmonização das legislações, o Protocolo Adicional faz com que a Europa seja um pouco menos diversa.

A harmonização não é, e não pretende ser, uma harmonização total. Os Estados do Conselho da Europa sempre teriam a liberdade de optar por uma solução do consentimento ou por uma solução do dissentimento, desde que a solução do dissentimento desse a cada pessoa, a cada potencial dador ou não dador, uma oportunidade razoável para se pronunciar, por si própria, sobre a dádiva de órgãos. Em todo o caso, ainda que a harmonização fosse, ou pretendesse ser, total, não seria necessariamente má.

A diversidade não é um valor em si – o facto de haver mais diversidade não é necessariamente bom e o facto de haver menos diversidade, por haver, p. ex., um nível elevado, mais ou menos uniforme, de protecção dos direitos fundamentais, não é necessariamente mau. O Protocolo Adicional propõe-se fazer com que haja menos diversidade – simplesmente, propõe-se fazê-lo para que haja um *nível elevado de protecção dos direitos fundamentais dos potenciais dadores em tema de colheita de órgãos e de tecidos.*

b) Entre os instrumentos de direito internacional elaborados no quadro da Comunidades Europeias e da União Europeia encontram-se, designadamente, (i) a Directiva 2004/23/CE, de 31 de Março de

2004, relativa a normas de qualidade e segurança de tecidos e de células de origem humana[45]; (ii) a Directiva 2006/17/CE, de 8 de Fevereiro de 2006[46], e (iii) a Directiva 2006/86/CE, de 24 de Outubro de 2006, que aplicam a Directiva 2004/23/CE; (iv) a Directiva 2010/53/UE, de 7 de Julho de 2010, relativa a normas de qualidade e segurança dos órgãos humanos destinados a transplantação[47]; (v) a Directiva 2012/39/UE, de 26 de Novembro de 2012[48]; e (vi) a Directiva de Execução nº 2012/25//UE, de 9 de Outubro[49].

A Directiva 2004/23/CE, de 31 de Março de 2004, e a Directiva 2010/53/UE, de 7 de Julho de 2010, são particularmente significativas.

Mariachiara Tallachini apresenta-as como expressão de uma "filosofia do corpo político europeu", assente em três valores – dignidade, liberdade e solidariedade. Os três valores, "partilhados na esfera pública europeia", definiriam ou, pelo menos, contribuiriam para a definição da identidade do "cidadão-doador europeu"[50].

O Considerando 18 do Preâmbulo da Directiva 2004/23/CE, de 31 de Março de 2004, diz, de forma impressiva, que "[p]or uma questão de princípio, os programas de aplicação de tecidos e células devem assentar numa filosofia de dádiva voluntária e gratuita, de anonimato, quer do dador quer do receptor, de altruísmo do dador e de solidariedade entre dador e receptor". Entre os corolários da "filosofia de dádiva" aplicáveis aos transplantes *post mortem* encontram-se o direito de cada pessoa decidir se quer ou não quer dar os seus órgãos ou tecidos para transplantação, o princípio de que a decisão de dar ou de não dar ou seus órgãos deve ser uma decisão esclarecida e o princípio de que a decisão de dar ou de não dar os seus órgãos deve ter uma probabilidade razoável de ser respeitada.

[45] Transposta para a ordem jurídica nacional pela Lei nº 22/2007, de 29 de Junho, e pela Lei nº 12/2009, de 26 de Março.

[46] Transposta para a ordem jurídica nacional pela Lei nº 12/2009, de 26 de Março.

[47] Transposta para a ordem jurídica nacional pela Lei nº 36/2013, de 12 de Junho.

[48] Transposta para a ordem jurídica nacional pela Lei nº 1/2015, de 8 de Janeiro.

[49] Transposta para a ordem jurídica nacional pela Lei nº 2/2015, de 8 de Janeiro

[50] Mariachiara Tallachini, "Cellule e tissutti come terapie avanzate: una biopolitica europea", in: Stefano Rodotà / Paolo Zatti (coord.), *Trattato di biodiritto*, vol. II – *Il governo del corpo*, tomo I, Giuffrè, Milano, 2011, págs. 1063-1085 (1066).

O Considerando 19 do Preâmbulo da Directiva 2010/53/UE, de 7 de Julho de 2010, afirma que "[o] altruísmo é um factor importante na dádiva de órgãos". O Considerando 2 do Preâmbulo da Directiva 2004/23//CE que "[a] disponibilidade de tecidos e células de origem humana para fins terapêuticos está dependente dos cidadãos da Comunidade dispostos a efectuar dádivas" e o Considerando 19 do Preâmbulo da Directiva 2010/53/UE, que, "[p]ara garantir a qualidade e a segurança dos órgãos, os programas de transplantação de órgãos devem assentar nos princípios da dádiva voluntária e não remunerada". Ora a "filosofia da dádiva" conciliar-se-ia com cada um dos dois paradigmas de regulamentação da colheita de órgão – com a solução do consentimento e com a solução do dissentimento:

> "Coexistem na União [Europeia] vários modelos de autorização de dádivas, desde os que exigem o consentimento expresso para que a dádiva possa efectuar-se até aos que permitem a dádiva caso não haja prova da existência de objecções à respectiva concretização. Para permitir que a vontade das pessoas a este respeito fique registada, alguns Estados-Membros criaram registos específicos. A [Directiva 2010/53/UE] não prejudica a grande diversidade dos sistemas de consentimento já em vigor nos Estados-Membros"[51].

O Considerando 3 do Preâmbulo da Directiva 2004/23/CE relaciona a "filosofia de dádiva voluntária e gratuita" com deveres de esclarecimento e de informação. Os Estados-Membros teriam o dever de promover "campanhas de informação e de sensibilização, a nível nacional [...], sobre a dádiva de tecidos, células e órgãos" e a União Europeia teria o dever de as promover, a nível europeu[52]. O objectivo das campanhas de informação seria "contribuir para que o cidadão europeu decid[isse], em vida, tornar-se doador".

Explicitada a relação entre a filosofia da "dádiva voluntária e gratuita" e os deveres de esclarecimento e de informação, o Considerando 3 do Preâmbulo da Directiva 2004/23/CE sugere que a decisão de cada pessoa dar ou não dar os seus órgãos deve ser respeitada, desde que

[51] Considerando 21 do Preâmbulo da Directiva 2010/53/UE, de 7 de Julho de 2010.

[52] O Considerando 3 do Preâmbulo da Directiva 2004/23/CE, de 31 de Março de 2004, concretiza a afirmação anterior, dizendo que as campanhas deveriam estar "subordinadas ao tema 'Somos todos doadores potenciais'".

seja comunicada (informalmente) aos familiares: "[as] campanhas dever[iam] ter por objectivo contribuir para que o cidadão europeu decida, em vida, tornar-se um dador [e] *informar a sua família, ou o seu representante legal, da sua vontade*".

Mariachiara Tallachini conclui, e bem, que os preâmbulos das duas directivas, ao explicitarem a filosofia da "dádiva voluntária e gratuita", exprimem "expectativas muito altas"[53]. O problema está em que os articulados não correspondem às expectativas expressas nos preâmbulos.

A Directiva 2004/23/CE constitui os Estados-Membros no dever de se "esforçarem" para "garantir a dádiva voluntária e gratuita de tecidos e células" (art. 12º, nº 1) e a Directiva 2010/53/UE, no dever de garantirem que "a dádiva de órgãos, por dadores vivos ou dadores *post mortem*, seja voluntária e gratuita" (art. 13º, nº 1). Evitando as controvérsias sobre o conceito de "dádiva voluntária" e, em especial, sobre os requisitos em que uma "dádiva" conforme à solução do dissentimento deva considerar-se "voluntária", a Directiva 2004/23/CE remete para os Estados-Membros a determinação dos requisitos relativos ao consentimento para a colheita de tecidos ou células[54] e a Directiva 2010/53/UE remete para os Estados-Membros a determinação dos requisitos relativos ao consentimento para a dádiva de órgãos[55]. – Se os preâmbulos continham uma "gramática da corporeidade europeia"[56], pode bem duvidar-se de que os articulados a tenham seguido.

9. A solução do dissentimento alargado do Decreto-Lei nº 45683, de 25 de Abril de 1964

Em Portugal, o primeiro acto legislativo sobre a colheita de órgãos de pessoas falecidas foi o Decreto-Lei nº 45683, de 25 de Abril de 1964.

[53] Mariachiara Tallachini, "Cellule e tissutti come terapie avanzate: una biopolitica europea", cit., páf. 1069.

[54] Cf. art. 13º, nº 1, da Directiva 2004/23/CE, de 31 de Março de 2004: "A colheita de tecidos e células de origem humana só pode ser efectuada após terem sido cumpridos todos os requisitos obrigatórios relativos ao consentimento ou autorização em vigor nos Estados-Membros em causa".

[55] Cf. art. 14º da Directiva 2010/53/UE, de 7 de Julho de 2010: "A colheita de órgãos apenas pode ser efectuada após terem sido cumpridos todos os requisitos em vigor no Estado-Membro em causa relativos ao consentimento, autorização ou não oposição à dádiva."

[56] Mariachiara Tallachini, "Cellule e tissutti come terapie avanzate: una biopolitica europea", cit., páf. 1069.

Conformando-se com os princípios descritos em parecer da Câmara Corporativa, relatado pelo Professor Gomes da Silva[57], o Decreto-Lei nº 45683 adoptava uma *solução do dissentimento alargado*[58].

Em primeiro lugar, o art. 4º dava a cada pessoa o direito de decidir sobre o destino do seu cadáver: cada pessoa, maior ou emancipada, poderia consentir na colheita, ao "autorizar que depois de morta [fossem] extraídos órgãos ou tecidos do seu corpo", ou poderia dissentir, ao proibí-lo.

Caso a pessoa falecida decidisse, *dissentindo* ou *opondo-se*, a colheita de órgãos seria proibida – "[n]ão [seria] permitido efectuar-se a colheita de tecidos ou órgãos no corpo de pessoa que a t[ivesse] proibido"[59].

Em segundo lugar, o art. 7º combinava a *solução do dissentimento* com o *princípio de relevância da vontade dos familiares da pessoa falecida*.

Caso a pessoa falecida não decidisse, não havendo "[nem] proibição, nem autorização relevante, em conformidade com o artigo 4º", o art. 7º dava aos familiares o direito de se pronunciarem, *dissentindo* da colheita.

O § 1º do art. 7º esclarecia que o *dissentimento* ou a *oposição* à colheita podia ser declarada pelo cônjuge sobrevivo ou por qualquer dos ascendentes ou dos descendentes da pessoa falecida. O § 2º, que a declaração de *dissentimento* ou de *oposição* dos familiares podia ser comunicada *antes* ou *depois* da morte do paciente: antes da morte, através de carta dirigida ao administrador ou ao director do serviço em que o paciente estivesse internado ou, depois da morte, "até duas horas depois do óbito".

O silêncio da pessoa falecida e dos seus familiares tinha um *valor positivo*. Se a pessoa falecida não decidisse, e os familiares o fizessem, *dissentindo*, a colheita de órgãos e de tecidos para transplantação seria proibida. O art. 7º, § 3º, equiparava os efeitos do dissentimento da pessoa falecida aos efeitos do dissentimento dos familiares: "No caso de oposição relevante, observar-se-á o disposto no art. 5º". Se nem a pessoa falecida, nem

[57] O parecer foi publicado, com o título mais *descomprometido* de "Colheita de órgãos e tecidos nos cadáveres", na revista *Scientia Juridica*, Março-Abril de 1968, págs. 132-238, e depois reescrito, para ser republicado sob o título muito mais *comprometido* de "Esboço de uma concepção personalista do direito. Reflexões sobre a utilização do cadáver humano para fins terapêuticos e científicos", na *Revista da Faculdade de Direito da Universidade de Lisboa*, vol. 17 (1964).

[58] Sobre o Decreto-Lei nº 45 683, de 25 de Abril de 1964, *vide* António Menezes Cordeiro, *Tratado de direito civil português*, vol. I – *Parte geral*, tomo III –*Pessoas*, Livraria Almedina, Coimbra, 2004, págs. 453-454.

[59] Cf. art. 5º do Decreto-Lei nº 45 683, de 25 de Abril de 1964.

os seus familiares declarassem o seu *dissentimento* ou a sua *oposição*, "a colheita [seria] permitida a partir da 4ª hora posterior ao falecimento".

10. A solução do dissentimento estrito (= estritamente pessoal) do Decreto-Lei nº 553/76, de 13 de Julho

O Decreto-Lei nº 45 683 foi revogado pelo Decreto-Lei nº 553/76, de 13 de Julho. O Preâmbulo do Decreto-Lei nº 553/76 tocava em dois temas:

Em primeiro lugar, no conceito de morte. O Preâmbulo dizia que "[o] conceito de morte permanece [...] como poucos nas construções do pensamento humano, desde que o indivíduo seja considerado no seu todo, na sua pesssoa, e não órgão por órgãos, tecido por tecido".

Em segundo lugar, no problema do consentimento e do dissentimento.

O procedimento por que se procurava averiguar se pessoa falecida consentiu na colheita ou dela dissentiu e, sobretudo, para averiguar se os familiares da pessoa falecida consentiram na colheita ou dela dissentiram, eram representados como um "condicionalismo burocrático".

O art. 5º do Decreto-Lei nº 553/76 dava a cada pessoa o direito de decidir sobre o destino do seu cadáver, *dissentindo* ou *opondo-se*:

> "Os médicos não pode[riam] proceder à colheita quando, por qualquer forma, lhes [fosse] dado conhecimento da oposição do falecido"[60].

O facto de o art. 5º dar relevância ao dissentimento ou à oposição da pessoa falecida ("do falecido") e de não dar relevância ao dissentimento ou à oposição dos familiares da pessoa falecida correspondia a uma decisão:

O art. 5º do Decreto-Lei nº 553/76, de 13 de Julho, combinava a solução do dissentimento com um princípio de irrelevância da vontade dos familiares da pessoa falecida, abandonando a *solução do dissentimento alar-*

[60] Sobre o sentido do art. 5º do Decreto-Lei nº 553/76, de 13 de Julho, Jorge de Figueiredo Dias / Jorge Ferreira Sinde Monteiro, "Responsabilidade médica em Portugal", in: *Boletim do Ministério da Justiça*, nº 332 (Fevereiro de 1984); Carlos Soares de Brito, "Colheita de órgãos e tecidos das pessoas falecidas com vista à realização de enxertos e transplantes – Inconstitucionalidade material do art. 5º do Decreto-Lei nº 553/76, de 13 de Julho", in: *Revista da Ordem dos Advogados*, ano 48º (1988), págs. 239-266; José Francisco de faria Costa, "O valor do silêncio do legislador penal e o problema das transplantações", cit., págs. 123-132); Orlando de Carvalho, "Transplantações e direitos das pessoas", in: *Transplantações. Colóquio interdisciplinar (25 de Março de 1993)*, cit., págs. 144-147.

gado do Decreto-Lei nº 45 683, de 25 de Abril de 1964, e substituindo-a por uma *solução do dissentimento estrito* (= *estritamente pessoal*)[61].

O Preâmbulo explicava que os bens e valores implicados na colheita, atento o seu *fim terapêutico*, tinham prioridade sobre os bens e valores implicados na *recusa da colheita*, pelos familiares da pessoa falecida.

Excluído o direito de os familiares da pessoa falecida *dissentirem* ou se *oporem*, eles teriam, tão-só, o direito de "prestarem aos despojos humanos honras e homenagens, em condições estritamente definidas".

11. A solução do dissentimento estrito (= estritamente pessoal) da Lei nº 12/93, de 22 de Abril

Constantemente criticado, por causa das suas "deficiências" – por causa das suas "lacunas" e das suas "limitações" –, o Decreto-Lei nº 553/76, de 13 de Julho, foi revogado pela Lei nº 12/93, de 22 de Abril[62].

a) O art. 10º, nº 1, da Lei nº 12/93, de 22 de Abril, concorda com o art. 5º do Decreto-Lei nº 553/76, de 13 de Julho, em duas coisas:

- em que deve atribuir-se relevância à vontade da pessoa falecida, consagrando uma *solução do dissentimento*;
- em que não deve atribuir-se relevância à vontade dos familiares, consagrando uma solução do dissentimento *estritamente pessoal*.

[61] Cf. Carlos Soares de Brito, "Colheita de órgãos e tecidos das pessoas falecidas com vista à realização de enxertos e transplantes – Inconstitucionalidade material do art. 5º do Decreto-Lei nº 553/76, de 13 de Julho", cit., págs. 237-238 – alegando que a solução do dissentimento estrito (estritamente pessoal) poderia apoiar-se na interpretação do art. 5º do Decreto-Lei nº 553/76, de 13 de Junho, em conformidade com a Resolução do Comité de Ministros do Conselho da Europa 78 (79), de 11 de Maio de 1979. A Resolução consagrava dois grandes princípios. O primeiro era o princípio da proibição das colheitas contrárias à vontade, expressa, tácita ou tão-só presumida da pessoa falecida, "tendo em linha de conta especialmente as suas convicções religiosas ou políticas", o segundo era o princípio da permissão das colheitas que não fossem contrárias à sua vontade. "Na falta de vontade do falecido manifestada explícita ou implicitamente, a colheita pode[ria] ser efectuada".

[62] Entretando alterada pela Lei nº 22/2007, de 29 de Junho, pela Lei nº 12/2009, de 26 de Março, e pela Lei nº 36/2013, de 12 de Junho. As alterações foram ligeiras, e não tocaram, pelo menos expressamente, em nenhuma das disposições fundamentais aplicáveis aos transplantes *post mortem*.

Em primeiro lugar, as duas disposições legais concordam em que *deve atribuir-se relevância à vontade da pessoa falecida*, dando-lhe o direito de *não autorizar* a colheita de órgãos em cadáver (de tornar a colheita *ilícita*).

Como acontecia com o art. 5º do Decreto-Lei nº 553/76, o art. 10º, nº 1, da Lei nº 12/93 consagra uma solução do *dissentimento*.

Em segundo lugar, as duas disposições legais concordam em que *não deve atribuir-se relevância à vontade dos familiares da pessoa falecida*.

Como acontecida com o art. 5º do Decreto-Lei nº 553/76, o art. 10º da Lei nº 12/93 consagra uma solução do dissentimento *estritamente pessoal*.

Os cidadãos nacionais, como os apátridas e os estrangeiros residentes em Portugal, "que não tenham manifestado [...] a sua qualidade de não dadores" são tratados como potenciais dadores *post mortem*:

"todos, mas todos, somos dadores, *post mortem*, 'by default'"[63] [64].

[63] José Francisco de Faria Costa, "O valor do silêncio do legislador penal e o problema das transplantações", cit., pág. 124-125.

[64] Sobre o sentido do art. 10º da Lei nº 12/93, de 22 de Abril, *vide* Carlos Alberto da Mota Pinto / António Pinto Monteiro / Paulo Mota Pinto, *Teoria geral do direito civil*, 4ª ed., Coimbra Editora, Coimbra, 2005, págs. 204-205 (nota nº 204); José de Oliveira Ascensão, *Direito civil. Teoria geral*, vol. I – *Introdução. As pessoas. Os bens*, Coimbra Editora, Coimbra, 2000, págs. 64-66; António Menezes Cordeiro, *Tratado de direito civil português*, vol I – *Parte geral*, tomo III – *Pessoas*, cit., pág. 456; Luís Carvalho Fernandes, *Teoria geral do direito civil*, vol. I – *Introdução. Pressupostos da relação jurídica*, 4ª ed., Universidade Católica Portuguesa, Lisboa, 2007, págs. 711-713; Pedro Pais de Vasconcelos, *Teoria geral do direito civil*, 6ª ed., Livraria Almedina, Coimbra, 2012, págs. 87-89; Luís Carvalho Fernandes, "A definição de morte, transplantes e outras utilizações do cadáver", cit., págs. 29-59; Rabindranath Capelo de Sousa, *O direito geral de personalidade*, Coimbra Editora, Coimbra, 1995, pág. 191 (nota nº 340); João Carlos Simões Loureiro, *Transplantações: um olhar constitucional*, cit., págs. 24-38; Maria Paula Ribeiro de Faria, *Aspectos jurídico-penais dos transplantes*, Universidade Católica Editora, Porto, 1995, pág. 234; Jorge Ferreira Sinde Monteiro / André Gonçalo Dias Pereira, "Landesbericht Portugal", in: Jochen Taupitz (coord.), *Zivilrechtliche Regelungen zur Absicherung des Patientenautonomie am Ende des Lebens / Regulations of Civil Law to Safeguard the Autonomy of Patients at the End of Their Life*, Springer, Berlin / Heidelberg / New York, 2000, págs. 819-866 (esp. págs. 837 ss.); Nuno Manuel Pinto Oliveira, *O direito geral de personalidade e a "solução do dissentimento". Ensaio sobre um caso de "constitucionalização" do direito civil*, cit., esp. págs. 28-30 e 233-234; André Gonçalo Dias Pereira, *O consentimento informado na relação médico-paciente. Estudo de direito civil*, Centro de Direito Biomédico da Faculdade de Direito da Universidade de Coimbra / Coimbra Editora, Coimbra, 2004, págs. 606-607; Luísa Neto, *O direito fundamental à disposição do próprio corpo*, cit., págs. 809-836; Nuno Manuel Pinto Oliveira, "Considerações em torno do Protocolo Adicional à Convenção dos Direitos do Homem e da Biomedicina relativo à transplantação de órgãos e tecidos de origem humana", cit., págs.

b) O alcance da solução do dissentimento estrito (= estritamente pessoal) do art. 10º da Lei nº 12/93, é aparentemente restringido pelo art. 13º, nº 6:

> "Quando não tiver sido possível identificar o cadáver, presume-se a não oposição à dádiva se outra coisa não resultar dos elementos circunstanciais"[65].

Os problemas causados pelo art. 13º, nº 6, devem *desdramatizar-se* –a *restrição* do alcance do art. 10º, nº 1, é tão-só uma *restrição aparente.*

Em primeiro lugar, o art. 13º, nº 6, contém uma norma inconstitucional – conflitua com o direito fundamental ao *dissentimento* ou à *oposição* e, ainda que não conflituasse com o direito fundamental ao *dissentimento* ou à *oposição*, sempre conflituaria com os princípios da igualdade e da proporcionalidade [66]. Estando em causa uma norma inconstitucional,

15-23; André Gonçalo Dias Pereira, "O cadáver no direito", in: *Revista de Estudos do Século XX*, 2005, nº 5, págs. 401-410 (403-407); Diana Filipa Montenegro da Silveira, "O problema da constitucionalidade da solução do dissentimento. O regime jurídico da colheita de órgãos e tecidos em cadáveres para transplantação", in: *Lex Medicinæ – Revista portuguesa de direito da saúde,* 2006, págs. 159-187; Nuno Manuel Pinto Oliveira, "Direitos de personalidade e responsabilidade civil no regime jurídico do transplante de órgãos", in: *Lex Medicinæ – Revista portuguesa de direito da saúde,* 2007, págs. 17-26; Idem, «Direitos de personalidade : contributo para a revisão das disposições do Código Civil português», in: *Themis* – edição especial : *Código Civil português. Evolução e perspectivas actuais*, 2008, págs. 209-227 (221-226) ; Idem, "Direitos de personalidade e responsabilidade civil no regime jurídico do transplante de órgãos", in: *Ars judicandi – Estudos em homenagem ao Professor Doutor António Castanheira Neves,* Faculdade de Direito da Universidade de Coimbra / Coimbra Editora, 2009, págs. 523-538; Idem, "Autonomia, dignidade e transplantação de órgãos", in: José Manuel Robalo Curado / Nuno Manuel Pinto Oliveira (coord.), *Pessoas transparentes. Questões actuais de bioética,* Livraria Almedina, Coimbra, 2010, págs. 121-143; Miguel Patrício, "Notas sobre o regime legal dos transplantes em Portugal", in: *Revista do Instituto de direito brasileiro,* ano 2º (2013), págs. 12881--12900 (esp. págs. 12895-12900).

[65] Como diz Miguel Patrício, a "inserção" do art. 13º, nº 6, é "inadequada" – "seria mais lógica a sua inserção no art. 10º (relativo a 'potenciais dadores')" (cf. "Notas sobre o regime legal dos transplantes em Portugal", cit., pág. 12898).

[66] Cf. José Francisco de Faria Costa, "O valor do silêncio do legislador penal e o problema das transplantações", cit., pág. 131 (nota nº 63); Rabindranath Capelo de Sousa, *O direito geral de personalidade,* cit., pág. 191 (nota nº 340); Nuno Manuel Pinto Oliveira, *O direito geral de personalidade e a "solução do dissentimento". Ensaio sobre um caso de "constitucionalização" do direito civil,* cit., págs. 234-236; André Gonçalo Dias Pereira, *O consentimento informado na relação médico-paciente. Estudo de direito civil,* cit., págs. 606-607; Idem, "O cadáver no direito", cit.,

não deverá aplicar-se em caso algum. Em segundo lugar, o art. 13º, nº 6, contém (parece-nos conter) uma norma tacitamente revogada.

O art. 4º, nº 1, alínea a), da Directiva 2010/53/UE, de 12 de Junho de 2010, e o art. 9º, nº 1, alínea a), da Lei nº 36/2013, de 12 de Junho, republicada pela Lei nº 2/2015, de 8 de Janeiro, exigem a aplicação de *procedimentos operacionais* para determinar a identidade do dador.

Ora, como há um dever de as equipas encarregadas da transplantação determinarem a identidade do dador, o problema resolvido pelo art. 13º, nº 6, da Lei nº 12/93, de 22 de Abril, não pode pôr-se – se não foi possível identificar o cadáver, não poderá proceder-se à colheita de órgãos.

12. O princípio da tipicidade dos meios de declaração da vontade do Decreto-Lei nº 45 683, de 25 de Abril de 1964

O art. 4º do Decreto-Lei nº 45 683, de 25 de Abril de 1964, completava a *solução do dissentimento alargado* desenhada pelos arts. 4º, 5º e 7º, com um *princípio de tipicidade dos meios de declaração da vontade.*

A declaração de *consentimento* ou de *dissentimento* na colheita de órgãos deveria revestir a forma de "declaração verbal, reduzida a auto"[67], de documento particular não autenticado, assinado pelo declarante, "com a letra e a assinatura reconhecidas por notário", de documento particular autenticado ou de documento autêntico (de escritura pública).

Existindo uma *declaração*, exteriorizada pela forma legalmente exigida, a *eficácia prática* da declaração era garantida por três coisas:

Em primeiro lugar, o pessoal dos serviços hospitalares estava "obrigado a proporcionar as condições necessárias para [que fossem] feitas as declarações de autorização ou de proibição" (art. 4º, § 4º).

Entre os corolários do dever de "proporcionar as condições necessárias para serem feitas as declarações de autorização ou de proibição" não deveria porventura estar o dever de comunicarem imediatamente o

pág. 406; Nuno Manuel Pinto Oliveira, "Autonomia, dignidade e transplantação de órgãos", págs. 141-143.

[67] A *declaração verbal* devia ser expressa, "não produzindo efeitos a mera resposta afirmativa a perguntas formuladas pelas pessoas que a ela [assistissem]", tinha de ser prestada perante o director de um dos centros oficiais de colheita, ou do seu representante, e tinha de ser reduzida a auto, "assinado pelo declarante ou conter a menção expressa de que ele não o assinava por se encontrar impossibilitado de o fazer".

facto da morte aos familiares da pessoa falecida, para que estes pudessem pronunciar-se, actuando ou exercendo o direito ao dissentimento?

Em segundo lugar, o *consentimento* ou o *dissentimento* estavam documentados, sendo relativamente seguro se a colheita tinha sido *autorizada* (permitida) ou *proibida*. Em terceiro lugar, o médico que procedesse à colheita estava obrigado a informar-se e a documentar-se.

O art. 11º do Decreto-Lei nº 45 683 determinava que o médico só podia iniciar a colheita de órgãos "tendo em seu poder [...] uma declaração do serviço administrativo responsável da qual const[asse] que naquele serviço não havia arquivado nenhum documento válido de oposição à colheita"[68].

13. O princípio da atipicidade dos meios de declaração da vontade do Decreto-Lei nº 553/76, de 13 de Julho

O texto do art. 5º do Decreto-Lei nº 553/76, de 13 de Julho, substituía o *princípio da tipicidade dos meios de declaração da vontade*, enunciado no art. 4º do Decreto-Lei nº 45 683, por um *princípio de atipicidade*.

Os termos "por qualquer forma" eram suficientemente amplos para abranger a *liberdade declarativa* e a *liberdade de forma*:

Em relação ao princípio da liberdade declarativa – à alternativa entre uma declaração expressa e uma declaração tácita – poderia ainda discutir-se alguma coisa: se a declaração da pessoa falecida fosse uma declaração expressa, no sentido do art. 217º do Código Civil, a sua eficácia era absolutamente incontroversa; se a sua declaração fosse tácita, não o era.

O termo "oposição" do art. 5º deveria porventura interpretar-se em termos de abranger só a oposição expressa, ou em termos de abranger, simultaneamente, a oposição expressa e a oposição tácita?

Em relação ao princípio da liberdade de forma, já não poderia discutir-se nada, ou quase nada – o dissentimento ou a oposição da pessoa falecida podia ser declarado ou manifestado "por qualquer forma"[69].

[68] O art. 5º do Decreto-Lei nº 45 683, de 25 de Abril de 1964, consagrava um *desvio*, de alcance algo impreciso, à *solução do dissentimento alargado*, no sentido de uma *solução de irrelevância da vontade privada*: não obstante o dissentimento da pessoa falecida, ou dos seus familiares, a colheita poderia efectuar-se, desde que fosse "ordenada por lei ou autorizada por despacho do Ministro da Saúde e Assistência por grave motivo de interesse público".

[69] Cf. acórdão do Tribunal Constitucional nº 130/88, de 8 de junho de 1988, relatado pelo Conselheiro Martins da Fonseca, in: *Boletim do Ministério da Justiça*, nº 378 (Julho de 1988), págs. 141-167 (157): "atipicidade das formas de comunicação dessa oposição".

O problema estava em que o princípio da atipicidade dos meios de declaração da vontade exigia – e exige – um procedimento por se averiguasse se a pessoa falecida tinha, ou não, dissentido da colheita.

O art. 5º do Decreto-Lei nº 553/76 não conformava nenhum procedimento, discutindo-se se o dever geral de diligência dos médicos deveria concretizar-se através de deveres específicos de prevenção do perigo "[d]a realização de colheitas contra a vontade do falecido"[70].

Em todo o caso, ainda que um dever houvesse, sempre o seu conteúdo estaria determinado de uma forma *imperfeita* ou *muito imperfeita*[71]. O facto de só estar determinado de uma forma *imperfeita* fazia com que *eficácia prática* da declaração fosse, pelo menos, uma eficácia *muito duvidosa*[72].

14. O acórdão do Tribunal Constitucional nº 130/88, de 8 de Julho

a) O Provedor de Justiça, apoiando-se em parecer de Carlos Soares de Brito, entretanto publicado[73], requereu a fiscalização abstracta sucessiva da constitucionalidade do art. 5º do Decreto-Lei nº 553/76, de 13 de Julho.

O argumento do Provedor de Justiça era o argumento de que o art. 5º Decreto-Lei nº 553/76 deveria completar-se com duas duas regras.

Em primeiro lugar, devia consagrar um *dever de informação.*

Os serviços médicos deviam informar os familiares do facto do falecimento e, ao informá-los, deviam perguntar-lhes se a pessoa falecida

[70] Entendendo que sim, o Conselheiro Cardoso da Costa, em declaração de voto anexa ao acórdão do Tribunal Constitucional nº 130/88, de 8 de Julho [*Boletim do Ministério da Justiça*, nº 378 (Julho de 1988), pág. 159]; entendendo que não, os Conselheiros Raul Mateus, Messias Bento e Monteiro Dinis (págs. 159-167).

[71] Cf. declaração de voto do Conselheiro Cardoso da Costa : "um certo *dever de diligência ou de cuidado* [...] – [...] de conteúdo imperfeitamente determinado".

[72] Cf. declaração de voto do Conselheiro Raul Mateus: "para assegurar plenamente o exercício do direito fundamental" seria preciso que "às diversas declarações de vontade [...] fosse assegurada, na ocasião própria (morte do interessado), pelo menos uma provável eficácia prática" (pág. 161).

[73] Carlos Soares de Brito, "Colheita de órgãos e tecidos das pessoas falecidas com vista à realização de enxertos e transplantes – Inconstitucionalidade material do art. 5º do Decreto-Lei nº 553/76, de 13 de Julho", in: *Revista da Ordem dos Advogados*, ano 48º (1988), págs. 239-266.

se tinha pronunciado sobre a colheita de órgãos. Se tinha consentido na colheita, autorizando-a, ou se tinha dissentido da colheita, proibindo-a.

> "A não ser estabelecido algum contacto com a família, como poderá ser dado aos médicos conhecimento da oposição do falecido? Ou como poderão sustentar, validamente, os médicos, que não foi deduzida oposição?"[74]

Em segundo lugar, devia fixar um *prazo razoável* para que os familiares transmitissem aos médicos o dissentimento da pessoa falecida.

O Provedor de Justiça concluía que "[o] art. 5º [...], ao omitir a notificação do óbito ao círculo de pessoas capazes de notificar aos médicos a eventual oposição do falecido à colheita compromete[ria] o *exercício* do direito de personalidade à disposição do respectivo corpo"[75].

b) O Tribunal Constitucional, ainda que admitisse que a disposição impugnada continha um "défice de regulamentação"[76], não declarou a inconstitucionalidade material do art. 5º do Decreto-Lei nº 553/76.

O défice de regulamentação estaria em que o art. 5º do Decreto-Lei nº 553/76 "não institui formalismos ou mecanismos com vista à obtenção de prova inequívoca da vontade do falecido, [ou] não institui procedimentos, obrigatórios para os serviços médicos, de contacto com terceiros, que p[udessem] transmitir uma eventual oposição do falecido"[77].

Existindo, como existia, um défice de regulamentação, o Decreto-Lei nº 553/76 instituía um "ónus de zelo", "colocando [cada pessoa] na posição de ter de tomar em vida as providências necessárias para que a sua oposição se torn[asse] conhecida antes do momento da morte"[78].

[74] Cf. Carlos Soares de Brito, "Colheita de órgãos e tecidos das pessoas falecidas com vista à realização de enxertos e transplantes – Inconstitucionalidade material do art. 5º do Decreto-Lei nº 553/76, de 13 de Julho", cit., págs. 254-255.
[75] Cf. Carlos Soares de Brito, "Colheita de órgãos e tecidos das pessoas falecidas com vista à realização de enxertos e transplantes – Inconstitucionalidade material do art. 5º do Decreto-Lei nº 553/76, de 13 de Julho", cit., págs. 264-265.
[76] *Boletim do Ministério da Justiça*, nº 378 (Julho de 1988), pág. 157.
[77] *Boletim do Ministério da Justiça*, nº 378 (Julho de 1988), pág. 157.
[78] *Boletim do Ministério da Justiça*, nº 378 (Julho de 1988), pág. 157.

Cada pessoa deveria, p. ex., fazer-se acompanhar de documentos em que declarasse o seu dissentimento ou a sua oposição à colheita.

O Tribunal Constitucional entendeu que a decisão legislativa de deslocar o dever ou ónus de diligência dos profissionais (dos médicos) para os não profissionais era uma decisão compatível com os princípios e as regras constitucionais – o "ónus de zelo" não seria "desproporcionado e de tal modo gravoso que torn[asse] insustentável a sua imposição"[79].

Considerando que o "ónus de zelo" não era desproporcionado ou excessivo, o Tribunal não declarou a inconstitucionalidade do art. 5º do Decreto-Lei nº 553/76, ainda que fosse interpretado de forma a "autoriza[r] que os médicos proced[essem] à colheita de órgãos ou tecidos em cadáveres para efeitos de transplantes ou outros fins terapêuticos, sem que h[ouvessem] de diligenciar pela notificação das pessoas do círculo mais próximo do falecido e de aguardar, por certo período de tempo, que elas lhe d[essem] conhecimento da eventual oposição deste"[80].

c) Entre as quatro declarações de voto anexas ao acórdão do Tribunal Constitucional nº 130/88, de 8 de Julho, estavam três de voto de vencido.

O Conselheiro Cardoso da Costa alegava que o art. 5º do Decreto-Lei nº 553/76 admitia uma *interpretação em conformidade com a Constituição.*

Os médicos teriam, pelo menos, "um certo *dever de diligência ou de cuidado* [...] – [...] de conteúdo imperfeitamente determinado – em ordem a evitarem a realização de colheitas contra a vontade do falecido"[81].

Os Conselheiros Raul Mateus[82], Messias Bento[83] e Monteiro Dinis[84], esses, alegavam já que não a admitia. O art. 5º do Decreto-Lei nº 553/76, ao não consagrar um dever específico de diligência (p. ex., o dever de perguntar aos familiares se a pessoa falecida se tinha pronunciado, para autorizar a colheita ou para não a autorizar, proibindo-a), teria como resultado a realização de colheitas "contra a vontade expressa [da pessoa falecida]"[85].

[79] *Boletim do Ministério da Justiça*, nº 378 (Julho de 1988), pág. 158.

[80] *Boletim do Ministério da Justiça*, nº 378 (Julho de 1988), págs. 158-159.

[81] *Boletim do Ministério da Justiça*, nº 378 (Julho de 1988), pág. 159.

[82] *Boletim do Ministério da Justiça*, nº 378 (Julho de 1988), págs. 159-162.

[83] *Boletim do Ministério da Justiça*, nº 378 (Julho de 1988), págs. 163-165.

[84] *Boletim do Ministério da Justiça*, nº 378 (Julho de 1988), págs. 165-167.

[85] Cf. declaração de voto do Conselheiro Messias Bento, in: *Boletim do Ministério da Justiça*, nº 378 (Julho de 1988), pág. 165.

15. O princípio da tipicidade dos meios de declaração da vontade da Lei nº 12/93, de 22 de Abril, e do Decreto-Lei nº 244/94, de 26 de Setembro

O acórdão do Tribunal Constitucional nº 130/88 terá contribuído para chamar a atenção para as "deficiências"[86], ou para as "lacunas" ou, pelo menos, para as "limitações"[87] do Decreto-Lei nº 553/76, de 13 de Julho.

O Provedor de Justiça recomendou à Assembleia da República a alteração dos princípios e regras sobre a colheita de órgãos em cadáver[88] – com o que fez com que a Assembleia da República elaborasse um *projecto de lei* e o Governo, uma *proposta de lei* sobre a colheita de órgãos.

O Conselho Nacional de Ética para as Ciências da Vida aprovou, por unanimidade, o Parecer nº 1/CNE/91, de 3 de Julho de 1991[89], em que avaliava o sistema conformado pelo Decreto-Lei nº 553/76[90] e, confrontado com a hipótese da (re)conformação do sistema, desenhava os três grandes princípios de uma futura lei sobre a colheita de órgãos em cadáver:

Em primeiro lugar, deveria alcançar-se um compromisso entre os bens e valores ligados à pessoa do dador e à pessoa do receptor ("estão em causa o dador e o receptor e não apenas um deles"); em segundo lugar, deveria alcançar-se o compromisso através de uma solução do dissentimento (estritamente pessoal)[91]; e, em terceiro lugar, deveria concretizar-se a solução do dissentimento estritamente pessoal, "criando um processo praticável para que [a] vontade [dos não dadores] seja constituída"[92].

[86] Expressão do Conselheiro Cardoso da Costa.

[87] Expressões do Conselho Nacional de Ética para as Ciências da Vida.

[88] Provedor de Justiça, "Parecer sobre as deficiências e a reformulação preconizável do actual sistema legislativo em matéria de colheita e transplantação de órgãos", in: *Diário da Assembleia da Recública* de 31 de Outubro de 1990, 2ª série – C, págs. 10-11.

[89] In: Conselho Nacional de Ética para as Ciências da Vida, *Documentação*, vol. I (1991-1993), Presidência do Conselho de Ministros / Imprensa Nacional Casa da Moeda, 1993, págs. 59-64.

[90] Cf. Parecer nº 1/CNE/91: "o Decreto-Lei nº 553/76, de 13 de Julho, te[ria] aspectos positivos – designadamente, no tocante a fazer prevalecer o valor da vida (em caso de colheitas *post mortem*)".

[91] Cf. Parecer nº 1/CNE/91: "na falta de declaração de vontade em vida, pelo meio ou meios para tal instituídos, presumir-se-á o consentimento quanto à colheita *post mortem*".

[92] Cf. Parecer nº 1/CNE/91: "[n]o caso de colheita de órgãos e tecidos em cadáver, embora os transplantes revistam um sentido de solidariedade, importará respeitar a vontade dos não dadores, para tal criando um processo praticável para que essa vontade seja constituída".

O art. 10º, nº 1, da Lei nº 12/93, de 22 de Abril, e o Decreto-Lei nº 244/94, de 26 de Setembro, propuseram-se concretizar a solução do dissentimento estritamente pessoal, criando um "processo praticável" – o processo de inscrição no registo nacional informatizado de não dadores.

Ora, ao concretizarem a solução do dissentimento estritamente pessoal, criando um "processo praticável", o art. 10º, nº 1, da Lei nº 12/93 e o Decreto-Lei nº 244/94 substituíram o princípio da atipicidade do art. 5º do Decreto-Lei nº 553/76, de 13 de Julho, por um princípio de tipicidade – os meios de declaração ou de manifestação da vontade do dador ou do não dador têm de (teriam de) estar previstos e regulados na lei (tipificados).

Explicitados os aspectos em que o art. 5º do Decreto-Lei nº 553/76, de 13 de Julho, e o art. 10º, nº 1, da Lei nº 12/93, de 22 de Abril, concordam, deverá agora explicitar-se o aspecto (fundamental) em que discordam:

O art. 5º do Decreto-Lei nº 553/76, de 13 de Julho, completava a solução do dissentimento com um princípio de atipicidade dos meios de declaração da vontade. O não dador podia declarar eficazmente o seu dissentimento ou a sua "oposição" à colheita de órgãos através de qualquer meio ("por qualquer forma"). O art. 10º, nº 1, da Lei nº 12/93, de 22 de Abril, em ligação com o Decreto-Lei nº 244/94, de 26 de Setembro, completa a solução do dissentimento com um princípio de tipicidade. O não dador só pode declarar eficazmente o seu dissentimento ou a sua oposição à colheita através da inscrição no Registo Nacional de Não Dadores (no RENNDA).

16. (Cont.) A concepção legislativa da declaração de dissentimento como declaração expressa e formal

O art. 10º, nº 1, da Lei nº 12/93 considera como potenciais dadores *post mortem* "todos os cidadãos nacionais e os apátridas e estrangeiros residentes em Portugal que não tenham manifestado junto do Ministério da Saúde a sua qualidade de não dadores"; o art. 2º do Decreto-Lei nº 244/94, ao regulamentar a Lei nº 12/93, completa e esclarece o conteúdo do art. 10º:

> "a total ou parcial indisponibilidade para a dádiva *post mortem* de [...] órgãos ou tecidos [...] é manifestada junto do Ministério da Saúde, através da inscrição no RENNDA [no Registo Nacional de Não Dadores] mediante o preenchimento adequado pelos seus titulares ou representantes legais de impresso tipo, em triplicado".

O enlace entre o art. 10º, nº 1, da Lei nº 12/93, de 22 de Abril, e o art. 2º do Decreto-Lei nº 244/94, de 26 de Setembro, denuncia a decisão legislativa de derrogar os princípios da liberdade declarativa e da liberdade de forma: a declaração de dissentimento exteriorizada pela inscrição no Registo Nacional de Não Dadores seria uma declaração juridicamente relevante; a declaração de dissentimento exteriorizada por qualquer outra forma, escrita ou não escrita, essa, seria juridicamente irrelevante.

O art. 4º, nº 4, do Decreto-Lei nº 244/94 determina que "a inscrição no RENNDA [Registo Nacional de Não Dadores] produz efeitos decorridos quatro dias úteis após a recepção do impresso". Caso a expressão "produz efeitos" significasse, como o uso corrente da linguagem dá a impressão de que significa, a *irrelevância* da declaração de dissentimento exteriorizada pela inscrição da pessoa no registo nacional informatizado de não dadores por um período de quatro dias úteis, o art. 4º, nº 4, seria (teria de ser) inconstitucional: *Os cidadãos nacionais, como os apátridas e os estrangeiros residentes em Portugal, que tenham manifestado a sua qualidade de não dadores através da inscrição no registo têm de ser considerados como não dadores para efeitos do art. 10º, nº 1, da Lei nº 12/93, tenham ou não tenham decorrido os quatro dias úteis do art. 4º, nº 4, Decreto-Lei nº 244/94*[93].

Como há um princípio de *interpretação das leis em conformidade com a Constituição*, o art. 4º, nº 4, do Decreto-Lei nº 244/94 deverá (terá de) interpretar-se correctivamente. O legislador, ao dizer que a inscrição no registo nacional informatizado de não dadores produz efeitos decorridos quatro dias úteis após a recepção do impresso", está tão-só a advertir os interessados (não dadores) para o *perigo* de algum atraso na inserção dos dados no sistema informático e para a necessidade de uma adequada

[93] Cf., desenvolvidamente, Nuno Manuel Pinto Oliveira, *O direito geral de personalidade e a "solução do dissentimento". Ensaio sobre um caso de "constitucionalização" do direito civil*, cit., pág. 236; André Gonçalo Dias Pereira, *O consentimento informado na relação médico-paciente. Estudo de direito civil*, cit., págs. 606-607; Nuno Manuel Pinto Oliveira, "Considerações em torno do Protocolo Adicional à Convenção dos Direitos do Homem e da Biomedicina relativo à transplantação de órgãos e tecidos de origem humana", in: *Lex Medicinæ – Revista portuguesa de direito da saúde*, nº 2, 2004, págs. 15-23 (19); André Gonçalo Dias Pereira, "O cadáver no direito", cit., pág. 406; Diana Filipa Montenegro da Silveira, "O problema da constitucionalidade da solução do dissentimento. O regime jurídico da colheita de órgãos e tecidos em cadáveres para transplantação", cit., págs. 185.186; Nuno Manuel Pinto Oliveira, "Autonomia, dignidade e transplantação de órgãos", págs. 141-143

prevenção do perigo, através de *cuidados especiais* para que o seu dissentimento seja conhecido[94].

17. (Cont.) Corolários da concepção legislativa da declaração de dissentimento como declaração expressa e formal

Os arts. 15º e 16º do Decreto-Lei nº 244/94 concretizam o conteúdo do dever de cuidado ou de diligência das equipas encarregadas da colheita de órgãos, extraindo todas as consequências da concepção legislativa da declaração de dissentimento como uma *declaração expressa* e *formal*.

Entre os corolários da concepção legislativa está o de que o dissentimento do não dador só pode ser provado por um de três meios:

Em primeiro lugar, pela inscrição no registo nacional informatizado de não dadores (cf. art. 11º da Lei nº 12/93, e art. 15º do Decreto-Lei nº 244/94, de 26 de Setembro). Em segundo lugar, pela cópia do *impresso tipo*, por que se certifica que o não dador entregou o formulário de inscrição no registo nacional informatizado de não dadores. E, em terceiro lugar, pelo cartão individual de não dador, a emitir e a enviar no prazo máximo de 30 dias contados da recepção do *impresso tipo* de inscrição no registo (cf. arts. 3º, nº 3, e 14º do Decreto-Lei nº 244/94, de 26 de Setembro).

Os dois últimos meios – a cópia do *impresso tipo* e o cartão individual – só relevam se forem "exibidos ou encontrados no espólio do falecido antes de iniciada a colheita" (cf. art. 16º do Decreto-Lei no 244/94, *in fine*).

18. O problema da constitucionalidade da concretização legislativa da solução do dissentimento do art. 10º, nº 1, da Lei nº 12/93, de 22 de Abril, e do Decreto-Lei nº 344/94, de 26 de Setembro

O art. 10º da Lei nº 12/93, de 22 de Abril, tem dois problemas de constitucionalidade. O primeiro está em que a Lei nº 12/93 e o Decreto-Lei nº 244/94 não proporcionam garantia alguma de que a decisão de autorizar ou de não autorizar a colheita de órgãos para transplantação seja uma decisão esclarecida. O segundo está em que, ainda que a Lei

[94] Cf. Nuno Manuel Pinto Oliveira, "Considerações em torno do Protocolo Adicional à Convenção dos Direitos do Homem e da Biomedicina relativo à transplantação de órgãos e tecidos de origem humana", cit., pág. 19.

nº 12/93 e o Decreto-Lei nº 244/44 proporcionassem alguma garantia de que a decisão fosse esclarecida, não proporcionariam garantia alguma de que uma declaração de dissentimento informal fosse respeitada.

19. A concretização legislativa da solução do dissentimento do art. 10º da Lei nº 12/93, de 22 de Abril, e do Decreto-Lei nº 344/94, de 26 de Setembro, é materialmente inconstitucional

O princípio de que a decisão de autorizar ou de não autorizar a colheita de órgãos para transplantação deve ser uma decisão esclarecida significa que o Estado tem (i) um *dever de informação em sentido amplo*, dirigido em geral a todas as pessoas, e (ii) um *dever de informação em sentido estrito*, dirigido em especial a cada pessoa (a cada potencial não dador).

Escusando-se a extrair todas as ilações da ideia de que a informação dos interessados constitui um elemento essencial, "sem o qual [a solução do dissentimento] perde[ria] a sua legitimidade"[95], o art. 15º da Lei nº 12/93 consagra em exclusivo um dever de informação em sentido amplo.

A antiga redacção do art. 15º, nº 1, dizia que "[o] Governo deve promover uma campanha de informação sobre o significado, em termos de solidariedade social, política de saúde e meios terapêuticos, da colheita de órgãos e tecidos e da realização de transplantes"; a nova redacção do art. 15º, nº 1, decorrente da Lei nº 22/2007, de 29 de Junho, diz que "[o] Governo deve promover campanhas de informação sobre o significado, em termos de solidariedade, política de saúde e meios terapêuticos, da colheita de órgãos, tecidos e células e da realização de transplantes". A *campanha* (no singular) deu lugar às *campanhas* (no plural); o *solidariedade social* deu lugar à *solidariedade*; o Governo continuou a não promover campanha nenhuma – continuou a não elucidar ninguém sobre a possibilidade de declarar o seu dissentimento, através da inscrição no registo de não dadores (nº 2).

O dever de informação em sentido amplo do art. 15º da Lei nº 12/93 tem sido sistematicamente infringido ou violado; ainda que o não tivesse sido, sempre o art. 15º seria insuficiente para garantir que o resultado das normas de procedimento relativas à colheita de órgãos e tecidos em cadáver da Lei nº 12/93 e do Decreto-Lei nº 244/94 fosse um resultado

[95] Cf. acórdão do Tribunal Federal suíço de 16 de Abril de 1997 (in: *BGE*, nº 123, I, pág. 126).

conforme aos direitos fundamentais. O facto de a Lei nº 12/93 e o Decreto-Lei nº 244/94 não consagrarem nenhum dever de informação em sentido estrito é suficiente para que a *solução do dissentimento* do art. 10º, nº 1, da Lei nº 12/93 seja inconstitucional: com um dever de informação em sentido estrito, o direito de cada pessoa decidir autónoma e responsavelmente sobre a colheita de órgãos e de tecidos no seu corpo inanimado teria um sentido útil; sem um dever de informação em sentido estrito, não – sem que a pessoa seja específica e individualizadamente informada, não terá uma oportunidade razoável se pronunciar por si própria[96]. O dador / não dador não será realmente tomado a sério "como uma pessoa com convicções éticas"[97].

Entre uma solução do dissentimento informado e uma solução do dissentimento não informado há uma diferença absolutamente fundamental: a solução do dissentimento informado proporciona a cada pessoa uma concreta possibilidade de se pronunciar por si própria[98], a solução do dissentimento não informado (= não integrado por um dever de informação em sentido estrito) proporciona-lhe tão-só uma possibilidade abstracta de se pronunciar – cuja concretização prática é pelo menos pouco provável.

O argumento pragmático de que a solução do dissentimento é eficaz[99], de que o dever de informação em sentido estrito causa dificuldades

[96] Cf. Nuno Manuel Pinto Oliveira, *O direito geral de personalidade e a "solução do dissentimento". Ensaio sobre um caso de "constitucionalização" do direito civil*, cit., págs. 233-234 – com a concordância de Pedro Garcia Marques, anotação ao art. 24º, in: Jorge Miranda / Rui Medeiros, *Constituição portuguesa anotada*, tomo I – *Introdução geral. Preâmbulo. Artigos 1º a 79º*, cit., págs. 561-562, declarando a *solução do dissentimento estrito (= estritamente pessoal)* conformada pela Lei nº 12/93 e pelo Decreto-Lei nº 244/94 causa «dúvidas de constitucionalidade material», «[d]esde logo [...] porque não se exige para a colheita qualquer 'informação específica e individualizada do dador» –, e de Diana Filipa Montenegro da Silveira, "O problema da constitucionalidade da solução do dissentimento. O regime jurídico da colheita de órgãos e tecidos em cadáveres para transplantação", cit., págs. 182-185.

[97] Cf. Martin Koppernock, *Das Grundrecht auf bioethische Selbstbestimmung. Zur Rekonstruktion des allgemeinen Persönlichkeitsrechts,* Nomos Verlag, Baden- Baden, 1997, pág. 177.

[98] Expressão de Ferrando Mantovani, "Donazioni e trapianti: prospettiva penalistica", cit., pág. in: Stefano Rodotà / Paolo Zatti (coord.), *Trattato di biodiritto*, vol. II – *Il governo del corpo*, tomo I, Giuffrè, Milano, 2011, págs. 1135-1158 (1147(.

[99] Cf. André Gonçalo Dias Pereira, "O cadáver no direito", cit., pág. 407: "Não podemos esquecer [...] que esta 'ficção pura' tem permitido melhorar a saúde e salvar a vida a milhares de pessoas em Portugal".

práticas[100] e de que as dificuldades práticas do dever de informação em sentido estrito podem comprometer a eficácia da solução do dissentimento é inadequado ou insuficiente para superar argumentos éticos e morais, explicando ou justificando uma colheita de órgãos em cadáver apoiada em ficções de consentimento / de não dissentimento[101]; em *automatismos presuntivos*[102], ou *mais que presuntivos*, de todo em todo incompatíveis com a *liberdade ética do homem individual*.

20. (Cont.) Como a concretização legislativa da solução do dissentimento é materialmente inconstitucional, deverá aplicar-se a solução do consentimento estrito (= estritamente pessoal)

A inconstitucionalidade da solução do dissentimento estrito (= estritamente pessoal) do art. 10º da Lei nº 12/93, de 22 de Abril, significa que o direito português não contém nenhuma disposição legal *constitucionalmente válida* sobre a colheita de órgãos e de tecidos para transplantação. O caso da colheita de órgãos e de tecidos para transplantação é um caso omisso. Como a Constituição da República Portuguesa coloca a *restrição de direitos, liberdades e garantias* sob *reserva de lei*, o caso omisso deve ser resolvido *sem a restrição dos direitos, liberdades e garantias* da pessoa falecida. Ora o único paradigma de regulamentação não restritivo dos direitos, liberdades e garantias da pessoa falecida é a *solução do consentimento estrito (= estritamente pessoal)*.

A equipa encarregada da transplantação deverá consultar o registo nacional de não dadores (art. 15º do Decreto-Lei nº 244/94, de 26 de

[100] Em Itália, o dever de informação em sentido estrito encontra-se consagrado na lei desde 1999. Em 2011, ainda não era aplicado [cf. Donato Carusi, "Donazioni e trapianto: allocazione e consenso", in: Stefano Rodotà / Paolo Zatti (coord.), *Trattato di biodiritto*, vol. II – *Il governo del corpo*, tomo I, Giuffrè, Milano, 2011, págs. 1119-1134 (1128)], continuando a colheita de órgãos e tecidos em cadáver a conformar-se com o regime transitório – descrito, com ironia, como um regime "permanentemente transitório" (cf. Ferrando Mantovani, "Donazioni e trapianti: prospettiva penalistica", cit., pág. 1149).

[101] Os deveres de esclarecimento e de informação são absolutamente fundamentais para que possa distinguir-se entre um sistema em que o silêncio pode ainda significar consentimento e um sistema em que o silêncio não pode significá-lo, se não por intermédio de uma *ficção* [cf. designadamente Donato Carusi, "Donazioni e trapianto: allocazione e consenso", cit., pág. 1127).

[102] Expressão de Ferrando Mantovani, "Donazioni e trapianti: prospettiva penalistica", cit., pág. 1147.

Setembro, e art. 16º, nº 2, da Lei nº 36/2013, de 12 de Junho, republicado pela Lei nº 2/2015, de 8 de Janeiro) e, constatando que a pessoa falecida não está inscrita como não dador, deverá contactar os seus familiares.

O art. 11º, nº 4, alínea b), da Lei nº 36/2013, republicada pela Lei nº 2/2015, exige que a equipa encarregada da transplantação contacte os familiares, "sempre que possível e apropriado", para obter as informações necessárias à caracterização dos dadores e dos órgãos – designadamente, o historial presente ou passado de consumo de drogas, de doença maligna ou de doenças transmissíveis. O alcance do contacto deverá alargar-se – a equipa encarregada da transplantação deverá contactar os familiares para reconstituir a vontade real ou a vontade presumível da pessoa falecida.

Em primeira linha, deverá esforçar-se por reconstituir a sua vontade real, averiguando se a pessoa falecida queria ou se não queria dar os seus órgãos. Em segunda linha (ou seja: subsidiariamente), deverá esforçar-se por reconstituir a sua vontade presumível, averiguando se a pessoa falecida teria ou não teria querido dar os seus órgãos[103]. Entre os elementos relevantes para a reconstrução da vontade presumível da pessoa falecida encontram-se, p. ex., as suas convicções éticas e morais, religiosas e políticas[104].

Caso a colheita de órgãos para transplantação seja conforme a uma *vontade real* da pessoa falecida exteriorizada de forma diferente, estará coberta pelo princípio do art. 340º, nº 1, do Código Civil. Caso seja conforme a uma vontade presumida, deduzida, p. ex., das convicções religiosas ou políticas, estará coberta pelo princípio do art. 340º, nº 3.

[103] Contra, Christoph Schmidt-Petri, "Der mutmassliche Wille im Deutschen Transplantationsgesetz", in: Martin G. Weiss / Hajo Greif (coord.), *Ethics. Society. Politics. Papers of the 35th. Wittgenstein Symposium*, Austrian Ludwig Wittgenstein Society, Kirchberg am Wechsel, 2012, págs. 300-302 – a reconstrução da vontade presumível da pessoa falecida seria impossível; ainda que a reconstrução da vontade presumível da pessoa falecida fosse possível, sempre seria insuficiente para justificar a colheita de órgãos.

[104] Cf. Resolução do Comité de Ministros do Conselho da Europa 78 (79), de 11 de Maio de 1979.

21. Caso a concretização legislativa da solução do dissentimento não fosse materialmente inconstitucional, o art. 10º da Lei nº 12/93, de 22 de Abril, e o Decreto-Lei nº 244/94, de 26 de Setembro, deveria (pelo menos) interpretar-se correctivamente

Em todo o caso, ainda que não se admita que a solução do dissentimento estrito (= estritamente pessoal) consagrada no art. 10º, nº 1, da Lei nº 12/93 e no Decreto-Lei nº 244/94 é inconstitucional, sempre deverá admitir-se que o art. 10º, nº 1, da Lei nº 12/93 carece de uma interpretação correctiva, para que seja conforme aos princípios e às regras constitucionais.

O art. 10º, nº 1, da Lei nº 12/93 diz que *são potenciais dadores* post mortem *todos os cidadãos nacionais e os apátridas e estrangeiros residentes em Portugal que não tenham manifestado junto do Ministério da Saúde a sua qualidade de não dadores*; deveria pelo menos dizer – e deve pelo menos interpretar-se como se dissesse – que *são potenciais dadores* post mortem *todos os cidadãos nacionais e os apátridas e estrangeiros residentes em Portugal que não tenham manifestado a sua qualidade de não dadores.*

O facto de terem manifestado a sua qualidade de não dadores *junto do Ministério da Saúde* é (pode ser) um *mais*; o facto de não a terem manifestado *junto do Ministério da Saúde* não é (não pode ser) um *menos.*

Entre os requisitos da constitucionalidade da solução do dissentimento estão o de que a declaração de dissentimento tenha uma *probabilidade razoável de ser conhecida* e uma *probabilidade razoável de ser respeitada.*

A declaração que tenha sido feita *junto do Ministério da Saúde*, através da inscrição no registo, tem seguramente uma *maior probabilidade de ser conhecida*; a declaração que não tenha sido feita *junto do Ministério da Saúde*, ou que não não ter sido feita através da inscrição no registo, essa, tem seguramente uma menor probabilidade de ser conhecida. Simplesmente, *desde que seja conhecida*, a declaração deve ser *respeitada.*

A interpretação do art. 10º da Lei nº 12/93 e dos arts. 2º, 15º e 16º do Decreto-Lei nº 244/94 como cláusulas de irrelevância da *declaração de dissentimento* exteriorizada informalmente não é consonante com a dignidade constitucional do direito ao dissentimento ou à oposição.

A *correcção formal* não pode ser condição necessária para que a declaração de dissentimento ou de oposição seja respeitada e a *incorrecção formal* não pode ser condição suficiente para que a declaração de dissentimento o não seja – as equipas encarregadas da transplantação não podem estar autorizadas a aniquilar a *liberdade ética do homem individual*, convocando o argumento da *incorrecção formal* do seu exercício. Ora, "[se uma interpretação que não contradiz os princípios da Constituição é possível segundo os demais critérios de interpretação, há-de preferir-se a qualquer outra em que a disposição viesse a ser inconstitucional"[105].

O problema pode, por isso, formular-se nos seguintes termos: o art. 10º da Lei nº 12/93 e os arts. 2º, 15º e 16º do Decreto-Lei nº 244/94 poderão ser interpretados em conformidade com os princípios da Constituição?

O Tribunal Constitucional Federal alemão e o Tribunal Constitucional português declaração que a aplicação do princípio da interpretação conforme não deve "defraudar ou falsear num ponto essencial a meta legislativa"[106].

A interpretação correctiva do art. 10º da Lei nº 12/93 e dos arts. 2º, 15º e 16º do Decreto-Lei nº 244/94, concedendo às declarações de dissentimento exteriorizadas informalmente o efeito de proibirem a colheita de órgãos no corpo do não dador, tornando-a ilícita, defraudará ou falseará – e defraudará ou falseará *num ponto essencial* – a "meta legislativa"?

A resposta há-de ser negativa: o preâmbulo do Decreto-Lei nº 244/94 explicita a decisão de institucionalizar "mecanismos que, pela sua simplicidade e eficácia, estejam ao alcance de todos aqueles cujas convicções determinam a sua indisponibilidade para a dádiva *post mortem* de órgãos ou tecidos", indiciando que o "ponto essencial" dos princípios e das regras sobre os modos formais de declaração do dissentimento, através da inscrição no registo, está tão-só em completar os modos informais[107].

Cada pessoa terá (deverá ter) a possibilidade de manifestar o seu dissentimento de modos não formais – p. ex., através de uma declaração escrita ou de uma declaração verbal, dirigida aos seus familiares[108].

[105] Karl Larenz, *Metodologia da ciência do direito* (título original: *Methodenlehre der Rechtswissenschaft*), 3ª ed., Fundação Calouste Gulbenkian, Lisboa, 1997, pág. 480.

[106] Karl Larenz, *Metodologia da ciência do direito*, cit., pág. 481 (nota nº 56).

[107] Cf. Nuno Manuel Pinto Oliveira, "Considerações em torno do Protocolo Adicional à Convenção dos Direitos do Homem e da Biomedicina relativo à transplantação de órgãos e tecidos de origem humana", cit., págs. 17-19.

[108] Cf. *BGE*, nº 123, I, pág. 126: *"[L]e droit d'opposition appartient au premier chef à l'interessé: celui-ci peut, de son vivant, s'opposer à un prélèvement postérieur au décès. Son opposition pourra se manifester*

O Considerando 3 do Preâmbulo da Directiva 2004/23/CE, de 31 de Março de 2004, confirma-o: Entre os objectivos das campanhas de informação preconizadas pela Directiva 2004/23/CE está o de contribuir para que o cidadão europeu decida tornar-se doador e informar os seus familiares ou, em alternativa, o seu representante legal da sua vontade.

Os modos não formais de manifestação do dissentimento devem ser completados por modos formais. Cada pessoa terá (deverá ter) a possibilidade de manifestar o seu dissentimento de modos formais – p. ex., através da inscrição no registo nacional de não dadores[109].

Existindo – como existe – um dever de contactar os familiares, que razões sérias poderão deduzir-se para sustentar que os familiares não podem comunicar à equipa encarregada da transplantação a vontade real ou a vontade presumível da pessoa falecida? Que razões sérias poderão deduzir-se para sustentar que os familiares não podem apresentar à equipa encarregada da transplantação uma *declaração escrita*? Que razões sérias poderão deduzir-se para sustentar que os familiares não podem comunicar (não podem transmitir) à equipa encarregada da transplantação uma *declaração verbal de dissentimento ou de oposição à colheita de órgãos*?

Se entre os objectivos das campanhas de informação está o de que cada cidadão europeu decida informar os familiares da sua decisão de não ou de não dar os seus órgãos e tecidos, que razões sérias poderá haver para que a sua decisão seja desrespeitada?

22. Conclusão. Contributo para a revisão dos princípios e das regras direito português

O presente texto poderá porventura concluir-se com algumas palavras sobre as *perspectivas de evolução* dos princípios e das regras do direito português sobre a colheita de órgãos e de tecidos para transplantação.

de différentes façons: oralement à ses proches, par une déclaration écrite remise à des proches ou à d'autres personnes, ou encore par le biais d'une 'carte de donneur' portée sur lui."

[109] Cf. *BGE*, nº 123, I, pág. 126: "*Ces modes de consentement ou d'opposition non formels [...] sont complétés par la possibilité [...] d'inscrire son opposition dans un registre [...]. Ces différentes modalités d'opposition, dont bénéficie le donneur potentiel d'organes de son vivant ont toutes pour effet commun de renverser la présomption de consentement instituée par la loi*".

Em três acórdãos absolutamente fundamentais – nos acórdãos de 29 de Abril de 2002, no caso *Pretty vs. Reino Unido*, de 20 de Janeiro de 2011, no caso *Haas vs. Suíça*, e de 19 de Julho de 2012, no caso *Koch vs. Alemanha* –, o Tribunal Europeu dos Direitos do Homem alega que cada pessoa tem o direito de conformar o processo da sua morte. Os acórdãos de 29 de Abril de 2002 e de 19 de Julho de 2012 descrevem-no pela negativa. O primeiro como direito de evitar uma morte indigna[110] e o segundo como direito de evitar um processo de morte caracterizado pela degradação física e psíquica [111]. O acórdão de 20 de Janeiro de 2011 descreve-o pela positiva – como direito de conformar o processo da morte, decidindo, p. ex., quando morrer [112].

Entre os corolários do direito de cada pessoa conformar o processo da sua morte deveriam estar, designadamente, os seguintes três.

Em primeiro lugar, o Estado deveria proporcionar a cada pessoa um direito concretamente praticável de decidir sobre o critério da sua morte.

Entre as alternativas colocadas à sua disposição estariam, p. ex., critério da falência *completa e irreversível* do organismo humano no conjunto dos seus órgãos e funções, o critério da *falência completa e irreversível da* função do cérebro (*whole-brain death*) e o critério da *falência completa e irreversível* do *córtex cerebral* (*higher-brain death* ou *neocortical death*).

Em segundo lugar, o Estado deveria proporcionar cada pessoa uma *oportunidade razoável* se se pronunciar por si própria. Cada pessoa deveria

[110] Cf. acórdão do Tribunal Europeu dos Direitos do Homem de 29 de Abril de 2002 – parágrafo 67: «*The applicant in this case [Diane Pretty] is prevented by law from exercising her choice to avoid what she considers to be and undignified and distressing end to her life. The Court is not prepared to exclude that this constitutes an interference with her right to respect for private life as guaranteed under Article 8, [paragraph] 1, of the Convention*».

[111] Cf. acórdão do Tribunal Europeu dos Direitos do Homem de 19 de Julho de 2012 – parágrafo 51: "*Without in any way negating the principle of sanctity of life protected under the Convention, the Court considered that, in an era of growing medical sophistication combined with longer life expectancies, many people were concerned that they should not be forced to linger on in old age or in states of advanced physical or mental decrepitude which conflicted with strongly held ideas of self and personal identity*".

[112] Cf. acórdão do Tribunal Europeu dos Direitos do Homem de 20 de Janeiro de 2011 – parágrafo 51: « *the Court considers that an individual's right to decide by what means and at what point his or her life will end, provided he or she is capable of freely reaching a decision on this question and acting in consequence, is one of the aspects of the right to respect for private life within the meaning of Article 8 of the Convention*"].

ser perguntada sobre se quer ou não quer dar os seus órgãos[113] – e, ao ser perguntada, deveria estar em condições de dar uma resposta esclarecida.

Entre os instrumentos adequados para dar a cada pessoa um direito concreto de decidir se quer ou não quer dar os seus órgãos estaria (poderia estar) a alteração da Lei nº 25/2012, de 16 de Julho, sobre as directivas antecipadas da vontade. Cada pessoa deveria dispor da faculdade de conformar o conteúdo das directivas antecipadas de vontade decidindo se quer ou não quer dar os seus órgãos. O art. 2º da Lei nº 25/2012 deveria ser alterado, para permitir que cada pessoa se pronunciasse sobre todo o processo da sua morte de acordo com os seus interesses críticos.

Caso não quisesse decidir, deveria dispor do direito de dar ao seu *procurador de cuidados de saúde* a competência de dar ou para não dar os seus órgãos (cf. arts. 11º a 14º da Lei nº 25/2012, de 16 de Julho).

Em terceiro lugar, o Estado deveria proporcionar a cada pessoa *razões* para se pronunciar por si própria, tornando-se dador[114].

Em relação à colheita de órgãos em vida, através da Portaria nº 802/2010, de 23 de Agosto, pensou-se em promover algo de análogo a uma *compensação em espécie*, através da *doação renal cruzada*. Em relação à colheita de órgãos em cadáver, poderia pensar-se em promover algo de análogo a uma *compensação em espécie*, através de um *princípio de reciprocidade*[115]: sempre que houvesse de decidir-se a quem atribuir um determinado órgão, haveria de dar-se prioridade a quem tivesse declarado a

[113] Cf. Nuno Manuel Pinto Oliveira, "Considerações em torno do Protocolo Adicional à Convenção dos Direitos do Homem e da Biomedicina relativo à transplantação de órgãos e tecidos de origem humana", cit., págs. 22-23: "o Estado dispõe da possibilidade o Estado dispõe da possibilidade de envolver órgãos e serviços públicos em procedimentos capazes de garantir que cada indivíduo seja instado a pronunciar-se sobre a dádiva ou não dádiva dos seus órgãos e tecidos para transplantação por ocasião do contacto com os centros de saúde (p. ex., para consultas médicas ou para a vacinação), ou da obtenção ou renovação de determinados documentos (carta de condução, bilhete de identidade, ...), ou do preenchimento de impressos da segurança social".

[114] Explicando por que deve preferir-se o termo *razões*, Philip J. Cook / Kimberly D. Krawiec, "Foreword – Organs and Inducements", in: *Law and Contemporary Problems*, vol. 77 (2014), págs. i-vii (i).

[115] Sobre a analogia entre os dois casos, como formas de « troca altruística », I. Glenn Cohen, "Regulating the Organ Market: Normative Foundations for Market Regulation", in: *Law and Contemporary Problems*, vol. 77 (2014), págs. 71-91, ou Stephen J. Choi / Mitu Gulati / Eric A. Posner, "Altruism Exchange and the Kidney Shortage", in: *Law and Contemporary Problems*, vol. 77 (2014), págs. 289-322.

vontade de dar os seus órgãos sobre quem tivesse declarado a vontade de não os dar[116] [117].

Independentemente de qual seja o futuro, pensamos de que a "filosofia do corpo político europeu", assente nos valores da dignidade, da liberdade e da solidariedade[118], requer uma revisão dos actuais princípios e das actuais regras do direito português, contribuindo para que haja, simultaneamente, uma mais ampla liberdade e uma mais profunda solidariedade.

[116] Hermann Christoph Kühn, *Die Motivationslösung. Neue Wege im Recht der Organtransplantation*, Duncker & Humblot, Berlin, 1998, esp. págs. 140 ss.
[117] Sobre os efeitos da substituição de um *princípio de neutralidade* por um *princípio da reciprocidade* em Israel, Jacob Lavee / Avraham Stoler, "Reciprocal Altruism – The Impact of Ressurrecting an Old Moral Imperative on the National Organ Donation in Israel", in: *Law and Contemporary Problems*, vol. 77 (2014), págs. 323-336.
[118] Mariachiara Tallachini, "Cellule e tissutti come terapie avanzate: una biopolitica europea", cit., pág. 1066.

A interrupção da gravidez ao abrigo da alínea *e)* do nº 1 do artigo 142º do Código Penal, introduzida pela Lei nº 16/2007*

ALEXANDRA VILELA**

1. Depois de um primeiro referendo, realizado no ano de 1998, em 11 de Fevereiro de 2007, fomos, de novo, chamados a responder à questão seguinte: "Concorda com a despenalização da interrupção voluntária da gravidez, se realizada, por opção da mulher, nas primeiras 10 semanas, em estabelecimento de saúde legalmente autorizado?"[1]. Neste segundo

* A presente reflexão nasceu a partir de um debate universitário que se realizou no âmbito da unidade curricular de Direito Penal III, da Faculdade de Direito da Universidade Lusófona do Porto, entre a autora deste artigo e a Doutora Inês Fernandes Godinho, no ano lectivo de 2013-14. Nesse mesmo debate, profícuo e intelectualmente estimulante, intervieram também os estudantes daquela disciplina. Por isso, o artigo representa o aprofundar e o desenvolvimento do pensamento ali exposto, tendo, obviamente, beneficiado da discussão que então se travou.

** Doutora em Direito pela Universidade de Coimbra, Professora Auxiliar da Faculdade de Direito da Universidade Lusófona do Porto e membro do I2J. Investigadora do Centro de Investigação de Direito Penal e Ciências Criminais.

[1] O texto entre aspas corresponde à questão referendada nos dois momentos. A propósito cf. Acórdão do TC nº 75/2010, 15576 e 15577, respectivamente, 2ª e 1ª cols., publicado no *Diário da República, 2ª série, nº 60 de 20 de Março de 2010*, 15566-15605. Para uma panorâmica constitucional sobre a temática em causa, cf. Rui Medeiros e Jorge Pereira da Silva, «Artigo

momento, a resposta afirmativa a igual questão foi ganhadora, situando-se nos 59,25%, embora o índice da abstenção (a percentagem dos votantes foi de 43,57%) tenha tornado o referendo não vinculativo. Não obstante, a Assembleia da República, em consonância com a vontade maioritária manifestada em tal acto, encetou a alteração legislativa ao artigo 142º, no sentido de tornar não punível a interrupção da gravidez realizada nas primeiras dez semanas, por opção da mulher[2].

Com vista a adaptar o artigo 142º face a esta nova causa de interrupção da gravidez não punível, o legislador, através da Lei nº 16/2007, de 17 de Abril, introduziu uma nova alínea ao nº 1 de tal artigo e fez-lhe outras alterações no pressuposto de que os demais requisitos ali previstos comuns a todas as indicações também se aplicam a esta nova causa de interrupção: passou-se a prever no nº 3 a necessidade da certificação médica, em documento escrito e assinado antes da interrupção por um médico diferente daquele que a irá realizar, de que a gravidez não excede as dez semanas; na alínea *b)* do nº 4 de tal artigo, prescreveu-se que o consentimento para a interrupção da gravidez é prestado pela mulher, também por escrito e, à vez, estatuiu-se que a interrupção não pode ser realizada sem que tenha havido um período de reflexão de pelo menos "três dias a contar da data da realização da primeira consulta destinada a facultar à mulher grávida o acesso à informação relevante para a formação da sua decisão livre, consciente e responsável"[3]; e, por fim, no nº 7 regulou-se o modo de comprovação do número de semanas de gravidez: ecograficamente ou por outro meio adequado de acordo com as *leges artis*. Paralelamente, e com vista a regulamentar tal interrupção, foram criadas, através de outros diplomas legislativos, as medidas necessárias à execução de tal intervenção, como seja o caso da Portaria nº 741-A/2007, de 21 de Junho. Deste diploma legislativo destaca-se, sem dúvida, o capítulo IV, referente à interrupção da gravidez por opção da mulher, onde está prevista a consulta prévia, o modo de comprovação da gravidez, o período de reflexão, os actos a praticar em antecâmara à interrupção, o consen-

24º». In: Jorge Miranda e Rui Medeiros, *Constituição Portuguesa Anotada*, I, 2ª edição, Coimbra: Coimbra Editora, 2010, 503-514.

[2] Cf. Figueiredo Dias, «Nótula antes do artigo 142º». In: *Comentário Conimbricense*, 2ª edição, Coimbra: Coimbra Editora, 2012, 247. Os dados foram colhidos no Acórdão do TC nº 75/2010, 15577, 1ª col.

[3] Corresponde à letra da lei a parte do texto colocada entre aspas.

timento e ainda a interrupção da gravidez propriamente dita. Claro está que, por força da inserção desta nova alínea no artigo 142º, a interrupção de que ora curamos, a realizar por opção da mulher e dentro daquele prazo, terá de obedecer necessariamente a todas as exigências comuns a todas as alíneas e às específicas desta[4].

Posto isto, digamos ao que vimos: o que nos preocupa, em sede do novo artigo 142º, é saber, por um lado, se, com a introdução desta alínea, foi ou não quebrada a harmonia intra-sistemática no âmbito do artigo 142º; por outro, perceber se a intervenção legislativa em análise, comprimindo a protecção dada à vida intra-uterina nos termos em que o faz, provoca alguma irritação quando confrontada com a protecção penal dispensada a outros bens, como seja o caso da integridade física. Porém, antes de chegarmos ao centro das questões a resolver, façamos um pequeno excurso.

2. No seio da Comissão Revisora do Código Penal (CP), o aborto, a sua criminalização, bem como algumas causas de justificação, foram questões amplamente discutidas e, segundo nos quer parecer, a manutenção em sede penal do crime de aborto foi consensual. E se é certo que a discussão incluiu, sem dúvida alguma, as causas de justificação do aborto, não menos verdade é também que nenhuma delas acabou por ser prevista no CP de 1982. Mesmo a indicação médica prevista no artigo 152º (*aborto terapêutico)* do Anteprojecto de Eduardo Correia[5], votada favoravelmente por aquela Comissão, acabou por não merecer consagração legal.

2.1. Desta forma, o CP de 1982, à semelhança do que sucedia com o seu antecessor, manteve a criminalização do aborto. Esta decisão encontra-se em consonância com o entendimento de que a tutela da vida intra-uterina cabe no âmbito de protecção do artigo 24º da Constituição da República Portuguesa (CRP), embora seja um bem jurídico-penal autónomo da vida, em que há particularidades a tomar em consideração, como nos recorda Damião da Cunha: por um lado, "a protecção da vida

[4] Cf. Figueiredo Dias/Nuno Brandão, «Artigo 142º». In: *Comentário Conimbricense*, 2ª edição, Coimbra: Coimbra Editora, 2012, 267-268 e 290.

[5] Cf. Ministério da Justiça, *Actas das Sessões da Comissão Revisora do Código Penal – Parte* Especial, Lisboa: A.A.F.D.L., 1979, 49 a 56. Cf., ainda, a este propósito e para mais desenvolvimentos, Figueiredo Dias, «Nótula antes do artigo 142º»..., 243 e s.

intra-uterina poder ser fonte de conflito de interesses (em especial, para a mulher grávida) e, por outro, o facto de a «portadora» e a «garante» deste bem jurídico ser também a mulher grávida"[6].

Seria necessário aguardar pela Lei nº 6/84, de 11 de Maio, para que o modelo das indicações viesse a ser introduzido no seio do CP, passando assim a ser permitido o aborto, desde que se verificasse uma das quatro indicações que ainda hoje subsistem, embora tendo sofrido pequenos afeiçoamentos. São elas a indicação médica, ou terapêutica, em sentido estrito (alínea *a)*), a médica ou terapêutica em sentido lato (alínea *b)*), a embriopática ou fetopática (alínea *c)*) e a criminal (na alínea *d)*). Para além das indicações que acabámos de referir, impõe-se outrossim que se verifiquem todos os demais requisitos procedimentais previstos nos restantes números do artigo 142º. Este modelo de indicações não é, todavia, puro, porquanto, com excepção da alínea *a)* e da segunda parte da alínea *c)*, do número 1 do mencionado artigo, nas restantes, às indicações exigidas, soma-se ainda a necessidade de a interrupção da gravidez ocorrer dentro de um determinado prazo. A este propósito, Teresa Quintela de Brito fala de uma combinação do sistema das indicações com o sistema dos prazos[7].

2.2. Ora, se bem vemos o problema, a decisão de manter o aborto enquanto conduta penalmente relevante, mesmo depois da entrada em vigor do CP de 1982, em conformidade com o entendimento de que se trata de um bem constitucionalmente protegido[8], significou, por um lado, que nos encontramos perante um bem jurídico com dignidade penal; por outro, que o aborto – não obstante a discussão que então já se travava no seio da sociedade portuguesa – continuava a ser uma conduta

[6] Cf. Damião da Cunha, «Artigo 140º». In: *Comentário Conimbricense*, 2ª edição, Coimbra: Coimbra Editora, 2012, 223 e s.

[7] Cf. Teresa Quintela de Brito, «O crime de aborto». In: *Direito Penal – Parte Especial: lições, estudos e casos*, Coimbra: Coimbra Editora, 2007, 443.

[8] A propósito das relações entre o Direito Penal e o Direito Constitucional, Faria Costa aceita que a Constituição possui uma função sistemática e uma outra de orientação, mas não considera apenas "legítima a incriminação de comportamentos lesivos de bens jurídicos com relevo constitucional", o que, segundo cremos, equivale a dizer que, para o autor, um bem jurídico pode ser protegido pelo direito penal independentemente de ter protecção na CRP. Cf. Faria Costa, *O Perigo em Direito Penal*, reimpressão, Coimbra: Coimbra Editora, 2000, 198 e s.

com ressonância ética[9] e que encerrava elevada danosidade social, assim se justificando sob o ponto de vista do merecimento de pena[10]. Afinal, recordando as palavras de Rui Pereira, o aborto deve também ser punido por uma questão de igualdade face à punição penal de outras condutas que violam bens jurídicos pessoais[11].

2.3. E se é certo que, antes da entrada em vigor do CP, Costa Andrade nos recordou que, em matéria de aborto, as cifras negras são elevadas e as respectivas normas incriminatórias apresentam carácter disfuncional[12], notas estas outrossim recentemente destacadas por Maria Fernanda Palma, já em momento posterior ao aditamento da alínea *e)* ao nº 1 do artigo 142º[13], também não é menos verdade que todas as razões que então presidiram à criminalização do aborto, a nosso ver, continuam actualmente válidas. Tal afirmação não bole com o facto de admitirmos as indicações constantes das alíneas *a)* a *d)*, pois cremos que nas situações ali contempladas o bem jurídico vida intra-uterina pode ceder, porquanto está em conflito com os bens pessoais que estão em causa em cada uma das alíneas e também eles fortemente protegidos pelo direito penal, como seja a vida da mulher grávida.

3. De qualquer modo, e independentemente daquilo que possamos pensar sobre a matéria em apreço, um ponto temos como certo: a escolha pelo modelo das indicações seguido pelo legislador português, vigente até ao ano de 2007, esconde por de trás de si uma certa forma de ver a questão da interrupção voluntária da gravidez. O aborto é uma infracção

[9] Cf. Rui Pereira, «A incriminação do aborto na reforma penal de 1991». In: *Estudos Comemorativos do 150º Aniversário do Tribunal da Boa-Hora*, Lisboa: Ministério da Justiça, 1995, 151 e s.

[10] Cf., a propósito do conceito de merecimento de pena e de necessidade de tutela, Faria Costa, *Noções Fundamentais de Direito Penal (Fragmenta iuris poenalis)*, 4ª edição, Coimbra: Coimbra Editora, 2015, 172.

[11] Cf. Rui Pereira, «A incriminação do aborto na reforma penal de 1991»..., 153.

[12] Cf. Costa Andrade, «O aborto como problema de política criminal». In: *Boletim da Ordem dos Advogados*, ano 39, 1979, 304 e s.

[13] Cf. Maria Fernanda Palma, «Conceito material de crime e reforma penal». In: *Anatomia do Crime*, 0, 2014, 18. Na verdade, neste estudo, a autora chama também a atenção para o facto de, na discussão pública, se ter dado realce, entre outros, à "ineficácia da incriminação" e "aos efeitos perversos da proibição".

penalmente relevante, cujo desiderato é a protecção da vida intra-uterina, bem jurídico com dignidade penal e constitucional[14]. Por tudo isso, à luz do nosso ordenamento jurídico, a regra geral é a da punição do aborto. Não o será quando este bem jurídico entre em colisão com os outros bens jurídicos, também penalmente protegidos, e que, à luz do CP português, são a razão de ser das diferentes alíneas do nº 1 do artigo 142º, onde se encontram plasmadas as diferentes indicações[15]. O mesmo é dizer: o modelo das indicações assenta no "reconhecimento de situações *taxativamente descritas e objectivamente controláveis* (*i. e.*, controláveis por terceiro, nomeadamente um médico) perante as quais a lei admitia, em perspectiva jurídico-penal, o sacrifício da vida intra-uterina"[16]. Opera aqui uma ideia de proporcionalidade, conjugada com a da "autodeterminação responsável da grávida"[17].

Por sua vez, na opção por um modelo dos prazos, o legislador revela dar prevalência ao direito de autodeterminação da mulher, considerando-a como "um ser autónomo e [...] titular do direito de dispor do seu próprio corpo"[18]. Ao mesmo tempo, é ainda dada guarida ao argumento de que o valor da vida pré-natal não é igual em todo o período de gravidez[19]. Por isso, ao pretender abortar não é necessário proceder a uma ponderação entre bens jurídicos: a liberdade da mulher impõe-se de tal forma que a "IVG será jurídico-penalmente admissível, dentro de certo(s) prazo(s), por opção da grávida em último termo incontrolável por terceiro"[20].

3.1. Colocada deste jeito a questão do aborto e da protecção da vida intra-uterina, e tendo o legislador do CP optado pelo modelo das indicações – ainda que nalguns casos temperado com prazos –, pensamos que

[14] A este propósito, Figueiredo Dias salientava, mesmo alguns anos antes da entrada em vigor do actual CP, que "o nascituro constitui em si mesmo um bem jurídico dotado de condição jurídico-constitucional e por isso digno de tutela penal". Cf. «Nótula antes do artigo 142º»..., 249.

[15] Cf. Rui Pereira, «A incriminação do aborto na reforma penal de 1991»..., 157 e s. Cf. Teresa Quintela de Brito, em «O crime de aborto»..., 464 e s., onde a autora reflecte sobre se as indicações previstas constituem verdadeiras causas de exclusão da ilicitude.

[16] Cf. Figueiredo Dias, «Nótula antes do artigo 142º»..., 248.

[17] A expressão entre aspas é de Figueiredo Dias, em «Nótula antes do artigo 142º»..., 249.

[18] Cf. Rui Pereira, «A incriminação do aborto na reforma penal de 1991»..., 155.

[19] Cf. Rui Pereira, «A incriminação do aborto na reforma penal de 1991»..., 155 e s.

[20] Cf. Figueiredo Dias, «Nótula antes do artigo 142º»..., 248.

essa opção legislativa nos obriga a ser consequentes com essa escolha. Entendemos, todavia, que, sobretudo a partir do ano de 1998, não foi isso que se passou. Para tanto, segundo cremos, terá contribuído a jurisprudência vertida em alguns dos acórdãos do Tribunal Constitucional (TC)[21]. Na verdade, o TC, no seu Acórdão nº 288/98, de 17/4, chamado a pronunciar-se sobre a conformidade da questão então a referendar, considerou-a não inconstitucional, mesmo que a resposta à questão colocada fosse afirmativa[22]. Nas sintetizadoras palavras de Teresa Quintela de Brito, o Acórdão teceu as seguintes considerações: a vida intra-uterina, embora sendo constitucionalmente protegida, por força do nº 1 do artigo 24º da CRP, não é um direito fundamental. Em consequência, a tutela a dispensar-lhe não carece de ser tão intensa como aquela a conferir à pessoa já nascida, esta, sim, titular de direitos fundamentais. Acresce que a protecção a dar a este bem jurídico não tem de ser igual em todas as suas fases[23]. Daqui que a interrupção da gravidez seja permitida nas circunstâncias então referendadas, dada a existência de uma tarefa de concordância prática entre o bem jurídico "vida intra-uterina" e "os direitos da mulher ao livre desenvolvimento da sua personalidade e à maternidade consciente"[24]. Mais se dizia em tal aresto que "a colisão de bens jurídicos constitucionalmente protegidos, existente no caso dos autos, pode ser resolvida pelo legislador, estando dentro da sua margem de liberdade de conformação a opção por punir – suposto que permanece, neste caso, o modelo das indicações – ou não punir a interrupção voluntária da gravidez efectuada nas primeiras dez semanas"[25].

[21] Também críticos do Acórdão nº 288/98, foram Teresa Quintela de Brito, em «O crime de aborto»..., 444 e Rui Medeiros e Jorge Pereira da Silva, «Artigo 24º»..., 506-510.

[22] Acórdão publicado no *Diário da República - 1ª Série A, nº 91-Supl, de 18.04.1998,* 1714-(2).

[23] A propósito da interrupção voluntária da gravidez até determinado prazo por opção da mulher grávida, é a todos os títulos pertinente a reflexão de Cristina Líbano Monteiro. Entre outras questões, coloca a autora as seguintes: "Porquê aborto a pedido até às dez ou às doze semanas e não até às treze, ou às vinte e quatro ou às trinta? [...] Depende de factores puramente emocionais, reais, embora, como seja o de que faz mais impressão esmagar um grande do que um pequenino? A dúvida volta sempre: qual a racionalidade de um qualquer corte radical dentro do *continuum* do desenvolvimento embrionário". Cf. «Descriminalização do aborto?». In: *Revista do CADC,* Nova Série, 2002, 182.

[24] Cf. Teresa Quintela de Brito, «O crime de aborto»..., 444 e s.

[25] Cf. ponto nº 49 do citado acórdão.

Reiteramos, pois, que esta argumentação, quando confrontada com o teor do artigo 142º, acaba por não se revelar compatível com o seu regime, pelo que, em síntese conclusiva, acompanhamos Teresa Quintela de Brito nas suas considerações a este propósito[26], bem como aqueles que, nas suas declarações de voto vencido, questionaram o entendimento de que a própria CRP permitisse conduzir validamente a uma solução de prazos[27]. A nosso juízo são lapidares as palavras de Paulo Mota Pinto, rejeitando "que pela via da harmonização prática dos interesses em conflito, a Constituição permita chegar à «solução dos prazos», com aceitação da «indiferença dos motivos» ou de uma «equivalência de razões»"[28].

4. A pergunta formulada em 2007, igual à do primeiro referendo, foi sindicada novamente pelo TC através do Acórdão nº 617/2006, de 15/11[29], tendo a conclusão sido idêntica à do Acórdão nº 288/98, pronunciando-se uma vez mais pela constitucionalidade da alínea *e)* do nº 1 do artigo 142º, malgrado se terem registado, uma vez mais, votos contra[30]. Esta jurisprudência voltou a ser firmada alguns anos mais tarde, no Acórdão nº 75/2010, de 23/02, onde se concluiu pela constitucionalidade da Lei nº 16/2007, 17 de Abril, apesar de também ali se considerar que tal lei "operou uma verdadeira mudança do paradigma regulador, na medida em que passou a admitir uma hipótese de exclusão de punição que passa apenas, no plano das condições substantivas, pela vontade da gestante". Mais à frente, defende-se, em consonância com o decidido, que a vida intra-uterina não fica totalmente desprotegida[31].

O próprio TC, mesmo admitindo a mudança de paradigma, usando as suas próprias expressões, ainda assim, não encontrou irritações normativas dentro do artigo 142º, onde nós as vemos. Na verdade, segundo o nosso juízo, esta opção do legislador de 2007 revela-se mesmo contraditória à efectuada pelo legislador das demais indicações, sendo pertinente

[26] Cf. Teresa Quintela de Brito, «O crime de aborto»..., 445.

[27] Cf. Teresa Quintela de Brito, «O crime de aborto»..., 445.

[28] Cf. ponto nº 2 da sua declaração de voto vencido.

[29] Acórdão consultável em http://www.tribunalconstitucional.pt/tc/acordaos/20060617.html.

[30] Cf., a este propósito, as seis declarações de voto vencido.

[31] Cf. o ponto nº 11.4.9, p. 15581, 2ª col. do Acórdão do TC nº 75/2010, acima já melhor identificado. Para uma análise, em alguns pontos crítica dos Acórdãos referidos, cf. Rui Medeiros e Jorge Pereira da Silva, «Artigo 24º»..., 506 e s.

recordar que Cristina Líbano Monteiro, a propósito do aborto por vontade da mulher, já em momento anterior a 2007, considerava que uma tal consagração legal obrigaria a "repensar todo o capítulo [dos crimes contra a vida intra-uterina], sob pena de esse bocado de lei penal passar a albergar – se é que não alberga já – notórias contradições"[32].

4.1. Não se nos antolha fazer a apologia de leis penais estáticas, insensíveis e surdas ao pulsar da sociedade. E se, efectivamente, se sentia que havia necessidade de introduzir alterações no regime da interrupção voluntária da gravidez, pensamos que, sim, elas poderiam e deveriam ter ocorrido. Simplesmente afigura-se-nos, de igual modo, que o legislador deveria ter sido consentâneo com o facto de, entre nós, a vida intra-uterina constituir um bem jurídico autónomo e com protecção penal. Dentro dessa medida, qualquer alteração ao artigo 142º deveria passar pela criação de uma indicação económico-social, indicação essa controlável por terceiro, assim se salvando a coerência interna do artigo 142º.

Parece-nos ainda ajuizado dizermos que não há (ou não houve) uma única mulher que se submeta a uma interrupção voluntária da gravidez, simplesmente porque lhe apeteça. Não. Uma mulher, ao tomar essa decisão, e ao concretizá-la, certamente é movida por uma ou mais razões fortes. Não obstante ser assim, o certo é que a alínea *e)* do nº 1 do artigo 142º oblitera toda e qualquer razão para que a mulher possa levar a cabo o aborto livre prevendo expressamente que não será punível se a interrupção "for realizada, por opção da mulher, nas primeiras dez semanas".

Ora, daqui parece resultar que a decisão da mulher é como que tomada no exercício de um seu direito que não encontra qualquer espécie de limites a não ser a sua própria vontade. Todavia, justamente porque nenhuma mulher aborta de "ânimo leve", teria sido preferível que o legislador tivesse acrescentado ao prazo das dez semanas uma indicação "social", ou "sociológica", ou até mesmo uma sócio-económica, que revelasse preocupação com o particular circunstancialismo – comprovado objectivamente – não só da mãe, como também do pai[33]. Com efeito, se

[32] Cf. Cristina Líbano Monteiro, «Descriminalização do aborto?»..., 181.

[33] As indicações acima referidas não são totalmente desconhecidas entre nós, porquanto, no ano de 1998, foi aprovado um projecto de lei em que se previa uma desse tipo. A este propósito, cf. Rui Medeiros e Jorge Pereira da Silva, «Artigo 24º»..., 505, bem como Figueiredo Dias, «Nótula antes do artigo 142º»..., 245.

por acaso o legislador tivesse seguido este caminho, por um lado, não teria contribuído para a destruição parcial do artigo 142º que, até 2007, consagrava um modelo de indicações temperado, em duas alíneas e em parte de outra, com um modelo de prazos; por outro, colocaria um freio a decisões da grávida tomadas muito provavelmente sem compartilhar com o médico os seus motivos. Na verdade, se os revelasse, o médico certamente estaria em melhor condições para a aconselhar e, desse modo, poderia alterar (ou pelo menos tentar) o sentido da sua decisão.

4.2. Não esquecemos que o legislador não abandona a mulher quando ela toma a decisão de abortar. Bem pelo contrário: em um primeiro momento, a grávida fica sujeita à obrigatoriedade de se deslocar a uma consulta prévia em estabelecimento de saúde oficial, de acordo com o disposto no artigo 16º, nº 1 da Portaria nº 741-A/2007, de 21 de Junho, conjugado com o nº 4, alínea *b)* do artigo 142º, e aí são-lhe facultadas "todas as informações e os esclarecimentos necessários", "tendo em vista uma decisão livre, consciente e responsável" (nº 3 do mencionado artigo 16º da Portaria em causa), tomada depois de, pelo menos, três dias de reflexão. E, na verdade, Figueiredo Dias dá particular relevo à consulta de aconselhamento obrigatória, afirmando que "o legislador concluiu, sem necessidade de ulterior e mais lata confirmação, que à opção pela interrupção da gravidez presidiu uma situação de conflito que põe de novo em causa interesses da mulher constitucionalmente relevantes e dignos de protecção e **aos quais a ordem jurídica entende conferir prevalência**, observados que sejam determinados (e rigorosos) pressupostos procedimentais, máxime, a consulta de aconselhamento obrigatório"[34]. No entanto, não cremos que a mencionada consulta obrigatória, mesmo aliada ao período de reflexão não inferior a três dias e ao aconselhamento médico e à verificação dos demais pressupostos procedimentais e materiais do artigo 142º, seja garantia suficiente de que estamos, efectivamente, perante uma situação em que o bem jurídico "vida intra-uterina" deva ceder. Por isso reiteramos que teria sido bem melhor que o legislador tivesse condicionado, em sede de tal alínea, o direito agora insindicável[35]

[34] Cf. Figueiredo Dias, «Nótula antes do artigo 142º»..., 264.

[35] Figueiredo Dias e Nuno Brandão, a este propósito escrevem: "É nela [na grávida], e não no médico ou em qualquer outra instância, que em último termo radica o poder de decisão, que deve ter-se por insindicável". Cf. «Artigo 142º»..., 291.

de a mulher optar pelo aborto até às dez semanas à verificação de uma das indicações que acima referimos ("social", "sociológica" ou "sócio-económica"). Desse modo, a intervenção do médico poderia revelar-se bem mais eficaz e, ao mesmo tempo, o próprio texto da alínea constituiria também ele um factor de ponderação extra para a própria mulher que deseja abortar. Não foi, todavia, essa a decisão do legislador.

5. Uma outra crítica nos merece a interrupção da gravidez prevista na alínea *e)*. Não será demais afirmar, novamente, que a decisão de a mulher abortar é irrepreensível e é a ela "que cabe a primeira e a última palavra na tomada de decisão de realização da IVG"[36]. Isso é certo e não o ignoramos. Mas, por força da permissibilidade do teor da alínea *e)* – que em si mesma considerada apenas faz depender a realização do aborto da vontade da mulher e do tempo de gravidez – também nos parece claro que a mulher não tem de revelar o motivo pelo qual deseja abortar. E, no entanto, no exacto momento em que toma a decisão de o fazer, ela encontra-se a praticar um acto de disposição relativamente a um bem jurídico com dignidade penal, um bem jurídico eminentemente pessoal que nos aparece em segundo lugar na hierarquia dos bens pessoais penalmente protegidos[37] e que, em rigor dos princípios, não lhe pertence[38]. Trata-se de uma vida incompleta relativamente à qual ela se encontra a dispor validamente, ao abrigo desta alínea *e)*[39]. Entendemos, por isso, que, neste

[36] Cf. Figueiredo Dias/Nuno Brandão, «Artigo 142º»..., 290.

[37] No que diz respeito ao modo como os diferentes bens jurídicos se encontram "arrumados" dentro do CP, cf. Faria Costa, *Direito Penal Especial – Contributo a uma sistematização dos problemas "especiais" da Parte Especial*, reimpressão, Coimbra: Coimbra Editora, 2007, 20. Usando as palavras do autor, diríamos que na Parte Especial é possível encontrar "coerência" "no campo da ordenação dos bens jurídicos".

[38] Com efeito, nisso pensamos estar todos de acordo. Dizendo-o com Karl Engisch: "o feto não é simplesmente «pars viscerum» (parte integrante do corpo materno) e, por isso, também não é um bem jurídico pessoal do qual a grávida possa dispor". Cf. Karl Engisch, *Introdução ao pensamento jurídico* (tradução de Baptista Machado), 10ª edição, Lisboa: Fundação Calouste Gulbenkian, 2008, 291.

[39] Teresa Quintela de Brito, em momento anterior ao da alteração legislativa em análise, fazendo apelo à inviolabilidade da vida intra-uterina e a todo o regime restritivo de direitos, liberdades e garantias, conclui, outrossim, que o feto, efectivamente, não pode ser "colocado na inteira disponibilidade da mulher – como se de um bem próprio se tratasse – em nome dos seus direitos ao livre desenvolvimento da personalidade e à maternidade consciente. Cf. Teresa Quintela de Brito, «O crime de aborto»..., 445.

particular caso de ponderação entre a vida intra-uterina e a liberdade de decisão da mulher, foi dada uma preponderância excessiva a este último em detrimento do primeiro. Por outras palavras: a liberdade da mulher é de tal forma ampla que não carece sequer de justificação para conduzir ao aniquilamento de um outro bem jurídico que não lhe pertence. Ao invés, quando alguém pretende consentir relativamente a determinadas ofensas à integridade física sobre o seu próprio corpo ou sobre a sua saúde, o legislador coloca um freio em tal consentimento, por força do funcionamento das regras conjugadas dos artigos 149º e 38º do CP.

Com efeito, de uma imbricada leitura daquelas normas resulta no essencial que, embora a integridade física seja livremente disponível, o facto consentido não pode ofender os bons costumes (2ª parte do nº 1 do artigo 38º e nº 2 do artigo 149º)[40] e, para se saber se assim é, ou não, levam-se em conta "nomeadamente, os motivos e os fins do agente ou do ofendido, bem como os meios empregados e a amplitude previsível da ofensa" (2ª parte do nº 2 do artigo 149º). O mesmo é dizer: o consentimento para uma mulher dispor validamente da sua integridade física obedece não apenas aos requisitos do artigo 38º do CP, atrás enunciados, mas também ao vertido no artigo 149º. Em contrapartida, em sede de interrupção voluntária da gravidez, os requisitos previstos nos nºs 4 e seguintes do artigo 142º, quanto ao consentimento, aparentemente, não nos permitem vislumbrar nenhuma razão material que funcione como travão ao aborto, tal como funciona o nº 2 do artigo 149º atrás mencionado.

Por conseguinte, a nosso ver, o legislador deu um peso excessivo à liberdade da mulher em detrimento de um bem jurídico alheio, sendo que esse facto ganha uma nitidez gritante quando olhamos para as restrições à livre disponibilidade que cada um de nós possui relativamente à sua integridade física. Tal facto, a nosso juízo, constitui uma antinomia grave que não deveria ter acontecido e que importaria tentar anular ou pelo menos minimizar.

5.1. Vejamos, no entanto, se por via das regras da interpretação em direito penal, tal antinomia poderá ser corrigida, fazendo ali valer o regime resultante dos artigos 38º, nº 1 e 149º, nº 2.

[40] A propósito do actual significado dos "bons costumes" no âmbito das ofensas à integridade física, cf. Costa Andrade, «Artigo 149º». In: *Comentário Conimbricense*, 2ª edição, Coimbra: Coimbra Editora, 2012, 436 e s, mas em especial 441 e s.

Quando nos movemos no campo de aplicação do artigo 142º, o consentimento que aí é solicitado à grávida – e agora não especificamente o dado em sede da alínea *e)* do nº 1 de tal artigo – não se apresenta como causa de justificação autónoma. Como referem Figueiredo Dias e Nuno Brandão, é apenas mais "um elemento constitutivo de uma diferente causa de justificação, que implica o aniquilamento do *nascituro*", "sem prejuízo de para muitos efeitos dever valer a teoria e a regulamentação legal gerais do consentimento como causa de justificação autónoma, designadamente, desde logo, que seja expressão de uma vontade séria, livre e esclarecida da gestante"[41].

Por outro lado, a própria Comissão revisora do CP discutiu, a propósito do aborto, se "em tese geral" se justificaria a criação de um regime de consentimento mais restrito face ao do da parte geral, porquanto a norma incriminatória do aborto protege um bem jurídico alheio, tendo a resposta sido dada em sentido afirmativo[42]. Vistas as coisas deste modo, afigura-se-nos plausível admitir que a "não ofensa aos bons costumes do facto consentido" é, ainda, uma regra a aplicar em sede do artigo 142º, nº 1, *e)*. A ser assim, isto é, se se revelasse necessário apurar se o aborto consentido pela grávida para interromper a gravidez ofende, ou não, os bons costumes, em seguida, impor-se-ia averiguar se os requisitos do nº 2 do artigo 149º, contemplados especificamente para as ofensas corporais, valeriam também para aquilatar se o aborto consentido contrariava ou não os bons costumes. No fundo, partindo do pressuposto de que o disposto no nº 1 do artigo 38º, referente aos bons costumes, é aplicável ao aborto, poderíamos ensaiar a sua concretização por aplicação analógica[43] do nº 2 do artigo 149º ao nº 1, alínea *e)* do artigo 142º.

5.2. A este propósito socorramo-nos de um caso retratado por Karl Engisch, justamente a propósito da analogia que oferece algumas simili-

[41] As expressões entre aspas pedimo-las de empréstimo a Figueiredo Dias/Nuno Brandão, «Artigo 142º»..., 272.

[42] Cf. *Actas das Sessões da Comissão Revisora do Código Penal...*, 47.

[43] Como bem sabemos, não é inédito o recurso ao pensamento analógico em direito penal. Nesse sentido, cf. Figueiredo Dias, «Para uma dogmática do direito penal secundário». In: *Direito Penal Económico e Europeu: textos doutrinários*, I, Coimbra: Coimbra Editora, 1998, 68 e s. e também Faria Costa, «A responsabilidade jurídico-penal da empresa e dos seus órgãos». In: *Direito Penal Económico...*, 510 e s.

tudes com o problema a que ora atendemos: com efeito, o autor recorre ao §226a do CP alemão – norma idêntica à do artigo 149º do CP[44] – para o aplicar analogicamente ao caso de um estudante que, a seu pedido, é fechado durante toda a noite num Instituto, a fim de que possa estudar nesse período de tempo. Ora, segundo o autor, dado que não há nenhuma norma sobre o consentimento do lesado quando estamos perante uma privação da liberdade, o §226a poderia ser aqui aplicado analogicamente, desde que o facto consentido não ofendesse os bons costumes, de acordo com o mencionado §226a. Segundo Engisch, "para que exista uma conclusão de analogia juridicamente admissível, requer-se a prova de que o particular, em relação ao qual a regulamentação falha [...], tenha em comum com o particular para o qual existe regulamentação [...] aqueles elementos sobre os quais a regulamentação jurídica [...] se apoia"[45]. No caso que lhe serve de exemplo, o autor salienta que "a ofensa corporal e a privação da liberdade são semelhantes entre si em tal medida que aquilo que é justo para a primeira também o é para a segunda" [46], possuindo em comum a violação de "bens jurídicos pessoais que, dentro de certos limites, são confiados ao poder de disposição do prejudicado" [47].

O próprio Engisch aponta para a resposta à questão que tratamos, ao afirmar que "o feto não é simplesmente «pars viscereum» (parte integrante do corpo materno) e, por isso, também não é um bem jurídico pessoal do qual a grávida possa dispor"[48]. Ora, tal equivale a dizer que não é possível encontrar a mencionada semelhança no regime jurídico referente ao aborto por opção da mulher e o do nº 2 do artigo 149º; logo, não é possível aplicar analogicamente tal norma ao caso que tratamos. Na verdade, na interrupção da gravidez a pedido da grávida não está em causa a disposição de um bem pessoal próprio, contrariamente ao que sucede com a integridade física, pese embora o facto de termos de admitir que alguns abortos por vontade da mulher, que obedeçam a todos os pressupostos legais e regulamentares, podem ser contrários aos bons

[44] O § 226a (actual §228) do CP alemão a que se refere Karl Engisch dispunha que as ofensas corporais não constituem factos ilícitos quando praticados com o consentimento do lesado e não sejam contrárias aos bons costumes.

[45] Cf. Karl Engisch, *Introdução ao pensamento jurídico...*, 290.

[46] Cf. Karl Engisch, *Introdução ao pensamento jurídico...*, 289.

[47] Cf. Karl Engisch, *Introdução ao pensamento jurídico...*, 289 e s.

[48] Cf. Karl Engisch, *Introdução ao pensamento jurídico...*, 291.

costumes por não terem sido tomados "em conta, nomeadamente, os motivos e os fins do agente ou do ofendido, bem como os meios empregados e a amplitude previsível da ofensa"[49]. Em síntese: a ser defensável convocar o nº 1 do artigo 38º como mais um requisito a levar em conta no consentimento para a interrupção da gravidez a pedido da mulher, ainda assim, não podemos aplicar a tal caso, por via da analogia, o nº 2 do artigo 149º.

5.3. No entanto, antes de encerrarmos a questão, centremo-nos especificamente na analogia *iuris*, também designada por geral[50], e façamos o seguinte raciocínio: em sede do nº 1 do artigo 38º do CP estabelece-se que "o consentimento exclui a ilicitude do facto quando se referir a interesses jurídicos livremente disponíveis e o facto não ofender os bons costumes". Atendendo ao teor da mencionada norma e à sua localização na sistemática do CP (Parte Geral), podemos legitimamente concluir que o legislador daquele diploma não restringe o travão daquela norma a nenhum bem jurídico específico, mas sim a todos aqueles que sejam considerados como livremente disponíveis. Vale por dizer: o nº 1 do artigo 38º consagra um princípio geral em matéria de bens jurídicos disponíveis, princípio esse que é depois retomado em sede de Parte Especial, na específica norma que diz respeito à disponibilidade das ofensas à integridade física. Trata-se, no caso, de um princípio geral expressamente previsto na Parte Geral do CP, depois concretizado no nº 2 do artigo 149º, a propósito do bem jurídico "integridade física". Todavia, daqui não podemos retirar que a segunda parte do nº 1 do artigo 38º (o facto consentido não poder ofender os bons costumes), valha apenas para a integridade física. Não. O seu âmbito de aplicação não se cinge exclusivamente à integridade física, embora saibamos que as ofensas àquela "constituem o domínio por

[49] O texto entre aspas corresponde à transcrição de parte da norma do nº 2 do artigo 149º onde se indica o que levar em linha de conta para decidir se a ofensa no corpo ou na saúde contraria os bons costumes. Cientes da evolução dos tempos e do Direito, não podemos deixar de, uma vez mais, recordar as palavras de Engisch: "o aborto, na medida em que não exista uma indicação moralmente reconhecida, ofende os bons costumes".Cf. Karl Engisch, *Introdução ao pensamento jurídico...*, 291.

[50] Neste sentido, cf. Fernando Pinto Bronze, «O problema da analogia *iuris* (algumas notas)». In: *Analogias*, Coimbra: Coimbra Editora, Grupo Wolter Kluwer, 2012, 276 e s.

excelência do consentimento"[51]. Em síntese, afigura-se-nos legítima a conclusão de que o nº 2 do artigo 149º apenas concretiza o princípio geral vertido no nº 1, segunda parte do artigo 38º.

Deste modo, embora em sede de interrupção da gravidez não punível a pedido da grávida, previsto na alínea *e)* do nº 1 do artigo 142º, o consentimento não seja uma causa de exclusão de ilicitude autónoma, ainda assim, parece-nos ser possível a aplicação analógica do princípio geral resultante do nº 1 do artigo 38º, segundo o qual o facto consentido não pode ofender os bons costumes, depois de devidamente concretizado pelo nº 2 do artigo 149º, tanto mais que o bem jurídico ali protegido é colocado na disponibilidade da grávida. Não se trata agora de apelar directamente à aplicação analógica da norma prevista no nº 2 do artigo 149º à alínea *e)* do nº 1 do artigo 142º; está em causa, sim, o desenvolvimento de uma interpretação analógica do "princípio geral de direito inferido de um conjunto de normas legais inequivocamente adequadas para resolver problemas semelhantes"[52].

5.4. Cabe, agora, questionarmo-nos sobre o resultado do desenvolvimento de um tal pensamento analógico nesta sede. A resposta é evidente: certamente seríamos conduzidos à existência de um maior número de interrupções que deixariam de cair no âmbito do artigo 142º e, em consequência, ao aumento do número de crimes de aborto. Seríamos atirados irremissivelmente para uma interpretação da norma que se apresenta desfavorável ao agente, em violação da *odiosa restringenda*[53]. Por outro lado, tendo presente "que a pedra de toque da inter-

[51] Cf. Costa Andrade, «Artigo 149º»..., 420. Ainda com o autor, temos presente que o artigo 149º não é uma norma indispensável face ao regime geral do consentimento previsto nos artigos 38º e 39º da Parte Geral, embora nos ajude a concretizar o regime de disponibilidade das ofensas à integridade física, a elas se referindo exclusivamente. Cf. Costa Andrade, «Artigo 149º»..., 420.

[52] A propósito da distinção entre analogia legal e analogia *iuris*, o autor entende que toda a analogia é uma autêntica analogia *iuris*. Tal facto faz com que, segundo o autor, a distinção entre ambas tenha perdido o sentido. Cf. do autor, «O problema da analogia *iuris* (algumas notas)», 280.

[53] Sobre a interpretação em direito penal, cf. Faria Costa, «Construção e interpretação do tipo legal de crime à luz do princípio da legalidade: duas questões ou um só problema?». In: *Revista de Legislação e de Jurisprudência*, 3933, 354 e s., em especial 361 e s.

pretação em direito penal está ancorada no pensamento teleológico"[54], tal como nos recorda Faria Costa, não estamos seguros de que os resultados a que chegaríamos, fruto da aplicação do pensamento analógico, se encontrassem em consonância com o espírito que presidiu à criação e à definição da nova alínea (a *e)*) do nº 1 do artigo 142º. Também não estamos seguros de que neste caso exista "uma dúvida, séria e firme sobre o sentido da norma jurídica"[55], parecendo, enfim, que somos conduzidos para uma eventual impossibilidade de recurso à analogia. É certo que o artigo 142º não é uma norma incriminatória. Não obstante, cremos valerem para ela as considerações de Faria Costa, a propósito da interpretação das normas incriminatórias[56].

6. Uma derradeira reflexão nos suscita esta nova alínea *e)*, aditada por força da Lei nº 16/2007: de acordo com o nº 3 do artigo 16º da Portaria nº 741-A/2007, de 21/06, e em cumprimento do artigo 2º, nº 2 da citada lei, "o médico ou outro profissional de saúde habilitado", no âmbito da consulta prévia à decisão de interrupção da gravidez por opção da mulher, "deve prestar todas as informações e os esclarecimentos necessários à mulher grávida ou ao seu representante legal, tendo em vista uma decisão livre, consciente e responsável". Ora, a ser assim, parece que o legislador – pelo menos este que criou a presente Portaria – admite que a interrupção da gravidez por opção da mulher seja tomada pelo seu representante legal, quando aquela seja menor de 16 anos ou psiquicamente incapaz[57]. Se assim for, estamos perante uma decisão que viola o espírito da Lei nº 16/2007. Com efeito, alçapremando a interrupção voluntária da gravidez na vontade livre e esclarecida da grávida, a nosso juízo, nunca pode haver lugar para uma interrupção lícita quando aquela seja incapaz de por si só tomar tal decisão. Isto, porque tal prerrogativa é dela e apenas dela, não podendo, em caso algum, ser tal decisão tomada em nome da grávida pelo seu representante legal, mesmo que no seu interesse.

[54] Cf. Faria Costa, «Construção e interpretação do tipo legal de crime»..., 361.

[55] A expressão pedimo-la uma vez mais a Faria Costa, quando alude à interpretação analógica que funcione *in bonam partem*. Cf. do autor, «Construção e interpretação do tipo legal de crime»..., 362 e s.

[56] Cf., de novo, Faria Costa, «Construção e interpretação do tipo legal de crime»....

[57] A propósito da regulamentação da matéria em apreço através de Portaria, cf., em sentido crítico, Rui Medeiros e Jorge Pereira da Silva, «Artigo 24º»..., 513 e s.

Assim, socorrendo-nos da palavra certeira de Faria Costa, a propósito da dádiva de órgãos para transplantes efectuada por pessoas menores, entendemos que, sempre que a grávida não manifeste o seu desejo de interromper a gravidez, ou não possua capacidade para entender o sentido do seu acto, a vontade do seu representante não se pode substituir à vontade da grávida[58].

7. Em síntese conclusiva: não é verdadeiramente relevante para o presente caso deixar assinalado se somos, ou não, contra o direito de a mulher optar livremente pela interrupção da gravidez. Somos, contra, isso sim, o facto de a alínea *e)* não se coadunar com o modelo das indicações, vindo, em consequência, a desfigurar o modelo previsto pelo legislador e assim provocar irritações normativas.

Não concordamos, outrossim, com a ampla liberdade concedida à mulher, ao não ter de revelar as razões da sua opção de abortar, vedando a apreciação dos seus motivos por médicos especialistas. Com efeito, consideramos que nem a consulta obrigatória, nem o período de reflexão mínimo imposto, nem o acompanhamento psíquico e físico de que ela pode beneficiar colmatam a sua ampla margem de discricionariedade. Deste modo, a sua decisão é tomada em um quadro de liberdade muito mais amplo do que aquela que lhe assiste, nalguns casos, em sede de disposição da sua própria integridade física.

[58] Cf. Faria Costa, «O valor do silêncio do legislador penal e o problema das transplantações». In: *Boletim da Faculdade de Direito da Universidade de Coimbra*, 69, 1993, 216 e s.

"VIH/Sida, sigilo médico e o modelo de inclusão sem discriminação"

Maria do Céu Rueff*

Palavras-chaves: VIH/Sida, sigilo médico, exame médico-legal, Direitos Humanos, não-discriminação, biopolítica, doença crónica, morte civil.

I. Colocação da questão

Parece não haver dúvidas de que é a propósito das epidemias que os médicos mais se debatem com o dilema ético e moral da quebra do segredo profissional (Rosen, 1993, Villey, 1986).

Marcante é por outro lado perceber, seja no caso da lepra, seja no da peste, a quantidade de explicações atribuídas à doença, enquanto não foi descoberto o respetivo agente causador, bem como a extensão de medidas tomadas para lhes fazer frente – a mais impressionante das quais constituiu sem dúvida a decretação da *morte civil* dos doentes, que é noticiada por Sousa (1996: 241) a propósito da lepra.[1]

* Investigadora do Centro de Investigação de Direito Penal e Ciências Criminais da Faculdade de Direito da Universidade de Lisboa, do Centro de Direito Biomédico da Faculdade de Direito da Universidade de Coimbra e membro da Comissão de Ética do Centro Académico de Medicina de Lisboa. Professora da Universidade Lusíada.

[1] De facto, tal como sublinhado noutro local (Rueff, 2009: 641), a tentativa de isolar ou identificar grupos de risco parece confundir-se com a tentativa de identificar e eliminar

Este autor esclarece que era aceite pelo consenso geral a noção de que a transmissão da lepra se fazia por contágio de pessoa a pessoa, não havendo esperança de cura. Os doentes – ou assim declarados como tais – eram escorraçados da sociedade e condenados a uma espécie de *morte civil,* por vezes em impressionante cerimónia fúnebre. Sousa (1996: 241-242) diz, por outro lado, que não há dúvida de que foram designados inúmeros casos de "lepra" sem qualquer relação com esta doença.

Partindo dos dois modelos de controlo político da população – lepra e peste – analisados por Foucault (2001), interrogar-nos-emos acerca do modelo a adotar no caso do VIH/Sida, deflagrado na era dos Direitos Humanos.

II. Os modelos de controlo político da população

Em *Os Anormais,* Foucault (2001) explica que lepra e peste vêm a encontrar-se na origem de dois modelos diferentes de controlo político da população. Na aula de 15 de Janeiro de 1975 (no Collège de France), o autor debruça-se sobre o exame médico-legal, depois de esclarecer que para responder ao perigo e ao indivíduo perigoso a sociedade coloca uma rede contínua de instituições suscetíveis de fornecer respostas, seja como polo expiatório, seja como polo terapêutico. Foucault (2001: 39-65) afirma que o exame médico-legal constitui a peça fulcral dum sistema que põe em ação um novo poder – nem judiciário nem médico –, e que é o *poder de normalização.*

Foucault (2001: 39-65) esclarece que não é a delinquentes ou a inocentes que o exame médico-legal se dirige, nem a doentes, opostos a não-doentes, mas antes à categoria dos *'anormais'*, sendo referido que não é no campo da oposição, mas sim no campo da graduação – do normal ao anormal – , que se desenrola efetivamente o exame médico-legal. Com este último faz-se intervir certo *poder de normalização* que tende, pela sua força própria e pelos efeitos de junção que possibilita entre o médico e o judiciário, a transformar tanto o poder judiciário como o saber psiquiátrico em instâncias de controlo do anormal.

a causa da doença, mas acaba por se manifestar, afinal, no processo – que começa por ser psicológico mas vem a traduzir-se em atos concretos e reais, normalmente discriminatórios – de busca de um "bode expiatório humano". Vemos emergir tal processo, coletivo e individual, através dos padrões tornados evidentes nas lições da história, no caso de epidemias graves (Sieghart, 1989).

É através deste *poder de normalização* que nos são mostrados os dois modelos de controlo dos indivíduos: o de *exclusão* dos leprosos e o de *inclusão* do pestífero (Foucault, 2001: 39-65).

Para explicar os dois modelos e sobretudo para aclarar o modelo de inclusão da peste, Foucault (2001: 39-65) lembra como se instituía a quarentena de uma cidade, quando a peste nela era declarada. Assim:

> De facto, no início da quarentena, todos os cidadãos presentes na cidade deviam dar seu nome. Seus nomes eram anotados numa série de registos. Alguns desses registos ficavam na mão dos inspetores locais, os outros ficavam em poder da administração central da cidade. E todos os dias os inspetores deviam passar diante de cada casa, parar e fazer a chamada. A cada indivíduo era atribuída uma janela à qual devia se mostrar e, quando chamavam seu nome, ele devia se apresentar nessa janela, estando entendido que se não se apresentava é que estava de cama; e, se estava de cama, é que estava doente; e, se estava doente, é que era perigoso. E, por conseguinte, era necessário intervir. (...) Todas essas informações assim constituídas (...) transcritas no registo eram confrontadas em seguida com o registo central que os escabinos detinham na administração central da cidade.

As epidemias da peste e da lepra surgem, pois, naquela encruzilhada em que se encontram os médicos quando têm de declarar os casos de doenças contagiosas de que são conhecedores, com violação do segredo médico, que existe desde o Juramento de Hipócrates.

Sobre estes dois modelos o autor esclarece que no modelo da peste – o da inclusão –, não se trata de expulsar, mas ao contrário de estabelecer, fixar, atribuir um lugar, definir presenças, e presenças controladas. As suas expressões são elucidativas:

> Não rejeição, mas inclusão.(...) não se trata tampouco de uma espécie de demarcação maciça entre dois tipos, dois grupos de população: a que é pura e a que é impura, a que tem lepra e a que não tem. Trata-se, ao contrário, de uma série de diferenças sutis, e constantemente observadas, entre os indivíduos que estão doentes e os que não estão. Individualização, por conseguinte divisão e subdivisão do poder, que chega a atingir o grão fino da individualidade (Foucault, 2001: 39-65).

Este "grão fino da individualidade" encontra continuidade noutra ideia avançada pelo autor e que é a do policiamento da população:

> A peste é o momento em que o policiamento de uma população se faz até seu ponto extremo, em que nada das comunicações perigosas, das comunidades confusas, dos contatos proibidos pode mais se produzir. O momento da peste é o momento do policiamento exaustivo de uma população por um poder político, cujas ramificações capilares atingem sem cessar o próprio grão dos indivíduos, seu tempo, seu habitat, sua localização, seu corpo. (...) Eu diria em linhas gerais o seguinte. Que, no fundo, a substituição do modelo da lepra pelo modelo da peste corresponde a um processo histórico importantíssimo que chamarei, numa palavra, de invenção das tecnologias positivas de poder (Foucault, 2001: 39-65).

Voltaremos a esta questão, a estas tecnologias positivas de poder, mas por agora cabe-nos afirmar que com o aparecimento da pandemia da Sida voltou a falar-se de medidas de exclusão social acarretando a morte civil dos doentes. É esclarecedor o depoimento de Susan Sontag (1998) que afirmava sobre a Sida:

> Através dos testes biomédicos mais recentes é possível criar uma nova classe de párias para o resto da vida: os futuros doentes. Mas o resultado desta expansão radical da noção de doença criada pelo triunfo do exame médico moderno assemelha-se igualmente a um regresso ao passado, antes da era do triunfalismo médico, quando as doenças eram inúmeras, misteriosas e a progressão de uma doença grave para a morte constituía qualquer coisa de normal (...). A sida – que faz que muitas pessoas sejam consideradas doentes antes de estarem doentes; que produz uma gama aparentemente ilimitada de doenças sintomáticas; para a qual apenas existem paliativos; e que acarreta para muitas pessoas uma morte social que precede a morte física – a sida reinstaura algo como uma experiência pré-moderna de doença (Sontag, 1998: 127).

Sontag refere-se nesta passagem a "morte social" um conceito que parece aproximar-se do conceito de "morte civil", avançado por Tavares de Sousa (1996: 241) acerca da expulsão dos leprosos. Resta, no entanto, perceber se a demarcação do conceito de "morte social" na nossa era se não deve apenas ao desenvolvimento e refinamento do mesmo com o decurso inexorável do tempo acerca dos mecanismos de domínio humano.

III. VIH/Sida: o modelo de "inclusão sem discriminação"

De início, quando o VIH surgiu entre os humanos[2], muito pouco havia a fazer entre a notícia da posse do vírus e a morte do respetivo hospedeiro. No entanto, a humanidade não descansou enquanto não determinou as causas desta epidemia. Como diz João Lobo Antunes (2009: 9) hoje a história da doença é conhecida, está apurado o risco de transmissão, e a carga de um juízo moral que contaminava a atuação do próprio médico atenuou-se, apesar de não se ter extinguido. Por isso é hoje possível analisar de outro modo os contornos éticos, deontológicos e jurídicos de "uma peste que nos toca a todos."

Na era dos Direitos Humanos, gostaríamos de poder falar de um novo modelo de controlo político da população, porventura denominado de "inclusão sem discriminação" dos portadores de VIH/Sida, dada a imperiosidade desta medida enquanto instrumento de saúde pública para o combate da epidemia. É acerca desta realidade que essencialmente versa este escrito.

De facto, comprovou-se que o VIH é um *vírus transmissível* diferente de outras doenças que são normalmente conotadas com a expressão *infeto-contagiosas* e isso por dois motivos. Por um lado, devido ao modo de transmissão do vírus, por outro, dadas as circunstâncias e tempo de manifestação da própria situação de seropositividade.

Daudel e Montagnier (1995) afirmaram, efetivamente, que é possível ao portador do vírus e a todos os que com ele contactem ter uma atitude responsável, tomando-se medidas impeditivas da transmissão e tornando-se a situação de seropositividade evitável, ao contrário do que acontece com outras doenças que são transmissíveis por via aérea

[2] Segundo Daudel e Montagnier (1995: 7-10) é a partir de Junho de 1981 que o Centro de Controlo de Doenças de Atlanta publica os primeiros elementos sobre a doença que viria a consubstanciar a epidemia da Sida, sendo descobertos até Dezembro de 1982 dois mil casos análogos, a maioria dos quais em Los Angeles, São Francisco e Nova Iorque e alguns na Europa. As pesquisas intensificam-se então, mas só em Maio de 1986 uma comissão internacional especializada em denominação de vírus se decide e cristaliza a expressão *Human Immunodeficiency Virus*. Sobre a história desta investigação científica cfr. Guedes (1995: 319-338) e Tubiana (2000: 410-421).

e de modo independente da atitude comportamental do seu portador.[3] Constituem exemplos destas últimas a tuberculose multi-resistente ou as infeções nosocomiais.

Paralelamente, o VIH/Sida tornou-se uma doença crónica, o que quer dizer que a esperança de vida dos seropositivos sob tratamento antiretroviral tem vindo a aumentar significativamente. No *Manual de Formação sobre tratamentos para pessoas seropositivas*, do G.A.T (2007: 34), lê-se sobre "infecção crónica": "é o termo que define a infecção do VIH depois dos primeiros seis meses de infecção. A infecção crónica pode durar muitos anos. A maioria das pessoas não precisa de tratamento antes de 2 a 10 anos. Com o tratamento, a infecção crónica pode durar para o resto da vida: 20, 30, 40 anos ou mais".

As modernas terapias antirretrovirais, associadas à informação e serviços de saúde adequados, determinaram o fim da equação: infeção igual a morte. Na expressão de Ayres (2002) já não é a perspetiva da morte que dá sentido às existências dos infetados, mas a perspetiva da vida. Isto originou, segundo este autor, o paradoxo epidemiológico que se traduz no seguinte: à medida que se dá a integração dos grupos excluídos e aumenta a qualidade de vida dos infetados, mais frequente se torna também a interação entre todos, pelo que as oportunidades de transmissão poderão aumentar proporcionalmente.

Cristalizou-se que não é a pertença a determinado grupo que cria o perigo de transmissão do vírus, é antes o comportamento não esclarecido acerca das possibilidades de propagação que cria a suscetibilidade de transmissão do vírus e pode transformar-se num comportamento de risco.

A propósito da prevenção sublinha-se a necessidade de uma ética da responsabilidade, acrescentando-se que essa ética respeita a todos e não apenas aos que são portadores de VIH. É curial no entanto atrair ao sistema de saúde estes últimos e garantir-lhes o pleno exercício da cidadania em igualdade de circunstâncias. Referimo-nos ao princípio da

[3] Daudel e Montagnier (1995: 46, 104 e 105) dizem: "A sida é uma doença transmissível, mas não contagiosa. Felizmente, não se transmite 'pelo ar' ou através de um aperto de mão, como as constipações vulgares. O vírus da sida transmite-se pelo sangue e pelas secreções sexuais (esperma, secreções vaginais). (...) pode transmitir-se pela mãe contaminada ao feto ou ao recém-nascido. (...) Nestas circunstâncias, temos o dever de fazer apelo à responsabilização dos indivíduos. (...) Esta política de responsabilização dos indivíduos é essencial."

igualdade ou da não discriminação, no caso concreto em função da posse de um vírus e (ou) em função da doença.

Esta magna questão da discriminação e não discriminação dos portadores de VIH/Sida é longa e como se situa no cerne das medidas de combate da epidemia justifica uma incursão pelo caminho daqueles que a têm tentado fazer, pelo que ensaiaremos aqui esse percurso.

Depois do estudo imprescindível de Paul Sieghart *Aids & Human Rights – A UK Perspective* (1989), onde se equacionou toda a questão dos Direitos Humanos relativos à pandemia, também Kennedy e Grubb (1992) manifestaram a sua preocupação com a discriminação dos portadores de VIH/Sida, pondo em evidência os seus direitos humanos e enfatizando que a orientação sexual, só por si, não é um fator indicador de risco, sendo discriminatória se tida em conta sem fundamento.

Anne Scully (1996: 348) chama a atenção para o isolamento como política de saúde pública, lembrando que tal política necessita da utilização da classificação dos grupos de risco assim como da requisição de testes obrigatórios, o que implica assumir que há pessoas suscetíveis de ser identificadas como sendo uma ameaça pública e avançando que se tem em vista a prostituição. Scully discorre que se a experiência das prostitutas com VIH/Sida servir para contextualizar a discussão da questão do isolamento, poderemos ver aí a emergência de um padrão histórico, associado à epidemia da sífilis, em que as prostitutas eram internadas em hospitais fechados enquanto os seus clientes se mantinham em liberdade, podendo agir livremente. Pareceria, de novo, que estaríamos a ter como alvo os que se encontram numa situação de impotência, em vez de nos confrontarmos com a ideia de que um homem branco, heterossexual (também) pode ser responsável pela propagação do VIH.

Num estudo da UNAIDS (2000), foram postas em evidência imensas formas de discriminação, a falha dos Governos em proteger as pessoas que vivem com VIH/Sida da discriminação, consubstanciando violação dos direitos humanos, a constituição de autênticos "bodes-expiatórios" humanos, o impacto do VIH/Sida nas mulheres e as absurdas formas de estigma e rejeição destas quando portadoras do vírus, no seio das sociedades – desde a familiar à mais alargada – onde era suposto estarem inseridas.

Em 2003, o estudo da *Pan American Health Organization* (2003) sobre VIH/Sida no Setor da Saúde explica através de sucessivos esquemas como estigma, discriminação e VIH/Sida se relacionam, tornando-se claro que o ponto de partida para um cenário ideal é a identificação do VIH através de testes (efetuados numa base voluntária), que permitirão os cuidados de saúde e apoio necessários, evitando-se o estigma e atingindo-se a prevenção, num ciclo que deveria suceder-se.

Em 2004, ao atualizar os dados estatísticos da propagação do VIH/ /Sida, Gillian MacNaughton, sublinha o papel das mulheres e adolescentes no contexto da epidemia e explica o papel do Direito dos Direitos Humanos na resposta à mesma. Uma das questões fulcrais sublinhada prende-se com o facto de, no entendimento da autora, o VIH ter passado a ser transmitido primariamente por via heterossexual (e não por via homossexual, como no início da epidemia), e a desigualdade económica, social, cultural e legal das mulheres adultas e adolescentes significar que elas são infetadas mais frequentemente e numa idade mais jovem, do que os homens adultos ou rapazes (MacNaughton, 2004: 5). Tendo em conta a situação mundial, nomeadamente os países menos desenvolvidos, assinala-se que os fatores determinantes da incidência da pandemia em mulheres adultas e adolescentes se encontram relacionados com realidades bem conhecidas do campo do Direito da Discriminação, como sejam, entre outros, a desigualdade em função dos seguintes elementos: género, sexo, origem social ou condições económicas (MacNaughton 2004: 5 a 7).

Richard Parker (2004) também afirmou a "feminização da doença" em termos globais, bem entendido, já que a realidade varia de país para país. Na explicação dessa realidade Parker defende que as sociedades são organizadas de acordo com hierarquias e o sexo feminino é um dos eixos de desigualdade nessas hierarquias, tornando as mulheres mais vulneráveis à doença. Muitas têm dificuldade em propor práticas sexuais mais seguras, temendo que os parceiros questionem o motivo dessa negociação e partam para a violência. Parker enfatizou que o sexo é uma relação de poder, igualando-o a outros fatores, como a classe social.

Começou, paulatinamente, a firmar-se que há grupos mais vulneráveis do que outros à infeção pelo vírus, querendo, no fundo, referir-se as pessoas que podem encontrar-se em situações de maior ameaça aos bens essenciais, que os instrumentos internacionais tendem a situar entre as mulheres, adolescentes, trabalhadores do sexo, reclusos em estabelecimentos prisionais, migrantes, refugiados, utentes de drogas injetáveis e homens que têm relações sexuais com homens (HSH).

Na África subsaariana existe uma pobreza imensa. Existe fome. Essa situação, associada a questões de género e à falta de informação, determina o comportamento das pessoas. Continua a ser de uma atualidade e oportunidade imensas a afirmação de Nelson Mandela: "O VIH já não é só uma doença, é uma questão de direitos humanos"[4].

IV. O respeito dos Direitos Humanos como estratégia de saúde pública

Assim, e tal como no início da epidemia, tem sido reconhecido que o VIH/Sida requer uma diferente abordagem de saúde pública, mormente uma estratégia que respeite os direitos humanos das pessoas infetadas. Nomeadamente, os direitos humanos da liberdade, privacidade, autonomia pessoal, igualdade, não discriminação, liberdade de movimentos, direito a procriar e a constituir família, direito ao trabalho, entre outros (Rueff, 2007 e 2009).

A esta realidade chamou Michael Kirby o "paradoxo da sida" ("Aids paradox") (*Apud* MacNaughton, 2004: 11), definindo-o da seguinte maneira: o respeito pelos direitos humanos das pessoas infetadas ou em alto risco de infeção é necessário para reduzir a vulnerabilidade à infeção das pessoas não infetadas.

A investigação tendeu a incidir cada vez mais nas situações de especial vulnerabilidade que determinam os comportamentos de risco, apontando-se como tal a pobreza, exclusão social, rigidez de papéis e condutas nas relações de género, intolerância à diversidade, entre outros. Verificou-se portanto uma mudança do paradigma dominante da investigação comportamental para o paradigma da investigação das desigualdades sociais determinantes da progressão do VIH, as quais resultam das estruturas institucionais, históricas e ideológicas em que vivemos.

É particularmente interessante neste campo um estudo publicado pelos Médicos Mundi da Catalunha (2007). Aqui põe-se em evidência que a vulnerabilidade das mulheres e das adolescentes ao VIH está diretamente relacionada com relações de género, dependência económica,

[4] Expressão e lema consultado em http://www.46664.com [acedido em 30 de Junho de 2006]. Este sítio respeita à organização não lucrativa, criada em 2002, de Nelson Mandela, e à qual este cedeu o seu número de prisioneiro em Robben Island para denominação.

fatores culturais e sociais, como por exemplo o acesso desigual à educação, à formação e ainda os papéis predeterminados na sociedade. Entre os aspetos de vulnerabilidade em geral destacam-se a pobreza, a exclusão de base racial e o sistema de trabalho migratório, a rigidez de papéis e condutas nas relações de género, a intolerância à diversidade, especialmente de opção sexual, o diálogo limitado com as novas gerações e incompreensão das gerações mais velhas. Ou seja, os próprios vínculos jurídicos em que assentam tradicionalmente as nossas estruturas sociais dificultam a prevenção, ou se quisermos, os valores do "mundo vivido", na expressão de Habermas, nas sociedades contemporâneas multiculturais.

Todo este caminho tem servido para pôr em evidência que é preciso incluir em vez de excluir, para que o combate à epidemia seja eficaz. Incluir porém não chega. É preciso incluir sem discriminar. Encontramo-nos, no entanto, muito longe do cenário ideal e há que perceber como será equacionado pelo sistema económico, político, social a longevidade e possibilidade de vida ativa dos portadores de VIH/Sida, facultada pelas terapias antirretrovirais.

Na verdade, o grande desafio que é colocado ao sistema é o da sobrevivência e da vida do portadores do vírus de forma integrada na sociedade. A questão começa a colocar-se com acuidade agora, quando a esperança de vida dos indivíduos infetados parece igualar-se à dos que nunca foram portadores de VIH, e quando se percebeu igualmente, com clareza, que pode viver-se de modo assintomático durante mais de uma dezena de anos. A concretização diária e persistente dos direitos humanos tem por certo neste campo uma palavra a dizer mas é também nele que mais podem manifestar-se, de forma direta ou sub-reptícia, algumas das tecnologias positivas de poder de que falava Foucault (2001).

Na verdade, é aqui que encontramos uma interação recíproca entre população e meio envolvente, sendo o Estado, através da sua atuação política, económica e social um agente e interlocutor relevante. Situamo-nos de pleno na biopolítica, definida por Foucault, nas aulas do Collège de France de 1978-79, dedicadas à questão, como:

> a maneira como se tentou, desde o século XVIII, racionalizar os problemas criados à prática governamental pelos fenómenos específicos de um grupo de seres vivos constituído em população: saúde, higiene, natalidade, longevidade, raças... (Foucault, 2010: 393).

Interessa-nos perceber a linguagem dos governantes e de todas as instituições que compõem o tecido em que vivemos, entrando mesmo pelo "grão fino da individualidade", na expressão foucaultiana, e pela micro-realidade das empresas com que se constitui o mercado de trabalho, em que temos de estar envolvidos para sobreviver.

Economia de mercado, neoliberalismo, *homo oeconomicus*, "capital humano", investimento em capital humano pelas políticas laborais e de saúde, entre outros, são temas a que não podemos deixar de ser sensíveis e a que Foucault (2010: 275-301) igualmente se dedicou.

Tomando o caso português, vejamos como se têm efetivado normativamente alguns direitos humanos em matéria de VIH/Sida, nomeadamente, os direitos à saúde, à integridade, à igualdade e não-discriminação, ao trabalho, à privacidade, à segurança, a não ser submetido a tratamentos cruéis, desumanos ou degradantes.

Concretizando alguns destes direitos, tendo em conta a Carta dos Direitos Fundamentais da União Europeia (doravante Carta da UE), anexada ao Tratado de Lisboa (em vigor desde 1 de Dezembro de 2009), bem como as disposições da Constituição da República Portuguesa (doravante CRP) e restantes instrumentos normativos, podemos dizer, quanto ao Direito à saúde, que ele se encontra consagrado no art. 35º da Carta da UE e no art. 64º da CRP.

Este direito à saúde é concretizado através do acesso gratuito aos cuidados de saúde (pela isenção de taxas moderadoras dos seropositivos e doentes com sida, cfr. Decretos-Lei 54/92, de 11 de Abril e 173/2003, de 1 de Agosto), utilização, com caráter gratuito dos medicamentos anti-retrovíricos (Despachos do Min. da Saúde, 3/87, DR nº 116, II série, 21 de Maio de 1987; 14/91, DR nº 164, II série, 19 de Julho de 1991; [SES] 6/94, DR nº 154, II série, 6 de Julho de 1994; 280/96, DR nº 237, II série, 12 de Outubro de 1996; 5772/2005, Ministro da Saúde, DR, II série, nº54, de 17 de Março de 2005).

Prevê-se, desde 2010, o fornecimento gratuito de leite artificial às mães portadoras da infeção VIH/Sida, durante o primeiro ano de vida da criança, tendo em conta o risco de transmissão do vírus pelo leite materno. A distribuição gratuita do leite é efetuada nas farmácias hospitalares e por prescrição médica (Direção Geral de Saúde – Divisão de Saúde Reprodutiva / Coordenação Nacional para a Infecção VIH/sida, Circular normativa nº 23/DSR, 29/12/2009).

O Direito à Integridade (física e mental) encontra-se consagrado no art. 3º da Carta da UE, sublinhando-se no seu nº 2 que: "No domínio da medicina e da biologia devem ser respeitados, designadamente – o consentimento livre e esclarecido da pessoa." O "Direito à liberdade e à segurança" vaza-se, por sua vez, no art. 6º daquela Carta. O art. 25º da CRP, consagra o direito à integridade pessoal, enquanto o art. 27º da CRP trata do Direito à liberdade e à segurança.

Em concretização destes direitos podemos afirmar que qualquer intervenção médica obrigatória, mesmo se de menor importância, tem de ser considerada como interferência no direito ao respeito pela vida privada e constituindo também uma privação da liberdade. Assim, recolher sangue no âmbito de um exame médico para detetar VIH constitui ofensa à integridade física da pessoa em causa e, se for efetuada sem o consentimento do paciente, é facto que consubstancia o crime de intervenções e tratamentos médico-cirúrgicos arbitrários, previsto e punido no art. 156º do C. Penal.

Tratando agora do Direito à igualdade e à não-discriminação pode dizer-se que ele se encontra consagrado nos arts. 20º e 21º da Carta da UE. Quanto à CRP, estabelece no art.13º o "Princípio da igualdade", especificando o art. 26º, nº 1, expressamente o "Direito (...) à proteção legal contra quaisquer formas de discriminação".

Este direito à igualdade e à não-discriminação encontra uma consolidação relevante através da Lei nº 46/2006, de 28 de Agosto, que proíbe e pune a discriminação em razão da deficiência e da existência de risco agravado de saúde. No art. 4º desta lei elencam-se práticas discriminatórias e no art. 5º aborda-se a discriminação no trabalho e no emprego.

Os diplomas a que nos temos referido também prevêem a garantia dos direitos fundamentais dos reclusos. De facto, a Carta da UE estabelece no seu art. 1º que "A dignidade do ser humano é inviolável" e a CRP estatui no art. 30º, nºs 4 e 5 que: "Nenhuma pena envolve como efeito necessário a perda de direitos civis, profissionais ou políticos". Os reclusos mantêm assim a titularidade dos seus direitos fundamentais.[5]

[5] Em concretização de alguns destes direitos podemos indicar, entre outras, as medidas de combate à propagação de doenças infeciosas em meio prisional (Lei nº 170/99, de 18 de Setembro; Despacho nº 72/2006 dos Ministros da Saúde e da Justiça, DR, II Série, nº 17, 24 de Janeiro, 24 de Janeiro de 2006), a criação da Comissão Toxicodependência e Sida em meio prisional (Despacho conjunto dos Ministros Justiça e Saúde, nº 421/2004, DR, II série,

O direito à privacidade e proteção de dados encontra consagração na Carta da UE nos art. 7º – "Respeito pela vida privada e familiar" e 8º – "Proteção de dados pessoais". A CRP no seu art. 26º, nº 1 refere os Direitos à identidade pessoal, desenvolvimento da personalidade, cidadania, bom nome, reputação, imagem... à reserva da intimidade da vida privada e familiar. Por sua vez, o art. 35º da CRP contempla o chamado Direito à autodeterminação informacional, que impede a consideração do ser humano como um simples amontoado de dados a tratar.

Este direito à privacidade e proteção de dados é concretizado através da existência do delito de Violação de Segredo profissional (arts. 195º e 383º do C. Penal) e do ilícito disciplinar de violação de segredo médico constante do art. 86º do Código Deontológico dos Médicos – CDOM (Regulamento 14/2009, de 13 Janeiro).

Também a Lei nº 67/98, de 26 de Outubro, Lei de Proteção de Dados Pessoais, contém uma proibição de tratamento de dados pessoais referentes à vida privada e à saúde – os chamados "dados sensíveis" – no seu art. 7º, nº 1, prevendo-se, no entanto, a permissão do tratamento de dados pessoais quando necessário para efeitos de medicina preventiva, de diagnóstico médico, prestação de cuidados ou tratamentos médicos ou gestão de serviços de saúde, mediante notificação à Comissão Nacional de Proteção de Dados (CNPD) – art. 7º, nºs 2 e 4, da Lei nº 67/98, de 26 de Outubro.

A questão sensível da Informação a terceiros com quebra de confidencialidade, encontra-se equacionada no Anexo à Recomendação nº R (89) 14 da Comissão de Ministros do Conselho da Europa (24 de Outubro de 1989) e nele se prevê o seguinte: o dever de respeitar a confidencialidade na comunicação de informação sobre seropositividade a terceiros; a necessidade de não efetuar qualquer comunicação sobre seropositividade aos parceiros(as) sexuais, sem o consentimento expresso do doente. O problema da violação de segredo profissional através da informação a terceiros tem sido equacionado pela doutrina portuguesa, sendo advogada a sua possibilidade apenas excecionalmente com funda-

nº 163, de 13 de Julho de 2004; Despacho Ministro Saúde nº 26001/2004, DR, II série, nº 293, de 16 de Dezembro de 2004) e o Programa Específico de Troca de Seringas, garantindo aos reclusos o acesso às medidas de prevenção em meio prisional (Lei nº 3/2007, de 16 de Janeiro, aditamento à Lei nº 170/99, de 18 de Setembro: art. 5º A).

mento nos arts. 34º a 36º do Código Penal (cfr. mais desenvolvidamente Rueff, 2009).

Por fim, o Direito ao trabalho encontra-se consagrado na Carta da UE no art. 15º e na CRP no art. 58º. O direito ao trabalho encontra concretização normativa no Código de Trabalho (doravante CT) (revisto pela Lei nº 7/2009, de 12 de Fevereiro), que estabelece no seu art. 24º que todos os trabalhadores têm direito à igualdade de oportunidades e de tratamento no que se refere ao *acesso ao emprego* e às *condições de trabalho* e que nenhum candidato a emprego ou trabalhador pode ser privilegiado ou prejudicado em função de idade, sexo, orientação sexual, capacidade de trabalho reduzida, deficiência, doença crónica, origem étnica ou raça, entre outras razões. O art. 25º do CT proíbe a discriminação do empregador tendo em conta os fatores referidos. A seu respeito sintetiza João Leal Amado (2011: 230):

> Ideia-chave: o trabalhador seropositivo assintomático (isto é, infectado, mas ainda não incapacitado) deve ser tratado como qualquer outro trabalhador; e o trabalhador doente com SIDA deve ser tratado como qualquer outro trabalhador doente, o que significa que as suas faltas ao trabalho serão, em princípio, consideradas justificadas, suspendendo-se o contrato em caso de impedimento temporário que se prolongue por mais de um mês. Ou seja, e em via de princípio, a seropositividade assintomática deve ter-se, para efeitos laborais, por irrelevante (note-se que entre o contágio e a doença podem mediar mais de 20 anos), ao passo que os estados infecciosos motivados pelo VIH devem valorar-se como são valoradas as demais doenças.[6]

O CT estatui no art. 16º que o empregador e o trabalhador devem respeitar os direitos de personalidade da contraparte, cabendo-lhes

[6] O autor continua: "Importa vincar o real significado do princípio da igualdade e da proibição de discriminação. Nas certeiras palavras de JORGE LEITE, 'com o *princípio da igualdade* pretende-se que seja tratado de modo igual o que é igual e de modo diferente o que é desigual na proporção da respectiva diferença. Já, porém, com o *princípio da não discriminação* o que se pretende é que se trate de modo igual o que é diferente, por se entender que a diferença é totalmente irrelevante para os efeitos tidos em conta.' Assim, o princípio da não discriminação tutela a própria diferença, ditando a sua neutralização, isto é, evidencia o que distingue os seres humanos uns dos outros, afirmando que, não obstante essas diferenças, todos têm igual dignidade." (Amado, 2011: 230-231).

guardar reserva quanto à intimidade da vida privada. O direito à reserva da vida privada abrange, quer o acesso, quer a divulgação de aspetos atinentes à esfera íntima pessoal, relacionadas nomeadamente com vida familiar, afetiva, sexual, estado de saúde e outros do trabalhador.

No art. 17º do CT, intitulado *Protecção de dados pessoais* estatui-se que o empregador não pode exigir ao candidato a emprego ou trabalhador que preste informações relativas: à sua vida privada, exceto se estas se revelarem estritamente necessárias para a respetiva aptidão, mediante fundamentação; à saúde ou estado de gravidez, salvo quando exigíveis pela natureza da atividade profissional, mediante fundamentação.

A propósito destes preceitos do CT, desde 2010 que João Leal Amado vem defendendo – tendo começado por o fazer no seu escrito "VIH//SIDA e proibição dos trabalhadores: entre a 'tensão para a transparência' e o 'direito à opacidade'" – , o "direito à opacidade serológica" do candidato a emprego/trabalhador, com base em vários argumentos e blindando-o de modo quase absoluto, assim:

> *iv)* A doutrina vem reconhecendo um "direito à mentira" na esfera do (candidato a) trabalhador, ou seja, quando colocado perante questões ilegítimas e impertinentes (por exemplo, questões sobre o seu estatuto serológico), o trabalhador poderá dar ao empregador a resposta que acha que este quer ouvir, seja ela verdadeira ou falsa;
> v) Nos casos excepcionais em que tais questões e testes sejam admissíveis, só o médico poderá saber da eventual seropositividade do (candidato a) trabalhador, devendo limitar-se a comunicar ao empregador se o trabalhador está ou não apto para desempenhar a actividade em causa (arts. 17º, nº 2, e 19º, nº 3, do CT), assim respeitando o dever de sigilo profissional a que se encontra adstrito. (Amado, 2010: 172).[7]

Em 2014, Amado interroga-se sobre a possível inquirição por parte do empregador de aspectos atinentes à vida privada do candidato a emprego, em violação do estatuído no art. 17º do CT, e afirma a existência de um "*direito ao silêncio*" de este último. O autor vai depois mais longe e diz:

> Em nome da reserva da vida privada e da prevenção de práticas discriminatórias, não devemos reconhecer ao candidato a emprego um

[7] Reafirmando esta posição cfr Amado, 2011: 231-233.

direito à mentira, se e quando for confrontado com semelhantes questões ilegítimas? A meu ver, a resposta não pode deixar de ser afirmativa. (Amado, 2014: 187) [8]

Entre os arts. 85º a 88º do CT, sob o título *Trabalhador com deficiência ou doença crónica* prevê-se um regime em que o trabalhador com doença crónica é titular dos mesmos direitos e deveres dos restantes trabalhadores no acesso ao emprego, à formação, promoção, sem prejuízo da sua situação. Nesta secção estatui-se que o empregador deve adotar medidas de ação positiva em seu favor, no que se refere à organização do tempo de trabalho, trabalho suplementar, entre outros aspetos.

No Regime Jurídico da Promoção da Segurança e Saúde no Trabalho (Lei nº 102/2009, de 10 de Setembro) estatui-se que a responsabilidade técnica da vigilância da saúde cabe ao médico do trabalho (art.107º), que procede a exames de saúde (admissão, periódicos, ocasionais – art.108º).

As observações clínicas relativas aos exames de saúde são anotadas na **ficha clínica**, que se encontra sujeita ao segredo profissional, só podendo ser facultada às autoridades de saúde e médicos da segurança e saúde no trabalho (art.109º); os resultados dos exames são anotados pelo médico do trabalho numa **ficha de aptidão**, da qual é remetida cópia ao responsável dos recursos humanos da empresa e onde apenas se pode optar pelas categorias de: *apto/ apto condicionalmente / Inapto temporariamente / Inapto definitivamente* (em harmonia com a Portaria nº 299/2007, 16 de Março).[9]

[8] O autor continua com esta explicação: "Com efeito, só por uma indesculpável ingenuidade se ignorará que o silêncio, nestes casos, comprometerá irremediavelmente as hipóteses de emprego do candidato. *O empregador pergunta, o candidato cala-se, o emprego esfuma-se...* Julga-se, pois, que, neste tipo de casos, o único meio susceptível de preservar a possibilidade de acesso ao emprego e de prevenir práticas discriminatórias consiste em o trabalhador não se calar, antes dando ao empregador a resposta que ache que este pretende ouvir (e assim, eventualmente, mentindo). Prática contrária à boa fé? Comportamento doloso do candidato? Penso que não. A boa fé não manda responder com verdade a quem coloca questões ilegítimas e impertinentes. E o dolo na negociação não revelará em sede anulatória, pois incide sobre aspectos que o próprio ordenamento jurídico considera não poderem relevar na decisão de contratar ou não." (Amado, 2014: 187).

[9] Em prol da efetivação do direito ao trabalho, foi criada em 2005 a *Plataforma laboral contra a sida,* dirigida na altura pela Coordenação Nacional para a Infecção VIH/SIDA, integrando a

V. O mundo do trabalho e a inclusão do trabalhador infetado

Quando todo este regime jurídico ficou pronto e entrou em vigor já tinham sido equacionadas e avaliadas juridicamente em Portugal duas situações relativas a trabalhadores infetados com VIH. Tratava-se, por um lado, do caso de um cirurgião seropositivo a exercer funções num hospital público, e por outro, de um cozinheiro portador de VIH exercendo a sua atividade num hotel da capital.

A primeira situação acabou por ser protegida e acautelada pela Ordem dos Médicos, que à data em que os factos foram colocados à Coordenação Nacional VIH/sida não havia ainda regulamentado a questão, lacuna hoje colmatada, não pela Coordenação Nacional VIH/sida, mas sim através de regulamento editado justamente pela Ordem dos Médicos e consultável no respectivo site.[10] [11]

Organização Internacional do Trabalho (OIT), a Autoridade para as Condições do Trabalho (ACT), outras associações e ONGs. Esta Plataforma visou obter o compromisso das empresas na garantia de condições de trabalho dignas para as pessoas que vivem com a infeção VIH, nas suas três vertentes: não discriminação, prevenção, acesso ao tratamento. Seguiu-se, em 2008, a iniciativa da criação de um Código de Conduta "Empresas e VIH" (2008) – que estabeleceu o compromisso de não discriminar as pessoas com a infeção VIH, quer trabalhadores, quer candidatos a cargos na empresa, assegurando ainda a igualdade entre homens e mulheres no que respeita ao acesso à prevenção e tratamento da infeção pelo VIH. Pode ser consultado em: http://www.act.gov.pt/(pt-PT)/SobreACT/CooperacaoParcerias/Documents/codigo_conduta.pdf (acedido em 11/12/2011).

[10] Denominado *Regulamento sobre os Profissionais Médicos Seropositivos*, aprovado em 19 de Junho de 2009. Nos termos deste Regulamento os médicos seropositivos para o VIH podem, em geral, continuar a praticar procedimentos invasivos, a menos que se demonstre a sua incapacidade para cumprir "procedimentos básicos de controlo da infecção" ou se o médico estiver "incapaz funcionalmente para tratar os seus doentes", de modo comprovado. Esta questão deu origem a dois pareceres requisitados pela Coordenação Nacional VIH/sida a André Pereira e a mim própria e os quais se encontram publicados: Pereira (2007) e Rueff (2008).

[11] Para outros desenvolvimentos acerca das profissões ou atividades laborais em que exista o chamado "risco qualificado de transmissão do vírus" cfr Amado, 2011: 234-235. Este autor afirma em nota: "Vistas as coisas a esta luz, dir-se-ia que o conceito de "profissões de risco" dá claros sinais de obsolescência, tal como sucedeu com o conceito de "grupos de risco". Sabemos hoje que, no tocante ao HIV/ SIDA, não há "grupos de risco", mas sim "comportamentos de risco". E também não parece haver, propriamente, "profissões de risco", mas sim determinadas condições de prestação da atividade laboral em que o risco existe e não é desprezível, impondo a adopção das necessárias precauções em ordem a evitar a transmissão do vírus." (Amado, 2011: 235, nota 328).

A segunda situação tornou-se célebre e é aqui trazida também por ser absolutamente paradigmática.

Trata-se do caso do cozinheiro da cadeia de Hotéis Sana que foi despedido, invocando-se a caducidade do seu contrato de trabalho por impossibilidade absoluta de cumprimento das suas funções, dado ser portador de VIH/Sida.

Na verdade, um Acórdão do Tribunal da Relação de Lisboa de 29 de Maio de 2007 legitimou, confirmando uma decisão de primeira instância, a declaração da caducidade do vínculo laboral que existia entre o cozinheiro/trabalhador e a sociedade empregadora do grupo Sana, decretando a impossibilidade superveniente, absoluta e definitiva da prestação de trabalho. Tudo isto aconteceu em função de informação prestada pelo médico da medicina do trabalho no sentido da inaptidão definitiva de tais funções por parte do trabalhador, devido ao facto de ser seropositivo, factos estes a que teve acesso numa consulta de medicina do trabalho, tendo posteriormente comunicado os mesmos à entidade empregadora.

Este caso, que suscitou grande controvérsia pública, deu azo a interposição de recurso para o Supremo Tribunal de Justiça que, porém, veio a confirmar a decisão do Tribunal da Relação, em Acórdão de 24 de Setembro de 2008, tornando definitiva a decisão de afastamento do trabalhador da empresa.

Identificando os problemas jurídicos envolvidos no caso, dizia André Pereira (2006: 121-122):

> 1. Numa consulta de medicina do trabalho o médico tomou conhecimento da seropositividade do trabalhador. Posteriormente terá revelado esta informação à Direcção do Hotel. Estes factos poderão consubstanciar um caso de violação do **sigilo profissional**. 2. Posteriormente, a Direcção do Hotel moveu um processo de despedimento do trabalhador com fundamento na sua seropositividade, o que poderá configurar um **despedimento sem justa causa** e a prática de um acto de **discriminação.**

Ao analisar as questões a) da inaptidão física do trabalhador para o exercício das funções de cozinheiro e b) da legitimidade de fazer operar a caducidade do contrato – questões respondidas ambas negativamente[12] –, Joana N. Vicente e Milena S. Rouxinol (2008: 181-182) explicam o circunstancialismo que levou à prática da injustiça em que se traduziu este despedimento:

> O trabalhador cujo vínculo se considerou legitimamente extinto desempenhava funções de cozinheiro no restaurante de um hotel. Após um período de suspensão contratual, devida a incapacidade temporária para o trabalho, por doença (tuberculose pulmonar), apresentou-se ao serviço, momento em que recebeu instruções para se dirigir ao gabinete de medicina do trabalho, a fim de ser submetido a exame clínico. Cerca de quatro meses após o regresso, a entidade empregadora comunicou ao trabalhador a caducidade do vínculo, por inaptidão, atestada pelo médico do trabalho, para o desempenho das funções a que estava adstrito. Em ordem ao conhecimento do quadro clínico do trabalhador, o médico do trabalho solicitou ao respectivo médico assistente que lhe facultasse a informação necessária, tendo tido conhecimento, nessa ocasião, de que o trabalhador era portador de VIH positivo.

Foi perante este quadro de acontecimentos que nos veio à mente a ideia de "morte civil dos portadores de VIH", expressão que serviu de título a um artigo então por nós publicado no jornal *Público* (Rueff, 2008b), no qual se explicava o conceito:

> A partir do momento em que se despede um trabalhador por ser portador do HIV – e apesar de estar cientificamente comprovado não haver no seu caso riscos de transmissão da doença – este fica impossibilitado de auferir um rendimento que lhe permita honestamente viver das suas destrezas profissionais. Admitindo que o mesmo queira pedir um empréstimo para habitação e para exercer uma atividade

[12] As autoras esclarecem nomeadamente que: "Em face dos dados disponibilizados pela ciência médica acerca dos modos possíveis de contágio do VIH, mobilizados de acordo com o critério proposto, dificilmente poderia dizer-se, segundo cremos, pertencer a profissão de cozinheiro ao grupo das de *risco qualificado*. No acórdão em análise, considerou-se provado, aliás contra diversos pareceres científicos, que '[o] vírus HIV pode ser transmitido no caso de haver derrame de sangue, saliva, suor ou lágrimas sobre alimentos servidos em cru consumidos por quem tenha na boca uma ferida ou mucosa de qualquer espécie'. E a verdade é que, (...) são amplas as dúvidas que se nos oferecem acerca da própria justeza da operação de circunscrição da matéria provada." (Joana N. Vicente e Milena S. Rouxinol, 2008: 186).

> económica alternativa (liberal), pode ver-se confrontado com dificuldades levantadas pela banca, caso assuma que é portador do vírus. Se a mesma pessoa quiser efetuar um seguro de saúde, ver-se-á confrontada ainda com a necessidade de rastreio prévio e pode ser-lhe denegado o seguro ou agravado consideravelmente o prémio. Prémio que, de resto, só poderá pagar se tiver – e enquanto tiver – fortuna pessoal, dado ser-lhe vedado o exercício profissional. (...) Pergunta-se: Respeitamos a dignidade da pessoa humana, obrigando portadores de HIV/Sida a viver da caridade, dado que não lhes permitimos exercer a sua profissão livremente e auferir honestamente a remuneração pelo produto do seu trabalho? Somos uma sociedade livre, justa e solidária, não facultando o crédito para habitação a quem seja portador de um vírus e (ou) não permitindo que seja cidadão de corpo inteiro podendo realizar seguros de saúde? (...) Os juristas sabem bem o que é a interpretação atualista das leis. É pena que a visão atualista da regra que determinava, no passado, a morte civil dos doentes tenha acabado de ser confirmada por uma decisão da mais alta instância judicial.

O recurso intuitivo sentido por nós de fazer uma comparação com o passado, tirando a devida aprendizagem das lições da história da saúde pública, *maxime* em matéria de doenças contagiosas e transmissíveis, bem como discriminação deste tipo de doentes, tinha-nos ficado do trabalho de investigação efetuado a propósito do nosso doutoramento na área, que culminou com a publicação do livro *Segredo Médico Como Garantia de Não-Discriminação – Estudo de Caso: HIV/SIDA* (2009). Mas as comparações com o passado e respetivas ilações no caso paradigmático do cozinheiro não foram cabalmente efetuadas e deverão sê-lo agora. Até porque tentamos compreender, tendo em conta a classificação de Foucault – de exclusão dos leprosos e inclusão da peste –, em que sistema situar a epidemia do VIH/Sida, deflagrada já na era dos Direitos Humanos. E as semelhanças, apesar do decurso inexorável do tempo são, de um modo arrasador, verdadeiramente espantosas.

VI. Exame médico-legal, capital humano, sigilo médico

De facto, o cerne de toda a questão volta a ser o exame médico-legal e o eixo de interseção entre o Estado e a população volta igualmente a situar-se no âmbito do sigilo médico, facto confirmado, de resto, tanto por Pereira (2006) como por Vicente e Rouxinol (2008: 190), afirmando estas últimas sobre o caso do cozinheiro:

> Ora, justamente, uma vez que não nos encontramos no aludido círculo de profissões de risco qualificado, não cremos poder considerar-se legítima nem a solicitação de informação levada a cabo pelo médico do trabalho, nem a resposta à mesma veiculada pelo médico assistente. Quanto àquele primeiro, apesar de não ter perguntado exatamente se o trabalhador em causa era ou não seropositivo, solicitou, genericamente, informação sobre o respectivo estado clínico – o que, naturalmente, incluía aquele dado. Relativamente ao último, embora tenha atestado a aptidão do trabalhador para a função que vinha desempenhando, revelou, contudo, que o mesmo era portador de VIH positivo, violando, assim, pois, o seu dever de confidencialidade profissional.

Este "policiamento da população", chegando ao "grão fino da individualidade", possibilitado pelo exame médico-legal, levado a cabo no nosso tempo necessariamente na empresa – através de exames periódicos previstos pela legislação do trabalho – , constitui a pedra de toque da questão do sistema de inclusão dos portadores de VIH/Sida na sociedade.

Na medida em que é através dele que pode decidir-se a questão fundamental do direito ao trabalho de tais pessoas e, pois, o seu direito a auferirem rendimentos que lhes permitam viver honestamente das suas destrezas profissionais. O que é o mesmo que dizer, não viver da caridade, ou se preferirmos, escorraçados ou meramente tolerados pela sociedade e em morte civil.... Bem avisam Vicente e Rouxinol (2008: 192) que atribuir-se ao médico do trabalho a legitimidade para proferir a última palavra sobre a definitividade da impossibilidade de trabalhar pode despertar um efeito perverso em termos de política de saúde pública e que esta solução é susceptível de fomentar (ou *potenciar*) a inibição dos próprios trabalhadores na revelação de dados de saúde ao médico do trabalho. Pode mesmo levar – acrescentamos nós –, as pessoas a não recorrerem ao diagnóstico, incentivando-as a não saber (cfr Marta Maia, 2009 e 2011).

A questão é tanto ou mais relevante quanto, na senda de Foucault (2010: 275-301), as tecnologias positivas de poder e a biopolítica se entrelaçaram no século XX com a questão do neoliberalismo – a qual ainda se mantém no século XXI –, verificando-se uma redefinição do *homo oeconomicus*, surgindo a teoria do "capital humano" e investimento em capital humano por políticas educativas e de saúde, entre outras. O autor é muito claro quando pergunta:

> Ora, o que é o capital de que o salário é o rendimento? Bem, é o conjunto de todos os factores físicos e psicológicos que tornam alguém capaz de ganhar determinado salário, de forma que, visto do lado do trabalhador, o trabalho não é uma mercadoria reduzida por abstração à força de trabalho e ao tempo [durante] o qual é utilizado. Decomposto do ponto de vista do trabalhador em termos económicos, o trabalho implica um capital, ou seja, uma aptidão, uma competência; (...) Não é uma concepção da força de trabalho, é uma concepção do capital-competência que recebe, em função de diversas variáveis, um determinado rendimento que é um salário, um rendimento-salário, de forma que é o próprio trabalhador que surge como sendo para si mesmo uma espécie de empresa. (Foucault, 2010: 284-285).

Foucault afirma então que no neoliberalismo o *homo oeconomicus* é "empresário de si mesmo, sendo ele mesmo o seu próprio capital, sendo para si mesmo o seu próprio produtor, sendo para si mesmo a fonte dos seus rendimentos" (pg 286) e avança, em consequência, para a noção de capital humano:

> Chegamos assim à noção de que o salário é nada mais do que a remuneração, o rendimento afetado a um certo capital, capital este que se chama capital humano na medida em que, precisamente, a competência-máquina da qual é o rendimento não pode ser dissociada do indivíduo humano que é o seu portador." (Foucault, 2010: 287)

Ao decompor os elementos constitutivos do capital humano Foucault (2010: 276) refere elementos inatos, a questão do melhoramento do capital humano genético, bem como os elementos adquiridos e a problemática da sua formação, pela educação e a saúde. Ora é a propósito destes últimos que pergunta:

> Como é que determinado estímulo, esta ou aquela forma de vida, determinada relação com os pais, com os adultos e com os outros vai poder cristalizar-se em capital humano? (...) vou resumir: Pode-se

fazer da mesma maneira a análise dos cuidados médicos e, de uma forma geral, de todas as atividades relativas à saúde dos indivíduos, que aparecem assim como elementos a partir dos quais o capital humano poderá ser, em primeiro lugar, melhorado e, em segundo, conservado e utilizado durante o máximo tempo possível. Devemos ou podemos então repensar todos os problemas da proteção da saúde, todos os problemas da higiene pública como elementos susceptíveis ou não de melhorarem o capital humano. (Foucault, 2010: 290).

Podemos concluir que na sociedade atual o valor do *homo oeconomicus* é medido pelo seu capital humano e que este está diretamente relacionado com a saúde do trabalhador. Sem saúde o trabalhador pode ver perigado o seu capital humano e daí a importância dada aos exames médicos dentro da empresa. Ou seja, daí a existência do Regime Jurídico da Promoção da Segurança e Saúde no Trabalho (Lei nº 102/2009, de 10 de Setembro), onde se estatui que a responsabilidade técnica da vigilância da saúde cabe ao médico do trabalho (Art.107º), que procede a exames de saúde (de admissão, periódicos e ocasionais – Art.108º).

A delicadeza da questão justifica um regime especial de anotação das observações clínicas relativas aos exames de saúde na **ficha clínica**, que se encontra sujeita ao segredo profissional – como vimos –, só podendo ser facultada às autoridades de saúde e médicos da segurança e saúde no trabalho (Art. 109º), enquanto os resultados dos exames são anotados pelo médico do trabalho numa **ficha de aptidão**, da qual é remetida cópia ao responsável dos recursos humanos da empresa e onde apenas se pode optar pelas categorias de: *apto/ apto condicionalmente / Inapto temporariamente / Inapto definitivamente.*

No entanto, se este regime for violado – como aconteceu no caso do cozinheiro infetado por VIH –[13], o resultado traduzir-se-á na decretação

[13] Na nota 34 do seu escrito afirmam Vicente e Rouxinol (2008: 190-191): "Observe-se ainda, abordando, também aqui, um ponto que aflorou, embora lateralmente, no processo, o seguinte: mesmo que se considerasse materialmente legítima a obtenção pelo médico do trabalho de informação sobre a infeção do trabalhador por VIH, em caso algum (...) poderia o mesmo revelar tal dado ao empregador. Assim o impõe o Código Deontológico dos Médicos e assim estabelecem, igualmente, o Código do Trabalho (Art. 17º/3; cfr. ainda o Art. 19º/3, relativo à informação obtida por via de exames serológicos) e a Lei de Regulamentação do Código do Trabalho (ar. 248º/3).

judicial do fim do capital humano do portador de VIH, com a consequente "falência da sua empresa própria" e cessação da fonte dos seus rendimentos para poder viver.

O exame médico-legal volta a ser importante e crucial, não por causa da quarentena e nem tanto para a entrada no hospital ou no sistema de saúde, mas para sobreviver com VIH dentro das empresas.

Se não forem acautelados o segredo médico, a proteção de dados e a informação de saúde, a anotação dos dados clínicos na ficha clínica, seguindo-se a ficha de aptidão com respeito da confidencialidade, nem respeitada a figura do Médico com Dupla Responsabilidade, já por nós longamente tratada (Rueff, 2008a e 2009), o sistema não será seguramente de inclusão, mas sim, quando muito, de inclusão sem garantia de não-discriminação. O que, dada a visão atualista das leis e dos mecanismos atuais de vigilância da população – *maxime* de vigilância da saúde pela medicina do trabalho – pode vir a significar a morte civil dos portadores de VIH. E equivaleria igualmente a concluir estarmos perante um sistema semelhante ao de exclusão, como o dos leprosos. O que, na era dos Direitos Humanos em que nos encontramos, constituiria não mais do que uma aberração, cujo perigo importa, todavia, desde já denunciar, a fim de o poder prevenir e acautelar.

Referências bibliográficas

AAVV (2007) *Manual de Formação sobre tratamentos para pessoas seropositivas*, Lisboa, G.A.T. – Grupo Português de Activistas sobre Tratamentos de VIH/SIDA – Pedro Santos.

Amado, João Leal (2010) "VIH/SIDA e proibição dos trabalhadores: entre a 'tensão para a transparência' e o 'direito à opacidade'", in: *Revista de Legislação e Jurisprudência*, Ano 139º – Nº 3960 Janeiro-Fevereiro, 2010, pp 170-175.

Amado, João Leal (2011) *Contrato de Trabalho*, 3ª edição, Coimbra, Coimbra Editora.

Amado, João Leal (2014) *Contrato de Trabalho*, 4ª edição, Coimbra, Coimbra Editora.

Antunes, João Lobo (2009), "Prefácio". In: Maria do Céu Rueff, *O Segredo Médico como garantia de não discriminação. Estudo de caso HIV/SIDA*, Coimbra, Coimbra Editora / Centro de Direito Biomédico da Faculdade de Direito da Universidade de Coimbra, 2009, pp. 5-10.

Ayres, José Ricardo Carvalho Mesquita (2002), "Práticas educativas e prevenção do HIV/Aids: lições aprendidas e desafios actuais". *Interface – Comunicação, Saúde, Educação*, 6 (11), pp 11-24.

DAUDEL, R. / Montagnier, L. (1995), *A SIDA*, Lisboa, Instituto Piaget.

FOUCAULT, Michel (2001), *Os Anormais – Curso no Collège de France (1974 -1975)*, São Paulo, Martins Fontes.

FOUCAULT, Michel (2010), *Nascimento da Biopolítica* (Introdução de Bruno Maçães), Lisboa, Edições 70.

GUEDES, Francisco Corrêa (1995) *Vírus, Sida e Sociedade Humana*, Lisboa, Universidade Autónoma de Lisboa / Planeta Editora.

JOINT UNITED NATIONS PROGRAMME ON HIV/AIDS (UNAIDS) (2000), *HIV and AIDS-related stigmatization, discrimination and denial: forms, contexts and determinants*, Genebra, 2000.

KENNEDY, Ian, e Andrew Grubb (1992), "HIV and AIDS: discrimination and the challenge for human rights", *Challenges in Medical Care*, ed by Andrew Grubb, New York, et,c, John Wiley & Sons, pp. 1-28.

MACNAUGHTON, Gillian (2004), *Women's Human Rights related to Health-Care Services in the Context of HIV/AIDS*, London, The International Centre for the Legal Protection of Human Rights.

MAIA, Marta (2009), "Barreiras psico-sociais-culturais e estruturais à prevenção e ao teste do VIH", *Arquivos de Medicina*, 23 (2), 2009, Faculdade de Medicina da Universidade do Porto, pp.75-77.

MAIA, Marta (2011) "Representações e comportamentos em relação ao teste VIH", *Actas del XV Congreso de la Sociedad Española de Historia de la Medicina – Transmisión del conocimiento médico e internacionalización de las prácticas sanitárias: una reflexión histórica*. UCLM, Ciudad Real, 15-18 de junio de 2011, p. 495. http://www.med-cr.uclm.es/XVCongresoSEHM/descargas.html

MEDICUS MUNDI CATALUNYA (2007), *Mulher Sida e o Acesso à Saúde na África Subsahariana, sob a Perspectiva das Ciências Sociais*, Barcelona.

PAN AMERICAN HEALTH ORGANIZATION (2003), *Understanding and responding to HIV/AIDS-related stigma and STIGMA and DISCRIMINATION in the HEALTH SECTOR*, Publications of the Pan American Health Organization, World Health Organization.

PARKER, Richard (2004), [entrevista] *O Estado de São Paulo*, 5/12/2004.

PEREIRA, André Dias (2006), "Discriminação de um trabalhador portador de VIH/SIDA: Estudo de um caso", *Lex Medicinae – Revista Portuguesa de Direito da Saúde*, 3, 6 (2006) pp. 121-135.

PEREIRA, André Gonçalo Dias (2007) "Cirurgião Seropositivo. Do Pânico ao Direito", in: *Lex Medicinae – Revista Portuguesa de Direito da Saúde*, Ano 4 – nº 8 – 2007: pp. 97-114.

ROSEN, George (1993), *A History of Public Health* (Expanded Edition – Introduction by Elizabeth Fee, Biographical Essay and new Bibliografy by Edward T. Morman), Baltimore and London, The Johns Hopkins University Press.

RUEFF, Maria do Céu (2007), "Direitos Humanos, acesso à saúde e VIH/Sida", *Arquivos de Medicina*, 21, 2 (2007), pp. 59-65.

RUEFF, Maria do Céu (2008a), "Pessoas com HIV/Sida e Médico com Dupla Responsabilidade (MDR)", *IX Congresso Virtual HIV/AIDS* (promovido por SIDANET – Associação Lusófona) http://www.aidscongress.net/ ou http://www.aidsportugal.com/

RUEFF, Maria do Céu (2008b), "A Morte civil dos portadores de HIV", *Público*, 11/10/2008.

RUEFF, Maria do Céu (2008c) "Médico cirurgião seropositivo", in: *Revista Lusíada, Direito*, Série II, nº 6 (2008), pp 195-211.

RUEFF, Maria do Céu (2009), *O Segredo Médico como garantia de não discriminação. Estudo de caso HIV/SIDA*, Coimbra, Coimbra Editora / Centro de Direito Biomédico da Faculdade de Direito da Universidade de Coimbra.

SCULLY, Anne (1996), "Human Rights, HIV and AIDS". In: C. A. Gearty e Adam Tomkins (eds.), *Understanding Human Rights*, London e New York, Mansell Publishing Ltd (1996), pp. 336-354.

SIEGHART, Paul (1989), *Aids & Human Rights – A UK Perspective*, British Medical Association Foundation for AIDS (Sponsored by Prudential Corporation).

SONTAG, Susan (1998), *A Doença como Metáfora e A Sida e as Suas Metáforas*, Lisboa, Quetzal Editores.

SOUSA, Armando Tavares de (1996), *Curso de História da Medicina – Das Origens aos Fins do Século XVI*, Lisboa, Fundação Calouste Gulbenkian.

TUBIANA, Maurice (2000), *História da Medicina e do Pensamento Médico*, Lisboa, Teorema.

VICENTE, Joana Nunes, e Milena Silva Rouxinol (2008), "Entre o Direito à Saúde e o Direito a Estar Doente – Comentário ao Acórdão do Tribunal da Relação de Lisboa de 29 de Maio de 2007", *Lex Medicinae – Revista Portuguesa de Direito da Saúde*, 5, 10 (2008), pp. 181-198.

VILLEY, Raymond (1986), *Histoire du Secret Médical*, Paris, Éditions Seghers.

Sobre a readaptação do (conceito de) trabalhador seropositivo (inadaptado?)

Milena Rouxinol*
Joana Nunes Vicente**

> *"Mesurer la performance économique à l'aune des objectifs de justice social est une idée simple et de bom sens."*[1]

1. Introdução

Volvidas já várias décadas desde a identificação da doença e da respectiva causa – sem que, porém, possa dizer-se já superado o *paradigma do estigma*, talvez estranhamente, porquanto o conhecimento conduziria, tendencialmente, a uma menor permeabilidade à tentação discriminatória[2] –, seria despiciendo fornecer, nesta sede, uma definição do que seja o VIH, bem como a SIDA. Ainda assim, cumpre fazê-lo, ainda que

* Universidade Católica Portuguesa – Faculdade de Direito da Escola do Porto; Centro de Estudos e Investigação em Direito.
** Faculdade de Direito da Universidade de Coimbra.

[1] Alain Supiot, *L'esprit de Philadelphie – La justice sociale face au marché total*, Éditions du Seuil, 2010, pág. 118.

[2] Em particular, sobre a atitude discriminatória em torno do VIH/SIDA, veja-se Manuel da Costa Andrade, *Direito Penal Médico – Sida: testes arbitrários, confidencialidade e segredo*, Coimbra Editora, Coimbra, 2004, *cit.*, pág. 17, e ainda João Leal Amado, "VIH/SIDA

frugalmente, com o fito de evidenciar alguns traços da referida patologia, importantes enquanto pressupostos do breve estudo que se segue.

A infecção pelo VIH significa a presença no organismo humano de um vírus que, podendo permanecer assintomático por um período de tempo variável e, potencialmente, muito longo – aliás, crescentemente, considerando a evolução da ciência médica e farmacológica –, vem a revelar-se num ataque ao sistema imunitário, que ocasiona a ocorrência de infecções de índole vária e a proliferação de tumores, fase em que o portador do vírus padecerá, então, de SIDA. Do que vem de ser dito resulta, assim, que *(i)* devem distinguir-se os portadores de VIH assintomáticos dos sintomáticos (com SIDA); *(ii)* estes últimos apresentarão, pela liminar razão de que a prestação do trabalhador compromete o seu corpo – o *corpo laborioso*[3] –, períodos mais ou menos prolongados de afectação da capacidade ou mesmo de incapacidade para o trabalho, o que convocará, por certo, o regime jurídico das faltas, o da suspensão do vínculo e, no limite, o da extinção do mesmo, estando em causa, em qualquer caso, o conceito clínico-normativo de doença[4], isto é, a patologia enquanto condição determinante, justamente, da redução da capacidade de prestar trabalho, um conceito que, então, variará em função da concreta actividade do trabalhador visado; *(iii)* tanto uns como outros representarão, para terceiros, um risco, mais ou menos longínquo – adiante-se: quase sempre, atentas as formas possíveis de contágio e o objecto da prestação laboral, suficientemente longínquo para que seja razoável, se não desprezá-lo, ao menos perspectivá-lo subposto aos bens jurídicos com que conflitue e que se centrarão na nuclear ideia da dignidade humana –, de contágio do vírus, o que, de resto, se traduz igualmente numa limitação à capacidade de trabalho, que bem pode enquadrar-se, a despeito de se situar num ponto limítrofe, ou numa zona cinzenta, entre a incapacidade física e a jurídica, no referido conceito clínico-normativo de doença[5]; *(iv)* quer a compressão da capacidade

e proibição de discriminação dos trabalhadores entre a "tensão para a transparência" e o "direito à opacidade", *Revista de Legislação e de Jurisprudência*, nº 3960, 2010, pág. 170 a 175.

[3] ALAIN SUPIOT, *Critique du Droit du Travail*, PUF, Paris, 1994, pág. 54.

[4] JÚLIO GOMES, "Algumas reflexões sobre as faltas justificadas por doença do trabalhador", AA.VV, *Estudos em homenagem ao Professor Doutor Raul Ventura, Coimbra Editora*, Coimbra, 2003, pág. 717 a 749 [719 e 720].

[5] JÚLIO GOMES, *op. ult. cit.*, pág. 720, nota 10.

física de prestação de trabalho, pela ocorrência de patologias próprias da SIDA, quer este risco de contágio representam condições perenes e não meramente transitórias, porquanto, no actual estado de arte da biomedicina e da farmacologia, não se conhece cura capaz de erradicar o VIH, factor que, aliás, se repercute sobre a relevância do perigo de contágio: transmitir o VIH não é como transmitir o vírus da gripe[6]...

É conhecida, a respeito da repercussão da seropositividade na esfera laboral, a lapidar directriz formulada pela Organização Mundial de Saúde e pela Organização Internacional do Trabalho: os portadores de VIH assintomáticos devem ser tratados como qualquer outro trabalhador e os sintomáticos como qualquer outro trabalhador doente[7]. Resulta, evidentemente, do que vínhamos de dizer que a afirmação tem de entender-se modulada pela circunstância de a condição do infectado coenvolver o risco de contágio a terceiros, o que, apesar do primado do mandato anti-discriminatório, não será inócuo do ponto de vista do respectivo tratamento no plano laboral, como se verá. Neste ponto, porém, pretendemos vincar, justamente, o nuclear princípio subjacente àquela directriz: o da igualdade e da não discriminação[8].

Resulta da afirmação do mesmo, inequivocamente e pelo menos, o seguinte conjunto de imperativos: *(i)* não deve o trabalhador seroposi-

[6] António Bernardo Colaço, "O infectado de VIH: a aguardar cidadania plena em sede laboral (Resenha jurisprudencial; pistas para uma solução jurídica)", *Revista do Ministério Público*, ano 24, Janeiro-Março de 2003, nº 93, pág. 101 a 112 [102].

[7] Declaração conjunta sobre SIDA e local de trabalho Principes et éléments sur le SIDA et le lieu de travail tenue à Genève du 27 au 29 juin par l'Organisation Mondiale de la Santé en association avec le Bureau International du Travail (disponível em http://training.itcilo.it/actrav_cdrom2/fr/osh/aids/aidsand.htm) Secção III, §1.

[8] A atenção dedicada a este assunto culminou com a aprovação da Recomendação nº 200 sobre VIH/SIDA de 2010. A Recomendação é a primeira norma internacional do trabalho a prever expressamente a protecção dos direitos humanos no trabalho, no contexto do VIH e da SIDA. Os princípios da não-discriminação em matéria de emprego e profissão, e igualdade de género, são também os pilares da recomendação. O instrumento apela à adopção de medidas para proteger contra todas as formas de discriminação no emprego relacionadas com o estatuto VIH, real ou suposto. Estas referem-se à recusa no acesso ao emprego ou a uma profissão específica; divulgação forçada ou violações do sigilo do estatuto VIH; testes ou rastreios obrigatórios ao VIH, exclusão de benefícios relacionados com o emprego, tais como a recusa do acesso à saúde e a seguro de trabalho e despedimento sem justa causa. Para uma síntese das principais directrizes deste instrumento, veja-se, com interesse, a publicação do *Bureau International du Travail, VIH e SIDA e direito do trabalho: um manual para juízes e profissionais da área jurídica*, Organização Internacional do Trabalho, 2013.

tivo ser alvo de tratamento diferenciado (relativamente aos demais trabalhadores em situação comparável) *arbitrário*, isto é, que não assente em razões justificativas dessa mesma diferenciação, que não encontre o seu fundamento e o seu confinamento em factores que, objectiva e razoavelmente, o determinem – impõe-no a regra da igualdade; *(ii)* não deve o trabalhador seropositivo ser alvo de tratamento de desfavor em razão dessa mesma condição, a não ser nos casos, necessariamente excepcionais – e, desde logo porque as excepções não se presumem, então caberá fazer prova das circunstâncias fácticas que as fundem –, em que esse tratamento de prejuízo possa justificar-se em vista da tutela de bens merecedores da mesma, e, evidentemente, dentro do estrito limite até onde essa justificação o consinta – impõe-no a proibição da discriminação[9].

Certo é que a maior parte das vezes a proibição de discriminação com base no VIH/SIDA não surge explicitamente consagrada nos instrumentos normativos de origem internacional, supranacional ou nacional. Alguns países, reconhece-se, incluem o estatuto de infecção por VIH como um motivo específico protegido na legislação geral relativa à discriminação ou à igualdade de oportunidades[10]. Não é este, porém, o cenário mais frequente. Como suporte normativo faz-se apelo a instrumentos internacionais que consagram genericamente a proibição de discriminação – como é o caso dos instrumentos das Nações Unidas, com destaque para a Declaração Universal dos Direitos do Homem, o Pacto Internacional sobre Direitos Civis e Políticos e para o Pacto Internacional sobre os Direitos Económicos, Sociais e Culturais – ou de índole regional – caso da Convenção Europeia dos Direitos do Homem, da Carta Africana dos Direitos do Homem ou a Convenção Americana de Direitos Humanos. Alguns destes instrumentos têm sido interpretados como de aplicação ao VIH/SIDA, apesar do facto de a epidemia

[9] Sobre o sentido do princípio da não discriminação em relação ao da igualdade, cfr., entre nós, em especial, J. J. Gomes Canotilho e Vital Moreira, *Constituição da República Portuguesa anotada*, Coimbra Editora, Coimbra, 2007, 4ª edição (revista), anot. IV e seguintes ao art. 13º, Jorge Leite, "Princípio da igualdade salarial entre homens e mulheres no direito português", *Compilação de Elementos para uma Consulta Especializada sobre Igualdade de Remuneração entre Mulheres e Homens*, Edição da CITE, Lisboa, 2004, pág. 61 a 76 [63 e ss.], e Vera Lúcia Raposo, "Os limites da igualdade: um enigma por desvendar", *Questões Laborais*, nº 23, ano XI, 2004, pág. 42 a 80 [45 e ss.].

[10] Por exemplo, a Costa Rica adoptou a *General AIDS* Law (Lei nº 7771 de 29 de Abril de 1998). Moçambique tem uma Lei Geral da SIDA (Lei nº 5, de 5 de Fevereiro de 2002).

ser desconhecida no momento em que muitos deles foram adoptados. Assim, por exemplo, a Comissão de Direitos Humanos das Nações Unidas (substituída, agora, pelo Conselho sobre Direitos Humanos) confirmou em diversas ocasiões que a proibição de discriminação em razão de "outra situação" estabelecida nos instrumentos internacionais de direitos humanos deve ser interpretada no sentido de abranger o estado de saúde, incluindo VIH e SIDA[11]. Também o Tribunal Europeu dos Direitos do Homem, no acórdão *Kiyutin vs. Russia*, decidiu que a discriminação com base no estado de saúde, incluindo o estatuto VIH, está coberta designadamente pela referência ao artigo 14º da Convenção, de "outra situação"[12].

Uma tal perspectiva pode, todavia, se desacompanhada de um enquadramento dialéctico que lhe alargue as potencialidades de expansão teorética e problemática, levar a que o discurso em torno do fenómeno discriminatório aí em causa se veja privado dos desenvolvimentos – e,

[11] Ver Resolução nº 1995/44 de 3 de Março de 1995, parágrafo 1; ver também as Resoluções 1996/43 de 19 de Abril de 1996; 1999/49 de 27 de Abril de 1999; 2001/51 de 24 de Abril de 2001; 2003/47 de 23 de Abril de 2003; 2005/84 de 21 de Abril de 2005. A referência a "outra situação", nos instrumentos internacionais de direitos humanos, pode permitir aos tribunais nacionais abordar a discriminação relacionada com o VIH, mesmo quando o VIH e a SIDA não são explicitamente cobertos pela legislação nacional. A decisão do Tribunal Constitucional da Roménia de 25 de Fevereiro de 1993 é um desses casos.

[12] Acórdão do Tribunal Europeu dos Direitos do Homem de 10 de Março de 2011, Recurso nº 2700/10. Mais recentemente, veja-se ainda o aresto do mesmo tribunal de 3 de Outubro de 2013, Recurso nº 552/10). Em termos idênticos veja-se ainda a posição da Comissão Interamericana de Direitos Humanos que interpretou, no âmbito do processo *Jorge Odir Miranda Cortez e outros vs. El Salvador* (processo nº 12.249, relatório nº 27/09 de 20 de Março de 2009), a Convenção Americana de Direitos Humanos como proibindo a discriminação relacionada com o VIH. A Comissão observou que o artigo 1º da Convenção estabelece a obrigação de respeitar os direitos de todas as pessoas e garantir o seu livre e pleno exercício", sem qualquer discriminação por motivos de raça, cor, sexo, língua, religião, opinião política ou outra opinião, origem nacional ou social, posição económica, nascimento ou qualquer outra condição social. Nesta base, a Comissão considerou que as disposições da Convenção antidiscriminação abrangem a protecção contra a discriminação com base no estatuto VIH." Em todo o caso, importa referir que, em 2013, a Organização dos Estados Americanos adoptou a Convenção Interamericana contra todas as Formas de Discriminação e Intolerância. A nova Convenção proíbe, explicitamente, a discriminação com base num certo número de motivos relevantes para o VIH, incluindo a orientação sexual, a identidade ou expressão de género, estatuto de doença infecciosa ou contagiosa ou com base em qualquer outra condição.

por inerência, da maior consistência e diversidade dogmática e também normativa – que se ensaiem noutros quadrantes em que a discriminação assuma foros de superior incidência e ressonância. Daí que, mais recentemente, a par desse tipo de resposta, se venha discutindo também se o suporte dos comportamentos discriminatórios que se tem em vista vedar, não poderá afinal reconduzir-se a um dos motivos discriminatórios proibidos de forma expressa, concretamente, a *deficiência*[13].

Trata-se de um motivo discriminatório proibido genericamente em instrumentos de Direito Internacional que vinculam o Estado português – como é o caso da Convenção nº 159 da Organização Internacional do Trabalho relativa à readaptação profissional e emprego de pessoas portadoras de deficiência, adoptada em 1983, e a Convenção sobre os Direitos das Pessoas com Deficiência, adoptada pela Organização das Nações Unidas, de 2006. Assume igualmente particular ressonância no contexto do Direito Europeu, nomeadamente através da Directiva 2000/78/CE, do Conselho, de 27 de Novembro[14], que estabelece um quadro geral de igualdade de tratamento no emprego e na actividade profissional e que se refere, expressamente, aos trabalhadores portadores de deficiência. No ordenamento jurídico nacional, por seu turno, não só a Constituição da República Portuguesa impõe ao Estado, nos seus artigos 59º, nº 2, alínea *c)*, e 71º, uma especial protecção dos cidadãos portadores de deficiência, como existe uma vastíssima produção legislativa sobre o tema[15], que atravessa os mais variados domínios. Com

[13] Isto, sem prejuízo, naturalmente, de poderem equacionar-se cenários de *discriminação múltipla*, isto é, situações em que uma pessoa experimenta uma discriminação baseada em dois ou mais motivos. Trata-se, aliás, de um fenómeno particularmente difundido no caso das pessoas portadoras de deficiência, atendendo à heterogeneidade que caracteriza este universo, como sublinha Vanessa Cordero Gordillo, *Igualdad y no discriminación de las personas con discapacidad en el mercado de trabajo*, Tirant lo Blanch, Valência, 2011, pág. 101 e ss. No caso dos indivíduos/trabalhadores seropositivos, trata-se de um grupo de pessoas que podem ser alvo de discriminação não apenas tendo por base o estado de seropositividade, mas também a orientação sexual ou o género, o que é assinalado na publicação do *Bureau International du Travail, VIH e Sida e direito do trabalho..., cit.*, pág. 91 e ss..

[14] Recorde-se o artigo 19º do Tratado sobre o Funcionamento da União Europeia habilita a União a tomar medidas adequadas, dentro dos limites das suas competências, ao combate à discriminação em razão da deficiência, entre outros motivos. Cf. ainda os artigos 21º e 26º da Carta dos Direitos Fundamentais da União Europeia.

[15] Cfr., a título meramente exemplificativo, a Lei nº 37/2004, de 13 de Agosto, que veio consagrar o direito das associações de pessoas com deficiência de integrarem o Conselho

relevo para este particular, destaca-se, por um lado, a Lei nº 38/2004, de 18 de Agosto, que estabelece as bases gerais do regime jurídico da prevenção, habilitação, reabilitação e participação da pessoa com deficiência, e por outro, o bloco normativo constituído pelos artigos 23º a 28º do Código do Trabalho sobre igualdade e não discriminação – onde se inclui a deficiência como motivo de discriminação protegido[16] – e artigos 85º a 88º – em que se prevêem, justamente, medidas de protecção voltadas para os trabalhadores com deficiência ou com doença crónica. Importa, pois, concretizar o conceito de deficiência[17] e saber se o trabalhador seropositivo é abrangido pelos mesmos. Uma questão que nos remete, incontornavelmente, para a jurisprudência do Tribunal de Justiça da União Europeia, que, buscando definir o sentido da Directiva 2000/78/ /CE, mormente enquanto referente do direito interno, já versou, precisamente, sobre o conceito de *deficiência* relevante para estes efeitos.

Económico e Social; a Lei nº 46/2006 de 24 de Agosto, que proíbe e pune a discriminação em razão da deficiência e da existência de risco agravado para a saúde; o Decreto-Lei nº 290/2009, de 12 de Outubro (com as alterações introduzidas pela Lei nº 24/2011, de 16 de Junho, pelo Decreto-Lei nº 131/2013, de 11 de Setembro, e ainda pelo Decreto-Lei nº 108/2015, de 17 de Junho), que criou o programa de Emprego e Apoio à Qualificação das Pessoas com Deficiências e Incapacidades. Para uma síntese dos instrumentos de protecção dos trabalhadores portadores de deficiência no plano interno e supranacional, veja-se o estudo de Teresa Coelho Moreira, "A discriminação dos trabalhadores em razão da deficiência", *Igualdade e Não Discriminação – Estudos de Direito do Trabalho,* Almedina, Coimbra, 2013, pág. 170 e ss.

[16] No artigo 23º do Código do Trabalho consagra-se que "O trabalhador ou candidato a emprego tem direito a igualdade de oportunidades e de tratamento no que se refere ao emprego, à formação e promoção ou carreiras profissionais e às condições de trabalho, não podendo ser privilegiado, beneficiado, prejudicado, privado de qualquer direito ou isento de qualquer dever em razão, nomeadamente (...) de capacidade de trabalho reduzida, deficiência, doença crónica (...) devendo o Estado promover a igualdade de acesso a tais direitos.

[17] Na verdade, pode também perguntar-se se o trabalhador seropositivo não deve considerar-se portador de doença crónica. Com efeito, tal enquadramento já foi proposto no âmbito da Organização Mundial de Saúde (note-se o título da publicação da Organização Mundial da Saúde – Gabinete Regional da Europa: *WHO Regional Office for Europe: HIV/AIDS in Europe: Moving from death sentence to chronic disease management,* 2006). E, de facto, em termos terapêuticos, o desenvolvimento médico e farmacológico veio permitir que, através da terapêutica anti-retroviral, esta infecção se manifeste, cada vez mais, como doença crónica. Já o enquadramento em termos legais da epidemia como doença crónica no ordenamento jurídico nacional é ainda um processo em construção e fragmentário. Por outro lado, tal qualificação não obstaria ao concomitante apelo à categoria da deficiência, sabido, como se verá, que, no âmbito do Direito Europeu, os conceitos de doença (crónica) e de deficiência não são mutuamente excludentes.

Paralelamente, e sobretudo se se admitir uma resposta afirmativa à questão vinda de enunciar, impõe-se hoje uma reflexão acerca de um outro problema. Na verdade, pode dizer-se que a questão da repercussão da seropositividade sobre a relação laboral se coloca em três distintas perspectivas, correspondentes a outros tantos núcleos problemáticos – a da constituição da relação, a da sua conformação, enquanto vigora, e a ainda a da respectiva extinção. Em qualquer caso, o princípio da igualdade e da não discriminação assumirá, obviamente, foros de centralidade, devendo encarar-se como referente dos segmentos normativos que se convoquem para dar resposta aos problemas jurídicos em cada um daqueles domínios.

No que concerne ao último, já afirmámos, noutro contexto, que não víamos como pudesse a condição de seropositivo do trabalhador conduzir à cessação do contrato, a não ser por caducidade, devida a *impossibilidade superveniente, absoluta e definitiva de prestação de trabalho*, a qual poderia, em abstracto, verificar-se em dois tipos de situação: a dos trabalhadores com SIDA, caso a sua incapacidade física para o trabalho, considerando as patologias associadas à destruição do sistema imunitário, levasse à inaptidão; a decorrente do risco de contágio a terceiros do VIH, quer por banda dos infectados sintomáticos quer dos assintomáticos, parecendo-nos que, nesse contexto, haveria que, com base no conhecimento da ciência médica sobre as formas possíveis de contágio, identificar as actividades que comportassem um risco significativo e insusceptível de neutralização ou de redução a níveis aceitáveis através das adequadas medidas de segurança e saúde no trabalho, um risco que dissemos, então, *qualificado*, para aludir ao inerente às actividades cujo normal *modus operandi* coenvolvesse um contacto contínuo ou regular com fluidos orgânicos aptos à transmissão do vírus[18]. Notámos, então, que os

[18] Joana Nunes Vicente e Milena Silva Rouxinol, "VIH/SIDA e contrato de trabalho", *Nos 20 anos do Código das Sociedades Comerciais – Homenagem aos Profs. Doutores A. Ferrer Correia, Orlando de Carvalho e Vasco Xavier,* Coimbra Editora, Coimbra, 2007, vol. II, pág. 759 a 847 [840 e ss. e 815 e ss.]. Cfr., ainda das autoras, "Entre o direito à saúde e o direito a estar doente – comentário ao Acórdão do Tribunal da Relação de Lisboa de 29 de Maio de 2007", *Questões Laborais,* ano XV, nº 31, Janeiro-Junho de 2008, pág. 89 a 114 (também publicado em *Lex Medicinae – Revista Portuguesa de Direito da Saúde,* ano 5, nº 10, 2008, pág. 181 a 198) [90 e ss.]. O comentário referido incide sobre um acórdão que, numa decisão ulteriormente confirmada pelo Supremo Tribunal de Justiça (Acórdão de 24 de Setembro de 2008, processo 07S3793; relator: Mário Pereira; disponível em www.dgsi.pt), considerou válida a extinção

termos de convocação da figura a título de causa extintiva da relação laboral dependeria do entendimento que se adoptasse acerca da questão de saber se a impossibilidade de prestação de trabalho deveria apurar-se em relação à actividade desempenhada pelo trabalhador, ou se, diversamente, haveria argumentos jurídicos para que se impusesse à entidade empregadora disponibilizar ao trabalhador visado outro posto de trabalho disponível adequado ao mesmo.

O apelo à caducidade como única causa extintiva do contrato capaz de o fazer cessar em razão da (impossibilidade de prestar trabalho devida à) seropositividade significava – e supunha – o afastamento, para tanto, do despedimento. Com efeito, não se imaginando que a infecção por VIH resultasse de infracção disciplinar justificativa de tal sanção, era certo, outrossim, que, à data em que as autoras produziram os textos a

por caducidade de um contrato de trabalho de um trabalhador com funções de cozinheiro de um restaurante, por, entendendo existir risco de contágio do VIH através do "derrame de sangue, saliva, suor ou lágrimas sobre alimentos servidos em cru consumidos por quem tenha uma ferida na boca ou mucosa de qualquer espécie". Ora, a possibilidade de contágio através de saliva, suor e lágrimas (cujo derramamento sobre a comida nos parece, de resto, suficientemente improvável para poder tomar-se como pressuposto de uma decisão judicial...) é liminarmente negada pela ciência médica. Quanto à hipótese de ocorrer derrame de sangue do cozinheiro sobre a comida, que pudesse contactar com feridas ou mucosas existentes na boca de quem a consumisse, talvez se situe no plano do meramente incidental (e não no do desempenho ordinário das funções em causa), pelo que se duvida seriamente de que o princípio da proporcionalidade, mormente no seu sentido estrito, consentisse que o ordenamento jurídico conferisse arrimo à chancela de uma declaração de caducidade da relação laboral com esse fundamento (pág. 96 e ss. do último texto citado)...
Evidentemente que, aludindo-se às actividades cujo normal modo de exercício implique um contacto contínuo ou regular com fluidos orgânicos aptos à transmissão do vírus, de imediato se pensa nos profissionais de saúde, particularmente nos cirurgiões. Note-se, porém, que, mesmo aí, não é líquido que possa afirmar-se, ou que possa afirmar-se sempre, aquele risco qualificado de contágio, porquanto são diversas as técnicas e procedimentos médico-cirúrgicos, como diversas são as possibilidades reais de *sobrevivência* do vírus dependendo do(s) órgão(s) exposto(s) do paciente... Por outro lado, no pólo oposto, não figura somente o conjunto de bens jurídicos relacionados com a conservação do emprego mas outrossim a liberdade de exercício da profissão escolhida e para que se adquiriu formação adequada... Cfr. MILENA SILVA ROUXINOL, "O direito do profissional de saúde portador de VIH/SIDA ao exercício da sua profissão", *Lex Medicinae – Revista Portuguesa de Direito da Saúde*, ano 8, nº 16, 2011, pág. 127 a 133, ANDRÉ DIAS PEREIRA, "Cirurgião seropositivo. Do pânico ao Direito", *Lex Medicinae – Revista Portuguesa de Direito da Saúde*, ano 4, nº 8, 2007, pág. 97 a 114, e ainda MARIA DO CÉU RUEFF, "Médico cirurgião seropositivo", *Lusíada, Direito*, nº 6, 2008, pág. 195 a 211.

que se aludiu, nenhum dos despedimentos por causa objectiva se adequava ao interesse da entidade empregadora em fazer cessar o contrato com um trabalhador seropositivo pelo facto de o mesmo se tornar menos produtivo devido aos efeitos da SIDA, ou de passar a representar risco para terceiros, por ser um potencial transmissor do VIH.

Hoje, porém, o quadro legal nacional sobre a cessação do contrato de trabalho apresenta-se-nos com novas feições. A recente reforma legislativa do Código do Trabalho – introduzida pela Lei nº 23/2012, de 25 de Junho – operou, entre nós, uma revisão do sistema laboral, que, entre vários outros pontos[19], introduziu mudanças significativas no regime jurídico do despedimento, tangendo, assim, um ponto nevrálgico da regulação jurídico-laboral, a extinção do contrato de trabalho[20]. Ten-

[19] Para uma análise panorâmica da revisão do Código do Trabalho introduzida por aquele diploma, *vide* João Leal Amado, "O despedimento e a revisão do Código do Trabalho: primeiras notas sobre a Lei nº 23/2012, de 25 de Junho", *Revista de Legislação e de Jurisprudência*, nº 3974, pág. 297 a 309, António Monteiro Fernandes, "A 'reforma laboral' de 2012: observações em torno da Lei 23/2012", *Revista da Ordem dos Advogados*, ano 72, Abril-Setembro 2012, pág. 545 a 573, Júlio Gomes, "Algumas reflexões sobre as alterações introduzidas no Código do Trabalho pela Lei nº 23/2012 de 25 de Junho", *Revista da Ordem dos Advogados*, ano 72, Abril-Setembro 2012, pág. 575 a 617, e ainda Jorge Leite, "A Reforma laboral em Portugal", *Revista da Faculdade de Direito da Universidade Lusófona do Porto*, nº 3, 2013, pág. 2 a 37 (disponível em. http://revistas.ulusofona.pt/index.php/rfdulp/article/view/3880/2603; o artigo citado também foi publicado na *Revista General de Derecho del Trabajo e de Seguridad Social*, nº 34, 2013).

[20] Entretanto, uma das alterações ao regime jurídico do despedimento introduzidas por aquele diploma foi considerada inconstitucional, com a consequente repristinação do regime jurídico anterior. Tendo a Lei nº 23/2012 revogado as normas que, quer no domínio do despedimento por extinção do posto de trabalho quer no do despedimento por inadaptação, previam, como condição de validade dos mesmos, a verificação da inexistência de posto de trabalho compatível com a categoria profissional do trabalhador visado, o Tribunal Constitucional veio a declarar a inconstitucionalidade de tal revogação, a qual implicava, conforme pode ler-se no Acórdão nº 602/2013, uma violação do princípio constitucional da proibição do despedimento sem justa causa. Com efeito, "se o "nível de exigibilidade" [de conservação da relação] fosse constitucionalmente indiferente, isso redundaria na neutralidade da lei fundamental perante a natureza das justificações de despedimentos: desde que houvesse justificação, e ela fosse "atendível" segundo o critério do legislador, tudo estaria constitucionalmente conforme" (António Monteiro Fernandes, "A 'reforma...", *cit.*, pág. 569, e "A justa causa de despedimento entre a Constituição e a lei", *Questões Laborais*, ano XIX, nº 39, 2012, pág. 1 a 48 [42 e ss.]). Restaria saber se, "[resultando a exigência de verificação da existência de posto de trabalho apto a ser ocupado pelo trabalhador] da própria natureza do despedimento como última medida a adoptar" (Júlio Gomes, "Reflexões...", *cit.*,

do em consideração que uma dessas alterações incidiu sobre o tipo de razões admitidas como motivos de despedimento e que, desde então, a *inaptidão* dos trabalhadores para o desempenho das funções contratualmente estabelecidas configura uma causa/hipótese de despedimento por inadaptação, quando associada a uma redução da produtividade dos trabalhadores, avarias repetidas nos meios afetos ao posto de trabalho ou riscos para a segurança e saúde do trabalhador, de outros trabalhadores ou de terceiros (tenha *ou não* essa situação sido provocada por modificações no posto de trabalho resultantes de modificações nos processos de fabrico, de comercialização ou de novas tecnologias), tal alteração, dizíamos, leva-nos a revisitar a questão de saber se e como pode a seropositividade conduzir à extinção do contrato de trabalho.

2. O trabalhador seropositivo – trabalhador portador de *deficiência*?

A questão de saber se o trabalhador seropositivo é ou não candidato positivo a inserir-se na categoria de trabalhador portador de deficiência para efeitos da legislação de tutela anti-discriminatória – questão que até ao momento não foi afrontada, pelo menos de forma directa, tanto no plano do Direito Europeu como no plano do direito interno[21] – remete-nos para o debate central acerca do significado de deficiência em si mesma para efeitos da legislação. Nem a já referida Directiva 2000/78/CE, nem o bloco normativo do Código do Trabalho que proíbe a discriminação, *inter alia*, em razão da deficiência (e que transpôs nesta

pág. 593), não deveria entender-se continuar tal exigência a observar-se, como decorrência do texto constitucional (cfr. PEDRO FURTADO MARTINS, *Cessação do contrato de trabalho*, Principia, Cascais, 2012, 3ª edição, pág. 297)... Seja como for, a Lei nº 27/2014, de 8 de Maio, veio devolver às normas codicística em causa (artigos 368º e 375º) o segmento de que resultava o condicionamento do despedimento por extinção do posto de trabalho e por inadaptação ao requisito de impossibilidade prática de subsistência da relação, concretizado na verificação da (in)existência de posto de trabalho alternativo que o trabalhador pudesse ocupar.

[21] Uma alusão, ainda que superficial, foi feita nas conclusões da Advogada-Geral Juliane Kokott apresentadas em 17 de Julho de 2014, que deram origem ao Acórdão *Jette Ring*, acórdão do Tribunal de Justiça da União Europeia de 11 de Abril de 2013 – processos C-335/11 e CX-337-11– (disponível em www.curia.europa.eu, fonte donde promanam as subsequentes citações de jurisprudência deste Tribunal), sublinhando-se aí apenas que naqueles casos em as incapacidades físicas se expressam sob a forma de dores e de imobilidade, a distinção entre doença e deficiência se afigura mais simples do que noutros, dando justamente o exemplo do seropositivo assintomático.

parte a Directiva) estabelecem uma definição de deficiência[22], pelo que os desenvolvimentos obtidos nesta matéria têm sido fruto da actividade interpretativa realizada pelo Tribunal de Justiça da União Europeia a partir dos casos aí apreciados, no âmbito dos processos de reenvio prejudicial.

Nessa tarefa, tem o Tribunal começado por reconhecer que, constituindo a Convenção das Nações Unidas sobre os Direitos das Pessoas com Deficiência parte integrante da ordem jurídica da União desde 2011, e contendo aquele acordo internacional uma noção de pessoa com deficiência como sendo aquela que tem "incapacidades duradouras físicas, mentais, intelectuais ou sensoriais, que em interacção com várias barreiras podem impedir a sua plena e efectiva participação na sociedade em condições de igualdade com os outros"[23], deve a Directiva 2000/78/CE ser objecto, na medida do possível, de uma interpretação conforme com a Convenção. Seguindo essa directriz, o Tribunal considera que o conceito de deficiência deve ser entendido no sentido de que compreende as *limitações que resultam de incapacidades duradouras físicas, mentais ou psíquicas, que em interacção com várias barreiras podem impedir a participação plena e efectiva da pessoa em questão na vida profissional em condições de igualdade com os outros trabalhadores*[24]. Importa, no entanto, em termos analíticos, evidenciar as diferentes proposições em que se vem desdobrando esta formulação inicial, de modo a colocar em evidência aqueles que nos parecem ser os aspectos pertinentes no tratamento e análise da questão que particularmente nos ocupa.

Num primeiro nível, e a propósito da fórmula "limitações que resulem de incapacidades duradouras físicas, mentais ou psíquicas", enfrenta-se a articulação dos conceitos de *deficiência e doença*. O Tribunal de Justiça já teve a oportunidade de referir – a primeira vez no polémico

[22] Cumpre assinalar que a Directiva 2000/78/CE não só não define o conceito de "deficiência" como não remete para o direito dos Estados-Membros essa definição.

[23] Seguindo a caracterização operada pela Convenção, o artigo 2º da Lei nº 38/2004, de 18 de Agosto, considera como pessoa portadora de deficiência "aquela que, por motivo de perda ou anomalia, congénita ou adquirida, de funções ou de estruturas do corpo, incluindo as funções psicológicas, apresente dificuldades específicas susceptíveis de, em conjugação com os factores do meio, lhe limitar ou dificultar a atividade e a participação em condições de igualdade com as demais pessoas."

[24] Na síntese das conclusões do Advogado-Geral Niiolo Jääskinen no processo *Kaltof*, acórdão do Tribunal de Justiça da União Europeia de 18 de Dezembro de 2014, processo C-354/13.

acórdão *Chacón Navas*[25] – que a directiva não apresenta a "doença" como uma característica de discriminação específica e proibida. No entanto, como vem sendo sublinhado por diversas vezes[26], com isso apenas se exclui a "doença enquanto tal" do âmbito de aplicação da Directiva, o que não impede que se uma doença curável ou incurável implicar uma limitação duradoura da pessoa em causa na vida profissional, tal doença possa enquadrar-se no conceito de deficiência na acepção da Directiva.

A esta primeira consideração junta-se, portanto, um outro nível de análise, dado que da mera afirmação de que se está perante uma doença curável ou incurável não é possível concluir de forma definitiva se se está perante uma limitação relevante para efeitos da Directiva. Abrangida pelo âmbito de protecção da Directiva está a limitação – resultante de doença ou de outra causa – *de caracter permanente/duradouro (i) que impeça a participação da pessoa na vida profissional em condições de igualdade com os outros trabalhadores (ii)*.

Quanto ao carácter duradouro da limitação, e não avançando propriamente com qualquer indicação numérica[27], resultam do trajecto jurisprudencial algumas concretizações de relevo, sobretudo tratando-se de limitações causadas por doença[28]. Em regra, é de partir do pressuposto de que uma limitação que se baseia numa doença incurável apresenta duração prolongada. Mas também uma doença em princípio curável pode ter uma extensão temporal de tal forma prolongada até à

[25] Acórdão do Tribunal de Justiça da União Europeia de 11 de Julho de 2006 (processo C-13/05). Para uma análise crítica desta decisão, vejam-se, entre muitos, TERESA COELHO MOREIRA, "A jurisprudência do TJUE sobre a discriminação dos trabalhadores em razão da deficiência: breve análise dos casos *Chacón Navas, Jette Ring e Coleman*", *Questões Laborais*, número especial (42), 2013, pág. 659 e ss.; o comentário de LISA WADDINGTON em *Common Market Law Review*, vol. 49, 2009, pág. 665 e ss; ou ainda, MARIANGELA VIZIOLI, "Malattia e handicap di fronte alla corte di giustizia", *Argomenti di Diritto del Lavoro*, 1/2007, pág. 221 e ss..

[26] Assim, Acórdão *Coleman*, acórdão do Tribunal de Justiça da União Europeia de 17 de Junho de 2008 (processo C-303/06); Acórdão *Jette Ring*, acórdão do Tribunal de Justiça da União Europeia de 11 de Abril de 2013, processos C-335/11 e C-337/11; Acórdão *Kaltof*, acórdão do Tribunal de Justiça da União Europeia de 18 de Dezembro de 2014, processo C-354/13.

[27] A Convenção das Nações Unidas sobre Direitos das Pessoas com Deficiências também refere a este respeito que deve tratar-se de uma incapacidade de carácter prolongado (na versão inglesa, "long-term impairments", na versão francesa "incapacités durables"), sem ulteriores desenvolvimentos.

[28] Acórdão *Jette Ring*, acórdão do Tribunal de Justiça da União Europeia de 11 de Abril de 2013, processos C-335/11 e C-337/11.

cura completa que a limitação acabe por se revelar de longa duração. Sobretudo no caso de doenças crónicas, apura o Tribunal que a transição de uma doença (tratável) para uma limitação provavelmente duradoura, que apenas então adquire o carácter de uma deficiência, pode apresentar-se como um processo fluido.

Relativamente ao que entender por limitação na vida profissional, uma deficiência na acepção da Directiva tem de representar uma limitação com impacto na vida profissional, o que já levou o Tribunal a considerar que a ausência de uma função fisiológica ou de um órgão, ou uma doença que exija especial atenção, bem como tratamento e acompanhamento contínuos, podendo constituir um fardo fisiológico e psicológico para a pessoa em causa, se não representarem uma limitação do ponto de vista da vida profissional não constituem deficiência. Foi por este motivo que, ainda no recente acórdão de 18 de Março de 2014[29], o Tribunal de Justiça declarou que uma mulher que não tinha útero e a quem a respetiva entidade patronal tinha recusado o gozo da licença de maternidade após o nascimento da sua filha por meio de maternidade de substituição não sofria de uma deficiência na acepção da Directiva 2000/78/CE. E, no entanto, pese embora este dado preliminar decisivo, a evolução da jurisprudência tem vindo a fazer-se, claramente, no sentido de uma configuração progressivamente ampla e compreensiva do que representa uma limitação na vida profissional.

Desde logo, resulta da decisão do Tribunal de Justiça no Acórdão *Coleman*[30] que a deficiência em causa até poderá nem afectar o trabalhador que é vítima de discriminação, mas sim uma pessoa a seu cargo, não podendo nestes casos de *discriminação por associação*[31] – em que se reconhece o papel relativo e relacional que se alia aos fenómenos discrimi-

[29] Processo C-363/12.

[30] Acórdão do Tribunal de Justiça da União Europeia de 17 de Julho de 2008, processo C-303/06. Para uma apreciação deste caso, vejam-se, entre nós, as observações de Teresa Coelho Moreira, "A jurisprudência do TJUE...", *cit.*, pág. 669.

[31] Sobre o conceito, Vanessa Cordero Gordillo, *Igualdad y no discriminación..., cit., passim*, dando a autora curiosamente como exemplo a hipótese de um empregador que discrimina um trabalhador seu pelo facto de o mesmo colaborar simultaneamente, como voluntário, numa associação de pessoas portadoras de VIH/SIDA.

natórios – estabelecer-se sequer uma ligação entre a incapacidade física, mental ou psíquica e a vida profissional[32].

Aliás, a jurisprudência do Tribunal de Justiça tem enfatizado a ideia de que uma limitação na vida profissional não tem de significar uma impossibilidade de realizar trabalho. Quer isto dizer, logo à partida, que a capacidade para o trabalho não exclui a deficiência. Podem existir incapacidades físicas, mentais ou psicológicas duradouras que não impossibilitem a realização de determinado trabalho, mas que tornem mais difícil e mais desgastante a sua execução ou a participação nos objectivos da vida profissional. Estas indicações tiveram a sua epítome no acórdão *Jette Ring*, no qual o Tribunal considerou que uma incapacidade de longa duração que não gera a necessidade de utilização de equipamentos especiais e que consiste apenas ou, no essencial, no facto de a pessoa em causa não estar em condições de trabalhar a tempo inteiro pode ser considerada uma deficiência na acepção da Directiva 2000/78/CE. Por outro lado, basta que uma condição médica duradoura cause limitações à participação plena e efectiva na vida profissional em geral em condições de igualdade com outras pessoas que não sofram da mesma condição médica. A expressão "limitações que impeçam a participação plena e efectiva na vida profissional em geral" (sublinhado nosso) sugere que a detecção de limitações com impacto na vida profissional possa repousar na análise de aspectos muito diversificados.

Por fim, acrescente-se ainda que o Tribunal, recentemente, no acórdão *Kaltoft*[33], acórdão que teve por base um litígio entre uma assistente

[32] Esta decisão do Tribunal de Justiça, através da qual se estendeu a protecção da Directiva a todos aqueles que forem vítimas de discriminação directa ou assédio como resultado de terem sido associados a uma pessoa portadora de deficiência, tem certamente impacto nos ordenamentos internos dos Estados-membros, mormente naqueles que não têm propriamente uma referência à discriminação por associação (exceptuam-se os casos da Irlanda, Áustria, Reino Unido e Suécia) e onde se inclui o Estado português. De facto, o artigo 24º do CT reconhece o direito dos trabalhadores a não serem discriminados em razão de deficiência. Pese embora a ausência de uma referência expressa à modalidade de discriminação por associação, a formulação ampla utilizada suporta uma interpretação ampla conforme com a Directiva. O mesmo não sucede, por exemplo, com os preceitos que disciplinam algumas das medidas de adaptação em matéria de organização do tempo de trabalho (artigos 87º e 88º), porquanto estes parecem colocar a ênfase nas pessoas que sejam elas mesmas portadoras de deficiência.

[33] Acórdão do Tribunal de Justiça da União Europeia de 18 de Dezembro de 2014, processo C-354/13.

de creche e um município na Dinamarca, alegando a primeira ter sido despedida devido à sua obesidade, fez notar que o conceito de "deficiência", na acepção da Directiva 2000/78/CE, não depende da questão de saber em que medida a pessoa contribuiu ou não para a sua deficiência, o que ganha importância particularmente no caso de doenças causadas ou exacerbadas por condutas voluntárias[34].

Se cotejarmos as conclusões acabadas de expor a pinceladas largas com o estado de seropositividade seremos tentados a formular a seguinte proposição: a infecção por VIH/SIDA de um trabalhador pode constituir uma deficiência na acepção da Directiva *quando* implicar uma limitação resultante, designadamente, de incapacidades físicas, mentais ou psíquicas duradouras, cuja interação com diferentes barreiras possa impedir a participação plena e efectiva da pessoa em questão na vida profissional em condições de igualdade com os outros trabalhadores. Mas, logo aí nos damos conta da relevância que tenderão a assumir os diferentes estados da doença para esta questão, o de portador do vírus sintomático, ou melhor, o de trabalhador com SIDA, e o de portador do vírus assintomático.

Efectivamente, não suscitará particular embaraço considerar que a doença em causa na sua fase activa – na presença da SIDA – satisfará, com toda a probabilidade, os critérios estabelecidos pela jurisprudência do Tribunal de Justiça relativamente ao conceito de "deficiência" na acepção da Directiva. Tal verificar-se-á, designadamente, se a SIDA impedir a participação plena e efectiva do trabalhador na vida profissional em condições de igualdade com os outros trabalhadores devido a superveniência na pessoa de patologias que o impedem de realizar o seu trabalho ou que impliquem dificuldades no exercício da actividade

[34] Foi este também o entendimento jurisprudencial a respeito do conceito de "disability" para efeitos do *Rehabilitation Act*. No caso *Cook v. Rhode Island Dep't of Mental Health* (10F.3d 17, 1st Cir.1993), o tribunal considerou que o estado de obesidade mórbida constitui um "impairment" à luz do *Rehabilitation Act*, não relevando o facto de tais limitações poderem causadas ou exacerbadas por condutas voluntárias, entendimento que estendeu a numerosos cenários em que a questão se poderia colocar nesses termos (alcoolismo, VIH, diabetes, cancro em associação com o hábito de fumar, etc.). Já à luz do *Americans with Disabilities Act* de 1990 e do *Americans with Disabilities Amendments Act* de 2008, a questão particular da obesidade e dos distúrbios alimentares configura um domínio controverso, como sublinham Michael Zimmer/Charles Sullivan/Rebecca Hanner White, *Cases and materials on employment discrimination*, Wolters Kluwer, New York, 2013, pág. 497.

profissional. Ora, tendo em consideração o conjunto de patologias que em associação com a infecção por VIH podem ocorrer neste estado da doença – infecções oportunistas, cancros bem como sintomas sistémicos diversificados –, de que resultam certamente limitações com carácter duradouro na vida profissional da pessoa, tal panóplia aponta, julga-se, para a inclusão da doença na noção de deficiência na acepção da Directiva.

Questão menos evidente será a da condição de portador do vírus assintomático.

Nos Estados-Unidos, a jurisprudência do *Supreme Court* considera, desde o célebre caso *Bragdon v. Abbott*[35], que os portadores de VIH – mesmo os portadores assintomáticos – podem ser consideradas pessoas com deficiência à luz do *Americans with Disabilities Act* de 1990. No acórdão em questão, o *Supreme Court*, partindo da noção de deficiência enquanto limite físico susceptível de afectar a "major life activity" do indivíduo em termos substanciais, considerou que os portadores de VIH sofrem de um limite físico[36] que impede a reprodução[37], considerada, para o efeito, uma "major life activity".

[35] Cf. 524 U.S. 624, 1998. Os antecedentes desta decisão remontam ao caso *School Board of Nassau County v. Airlines* (480 U.S. 273, 1987), no qual o *Supreme Court* considerou a tuberculose activa como uma deficiência. Na linha desta posição segundo a qual uma doença contagiosa podia ser considerada "disability", foi-se sedimentando também o entendimento de que uma pessoa com SIDA podia igualmente ser considerada pessoa com deficiência à luz quer do *Rehabilitation Act* quer do *Americans with Disabilities Act.* O caso *Airlines* deixou, no entanto, em aberto a questão de saber se uma pessoa seropositiva assintomática podia ser considerada deficiente – sobre o ponto, Michael Zimmer/Charles Sullivan/Rebecca Hanner White, *Cases and materials..., cit.* pág. 491.

[36] O entendimento do *Supreme Court*, secundando-se dos dados da ciência médica, é de que o VIH deve ser visto como uma doença fisiológica com um constante efeito sobre o sistema sanguíneo e linfático desde o momento da infecção. A infecção com HIV causa imediatamente anomalias no sangue da pessoa e os glóbulos brancos da pessoa infectada diminuem ao longo da doença, mesmo quando o ataque é concentrado nos gânglios linfáticos, o que leva o tribunal a concluir que a infecção com VIH satisfaz a definição de "limitação física" durante todas as fases da doença. Veja-se Michael Zimmer/Charles Sullivan/Rebecca Hanner White, *Cases and..., cit.*, pág. 494.

[37] Mesmo tendo em consideração a evolução que a ciência médica vem entretanto registando, o VIH continua a representar um importante obstáculo à reprodução, não apenas nos casos em que ambos os progenitores são portadores da doença, mas igualmente nos casos em que apenas um deles o é, com a agravante de, nesta segunda hipótese, para além do perigo de transmissão à descendência, advir o risco de contaminação do parceiro são. Sobre o ponto, vejam-se as reflexões de Vera Lúcia Raposo, "Reprodução assistida e HIV – a visita da

Trata-se, no entanto, de uma linha de raciocínio que não pode ser transposta em termos automáticos para o contexto do Direito Europeu (e do direito interno), pelo menos atendendo à trajectória que vem sendo sedimentada pela instância jurisdicional da União. No ordenamento norte-americano, as limitações consideradas deficiência para efeitos da legislação anti-discriminatória podem dizer respeito a dimensões da vida pessoal, social, económica da pessoa, mesmo que sem impacto na vida profissional. Já o Tribunal de Justiça, não obstante a partilha de um ideário comum, mantém a esse nível uma posição mais contida, uma vez que estabelece uma conexão entre limitação relevante e a vida profissional. Recorde-se a este respeito a apreciação que o Tribunal de Justiça ainda recentemente fez no mencionado acórdão *Kaltoft*, a propósito do estado de obesidade e dos critérios desse estado que determinam a consideração como deficiência. Enquanto a obesidade de grau III na classificação da Organização Mundial de Saúde – a chamada obesidade grave ou mórbida – pelas limitações, problemas de mobilidade, resistência e humor, tende a ser considerada uma "deficiência" para efeitos da Directiva, a mera obesidade (obesidade de grau I na classificação da Organização Mundial de Saúde) é vista como insuficiente para satisfazer os critérios estabelecidos na jurisprudência do Tribunal de Justiça relativamente ao conceito de "deficiência".

Pensa-se, no entanto, que as diferenças acabadas de assinalar entre os ordenamentos norte-americano e comunitário não inviabilizam, em moldes absolutos, a possibilidade de equacionar o estado de seropositividade assintomática como deficiência à luz da Directiva, mesmo fazendo uso do critério geral estabelecido pela jurisprudência do Tribunal de Justiça.

Desde logo, não está de todo excluído que mesmo a condição de portador do vírus assintomático não se possa traduzir *em determinadas hipóteses* numa incapacidade para o desempenho de funções, e nessa medida num impedimento à participação na vida profissional. Referimo-nos aos casos em que esteja em causa o exercício de actividades que comportem um risco qualificado de contágio a terceiros. É certo que não estaremos aí perante uma limitação resultante de uma incapacidade física

cegonha", *O VIH/SIDA e o Direito*, Selecção de artigos publicados no 9º Congresso Virtual sobre HIV-SIDA 2008, Imprinove, Santarém, 2010, pág. 34 e ss..

no sentido tradicional, mas perante uma impossibilidade de exercício decorrente do risco de contágio. E também estamos cientes que nesse círculo de situações – o dos portadores do vírus do VIH assintomáticos que exercem actividades com risco de contágio a terceiros – a superação dessa limitação só se poderá realizar (as mais das vezes) através de uma verdadeira alteração (remodelação) das funções, o que, naturalmente, suscita a questão de saber até que ponto essa constituirá uma medida abrangida pelo conceito de "adaptação razoável" nos termos do artigo 5º da Directiva 2000/78/CE (e do artigo 86º, nº 1 do Código do Trabalho). Contudo, mesmo este último aspecto não se afigura decisivo. Primeiramente, porque o Tribunal de Justiça já mencionou, por diversas vezes[38], que a definição do conceito de "deficiência" na acepção da Directiva 2000/78 *precede* a determinação e a apreciação das medidas de adaptação adequadas previstas pelo artigo 5º da mesma, o mesmo é dizer, a natureza das medidas que a entidade patronal deve tomar não é determinante para considerar se uma determinada hipótese corresponde à existência de uma deficiência. Paralelamente, considerando que a Directiva não procede a uma enumeração exaustiva das "adaptações razoáveis"[39], e que a interpretação da jurisprudência comunitária, em harmonia com a orientação que se decanta da Convenção das Nações Unidas sobre os Direitos das Pessoas com Deficiência, tem sido no sentido de uma definição ampla daquele conceito, estes dados indiciam uma franca abertura a que alterações no tipo de funções possam constituir uma das medidas abrangidas[40].

Num âmbito mais amplo (extensível, portanto, a todos os portadores do vírus assintomáticos), pode ainda relevar outro dado. Assumindo-se

[38] Cf., por exemplo, os Acórdãos *Jette Ring* e *Kaltoft*, acima mencionados.

[39] O considerando 20º da Directiva 2000/78/CE estabelece: "É necessário prever medidas apropriadas, ou seja, medidas eficazes e práticas destinadas a adaptar o local de trabalho em função da deficiência, por exemplo, adaptações das instalações ou dos equipamentos, dos ritmos de trabalho, *da atribuição de funções*, ou da oferta de meios de formação ou de enquadramento" (itálico nosso).

[40] Sobre o conceito de adaptação razoável, vejam-se, entre muitos, Lisa Waddington, *EU Disability Anti-Discrimination Law: the UN CRPD, reasonable accommodation and CJEU Case* Law, and *The concepts of disability and reasonable accommodation*, Oliver Tolmein, *Reasonable accommodation and disability – the new EC-anti-discrimination-law*, e Aart Hendriks, *Disability and reasonable Accommodation*, and *Reasonable accommodation – a new concept?*, todos disponíveis em www.era.int.

que a limitação relevante para efeitos da Directiva é aquela que afecta a vida profissional do trabalhador *em geral*, daí resulta que estarão em cima da mesa aspectos que não se restringem a execução concreta do trabalho, mas que de um modo geral poderão dizer respeito às condições de acesso ao emprego e às condições de contratação. A questão já foi aflorada pelo Tribunal de Justiça sob este prisma, a respeito dos defeitos genéticos. O Advogado-Geral Geelhoed, nas suas conclusões no processo *Chacón Navas*, referira que "[e]nquanto o defeito genético não for constatado, a pessoa em questão não é objeto de discriminação. Tal poderá alterar-se imediatamente, depois de este facto se tornar conhecido, porque as entidades patronais ou as seguradoras não querem suportar os maiores riscos decorrentes da sua contratação ou da sua proteção através de uma apólice de seguro"[41]. Ora, o paralelismo pode estabelecer-se, com as devidas adaptações, e sem prejuízo de uma reflexão mais aturada, com a hipótese do candidato ao emprego ou do trabalhador seropositivo assintomático, a partir do momento em que a condição de infectado for conhecida, já que, consabidamente, esse será um dado não indiferente para as referidas entidades[42].

3. O novo rosto da figura do despedimento por inadaptação e a tutela dos trabalhadores com deficiência ou doença crónica

Aludimos, acima, à revisão legislativa da figura do despedimento por inadaptação, que, então, desde a entrada em vigor da Lei nº 23/2012, abarca não apenas a hipótese de, introduzidas alterações, *maxime* tecnológicas, no respectivo posto de trabalho, o trabalhador não se adaptar às mesmas, mesmo após beneficiar de formação adequada e de um

[41] Até porque de acordo com a sábia advertência feita por GUILHERME DE OLIVEIRA ("Implicações jurídicas do conhecimento do genoma", *Temas de Direito da Medicina*, Coimbra Editora, Coimbra, 1999, pág. 161), "[o]s prognósticos das manifestações tardias de doenças são mais perigosos do que os diagnósticos das doenças presentes e efectivas; são potencialmente mais discriminatórios do que estes."

[42] A par desta observação, não será despiciendo referir que a noção que vem sendo adoptada pelo Tribunal de Justiça e que, actualmente, coloca dificuldades à possibilidade de o estado de seropositividade assintomática ser considerado deficiência para efeitos da Directiva, é, em termos de formulação, mais restrita do que aquela assumida pela Convenção sobre os Direitos das Pessoas com Deficiência. Não está, porém, excluído que se verifique, a esse nível, uma maior aproximação do Direito da União da convenção internacional, com virtualidades para o problema decidendo.

período de ajustamento às novas condições, como ainda a de, independentemente de qualquer modificação objectiva, o trabalhador revelar quebra de rendimento e/ou de qualidade do trabalho – revelar, enfim, *inaptidão* para exercer as suas funções como até aí (nº 2 do artigo 375º)[43] [44] [45]... Ora, tal alteração do quadro normativo do despedimento

[43] O que, evidentemente, causa perplexidade, sendo o termo inadaptação manifestamente desajustado a uma situação que é, verdadeiramente, de inaptidão. Assim se explica a ironia de João Leal Amado, que, a este respeito, se refere a um despedimento que, afinal, entre a realidade e a ilusão legal, apetece designar como *despedimento por "inadaptidão"* ("O despedimento...", *cit.*, pág. 305).

[44] Sobre o novo "despedimento por inadaptação", veja-se, além dos textos já citados, Joana Neto, *Despedimento por inadaptação – reforma ou consagração legal do despedimento sem justa causa?*, Almedina, Coimbra, 2014, e ainda Raquel Cabral Ferreira, "Despedimento por inadaptação e por inaptidão – algumas considerações à luz da reforma legislativa operada pela Lei nº 23/2012, de 25 de junho", *Questões Laborais*, ano XXI, nº 44, pág. 49 a 83.

[45] Assim, a lei portuguesa aproximou-se, neste ponto, de outros ordenamentos europeus, como o espanhol, o francês, ou o italiano, ao abrigo dos quais já era legítimo o despedimento devido a inaptidão do trabalhador. Em França, tem-se sublinhado a importância da distinção, na medida em que seja possível, entre o despedimento por *insuffisance professionnelle*, que corresponde à extinção do contrato por banda do empregador em razão da insuficiência dos resultados produzidos pelo trabalhador, e o despedimento por inaptidão física. Em suma, sempre que o desempenho do trabalhador seja insuficiente por motivo de doença ou deficiência, importa verificar se se cumprem as normas de protecção destas categorias de trabalhadores, nomeadamente o dever de requalificação, assim como passa a existir uma suspeição de tratamento discriminatório, que cabe à entidade empregadora ilidir (Pascal Lokiec, "Le licenciement pour insuffisance proféssionnelle", *Droit Social*, nº 1, 2014, pág. 38 a 43). Idênticas preocupações se sentem ainda no domínio da lei italiana. Segundo a mesma, tendo o empregador despedido com base na inidoneidade física ou psíquica do trabalhador, se o motivo for considerado improcedente, haverá sempre lugar à tutela reintegratória, a qual não se aplica na generalidade das hipóteses de ilicitude do despedimento. Como nota Davide Casale ("Malattia, inidoneità psicofisica e handicap nella novella del 2012 sui licenciamenti", *Argomenti di Diritto del Lavoro*, ano XIX, nº 2, 2014, pág. 401 a 423 [403 e 404]), entende-se que, nestes casos, o erro do empregador "não é, em caso algum, desculpável", o que se justifica por, no outro pólo, relevarem interesses ligados à tutela da saúde do trabalhador. Assim, apesar do entendimento jurisprudencial segundo o qual a tutela não é senão indemnizatória quando o vício do despedimento resulta da inobservância do dever de recolocação do trabalhador, não deverá ser assim se o despedimento assentar na invocação da inaptidão física ou psíquica, caso em que aquele dever, sublinha ainda Davide Casale (pág. 407 e 408), corresponde mesmo ao cumprimento de uma obrigação imposta pelo Direito Europeu, em face do imperativo de igualdade e não discriminação relativamente aos trabalhadores com deficiência (tendo, aliás, o Estado italiano sido condenado por não ter transposto devidamente a Directiva 2000/78/CE, já referida e procurado, consequentemente, adequar o ordenamento interno aos propósitos da mesma). Não o cumprir representará, pois,

por inadaptação, fazendo-o abarcar outrossim o *despedimento por inaptidão*, leva-nos, certamente, a pôr em xeque a conclusão em que, anteriormente e com base no quadro normativo anterior àquele diploma, assentáramos: a de que a seropositividade não poderia levar à extinção do contrato de trabalho senão, verificada a impossibilidade absoluta de prestação de actividade, por caducidade.

Antes ainda de se avançar para esta análise, assinale-se apenas que abrir o flanco à cessação da relação laboral com base na condição física do trabalhador somente por caducidade (devida a impossibilidade absoluta e definitiva de prestação de trabalho) ou (também) por despedimento assente em causa objectiva não é – ou não deve ser – mera questão terminológica, mas, verdadeiramente, conceptual e valorativa. Enquanto o despedimento é um acto extintivo do contrato de trabalho assente na *vontade* do empregador – dependendo a sua admissibilidade

um acto discriminatório e, assim sendo, ao despedimento ocorrido nessas circunstâncias deverá aplicar-se o regime próprio dos despedimentos discriminatórios, o qual determina a tutela reintegratória (pág. 409 e ss.). Sobre o incumprimento da obrigação de realizar os ajustamentos razoáveis como uma nova forma de discriminação, Vanessa Cordero Gordillo, *Igualdad y no discriminación...*, *cit.*, pág. 151 e ss.

Independentemente da visão que se adopte, de um ponto de vista político-social, relativamente ao novo "despedimento por inadaptação", deve acentuar-se, por um lado, que a circunstância de o ordenamento nacional se ter aproximado de sistemas vizinhos neste ponto não torna, só por si, aquela figura isenta de crítica e, menos ainda, asséptica do ponto de vista jurídico-constitucional. Há muito se sublinhou, entre nós, a *extensão* e *intensão* do catálogo de direitos fundamentais, designadamente laborais, patente na Constituição da República Portuguesa, de que sobressai o princípio da segurança no emprego (artigo 53º). Pode, por isso, "[ser] de pouco préstimo, no plano jurídico-constitucional, a transferência acrítica de outros modelos, legais, doutrinais ou jurisprudenciais (...) [e] o horizonte jurídico a ter em conta para analisar a problemática dos direitos fundamentais dos trabalhadores deve [situar-se] no *texto e contexto jurídico-constitucional português* e não noutros 'mundos' (...)" (J. J. Gomes Canotilho e Jorge Leite, "A inconstitucionalidade da lei dos despedimentos", *Boletim da Faculdade de Direito da Universidade de Coimbra (número especial – Estudos em Homenagem ao Prof. Doutor Ferrer-Correia)*, III, Coimbra, 1991, pág. 501 a 580 [521]. Por outro lado, mas em correlação com o agora sublinhado, é inequívoco – independentemente da posição que se sustente acerca do conceito constitucional de justa causa de despedimento e sobre a questão de saber se e em que medida o mesmo alberga a figura ora em análise – que esta novel figura do despedimento devido a inaptidão do trabalhador, além de outros problemas jurídicos que possa suscitar, desafia aquele princípio constitucional da segurança no emprego e da proibição do despedimento por justa causa. Sobre o ponto, em especial, António Monteiro Fernandes, "A 'reforma...", *cit.*, pág. 573 e ss., João Leal Amado, "O despedimento...", *cit.*, pág. 306, e Acórdão do Tribunal Constitucional nº 602/2013.

jurídica, em síntese, dos termos em que o ordenamento mede a legitimidade dos interesses do empregador nessa extinção –, a caducidade, pese embora a sua equivocidade[46], traduz, no rigor e pureza dos termos, a ideia de uma *extinção independente da vontade dos sujeitos*, ou, pelo menos não decisivamente condicionada pela mesma – a "extinção de uma relação jurídica por força da ocorrência de um evento a que a lei liga tal efeito"[47]. Assim, a extinção do contrato de trabalho determinada por caducidade resultante de impossibilidade definitiva e absoluta de o trabalhador prestar trabalho deveria encarar-se como um caso de impossibilidade objectiva de subsistência do contrato, impondo-se às partes como facto inevitável, alheio aos seus desígnios. Vale por dizer: resultando de certo ordenamento não poder uma condição como a seropositividade levar à extinção da relação laboral senão por caducidade significa que o mesmo não consente que essa extinção resulte de uma decisão da entidade empregadora, em vista da protecção dos seus interesses. Assim se caracterizava, justamente, o sistema português até à reforma laboral operada com a mencionada Lei nº 23/2012, de 25 de Junho.

Resulta da lei que, em regra, a inadaptação/inaptidão pode ser invocada quando, em razão do modo de exercício das funções do trabalhador, se verifica uma das seguintes situações: redução continuada da produtividade ou qualidade do trabalho, avarias repetidas nos meios

[46] Não nos referimos somente à ambivalência do conceito no universo jurídico, mas outrossim à circunstância de se topar com escolhas legislativas que, manifestamente, traem a natureza da figura. Ora, se é certo que os conceitos, em si mesmos, não podem tomar-se como vinculativos, em sede de interpretação jurídica (apesar de a função dos nomes ser a de designar fenómenos), não o é menos que associar determinado instituto a um *nomen* significa, a não ser que se disponha diferentemente, deferir-lhe o regime próprio deste último... Não será outra a razão por que Jorge Leite alude a um conjunto de casos "qualificados como casos de extinção por caducidade, pelo menos aparentemente sem grande rigor na medida em que a extinção é, afinal, um efeito de uma decisão do empregador por ele directa ou indirectamente pretendido", assinalando a duvidosa conformidade de tal forma de regulação quer ao Direito Europeu quer ao artigo 53º da CRP, porquanto se esconderiam sob a capa de uma impossibilidade absoluta e objectiva de subsistência da relação laboral situações em que, verdadeiramente, ela cessaria por vontade (porventura legítima – reconhece-se, evidentemente) do empregador, vertida numa decisão que se veria, a final, a salvo do controlo de conformidade com a proibição de despedimento sem (justa) causa ("A reforma...", *cit.*, pág. 13).

[47] Jorge Leite, *Direito do Trabalho*, Serviços de Acção Social da Universidade de Coimbra – Serviço de Textos, 2005, vol. II, pág. 197.

afectos ao posto de trabalho, ou ainda riscos para a segurança e saúde do próprio trabalhador, de outros ou de terceiros – tudo indícios, de que não se exige a ocorrência cumulativa, da *imprestabilidade* do trabalhador, em termos que justificam o despedimento desde que se demonstre a impossibilidade prática de subsistência da relação laboral (isto é, a inexigibilidade da sua conservação, que, conforme se tem entendido, se afere pela verificação da viabilidade de o trabalhador ocupar outro posto disponível compatível com a sua categoria[48]) e, naturalmente, se cumpram os demais requisitos legais, quer de substância quer procedimentais.

Ora, facilmente se concebe que o trabalhador seropositivo – devido, directa ou indirectamente, a essa condição – se veja visado por uma ou mais daqueles factores indiciadores da inadaptação/inaptidão. Quanto ao portador de VIH sintomático, naturalmente que o desequilíbrio físico a que a SIDA conduz pode originar a redução da produtividade ou da qualidade do trabalho, associada ou não à ocorrência de avarias nos meios produtivos e à criação de riscos para a segurança e saúde do próprio ou de terceiros. Já notámos, todavia, que tanto o seropositivo sintomático como o assintomático representam, eles mesmos, um risco para a saúde de terceiros, considerada a possibilidade – mesmo que atendamos apenas às possibilidades reais e sérias – de transmissão do vírus. Ora, embora reconheçamos que, enquanto indício de inadaptação e também de inaptidão, a criação de riscos para a segurança e saúde do próprio ou de outrem terá sido concebido pelo legislador, primacial ou, pelo menos, paradigmaticamente, como fenómeno adveniente de um desajustado manuseamento de ferramentas de trabalho e matérias-primas, não cremos que algum argumento possa, em definitivo, mobilizar-se para afastar da subsunção a essa hipótese o caso do trabalhador que, porque portador de um vírus passível de contágio, representa um risco para a saúde alheia. Tudo levaria, pois, a concluir que a seropositividade poderia conduzir à verificação de um ou mais indícios de inaptidão, concretizando-se, pois, a possibilidade de despedimento com esse fundamento. Por certo que o despedimento não seria válido se se demonstrasse resultar a situação invocada como indício de inaptidão da inobservância de deveres em matéria de segurança e saúde por parte do empregador

[48] Veja-se a nota 20.

(artigo 374º, nº 4). O facto de assim ser, porém, apenas acarreta para a entidade empregadora o ónus de, previamente ao despedimento, se certificar de que adoptou todas as medidas adequadas à eliminação do risco ou à redução do mesmo a um nível tido como razoável, de acordo com o que lhe for exigível; não torna a figura inaplicável aos casos a que nos reportamos, nem invalida a conclusão de que, assim sendo, a entidade empregadora teria, hoje, um expediente distinto do da caducidade – distinto no plano das consequências, desde logo por implicar o pagamento de uma compensação ao trabalhador, mas também ao nível dos pressupostos, porquanto, nesta sede, não é necessário demonstrar a *absoluta* impossibilidade do trabalhador para a prestação laboral – para fazer cessar o contrato de trabalho de um trabalhador seropositivo.

À questão de saber se o despedimento do trabalhador seropositivo, nestes termos, não deveria reputar-se como discriminatório, tender-se-ia a responder como, perante situações comparáveis, se tem respondido, noutros ordenamentos europeus: não haverá discriminação se a medida se dever à (verificação dos factos reveladores da) inaptidão e não propriamente à condição do trabalhador[49]. Uma análise mais detida, porém, poderá levar a distinta conclusão. É que, aplicados a trabalhadores com capacidade de trabalho reduzida, deficiência ou doença crónica e, portanto, dadas as razões já aduzidas, também ao trabalhador seropo-

[49] Cfr. acórdão da *Cour de Cassation* (*Chambre Sociale*), de 7 de Abril de 1999, processo 97-40.401 (em http://www.legifrance.gouv.fr/affichJuriJudi.do?oldAction=rechJuriJudi&idTexte=JURITEXT000007402598&fastReqId=1082196968&fastPos=1).e, da mesma instância, Acórdão de 23 de Setembro de 2009, processo 08-41.970 (em http://www.legifrance.gouv.fr/affichJuriJudi.do?oldAction=rechJuriJudi&idTexte=JURITEXT000021084119&fastReqId=1338228845&fastPos=1). Este último resto tem especial interesse pela avaliação da indispensabilidade objectiva do despedimento, que apenas se considera existir se o empregador demonstrar que precisa a perturbação causada pelo trabalhador é de tal ordem que se torna necessário substituí-lo definitivamente, o que, no caso, não se verificou.
Independentemente dos termos (hoje, aparentemente, ultrapassados, em que distingue, para os efeitos pertinentes, doença de deficiência), o já referido acórdão *Chacón Navas* afirma que "a proibição, em matéria de despedimentos, da discriminação com base em deficiência, inscrita nos artigos 2º, nº 1, e 3º, nº 1, alínea c), da Directiva 2000/78, *opõe-se a um despedimento baseado em deficiência que,* tendo em conta a obrigação de prever adaptações razoáveis para as pessoas deficientes, *não é justificado pelo facto de a pessoa em causa não ser competente, capaz ou disponível* para executar as funções essenciais do seu lugar" (itálico nosso).

sitivo, os índices de inadaptação e inaptidão bem podem revelar-se discriminatórios – *rectius*, deverão *presumir-se* discriminatórios[50].

É líquida, hoje, com efeito, a afirmação de que a discriminação pode ser directa mas também indirecta[51], sendo esta última igualmente postergada pela ordem jurídica, quer no plano interno quer ao nível comunitário. Verifica-se discriminação indirecta quando certa medida surte o *efeito* de afectar desfavoravelmente os sujeitos de dada categoria subjectiva, em comparação com os de outras, ainda que levada a cabo sem esse propósito. Acolhido pela doutrina e pela jurisprudência, o conceito de discriminação indirecta figura, para se proibir, quer no Código do Trabalho (artigo 23º, nº 1, alínea *b)* e artigo 25º, nº 1), quer, com particular interesse no âmbito deste estudo, na Directiva 2000/78/CE (considerando 12º e artigo 2º, nº 2, alínea *b)*). Ora, embora não possa, razoavelmente, dizer-se que o regime dos artigos 374º e seguintes visa, intencionalmente, um tratamento de desfavor relativamente às mencionadas categorias de trabalhadores, o certo é que, potencialmente, redundará nesse mesmo efeito, afectando em maior medida essas categorias do que os trabalhadores *ordinários*.

Importa, a este respeito, referir o já mencionado Acórdão do Tribunal de Justiça da União Europeia atinente ao caso *Jette Ring*. Em causa estava uma norma do ordenamento jurídico dinamarquês segundo a qual os trabalhadores poderiam ser despedidos com um aviso prévio reduzido em relação ao comum quando tivessem incorrido em faltas, sem perda de retribuição, durante 120 dias num período de doze meses.

[50] Sobre a inversão do ónus da prova em matéria de discriminação, veja-se, entre nós, recentemente, Teresa Coelho Moreira, "O ónus da prova em casos de discriminação", *Estudos de Direito do Trabalho – Igualdade e não discriminação*, Almedina, Coimbra, 2013, pág. 79 a 127 [em especial, 110 e ss.].

[51] Sobre a origem e a evolução do conceito, veja-se Sandra Fredman, *Discrimination Law*, Oxford University, Oxford, 2011, 2ª edição, pág. 177 e ss., e, em Portugal, Teresa Coelho Moreira, "O ónus...", *cit.*, pág. 115 e ss., Maria Manuela Maia da Silva, "A discriminação sexual no mercado de trabalho – uma reflexão sobre as discriminações directas e indirectas", *Questões Laborais*, nº 15, ano VII, 2000, pág. 84 a 112 [88 e ss.], ou ainda Dulce Lopes e Lucinda Dias da Silva, "Xadrez policromo: a Directiva 2000/43/CE do Conselho e o princípio da não discriminação em razão da raça e da origem étnica", *Estudos dedicados ao Prof. Doutor Mário Júlio Brito de Almeida Costa*, Almedina, Coimbra, 2002, pág. 393 a 437 [406 e ss.]. Sobre a especial importância do reconhecimento da discriminação indirecta no tocante aos portadores de deficiência, Vanessa Cordero Gordillo, *Igualdad y no discriminación...*, *cit*, pág. 73.

No âmbito de uma acção de reenvio prejudicial, submeteu-se ao Tribunal de Justiça a questão de saber se a Directiva 2000/78/CE se opunha a tal norma, quando aplicada a um trabalhador com deficiência, tendo as respectivas faltas sido motivadas pela mesma. O tribunal respondeu em sentido afirmativo, por considerar que aquela disposição implicava discriminação dos trabalhadores com deficiência; apesar de o critério em causa (número de faltas) não se associar directamente à deficiência, a verdade é que "um trabalhador deficiente está exposto ao risco suplementar de uma doença ligada à sua deficiência (...), ao risco acrescido de cumular as faltas por doença e (...) de atingir o limite de 120 dias (...). Como tal, afigura-se que a regra dos 120 dias prevista [naquela] disposição é susceptível de desfavorecer os trabalhadores deficientes e, desta forma, originar uma diferença de tratamento indiretamente baseada na deficiência na acepção do artigo 2º, nº 2, alínea *b)*, da Diretiva 2000/78". O Tribunal de Justiça da União Europeia veio, assim, a decidir, em síntese, que "Diretiva 2000/78 deve ser interpretada no sentido de que se opõe a uma disposição nacional que prevê que a entidade patronal pode cessar o contrato de trabalho com pré-aviso reduzido se trabalhador deficiente em causa faltou por doença com manutenção da remuneração durante 120 dias ao longo dos últimos doze meses quando essas faltas se verificaram em consequência da sua deficiência, salvo se esta disposição, ao mesmo tempo que prossegue um objetivo legítimo, não exceder o necessário para atingir esse objetivo, o que cabe ao órgão jurisdicional de reenvio apreciar".

Mutatis mutandis, dir-se-ia, relativamente ao ordenamento jurídico português, que a aplicação dos índices do artigo 374º, nº 1, aos trabalhadores pertencentes a determinadas categorias subjectivas, nomeadamente portadores de deficiência, pode traduzir-se na discriminação negativa dos mesmos (os quais, aliás, pelo contrário, devem ser objecto de medidas de discriminação positiva...), podendo, pois, existir razões para os desaplicar, em tais casos, o que, na verdade, encontraria fundamento positivo no artigo 374º, nº 3. O que vem de ser dito mostra-se mais claro no que toca ao trabalhador seropositivo sintomático, que, por força da sua condição, se arriscará, com elevada probabilidade, a uma *redução continuada de produtividade ou de qualidade* da sua prestação, porventura associado a *avarias repetidas nos meios afectos ao posto de trabalho* e a *riscos para a segurança e saúde*. Quanto ao assintomático, já havíamos observado que o indício de inaptidão que mais imediatamente (embora não exclusivamente; pense-se na perturbação psicológica que poderá advir da descoberta dessa condição e nos reflexos que isso pode ter sobre a prestação...) o afectará é a criação de riscos para a segurança e saúde de terceiros, não em razão, *v. g.*, de um eventual manuseamento incorrecto de ferramentas de trabalho e matérias-primas mas antes por força da possibilidade de contágio do vírus de que é portador (o que é igualmente aplicável ao sintomático, mas, nesses casos, não será este, em princípio, o factor mais relevante). Embora nos pareça, como já referimos, que este *modus* de causação de risco para a segurança e saúde alheias, embora atípico, não deve ter-se como excluído do campo potencial de verificação da alínea *c)* do artigo 374º, nº 1, reconhecemos que, devido àquela mesma *atipicidade*, que torna a situação de escassa incidência relativa – no âmbito dos trabalhadores que, no exercício da sua actividade, causam riscos à segurança e saúde de terceiros (e de si mesmos), serão raros os casos em que esses riscos resultam da possibilidade de contágio de doenças de que sejam portadores –, é menos claro que possa afirmar-se, supondo a aplicação daquele terceiro indício de inaptidão a um trabalhador portador de VIH, a ocorrência de discriminação, mesmo indirecta. Isso não significa, porém, que, não deva incidir uma *suspeição* de discriminação e, por isso, de ilicitude, sobre o despedimento que, assente naquele fundamento, vise um trabalhador seropositivo.

Resulta da Directiva 2000/78/CE que não ocorrerá discriminação (indirecta) se a disposição, critério ou prática em causa forem objectivamente justificados por uma finalidade legítima e que os meios para a alcançar sejam adequados e necessários, ou ainda, relativamente às pessoas com deficiência, se a entidade empregadora, ou qualquer pessoa ou organização a que a Directiva se aplique, for obrigada, por força da legislação nacional, a tomar medidas adequadas a eliminar as desvantagens decorrentes da aplicação daquela disposição, critério ou prática[52]. Temos dúvidas, no conjunto de casos em análise, de que o mero apelo ao interesse objectivo do empregador na rentabilidade dos seus trabalhadores descaracterizasse a relevância dos aludidos critérios de inaptidão como discriminatórios em relação a certas categorias de trabalhadores,

[52] Sobre este segundo termo da alternativa, o seu alcance e as dúvidas que suscita, VANESSA CORDERO GORDILLO, *Igualdad y no discriminación...*, *cit.*, pág. 79 e ss.

nomeadamente os portadores de deficiência[53]. Mais ajustado se nos afiguraria, mesmo a título do preenchimento dos requisitos de indispensabilidade e proporcionalidade *stricto sensu*, a invocação do dever de adopção das *medidas de adaptação razoável* voltadas para os trabalhadores pertencentes às referidas categorias, a título de ferramentas vocacionadas para a neutralização das desvantagens decorrentes das características subjectivas justificativas da sua maior vulnerabilidade à aplicação de critérios de valoração como os identificados. Mas, evidentemente, não bastaria então que o empregador se afirmasse vinculado pelas mesmas; impor-se-ia demonstrar o seu cumprimento[54].

Quanto ao ordenamento português, importa, com efeito, atentar no disposto no nº 3 do artigo 374º, de que resulta que "o disposto nos números anteriores", isto é, a verificação dos indícios de inadaptação ou inaptidão "não prejudica a protecção conferida aos trabalhadores com capacidade de trabalho reduzida, deficiência ou doença crónica", portanto, desde logo, as medidas de tutela previstas nos artigos 84º e seguintes do Código do Trabalho, a interpretar, naturalmente, em harmonia com os imperativos comunitários. Reencontramos, pois, neste ponto, o interesse, anteriormente sublinhado, na identificação do factor discriminatório que está em causa quando um trabalhador seropositivo é alvo de tratamento diferenciado em razão dessa seropositividade.

Não é óbvio o alcance do imperativo de adopção das medidas de ajustamento adequadas e não desproporcionadas estabelecido no artigo 86º, para que remete o mencionado nº 3 do artigo 374º. Dependendo a sua concretização da análise da adequação da medida à finalidade tida em vista, o que depende da limitação que o trabalhador apresente em correlação com as características da sua actividade profissional, mas

[53] A este respeito, veja-se o Caso Hill (processo C-243/95, de 17 de Junho de 1998) e, sobre o mesmo, Teresa Coelho Moreira, "O ónus da prova...", *cit.*, pág. 124.

[54] Em tom crítico sobre a potencial amplitude da "defesa da justificação" e mostrando que a mesma pode traduzir-se, bem vistas as coisas, numa acentuada inefectividade da proibição da discriminação indirecta, pelo que deve sujeitar-se a um rigoroso escrutínio, cfr. Sandra Fredman, *Discrimination Law, cit.*, pág. 182 e 183 e 191 e ss. Para a Autora, o sujeito a quem se imputa um acto discriminatório deve mostrar que o mesmo é necessário para prosseguir um objectivo legítimo e que não existem medidas alternativas menos discriminatórias, as quais não poderiam deixar de incluir a adaptação ("accommodating") do sujeito visado (pág. 183). Veja-se ainda Teresa Coelho Moreira, "O ónus da prova...", *cit.*, pág. 123 a 124, e Vanessa Cordero Gordillo, *Igualdad y no discriminación..., cit.*, pág. 153 a 154.

também de factores como o respectivo efeito sobre a organização empresarial e os demais trabalhadores e o impacto que trariam à entidade empregadora, mormente sob o ponto de vista económico, trata-se, com efeito, de um conceito com fronteiras amplamente indefinidas[55], embora possa, hoje, afirmar-se que medidas como a reorganização do tempo de trabalho, a adaptação do equipamento e das instalações, a disponibilização de formação profissional adequada aí se incluem, em abstracto[56]. Em todo o caso, diríamos, com VANESSA CORDERO GORDILLO[57], que a invocação da excessiva onerosidade da medida não pode encarar-se senão como uma possibilidade excepcional, sob pena de o dever em causa, verdadeiro ponto-chave da protecção devida aos trabalhadores com deficiência, se revelar afinal muito tímido, como se não exigindo mais do que ajustamentos menores...

Importaria, particularmente, saber se daquele imperativo resultaria, para o empregador, o dever de recolocar o trabalhador em posto de trabalho distinto, como alternativa ao despedimento. Dir-se-ia, numa primeira análise, tratar-se de uma questão isenta de dúvidas, atento o disposto na alínea *d)* do nº 1 do artigo 375º, norma repristinada na sequência do anteriormente referido acórdão do Tribunal Constitucional e de que resulta o dever de oferecer ao trabalhador, previamente ao despedimento e em vista de o evitar, outro posto de trabalho disponível e compatível com a sua categoria.

A verdade, porém, é que o ponto está longe de poder considerar-se livre de dúvidas. Note-se, desde logo, que, *literalmente*, aquela norma *não é* aplicável ao novo despedimento por inaptidão; com efeito, a alínea *d)*

[55] Veja-se MAURIZIO CINELLI, "Insufficiente per la Corte di Giustizia la tutela chel? Italia assicura ai lavoratori disabli: una condanna realmente meritata?", *Rivista Italiana di Diritto del Lavoro*, ano XXXII, 2013, pág. 935 a 938.

[56] Exemplos interessantes podem ver-se em BOB HEPPLE, *Equality – the Legal Framework*, Hart Publishing, Oxford, 2014, 2ª edição, pág. 94 a 95.

Em geral, sobre o conceito de medidas razoáveis de adaptação, vejam-se, entre vários outros, VANESSA CORDERO GORDILLO, *Igualdad y no discriminación..., cit.*, pág. 133, LISA WADDINGTON, *EU Disability Anti-Discrimination Law: the UN CRPD, reasonable accommodation and CJEU Case* Law, e *The concepts of disability and reasonable accommodation*, OLIVER TOLMEIN, *Reasonable accommodation and disability – the new EC-anti-discrimination-law*, e ainda AART HENDRIKS, *Disability and reasonable Accommodation*, and *Reasonable accommodation – a new concept?*, todos em www.era.int.

[57] *Igualdad y no discrimination..., cit.*, pág 150 a 151.

do nº 2 do artigo 375º, que se lhe refere, remete para as alíneas *b)* e *c)* – mas não para a ***d)***! – do nº anterior. Cremos, porém, existirem razões para sustentar resposta distinta, isto é, para defender que aquele dever de recolocação é igualmente exigível em caso de despedimento por inaptidão, tal como o é como condição de validade de um despedimento por inadaptação *proprio sensu*. Para lá de argumentos de direito comparado – em ordenamentos como o francês e o italiano, é inequívoco que o despedimento de um trabalhador com base na sua incapacidade para a realização das tarefas que contratualmente lhe incumbem não pode ter lugar sem uma prévia tentativa de *reclassement/rippescagio* – não pode, por certo, deixar de atender-se ao sentido da argumentação do Tribunal Constitucional, a propósito da eliminação, pela Lei nº 23/2012, daquela norma, a qual poria em causa o carácter de ultima ratio do despedimento e, por essa via, feriria o artigo 53º da Constituição – uma argumentação que, como é evidente, é transponível, porventura até por maioria de razão, para a nova figura do despedimento por inaptidão.

Por outro lado, sempre importaria, num segundo momento, perguntar se o dever de recolocação do trabalhador não deveria considerar-se incluído no conjunto de medidas de adaptação razoável impostas ao empregador pelo artigo 86º, *ex vi* artigo 374º, nº 3, neste contexto. Uma resposta afirmativa teria uma dupla consequência: por um lado, aquele dever passaria a encarar-se no quadro da equação valorativa que separa as medidas razoáveis ainda exigíveis daquelas de que o empregador está dispensado, por excessivamente onerosas; por outro – e sobretudo – haveria que perspectivá-lo concertadamente com as demais possíveis medidas de ajustamento em vez de atomisticamente. Para MICHEL MINÉ[58], "*quand le salarié est reconnu travailleurs handicapé, la proposition de reclassement doit tenir compte de l'exigence d'un 'aménagement raisonnable' d'un poste de travail pour permettre le maintien dans l'emploi*". Em Itália, partilha idêntica opinião STEFANO GIUBBONI[59], para quem sendo inquestionável que a recolocação dos trabalhadores com deficiência, previamente ao

[58] *Le Droit du travail en pratique*, Eyrolles, Paris, 2014, 26ª edição, pág. 238.

[59] "Sopravenuta inidoneità alla mansione e licenziamento. Note per una Interpretazione 'adeguatrice'", *Rivista Italiana di Diritto del Lavoro*, ano XXXI, 2012, pág. 289 a 309 [303 a 306]. Veja-se ainda DAVIDE CASALE ("Malattia...", *cit.*, pág. 410), notando que, sendo a omissão de medidas de adaptação, em si mesma, um acto discriminatório, a negação ao trabalhador com deficiência da possibilidade de recolocação deveria conduzir, em sede judicial, à conclusão

despedimento com base na sua incapacidade para o desempenho das funções contratuais, deve entender-se no quadro do dever geral de adopção das medidas razoáveis de adaptação do respectivo posto de trabalho, conformemente ao Direito europeu, aquele dever tem de entender-se como requerendo não apenas a proposta o trabalhador de um eventual posto de trabalho disponível, como ainda a sua prévia adaptação à condição do trabalhador que, então, se torna elegível para o mesmo.

Conclusão

Se a ordem jurídico-laboral portuguesa, num desígnio de flexibilização – mais, seguramente, de flexibilização do que de segurança, se ainda quisermos apelar ao pretensamente frutuoso modelo da flexissegurança – das relações laborais, mesmo no ponto onde se guarda o essencial reduto de tutela dos trabalhadores, o princípio constitucional da segurança do emprego, vem erodindo, com o devir do tempo e o estreitar do espaço, aproximando-se, inequivocamente, de outros sistemas, em que, porventura, nenhum princípio constitucional poderia travar tal erosão, importa, de outro lado, concertar tal fôlego evolutivo com outros vectores que, soprando outrossim de quadrantes capazes de – ou mesmo predispostos a – servir de referente ao ordenamento interno, lhe refreiem o alcance. O Direito Europeu da igualdade e da não discriminação, quer positivado em diplomas normativos quer jurisprudencialmente desenvolvido, será, por certo, uma das pedras basilares dessa plêiade de referentes que se hão-de perfilar no horizonte dos decisores político-jurídicos internos...

de que a alegada incapacidade para o trabalho não seria, afinal a causa real de despedimento, o qual assentaria, em rectas contas, na própria deficiência.

A proteção dos dados pessoais e a indústria farmacêutica
(os casos particulares da investigação clínica e ensaios clínicos e da farmacovigilância)*

CARLA BARBOSA**

Historically, privacy was almost implicit, because it was hard to find and gather information. But in the digital world, whether it's digital cameras or satellites or just what you click on, we need to have more explicit rules – not just for governments but for private companies.

Bill Gates

1. Introdução

Nas últimas décadas, desde que o mundo ganhou consciência dos problemas em torno da proteção de dados e da privacidade, assistimos a

* O Regulamento (UE) 2016/79, relativo à protecção das pessoas singulares no que diz respeito ao tratamento de dados pessoais e à livre circulação desses dados, foi publicado no Jornal Oficial da União Europeia a 4 de Maio de 2016. O presente artigo foi escrito nos primeiros meses de 2015 pelo que todas as referências ao Regulamento Europeu se reportam à versão provisória conhecida naquela data.

** Centro de Direito Biomédico/Instituto Jurídico da Faculdade de Direito da Universidade de Coimbra (Grupo 2 – Vulnerabilidade e *Direito, Desafios Sociais, Incerteza e Direito*: UID/ /DIR/04643/2013). Investigadora do Centro de Direito Biomédico; Advogada.

uma constante evolução doutrinal e legislativa. O simples facto de estarmos na Europa ou nos Estados Unidos da América implica ainda hoje, por si só, uma conceptualização bastante diferente de privacidade e proteção de dados pessoais. Certo é, pois, que este é um tema atual, e que está ainda muito longe da pacificação.

O tema da privacidade e da proteção de dados pessoais é transversal à vida de cada um de nós. É relevante para a religião, para a orientação sexual, para as convicções políticas, para a saúde e para tantos outros aspectos relacionados com o dia-a-dia de cada indivíduo. Por ora, trataremos, porém, tão somente questão relativa aos dados pessoais da saúde. São dados sensíveis ou pessoalíssimos, com uma relevância imensa não só para os seus titulares mas também para terceiros. A sua relevância é, por seu turno, quer social, quer monetária. Relativamente a este último aspecto, a verdade é que a dimensão dos dados pessoais de saúde é hoje difícil de quantificar. Na realidade, para que a indústria farmacêutica desenvolva novos medicamentos e controle a qualidade e segurança dos existentes, necessita de aceder a dados pessoais de saúde. Seja através de inúmeras investigações clínicas, de outros tantos ensaios clínicos ou, simplesmente, da farmacovigilância. É esta simbiose entre acesso aos dados pessoais de saúde e desenvolvimento e controlo de medicamentos por parte da indústria farmacêutica que nos propomos abordar nas próximas páginas.

2. O direito à privacidade

A privacidade entendida como um direito fundamental existe na ordem jurídica portuguesa desde a década de sessenta, momento em que se reconhece um direito geral à proteção da vida privada[1]. É, no entanto, apenas em 1976, que o direito à autodeterminação informacional, enquanto direito fundamental autónomo, surge.

O reconhecimento do direito à reserva da intimidade da vida privada, bem como a sua efetiva consagração legislativa, são, pois, fenómenos relativamente recentes, fruto de uma sociedade de informação contemporânea, que colocou na ordem do dia a falta de intimidade e de privacidade dos cidadãos.

[1] Mota Pinto, Paulo, "A protecção da vida privada e a Constituição", *in Boletim da Faculdade de Direito*, Vol. LXXVI, 2000, p. 153.

As preocupações em torno da privacidade são, no entanto, bem mais antigas, remontando, pelo menos, ao Séc. XIX, quando Samuel Warren e Walter Bradeis[2] definem o direito à privacidade e o famoso *wright to be let alone*. Com uma visão absolutamente inovadora para a época, os autores assumiam que cada indivíduo *"shall have full protection in person and in property" e que este é um princípio tão antigo como a common law; "but it has been found necessary from time to time to define anew the exact nature and extent of such protection"*[3].

No plano europeu, encontramos referências ao conceito de privacidade na década de 70. O Conselho da Europa define, em 1970, através da Resolução 428, o direito à privacidade, essencialmente, como *"the right to live one's own life with a minimum of interference. It contains private, family and home life, physical and moral integrity, honour and reputation, avoidance of being placed in a false light, non-revelation of irrelevant and embarassing facts, unauthorised publication of private photographs, protection against misuse of private communications, protection from disclosure of information given or received by the individual confidentially. Those who, by their own actions, have encouraged indiscreet revelations about which they complain later on, cannot avail themselves of the right to privacy"*[4].

Entre nós, a densificação do direito à reserva de intimidade da vida privada e familiar tem sido abordada de diferentes formas pela doutrina. O Conselho Nacional de Ética para as Ciências da Vida (CNECV), no seu parecer 43/CNECV/04, apresenta uma aproximação ao conceito de *privacidade individual*. Refere que "no plano ético, está em causa a proteção da liberdade individual, delimitando uma zona da vida pessoal virtualmente inacessível a qualquer intromissão externa". E vem acrescentar que "o termo "privacidade" pode englobar quatro dimensões diferentes: a) privacidade física, isto é a acessibilidade física limitada, de qualquer tipo, sem consentimento do próprio; b) privacidade mental, ou seja a restrição de qualquer interferência ilegítima na mente ou na vontade da pessoa; c) privacidade decisional, refere-se à liberdade no campo da escolha individual; e d) privacidade informacional, alcançada

[2] Warren, Samuel D./Brandeis, Walter D., The right to privacy, *Harvard Law Review*, 4, 1890-91, 192-220.

[3] Warren, Samuel D./Brandeis, Walter D., The right to privacy, *Harvard Law Review*, 4, 1890-91, pág. 193.

[4] Council of Europe, Parliamentary Assembly Reference: Resolution 428 of 23 Jan 1970.

através da imposição de limites ao acesso não autorizado a informação de natureza individual".[5]

A este propósito, Helena Moniz, por seu turno, defende que o núcleo da vida privada é composto pelos dados relativos à filiação, residência, número de telefone, estado de saúde, vida conjugal, amorosa e afectiva, os factos que decorrem dentro do lar, as informações transmitidas por carta ou outros meios de telecomunicações, os factos passados que caíram no esquecimento, objectos contendo recordações pessoais, situação patrimonial, encontros com os amigos, saídas e entradas de casa..."[6]. Deste modo, resulta muito claro que, então, os dados de saúde são verdadeiros elementos da vida privada de cada indivíduo.

Em termos legislativos, em 1997, quando a Convenção sobre os Direitos do Homem e da Biomedicina[7] (também designada por Convenção de Oviedo) foi aberta à assinatura dos Estados membros do Conselho da Europa, um dos assuntos sobre o qual houve consenso foi, precisamente, a tutela da vida privada e o acesso à informação médica[8].

[5] Parecer 43/CNECV/04, disponível www.cnecv.pt.

[6] Moniz, Helena (1997), "Notas Sobre a Protecção de dados Pessoais Perante a Informática – (O caso Especial dos Dados Pessoais Relativos à Saúde)", *in Revista Portuguesa de Ciência Criminal*, Ano 7, Fasc. 2.o – Abril-Junho – 1997: pp. 231-298.

[7] Aberta à assinatura dos Estados Membros em Oviedo, em 4 de Abril de 1997, aprovada para ratificação por Resolução da Assembleia da República, em 19 de Outubro e ratificada pelo Decreto do Presidente da República nº 1/2001, de 3 de Janeiro. O Conselho Nacional de Ética para as Ciências da Vida refere que a Convenção sobre os Direitos do Homem e a Biomedicina é "um marco importantíssimo na história universal dos Direitos Humanos pois que pela primeira vez se consegue reunir, num texto consensual, princípios gerais e disposições específicas relativas à protecção do ser humano face à possível utilização indevida da Biologia e da Medicina", alertando que "pela primeira vez num texto de uma Convenção, tenta-se estabelecer os equilíbrios justos mas difíceis entre os direitos e os interesses do indivíduo, da sociedade, da ciência e da espécie humana". Ainda para o Conselho Nacional de Ética para as Ciências da Vida, "a consciência de que ao ser humano é devido respeito tanto como indivíduo e como pertencente à comunidade humana ou como membro da sociedade e que entre eles se estabelece uma teia de direitos e deveres com hierarquias distintas ("o interesse e o bem-estar do ser humano devem prevalecer sobre o interesse único da sociedade ou da ciência" – artº 2º desta Convenção) merece o nosso mais profundo aplauso" (Parecer 30/CNECV/2000, disponível em www.cnecv.gov.pt).

[8] Importa referir que, não obstante os conceitos de privacidade e confidencialidade estarem interligados, eles possuem significados diferentes. Enquanto a privacidade diz respeito ao direito a ficar sozinho, ao direito a impedir intrusões de terceiros, a confidencialidade prende-se com o direito de cada um a proteger as suas informações de revelações indesejadas. Enrique

Dispõe a Convenção, no seu artigo 10º, que "qualquer pessoa tem direito ao respeito da sua vida privada no que toca a informações relacionadas com a sua saúde", reforçando dessa forma a ideia de que os dados de saúde fazem parte da vida privada, não estando no âmbito da esfera da vida pública e não sendo, por isso, susceptíveis de conhecimento pelo público em geral[9].

No caso de instrumentos legais estritamente portugueses, os dados de saúde inserem-se numa esfera muito restrita da vida privada que a

Costas define a confidencialidade como "el recinto acorazado que envuelve y protege el secreto personal participado, la camara segura donde ese secreto puede reposar *con-fidencia*, confiado", dizendo ainda que "los limites del secreto van, por tanto, más allá del secreto, comprenden su periferia: aquellos detalles, referencias, métodos e instrumentos que, aun siendo en sí mismos inocuos, pudieran dejar traslucir el secreto o deslizar su revelación" (Costas, Enrique, "Confidencialidad y ficheros de datos", *in Jano*, 1991; XLI, nº 20).

[9] A Convenção de Oviedo aborda especificamente a protecção da vida privada quanto aos dados de saúde. Porém, a protecção da vida privada em geral resulta de outros diplomas internacionais como a *Declaração Universal dos Direitos do Homem* (art. 12º – "Ninguém sofrerá intromissões arbitrárias na sua vida privada, na sua família, no seu domicílio ou na sua correspondência, nem ataques à sua honra e reputação. Contra tais intromissões ou ataques toda a pessoa tem direito a protecção da lei."), a *Convenção Europeia dos Direitos do Homem* (art. 8º – "Qualquer pessoa tem direito ao respeito da sua vida privada e familiar, do seu domicílio e da sua correspondência), o *Pacto Internacional de Direitos Civis e Políticos* (art. 17º – "Ninguém será objecto de ingerências arbitrárias ou ilegais na sua vida privada, na sua família, no seu domicílio ou na sua correspondência, nem de ataques ilegais à sua honra e reputação.") ou a *Declaração Universal sobre Bioética e Direito Humanos da UNESCO* (art.9º – A vida privada das pessoas em causa e a confidencialidade das informações que lhes dizem pessoalmente respeito devem ser respeitadas. Tanto quanto possível, tais informações não devem ser utilizadas ou difundidas para outros fins que não aqueles para que foram coligidos ou consentidos, e devem estar em conformidade com o direito internacional, e nomeadamente com o direito internacional relativo aos direitos humanos). A propósito do artigo 9º da *Declaração Universal sobre Bioética e Direitos Humanos da UNESCO*, no documento explicativo da elaboração da Declaração, de Abril de 2005, o conteúdo da norma é assim desenvolvido: "A right to privacy guarantees a control over personal information in many ways. It restricts Access to personal and medical information and it provides a claim of non-interference in various private spheres of the individual. Privacy extends beyond data protection, as certain private spheres of the individual that are not manifested in data processing can also be protected by the right to privacy", dizendo-se ainda que "Confidentiality refers to a special and often fiduciary relationship, such as that between researcher and research subject, or doctor and patient, and provides that the shared information shall remain secret, confidential and shall not be disclosed to third persons, unless a strictly defined, compelling interest justifies disclosure under domestic law" (texto disponível em htttp://unesdoc.unesco.org).

Constituição da República Portuguesa, através do seu artigo 26º[10], tutela como um direito fundamental[11]: *o direito à reserva da intimidade da vida privada e familiar*[12]. O artigo 26º da CRP, entre outros direitos, estatui o direito fundamental da reserva da intimidade da vida privada e familiar. Jorge Miranda e Rui Medeiros afirmam que "embora o direito não tenha a abrangência que lhe tem dado a jurisprudência americana, onde o *right to privacy* surge como uma expressão paradigmática de todos os direitos pessoais, o direito à reserva da intimidade da vida privada compreende, em qualquer caso, não somente o direito de oposição à divulgação da vida privada (*public disclosure of private facts*), mas também o direito ao respeito da vida privada, ou seja, o direito da oposição à investigação sobre a vida privada (*intrusion*)[13].

É comum dizer-se que o conteúdo deste direito fundamental respeita a dados muito sensíveis[14] ou pessoalíssimos, na medida em que neles se encontra envolvido o *último reduto* da vida privada.

Helena Moniz afirma que "no âmbito do direito à reserva da vida privada existe um núcleo do direito à reserva da intimidade da vida privada e será de acordo com esses dois âmbitos que classificaremos os dados

[10] O direito à reserva da intimidade da vida privada e familiar, assim como os outros direitos fundamentais previstos no artigo 26º, são direitos concretizadores daqueloutro direito mais abrangente que é o respeito pela dignidade humana.

[11] Direitos fundamentais que apresentam, como se sabe, como principais características o facto de se aplicarem de forma imediata, vincularem todos os sujeitos de direito (públicos e privados), admitirem apenas restrições impostas por lei e na medida do necessário para salvaguardar outros direitos e interesses constitucionalmente tutelados.

[12] J. Gomes Canotilho e Vital Moreira entendem que este direito à intimidade da vida privada e familiar se pode analisar em dois outros direitos menores: o direito de impedir o acesso de estranhos a informação sobre a vida privada e familiar e o direito a que ninguém divulgue as informações que tenha sobre a vida privada e familiar de outrem (Canotilho, J. Gomes / Moreira, Vital, *Constituição da República Portuguesa Anotada*, 3ª edição, Coimbra, 1993, p. 181).

[13] Cabral, Rita Amaral, *O direito à intimidade da vida privada*, pág. 35 e ss. apud Miranda/Jorge/Medeiros/Rui, *Constituição da República Portuguesa Anotada*, Tomo I – 2ª Edição, Coimbra Editora, pág. 619.

[14] Romeo-Casabona define os dados sensíveis como "data in connection with which the data subject is more vulnerable when the data is know or used by a third party because of its potential for causing discrimination and other misuse, especially when accessed, used or illicitly disclosed" (Romeo-Casabona, Carlos, "Anonymization and Pseudonymisation: the legal Framework at a european level", *in* D. Beyleveld / D. Townend / S. Rouillé-Mirza / J. Wright (Edit.), *The data protection directive and medical reserach across europe*, Ashgate, England, 2004, pág. 37).

como pessoais ou sensíveis. Pessoais quando apenas abrangerem o domínio da reserva da vida privada e dados sensíveis ou também chamados de pessoalíssimos os referentes ao domínio da intimidade da vida privada"[15]. Esta delimitação conduz-nos à, nem sempre fácil, determinação destes núcleos ou esferas da vida. Neste aspeto, aquela que tem sido a teoria mais propalada é a teoria germânica das três esferas: a esfera íntima, a esfera privada e a esfera social. "A esfera íntima corresponde ao núcleo duro do direito à intimidade da vida privada; a esfera privada admite ponderações de proporcionalidade; na esfera social estaremos já no quadro do direito à imagem e à palavra e não do direito à intimidade da vida privada"[16].

Quanto aos dados de saúde, Paulo Mota Pinto defende que "os elementos respeitantes à saúde, tais como, por exemplo, a história clínica da pessoa, integram também, sem dúvida, a vida privada protegida", recordando que "no Acórdão nº 355/97, o TC afirmou que "o tratamento autonomizado de dados relativos a doenças oncológicas integra-se na esfera de privacidade dos doentes, interferindo, nessa medida, na definição do conteúdo da vida privada, matéria respeitante a direitos, liberdades e garantias". A conclusão, segundo o Autor, é a de que "os dados de saúde integram a categoria de dados relativos à vida privada, tais como as informações referentes à origem étnica, à vida familiar, à vida sexual, condenações em processo criminal, situação patrimonial e financeira (...), fazem parte da vida privada de cada um."[17]

3. Tratamento constitucional da proteção de dados: o direito à autodeterminação informacional

O artigo 35º da Constituição da República Portuguesa, sob a epígrafe "Utilização da informática"[18], dispõe, no seu nº 1, que "todos os cidadãos têm direito de acesso aos dados informatizados que lhe digam respeito,

[15] MONIZ, Helena (1997), "Notas sobre a Protecção de Dados Pessoais Perante a Informática- (O Caso Especial dos Dados Pessoais Relativos à Saúde)", *in Revista Portuguesa de Ciência Criminal*, Ano 7, Fasc. 2o – Abril-Junho- 1997, p. 240.

[16] Miranda/Jorge/Medeiros/Rui, *Constituição da República Portuguesa Anotada*, Tomo I – 2ª Edição, Coimbra Editora, pág. 620.

[17] Mota Pinto, Paulo, "A protecção da vida privada e a Constituição", *in Boletim da Faculdade de Direito*, Vol. LXXVI, 2000, p. 167.

[18] Não obstante a epígrafe deste artigo, também os ficheiros manuais gozam de idêntica proteção (cfr. nº 7 do artigo 35º da Constituição da República Portuguesa).

podendo exigir a sua rectificação e actualização, e o direito de conhecer a finalidade a que se destinam, nos termos da lei". O artigo 35º encerra o direito fundamental da autodeterminação informacional que é a optimização de um outro direito fundamental a que já aludimos supra: o direito à reserva da vida privada e familiar (artigo 26º CRP). Esta optimização da tutela da privacidade pressupõe a faculdade de controlar (autonomia individual) o fluxo do conteúdo informacional que aquele dispositivo legal encerra. A tutela da privacidade exige, pois, não apenas dimensões negativas ou defensivas (proibições de intervenção ou ingerência), mas, sobretudo, o reconhecimento e a imposição de mecanismos de hetero e auto-controlo (é "um direito de defesa e um direito de liberdade com conteúdo negativo, na medida em que permite ao indivíduo decidir quem, quando e em que condições, poderá usar, ou tornar pública, informação que lhe diz respeito" mas é também um direito que se faz "acompanhar por faculdades de decisão e de actuação relativamente aos dados pessoais, do poder de supervisionar essa informação, prevenindo e corrigindo lesões da liberdade individual"[19])[20]. Apesar de tudo, no entanto, a materialidade deste direito não se resume à tutela da **esfera íntima** da vida de cada um. Pelo contrário, vai além desta[21]. Para Helena Moniz, "enquanto o artigo 35º, nº 2 constitui uma garantia do direito à reserva da vida privada (dados pessoais) o artigo 35º, nº 3 garante o direito à reserva da intimidade da vida privada (dados sensíveis ou pessoalíssimos).[22]

O direito à autodeterminação informacional implica a concretização de uma série de outros direitos em que os mais relevantes são

[19] Miranda/Jorge/Medeiros/Rui, *Constituição da República Portuguesa Anotada*, Tomo I – 2ª Edição, Coimbra Editora, pág. 789.

[20] Em 1985, o Supremo Tribunal alemão, através de uma sentença de 15 de dezembro, definia o direito à autodeterminação informacional como "a faculdade de o indivíduo, a partir da ideia de autodeterminação, decidir basicamente sobre si mesmo quando e dentro de que limites pode revelar situações referentes à sua vida» acrescentando que se trata de "um direito fundamental que garante ao indivíduo a competência para em princípio ser ele próprio a decidir sobre a utilização e divulgação dos seus dados pessoais".

[21] Miranda/Jorge/Medeiros/Rui, *Constituição da República Portuguesa Anotada*, Tomo I – 2ª Edição, Coimbra Editora, pág. 784.

[22] Moniz, Helena (1997), "Notas sobre a Protecção de Dados Pessoais Perante a Informática – (O Caso Especial dos Dados Pessoais Relativos à Saúde)", *in Revista Portuguesa de Ciência Criminal*, Ano 7, Fasc. 2o – Abril-Junho – 1997, p. 240.

o direito ao controlo de dados (que engloba o direito de retificação, de atualização, de conhecimento da finalidade), o direito à não difusão (impedindo o acesso de terceiros e a interconexão de ficheiros) e o direito ao não tratamento de dados sensíveis sem consentimento. Os dados relativos à vida privada (que englobam os dados de saúde, como vimos) só poderão ser objeto de tratamento caso o titular desses dados o tenha previamente consentido (artigo 35º, nº 3 da C.R.P.). Por outro lado, de acordo com o artigo 35º, nº 4 da CRP, é proibido o acesso a dados pessoais de terceiros, salvo em casos excepcionais e previstos na lei. O acesso ilícito a dados pessoais pode determinar a responsabilidade civil, criminal ou/e disciplinar de quem acede ilicitamente a esses dados ou permite que terceiros o façam.

4. A Lei de Proteção de dados

A Lei nº 67/98, de 26 de outubro (LPDP), vem concretizar os princípios fundamentais estabelecidos no artigo 35º da Constituição da República Portuguesa e, simultaneamente, transpor para o ordenamento jurídico português a Diretiva 95/46/CE, do Parlamento Europeu e do Conselho, de 24 de outubro de 1995, relativa à proteção das pessoas singulares no que diz respeito ao tratamento dos dados pessoais e à livre circulação desses dados.

Esteve sujeito a discussão pública o novo Regulamento Europeu Geral sobre Proteção de Dados Pessoais. Este diploma irá substituir a Diretiva de 95, será imediatamente aplicável aos Estados membros sem necessidade de transposição por meio de legislação interna e pretende harmonizar a legislação europeia no que concerne aos dados pessoais. Deverá entrar em vigor, entre nós, em 2018. No entanto, até esse momento, continuará em vigor a LPDP e é dessa que trataremos.

Os dados pessoais são indicadores de elementos que dizem respeito à vida pessoal e privada de cada indivíduo. O artigo 3º, alínea a) da LPDP define os dados pessoais como qualquer informação, de *qualquer natureza e independentemente do respectivo suporte, incluindo som e imagem, relativa a uma pessoa singular identificada ou identificável («titular dos dados»); é considerada identificável a pessoa que possa ser identificada directa ou indirectamente, designadamente por referência a um número de identificação ou a um ou mais elementos específicos da sua identidade física, fisiológica, psíquica, económica, cultural ou social.* A LPDP, na senda da Diretiva de 95, apenas qualifica os dados de saúde como categoria especial de dados que carecem de proteção reforçada, não definindo o que são dados pessoais relativos à saúde e estipulando apenas a proibição do tratamento destes dados pessoais (artigo 7º, nº 1) e que os sistemas devem garantir a separação lógica entre os dados referentes à saúde e à vida sexual, incluindo os genéticos, dos restantes dados pessoais (artigo 15º, nº 3). A este propósito, tem sido discutido o sentido da expressão "dados de saúde", existindo hoje uma uniformização quanto ao entendimento de que devemos dar uma interpretação lata à expressão "dados relativos à saúde por forma a incluir informações relativas a todos os aspetos, quer físicos, quer psíquicos, da saúde de uma pessoa" (Acórdão de 6/11/2003 do TJCE).

Na senda do que vem sendo dito, devem, pois, ser considerados dados de saúde os dados que tenham uma manifesta e estreita ligação com a saúde e "não apenas aqueles que resultem do diagnóstico médico feito, mas todos aqueles que permitam apurá-lo, incluindo resultados de análises clínicas, imagens de exames radiológicos, imagens vídeo ou fotografias que sirvam o mesmo fim" (Autorizações nº 45/96 e 46/97 da Comissão Nacional de Proteção de Dados – CNPD).

O futuro Regulamento europeu dá-nos uma definição que julgamos ser bastante completa e que, não obstante ainda não estar em vigor, podemos desde já utilizar. Refere aquele diploma que os dados pessoais relativos à saúde *should include in particular all data pertaining to the health status of a data subject; information about the registration of the individual for the provision of health services; information about payments or eligibility for healthcare with respect to the individual; a number, symbol or particular assigned to an individual to uniquely identify the individual for health purposes; any information about the individual collected in the course of the provision of health services to the individual; information derived from the testing or examination of a body part or bodily substance, including biological samples; identification of a person as provider of healthcare to the individual; or any information on e.g. a disease, disability, disease risk, medical history, clinical treatment, or the actual physiological or biomedical state of the data subject independent of its source, such as e.g. from a physician or other health professional, a hospital, a medical device, or an in vitro diagnostic test.*

Como já referimos supra, os dados pessoais relativos à saúde são dados pessoalíssimos ou sensíveis. A propósito dos dados sensíveis, o artigo 7º, nº 1 da LPDP refere que "é proibido o tratamento de dados pessoais referentes a convicções filosóficas ou políticas, filiação partidária ou sindical, fé religiosa, vida privada e origem racial ou étnica, bem como o tratamento de dados relativos à saúde e à vida sexual, incluindo os dados genéticos" concretizando, desta forma, o princípio geral do não tratamento de certos dados sensíveis estabelecido na CRP.

Este não é, no entanto, um princípio absoluto, porquanto é admitido o tratamento de dados sensíveis, nomeadamente dados de saúde, em determinadas circunstâncias (possibilidade já prevista na CRP). Nos termos do artigo 7,º nº 2 da LPDP, o tratamento de dados de saúde é possível mediante disposição legal ou autorização da CNPD, que existirá quando, por motivos de interesse público importante, esse tratamento for indispensável ao exercício das atribuições legais ou estatutárias do seu responsável, ou quando o titular dos dados tiver dado o seu consentimento expresso para esse tratamento. Devem, contudo, ser sempre salvaguardadas garantias de não discriminação bem como asseguradas medidas especiais de segurança. Mas, além dessas situações, é ainda possível o tratamento de dados de saúde naquelas em que se pretendem processar dados estatísticos sendo que estes não poderão ser individualmente identificáveis (artigo 35º CRP, nº 3, parte final). Ou seja, nestas situações poderemos estar perante o tratamento de dados de saúde mas não de dados pessoais de saúde.

Nos termos do artigo 7º, nº 4 da LPDP, o tratamento de dados pessoais de saúde, incluindo os dados genéticos, é possível desde que se pretenda cumprir umas das seguintes finalidades: medicina preventiva, diagnóstico médico, prestação de cuidados ou tratamentos médicos e gestão de serviços de saúde. O tratamento desses dados deve ser efetuado por um profissional de saúde obrigado a sigilo ou por outra pessoa sujeita igualmente a segredo profissional, deve ser notificado à CNPD, nos termos do artigo 27º da LPDP, e devem ser garantidas medidas adequadas de segurança da informação[23]. O artigo 15º da LPDP adianta, como medidas especiais de segurança, o controlo da entrada nas instalações, o controlo dos suportes de dados, o controlo da inserção, o controlo da utilização, o controlo de acesso, o controlo da transmissão, o controlo da introdução, o controlo do transporte e a separação

[23] Explanadas não só no artigo 15º da LPDP como, também, na Lei nº 12/2005, de 26 de janeiro sobre informação genética pessoal e informação de saúde.

lógica entre os dados de saúde dos restantes dados pessoais. A CNPD pode, ainda, determinar que, nos casos em que a circulação em rede de dados pessoais referidos nos artigos 7º e 8º (dados sensíveis e suspeitas de atividades ilícitas, infracções penais e contra-ordenações) possa pôr em risco direitos, liberdades e garantias dos respectivos titulares, a transmissão seja cifrada.

Os dados pessoais de saúde dizem respeito *a uma pessoa singular identificada ou identificável*[24]. Nessa medida, os sujeitos titulares desses dados de saúde podem exercer determinados direitos[25], nomeadamente o direito de retificação, o direito de eliminação, o direito ao conhecimento das finalidades do tratamento dos dados e o direito de acesso (artigo 11º, nº 5 da LPDP)[26]. Este último direito de acesso pode, no entanto, ser restringido, naquelas situações em que os dados não são utilizados para tomar medidas ou decisões em relação a pessoas determinadas, desde que manifestamente não exista qualquer perigo de violação dos direitos, liberdades e garantias do titular dos dados, designadamente do direito à vida privada, e os referidos dados forem exclusivamente utilizados para fins de investigação científica ou conservados sob forma de dados pessoais durante um período que não exceda o necessário à finalidade exclusiva de elaborar estatísticas (artigo 11º, nº 6 da LPDP).

5. Dados pessoais e a farmacovigilância

Os eventos adversos, as reações adversas a medicamentos, existem desde que existem medicamentos e, portanto, são tão antigos como a pró-

[24] É, atualmente, pacífico que o doente é o titular da sua informação de saúde. Estipula o artigo 3º da Lei nº 12/2005, de 26 de janeiro que a *informação de saúde* [*abrange também a informação genética – art. 6º*], incluindo os dados clínicos registados, resultados de análises e outros exames de subsidiários, intervenções e diagnósticos, *é propriedade da pessoa*, sendo as unidades do sistema de saúde os *depositários da informação*, a qual não pode ser utilizada para outros fins que não os da prestação de cuidados e investigação em saúde e outros estabelecidos em lei.

[25] Que a Constituição da República Portuguesa já prevê.

[26] Quanto ao direito de acesso o ordenamento jurídico português mantém um regime de acesso bicéfalo: quanto às unidades de saúde públicas lato sensu aplicaremos as regras da Lei de Acesso dos Documentos Administrativos que estipula um direito de acesso sem intermediação de um médico e quanto às unidades de saúde privadas aplicaremos as regras da Lei nº 12/2005, de 26 de janeiro e da Lei de Proteção de Dados Pessoais que também permitem o acesso mas mediante a intermediação de um médico. Esta regime já será diferente no que aos dados genéticos diz respeito. Para mais desenvolvimentos vide Barbosa, Carla, Aspetos jurídicos do processo clínico, *Lex Medicinae*, Coimbra Editora.

pria medicina. Nas palavras de Joana Sagradas, "ao longo das últimas décadas os medicamentos têm contribuído decisivamente para o tratamento das doenças e o seu impacto tem sido muito significativo na melhoria da saúde e da qualidade de vida das populações. Mas, além dos aspectos positivos, os medicamentos podem também apresentar reacções nocivas e não intencionais associadas à sua utilização, isto é, reacções adversas a medicamentos (RAMs)"[27]. Na realidade, podem ser realizados os mais variados testes antes da colocação de um medicamento no mercado, sem que se possa garantir que esse fármaco é absolutamente seguro. São frequentes os relatos de medicamentos já comercializados, há vários anos, e dos quais apenas são conhecidas reações adversas passado muito tempo. É aqui que o papel da farmacovigilância é essencial, na medida em que há uma necessidade de monitorização contínua da segurança dos medicamentos introduzidos no mercado.

A Organização Mundial de Saúde (OMS) define farmacovigilância como o conjunto de atividades de deteção, registo e avaliação das reações adversas, com o objectivo de determinar a incidência, gravidade e nexo de causalidade com os medicamentos, baseadas no estudo sistemático e multidisciplinar dos efeitos dos medicamentos[28]. Para o Infarmed, "a Farmacovigilância visa melhorar a qualidade e segurança dos medicamentos, em defesa do utente e da Saúde Pública, através da deteção, avaliação e prevenção de reações adversas a medicamentos"[29]. A farmacovilância é, assim, essencial no que diz respeito à notificação de suspeitas de reações adversas com os medicamentos pelos profissionais de saúde. Através dela, é possível a detecção de sinais associados à segurança dos medicamentos e que podem conduzir à deteção de novas reações adversas medicamentosas, à alteração da frequência de reações adversas já conhecidas, à identificação de novas interações medicamentosas, etc.

A farmacovigilância é um processo dinâmico e contínuo que tem que acompanhar todo o ciclo de vida do medicamento. Um medicamento "antigo" pode vir a revelar novas características, até porque os métodos e tipos de estudos vão evoluindo depois da data da sua aprovação, dan-

[27] Joana Sagradas, A farmacovigilância e a nova legislação da união europeia, *Lex Medicinae nº 18 Revista Portuguesa de Direito da Saúde*, Coimbra Editora, 2013.

[28] http://www.who.int/medicines/areas/quality_safety/safety_efficacy/pharmvigi/en/

[29] www.infarmed.pt

do origem a novos conhecimentos científicos. *Razões de protecção de saúde pública determinam (...) regular funcionamento de sistemas de farmacovigilância. É, assim, vital a existência de um sistema de farmacovigilância que garanta a segurança dos pacientes relativamente à utilização dos medicamentos*[30].

Em suma, os sistemas de farmacovigilância desempenham um papel importante na recolha e avaliação de informação sobre reacções adversas medicamentosas, acabando por estabelecer, ainda, a responsabilidade dos titulares de autorizações de introdução de medicamentos no mercado, dos profissionais de saúde e das demais autoridades de saúde.

Em Portugal, foi criado em 1992 o Sistema Nacional de Farmacovigilância (SNF), constituído pela Direção de Gestão do Risco de Medicamentos do INFARMED, I.P., que o coordena, e por quatro Unidades Regionais de Farmacovigilância (URF): Norte, Centro, Lisboa e Vale do Tejo, e Sul. O SNF monitoriza a segurança dos medicamentos com autorização de introdução no mercado nacional, avaliando os eventuais problemas relacionados com reações adversas a medicamentos e implementando medidas de segurança sempre que necessário[31].

Sempre que é feita uma notificação de uma reação adversa, são solicitados dados pessoais. O Infarmed informa que *os dados pessoais fornecidos são solicitados para que possa ser possível contactar o profissional de saúde ou utente que submeteu a notificação, caso seja necessário algum esclarecimento adicional relativamente à mesma. Assegurando, no entanto, que as informações fornecidas serão mantidas seguras e confidenciais, e não serão partilhadas com entidades externas ao Sistema Nacional de Farmacovigilância.*

As notificações submetidas por profissionais de saúde não incluem dados pessoais relativos aos doentes que permitam a sua identificação. Contudo, a informação relativa à idade e ao sexo do doente é importante para auxiliar a análise dos fatores que podem tornar alguns doentes mais susceptíveis a desenvolver determinadas reações adversas.[32]

Considerando que o tratamento destes dados no âmbito dos sistemas de farmacovigilância pressupõe o tratamento de dados de saúde e, portanto, dados sensíveis, nos termos do artigo 28º, nº 1, alínea a) da LPDP é necessária a obtenção de uma autorização prévia da Comissão Nacional de Proteção de Dados Pessoais (CNPD). A CNPD defende, pois, que

[30] Deliberação nº 219/2009 da CNPD disponível em www.cnpd.pt.

[31] www.infarmed.pt

[32] www.infarmed.pt.

o tratamento deverá estar "em conformidade com os princípios de protecção de dados, designadamente quanto à qualidade dos dados e quanto à admissibilidade do tratamento" e acrescenta ainda que "quanto à qualidade dos dados, estes devem ser adequados, pertinentes e não excessivos relativamente à finalidade da recolha" e "quanto à admissibilidade do tratamento, este deve ser efectuado de forma lícita e com respeito pelos princípios da boa fé, tratando e conservando os dados pessoais apenas durante o tempo necessário ao cumprimento da finalidade"[33].

O Decreto-Lei nº 176/2006, de 30 de agosto (Regime jurídico dos medicamentos de uso humano), republicado pelo Decreto-Lei nº 128/2013, de 5 de setembro, e a Lei nº 21/2014, de 16 de abril (Lei da investigação clínica) determinam as condições de legitimidade para levar a cabo o tratamento de dados pessoais no âmbito da farmacovigilância.

O INFARMED é a entidade responsável *pelo tratamento de dados pessoais decorrente da sua intervenção no acompanhamento, coordenação e aplicação do Sistema Nacional de Farmacovigilância e dos poderes de inspecção que detém nos termos constantes do diploma e normas citados. Contudo na estrutura do sistema integram-se, ainda, as unidades de farmacovigilância, os profissionais de saúde, os serviços de saúde, os titulares de autorização de introdução no mercado de medicamento, titulares de autorização de importação paralela, o promotor de um ensaio clínico e os titulares de autorização especial de utilização em Portugal de medicamentos e titulares de autorização excepcional para comercialização de medicamento*[34].

Há, não obstante, situações em que o responsável opta por subcontratar, em regime de *outsourcing*, o tratamento dos dados pessoais. Nestes casos, terá de ser celebrado um contrato escrito entre o responsável pelo tratamento e o subcontratado no qual deverá ficar expressamente estipulado que o subcontratado atua mediante instruções do responsável, *e que lhe incumbe a obrigação de pôr em prática as medidas técnicas e organizativas adequadas para proteger os dados pessoais contra a destruição acidental ou ilícita, a perda acidental, a alteração, a difusão ou acesso não autorizados, bem como para garantir um nível de segurança adequado em relação aos riscos inerentes ao tratamento e à natureza dos dados a proteger (cf. artigo 14º da Lei nº 67/98)*[35].

[33] Deliberação nº 219/2009 da CNPD disponível em www.cnpd.pt.

[34] Conforme Deliberação nº 219/2009 da CNPD disponível em www.cnpd.pt.

[35] Conforme Deliberação nº 219/2009 da CNPD disponível em www.cnpd.pt.

No que diz respeito aos dados, e no que se refere aos profissionais de saúde, serão averbados dados como o nome, local de trabalho, contacto e especialidade. Já no que se refere aos participantes dos ensaios clínicos ou a indivíduos que tenham sofrido reações adversas deverá ser registada a identificação (iniciais do nome, sexo e data de nascimento), peso e altura, dados da reação adversa, dados clínicos, exames auxiliares de diagnóstico, alergias e gravidez e parecer clínico quanto à relação causal. É ao INFARMED que os outros intervenientes (unidades de farmacovigilância, profissionais de saúde, etc.) devem transmitir todos os dados pessoais (em conformidade com o nº 2 do artigo 192º da Lei 176/2006, *no estrito respeito pelas condições estabelecidas na Lei de Proteção de Dados Pessoais, aprovada pela Lei nº 67/98, de 26 de outubro, o INFARMED, I.P., pode proceder à recolha, tratamento (...) de dados pessoais, desde que se mostrem indispensáveis ao exercício das suas atribuições*). É o INFARMED que pode, também, estabelecer, por si ou em colaboração com as instâncias internacionais competentes, designadamente a Agência, a Comissão Europeia e a Organização Mundial de Saúde, sistemas de informação que permitam a recolha e o acesso à informação relativa aos medicamentos, que se mostre indispensável ao cabal desempenho das suas atribuições (nº 1, do artigo 192º do Decreto-lei nº 176/2006). Finalmente, e no que à interconexão de dados diz respeito, o nº 3 do artigo 192º abre a possibilidade do INFARMED, realizar a mesma desde que previamente obtenha autorização da CNPD e desde que tal se mostre indispensável ao exercício das suas atribuições. Também outras entidades (autoridades competentes de outros Estados membros, da Agência, da Comissão Europeia ou de quaisquer outras entidades, públicas ou privadas) podem aceder a esses dados, existindo uma avaliação caso a caso e sempre mediante a autorização prévia da CNPD.

Quanto à circulação de dados para países terceiros, se estes forem estados membros da União Europeia, nos termos do artigo 18º da LPDP, a circulação de dados pessoais é livre, sem prejuízo do disposto nos atos comunitários de natureza fiscal e aduaneira. Se a transferência ocorrer para um estado não membro da União Europeia, esta só poderá ocorrer com o respeito das disposições da LPDP e se o Estado para onde são transferidos assegurar um nível de proteção adequado (artigo 19º da LPDP). A transferência para um país terceiro, não membro da UE, que não assegure um nível de proteção adequado, pode ser permitida pela

CNPD se o titular dos dados tiver dado de forma inequívoca o seu consentimento à transferência ou se essa transferência ocorrer numa das situações previstas no nº 2 do artigo 20º da LPDP (artigo 20º da LPDP).

Nos termos da LPDP, e quanto ao tratamento de dados pessoais relativos à saúde, no âmbito da farmacovigilância, há ainda outras medidas de segurança a ter em consideração. Desde logo, é necessário garantir a separação lógica entre os dados de saúde e os dados de natureza administrativa, através da criação de perfis com níveis de acesso diferenciados e privilégios de manuseamento da informação distintos e, ainda, impedir o acesso à informação a pessoas não autorizadas. Ainda quanto ao tratamento de dados pessoais, não é possível deixar de referir que também na farmacovigilância as novas tecnologias de informação e de comunicação são instrumentos que são amplamente utilizados e permitem reforçar os sistemas de farmacovigilância, tornando-os mais simples, eficientes, transparentes e articulados. Exemplo claro desta "informatização" é a base de dados *Eudravigilance*[36], que entrou em funcionamento em Dezembro de 2001 e tem tido um papel fundamental no registo e na gestão adequada das informações sobre as reações adversas e sobre os fármacos introduzidos no mercado[37]. Esta informatização, tal como acontece no processo clínico electrónico, se traz vantagens claras, também acarreta uma maior permeabilidade dos dados pessoais, facto que não deve ser desconsiderado e deve levar a uma maior implementação das medidas de segurança.

[36] EudraVigilance is a data processing network and management system for reporting and evaluating suspected adverse drug reactions (ADRs) during the development, and following the marketing authorisation of medicinal products in the European Economic Area (EEA). The first operating version was launched in December 2001. EudraVigilance supports: The electronic exchange of suspected adverse drug reaction reports known as Individual Case Safety Reports) between the European Medicines Agency (EMA), National Competent Authorities (NCAs), Marketing Authorisation Holders (MAHs), and sponsors of clinical trials in the EEA; Early detection of possible safety signals associated with medicinal products for human use; Continual monitoring and evaluation of potential safety issues in relation to reported adverse reactions; Decision making process, based on a broader knowledge of the adverse reaction profile of medicinal products especially in the form of Risk Management. https://eudravigilance.ema.europa.eu/human/.

[37] Joana Sagradas, A farmacovigilância e a nova legislação da união europeia, *Lex Medicinae nº 18 Revista Portuguesa de Direito da Saúde*, Coimbra Editora, 2013.

Referir, ainda e finalmente, que a Parte I do Anexo I da Lei 176/2006 estabelece, no seu ponto 5.2, que o promotor, quanto aos dados relativos a farmacovigilância em ensaios clínicos, deve conservar os dados pessoais 15 anos após a conclusão ou interrupção do ensaio; ou 2 anos após a concessão de AIM na UE e até não haver pendente nem previsto qualquer pedido de introdução no mercado na Comunidade Europeia; ou 2 anos após a interrupção formal do desenvolvimento clínico do medicamento experimental. Acrescentando-se, nesse sentido, que os processos clínicos dos doentes devem ser conservados em conformidade com a legislação aplicável e de acordo com o período de tempo máximo permitido pelo hospital, instituição ou consultório particular. Quanto aos restantes responsáveis obrigados a realizar tratamentos de dados pessoais com a finalidade de farmacovigilância, a CNPD indica, atenta a finalidade, o prazo de 2 anos após o fim do ciclo do medicamento[38].

6. Proteção de dados e a investigação clínica, em especial o caso dos ensaios clínicos com medicamentos de uso humano

A Associação Médica Mundial (AMM) elaborou a Declaração de Helsínquia[39] como um enunciado de princípios éticos para a investigação clínica envolvendo seres humanos, incluindo investigação sobre dados e material humano identificáveis. Consagrou, no seu ponto 11, sob a epígrafe "Princípios básicos para toda a investigação médica", que é dever dos médicos que participam em investigação médica proteger a vida, a saúde, a dignidade, a integridade, o direito à autodeterminação, **a privacidade e a confidencialidade da informação pessoal dos sujeitos de investigação**[40].

[38] Conforme Deliberação nº 219/2009 da CNPD disponível em www.cnpd.pt.

[39] Declaração de Helsínquia da Associação Médica Mundial (Princípios Éticos para a Investigação Médica em Seres Humanos). Adotada pela 18ª Assembleia Geral da AMM, Helsínquia, Finlândia, junho 1964, e corrigida pela 29ª AG da AMM, Tóquio, Japão, outubro 1975, pela 35ª AG da AMM, Veneza, Itália, outubro 1983, pela 41ª AG da AMM, Hong Kong, setembro 1989, pela 48ª AG da AMM, Somerset West, República da África do Sul, outubro 1996, pela 52ª AG da AMM, Edimburgo, Escócia, outubro 2000, pela 53ª AG da AMM, Washington 2002 (acrescentado esclarecimento ao parágrafo 29), pela 55ª AG da AMM, Tóquio 2004 (acrescentado esclarecimento ao parágrafo 30) e pela 59ª AG da AMM, Seul, outubro 2008.

[40] Negrito nosso.

Em Portugal, a Lei nº 21/2014, de 16 de abril, abrange os estudos clínicos com medicamentos de uso humano, incluindo ensaios clínicos, e os estudos clínicos com intervenção de dispositivos médicos e de produtos cosméticos e de higiene corporal. Este dispositivo legal, que entrou em vigor no dia 15 de junho de 2014, abarca duas realidades até aqui separadas: ensaios e estudos clínicos.

São ensaios clínicos[41] *"qualquer investigação conduzida no ser humano, destinada a descobrir ou verificar os efeitos clínicos, farmacológicos ou os outros*

[41] Ensaio Clínico de Fase I: Os primeiros estudos a serem conduzidos em seres humanos, normalmente num número reduzido de voluntários saudáveis (20-80). Têm por objectivo proceder a uma avaliação inicial da segurança e tolerabilidade do novo medicamento, bem como do perfil farmacocinético e farmacodinâmico. Embora possam ser recolhidos alguns dados de eficácia durante esta fase, a avaliação da eficácia não é um objectivo principal desta fase de avaliação de novos medicamentos. Normalmente são realizados em voluntários saudáveis, no entanto podem ser conduzidos em doentes com patologias graves tais como doença oncológica ou SIDA.
Ensaio Clínico de Fase II: Ensaios Clínicos que têm por objectivo avaliar a eficácia terapêutica de um novo medicamento em doentes com a doença em estudo, avaliando simultaneamente a sua segurança. São de um modo geral realizados num número limitado de doentes (25-100), seleccionando, através de critérios rigorosos, uma população relativamente homogénea sujeita a uma monitorização cuidada. Através destes ensaios confirma-se se o novo medicamento tem um efeito terapêutico e avalia-se a toxicidade permitindo seleccionar o regime terapêutico (a dose e a frequência de administração do novo medicamento) para os ensaios de Fase III.
Ensaio Clínico de Fase III: Estudos comparativos, geralmente multicêntricos, necessários para demonstrar a segurança, eficácia e benefício terapêutico de um novo medicamento por comparação com um medicamento padrão e/ou placebo. Estes estudos são necessários para a submissão às Autoridades Regulamentares do pedido de Autorização de Introdução no Mercado (AIM). Nestes ensaios são envolvidos entre centenas e milhares de doentes.
Os ensaios clínicos de fase I a III são essenciais para a aprovação do novo medicamento pelas autoridades competentes.
Ensaio Clínico de Fase IV: Estudos realizados após a obtenção da Autorização de Introdução no Mercado e relacionados com a indicação aprovada. São importantes para a optimização do uso do medicamento, ou seja, para aprofundar conhecimentos sobre a sua utilização que incluem a avaliação de interacções medicamentosas adicionais, avaliação de dose-resposta, detecção de reacções adversas previamente desconhecidas ou inadequadamente quantificadas, entre outros.
Os ensaio clínicos de fase IV permitem estudar os riscos e os benefícios de um determinado medicamento ao longo de um maior período de tempo e num maior número de doentes do que em fases anteriores do desenvolvimento clínico. Informação disponível em www.roche.pt.

efeitos farmacodinâmicos de um ou mais medicamentos experimentais, ou identificar os efeitos indesejáveis de um ou mais medicamentos experimentais, ou a analisar a absorção, a distribuição, o metabolismo e a eliminação de um ou mais medicamentos experimentais, a fim de apurar a respetiva segurança ou eficácia" (www.infarmed.pt).

A realização de ensaios clínicos de medicamentos para uso humano passou, à semelhança da investigação clínica, a ser regulada a nível nacional pela Lei nº 21/2014, de 16 de abril, que aprova a Lei da Investigação Clínica, e que, relativamente aos Ensaios Clínicos com Medicamentos de uso humano, revoga a Lei nº 46/2004, de 19 de agosto, passando a transpor a Diretiva 2001/20/CE, do Parlamento Europeu e do Conselho, de 4 de abril.

A Lei nº 21/2014, de 16 de abril, define os ensaios clínicos como *"qualquer investigação conduzida no ser humano, destinada a descobrir ou verificar os efeitos clínicos, farmacológicos ou os outros efeitos farmacodinâmicos de um ou mais medicamentos experimentais, ou identificar os efeitos indesejáveis de um ou mais medicamentos experimentais, ou a analisar a absorção, a distribuição, o metabolismo e a eliminação de um ou mais medicamentos experimentais, a fim de apurar a respectiva segurança ou eficácia"*.

Contudo, ao nível comunitário foi aprovado o Regulamento (UE) Nº 536/2014 do Parlamento Europeu e do Conselho de 16 de abril de 2014, relativo aos ensaios clínicos de medicamentos para uso humano e que revoga a Diretiva 2001/20/CE. Esta legislação será diretamente aplicável ao regime jurídico dos Estados membros 6 meses após a publicação no Jornal Oficial das Comunidades Europeias do aviso da Comissão Europeia de conformidade operacional dos requisitos funcionais do Portal da UE e da Base de Dados da EU previstos, mas nunca antes de 28 de maio de 2016.

Atenta a própria definição de ensaio clínico, não restam dúvidas de que estes são realizados com recurso a dados pessoais, nomeadamente dados pessoais de saúde. Para a realização de um ensaio, podem ser necessários dados pessoais específicos para aquele ensaio em concreto, dados relativos à vida sexual, vida privada, origem racial ou étnica (apenas se for demonstrada a sua pertinência, adequação, indispensabilidade e não excessividade face à finalidade do ensaio em concreto). Já dados relativos a convicções filosóficas, políticas, filiação partidária ou sindical e fé religiosa não podem ser tratados no âmbito de um ensaio clínico[42]. Considerando que estamos perante o tratamento de dados sensíveis, de acordo com o artigo 28º, nº 1 da LPDP, é necessária a obtenção de autorização prévia, junto à CNPD, ao tratamento desses dados, devendo o requerente (por norma o promotor) dessa autorização indicar o concreto ensaio clínico que pretende realizar bem como as finalidades do mesmo.

Os dados devem ser preferencialmente anonimizados ou, caso não seja possível, codificados de forma a que a identificação seja indireta e remota e o acesso dos intervenientes apenas na medida do indispensável. Devem ser criados diferentes níveis de acesso (entre os médicos e restantes profissionais envolvidos no ensaio clínico); instituídos mecanismos de autenticação; assegurado o registo de todos os acessos e introdução de dados; garantida a separação lógica e física dos dados de saúde, vida sexual e genéticos dos restantes; e devem ser gerados packs de dados com informação selecionada. Para além disso, de acordo com o artigo 17º da LPDP e artigo 51º da Lei de Investigação Clínica, todos os intervenientes nos ensaios clínicos estão obrigados a sigilo profissional.

Incumbe ao Investigador (artigo 10º da Lei de Investigação Clínica) prestar toda a informação necessária e obter o consentimento dos participantes (livre, específico e informado; expresso; escrito, datado e assinado; uniformizado e livremente revogável a todo o momento e sem quaisquer consequências), bem como assegurar o processamento dos dados e garantir a confidencialidade. Quanto ao monitor, este deve garantir que os dados são registados corretamente e de forma completa (artigo 11º da Lei de Investigação Clínica). Os dados recolhidos, no caso de medicamentos que obtenham Autorização de Introdução no Mercado, devem ser conservados por iguais períodos aos referidos *supra* a propósito da farmacovigilância. Nos restantes casos, o código do doente e o nome do investigador devem ser destruídos 5 anos após a conclusão do ensaio clínico.

No que tange à interconexão de dados e comunicação a terceiros, por regra estas não são admissíveis, exceto se expressamente autoriza-

[42] Ainda à luz da anterior legislação sobre Ensaios Clínicos *vide* a Deliberação 333/2007 da CNPD sobre a proteção de dados pessoais em ensaios clínicos. Não obstante a nova legislação, os princípios gerais são os mesmos. Já após a escrita deste artigo foi publicada a nova Deliberação 1704/2015, de 22 de Outubro de 2015, sobre o tratamento de dados pessoais no âmbito da investigação clínica.

das pela CNPD. Às transferências de dados internacionais, aplicam-se as regras gerais. No entanto, atendendo à categoria de dados, os critérios de aferição do nível adequado de proteção seguidos pela CNPD são particularmente exigentes. A Lei de Investigação Clínica estipula que os dados contidos na base de dados referida no nº 1 podem ser disponibilizados pelo INFARMED, I. P., à CEC e, mediante pedido fundamentado e observadas as necessárias garantias de confidencialidade, a outras entidades que nisso demonstrem interesse relevante, sempre com respeito, conforme os casos, pelo disposto na Lei do Acesso aos Documentos Administrativos e na Lei de Proteção de Dados Pessoais. Quanto à partilha de dados nas plataformas europeias, o diploma refere que o INFARMED, I. P. colabora com a Comissão Europeia no cumprimento das obrigações que a esta incumbem, por força da legislação europeia aplicável, designadamente no respeitante à introdução da informação na base de dados europeia. O acesso à base de dados europeia está reservado às autoridades competentes dos Estados membros, à Agência Europeia de Medicamentos e à Comissão Europeia (artigo 38º, nº 3, 4 e 5 da Lei de Investigação Clínica).

A nova Lei da Investigação Clínica trouxe, deste modo, algumas alterações em matéria de proteção de dados pessoais. Com ela, passa a existir uma remissão expressa para a LPDP (artigo 1º, nº 3 da Lei de Investigação Clínica), há uma reformulação quanto ao procedimento para a obtenção do consentimento para o tratamento de dados pessoais, a Base de Dados do Infarmed passa a estar sujeita a notificação à CNPD (nos termos do artigo 38º, nº 1 da Lei de Investigação Clínica, o INFARMED, I. P. é responsável pela criação de uma base de dados sobre ensaios clínicos e estudos clínicos com intervenção de dispositivos médicos efetuados nos centros de estudos clínicos situados no território nacional) e a inclusão no Registo Nacional de Estudos Clínicos (plataforma eletrónica para registo e divulgação dos estudos clínicos, que promove a interação entre os diferentes parceiros na área da investigação clínica, facilitando e incentivando o desenvolvimento de investigação de elevada qualidade em benefício dos doentes, bem como a divulgação da investigação clínica nacional ao público em geral, aos profissionais e aos investigadores – artigo 39º da Lei da Investigação Clínica), sujeito a autorização da CNPD.

Quanto ao Regulamento Europeu, sabendo que o mesmo apenas entrará em vigor em 2018, mas tendo em consideração que a versão final do mesmo já foi publicada no que ao tratamento de dados pessoais diz respeito, é relevante assinalar os seguintes pontos:

- Com o intuito de garantir um nível de transparência suficiente nos ensaios clínicos, a base de dados da UE deverá conter todas as informações pertinentes para o ensaio clínico apresentado através do portal da UE; a base é de acesso público e não deverá conter o registo de dados pessoais dos sujeitos que participem em ensaios clínicos.
- A fim de respeitar os direitos previstos na Diretiva 95/46/CE e no Regulamento (CE) nº 45/2001, salvaguardando ao mesmo tempo a fiabilidade e robustez dos dados produzidos nos ensaios clínicos utilizados para fins científicos, bem como a segurança dos sujeitos que participam em ensaios clínicos, é adequado prever que, sem prejuízo da Diretiva 95/46/CE, a retirada do consentimento esclarecido não deverá afetar os resultados das atividades já realizadas, tais como o armazenamento e a utilização de dados obtidos com base no consentimento esclarecido antes de este ter sido retirado.
- Todas as informações relativas aos ensaios clínicos devem ser registadas, processadas, tratadas e conservadas pelo promotor ou pelo investigador, conforme o caso, de forma a permitir a sua comunicação, interpretação e verificação rigorosas protegendo, ao mesmo tempo, a confidencialidade dos registos e dos dados pessoais referentes aos sujeitos dos ensaios, em conformidade com o direito aplicável em matéria de proteção de dados pessoais.
- Devem ser postas em prática medidas técnicas e organizativas adequadas a fim de proteger as informações e os dados pessoais tratados contra o acesso, a comunicação, a difusão, a alteração ou a destruição não autorizados ou ilícitos ou a perda acidental, em especial quando o tratamento implica a transmissão através de uma rede.
- O promotor e o investigador devem arquivar o conteúdo do processo permanente do ensaio clínico durante, pelo menos, 25 anos após a conclusão do ensaio clínico. No entanto, os processos clínicos dos sujeitos do ensaio devem ser arquivados em conformidade com o direito nacional.

- A base de dados da UE deve ser acessível ao público, exceto se se justificar manter a confidencialidade da totalidade ou de parte dos dados e informações nela contidos por qualquer dos seguintes motivos: proteção de dados pessoais em conformidade com o Regulamento (CE) nº 45/2001.
- A base de dados da UE só pode conter dados pessoais na medida em que tal for necessário para efeitos do nº 2 do artigo 81º do Regulamento.
- Os Estados-Membros devem aplicar a Diretiva 95/46/CE ao tratamento de dados pessoais efetuado nos Estados-Membros nos termos do Regulamento.
- O Regulamento (CE) é aplicável ao tratamento de dados pessoais efetuado pela Comissão e pela Agência nos termos do Regulamento.

7. Conclusões

A proteção de dados pessoais de saúde é um tema bastante rico e atual. Numa sociedade em que a informação circula a uma velocidade cada vez maior urge reforçar a proteção de dados sensíveis, como os dados pessoais relativos à saúde. Assumindo que a proteção dos dados pessoais percorreu já um longo caminho, com altos e baixos, a verdade é que, no que a Portugal e à União Europeia diz respeito, a Diretiva de 1995 foi uma excelente base. Esta, porém, foi implementada pelos Estados-Membros de formas muito diferentes, o que acarretou a necessidade de uma lei de uniformização Europeia o que se pretende alcançar através do Regulamento Geral Europeu sobre Proteção de Dados Pessoais.

Por outro lado, ao tratarmos esta questão, é indiscutível a implicação que áreas como as dos ensaios clínicos e da farmacovigilância têm em matéria económica e, por isso, não é possível escamotear a urgência também de medidas reforçadas de proteção. Não só porque, na maioria dos casos, são empresas subcontratadas que fazem esse tratamento de dados, mas também porque há a necessidade de articular o facto de ser o investigador a recolher os dados com a imposição de ser o promotor a garantir a sua segurança.

FInalmente, é ainda preciso garantir o estrito cumprimento dos direitos (de acesso, de retificação, etc.) dos participantes dos ensaios clínicos, o que nem sempre é feito de forma transparente. Julgamos que este será sempre um trilho inacabado. De cada vez que julgarmos encontrar a solução legislativa perfeita, a própria sociedade, cada vez mais informatizada, encarregar-se-á de nos ensinar que há ainda muito a fazer. Cremos, no entanto, olhando às suas recentes opções quanto à protecção de dados pessoais, que a União Europeia poderá estar a caminhar, nesta matéria, ainda que devagar, na direção certa.

Generic substitution for parent novel medications, duty of care and potential litigation

Roy G Beran*[(1,2,3, 4)]

Background information

The cost of development of a novel therapeutic agent, 'from thought to shelf', is of the order of a billion US dollars[(1)]. To protect this investment, the company responsible for its development has the option to take out a patent, which allows it to recoup its costs over the ensuing 20 years[(2)]. The process of developing such a compound includes: the initial discovery of the therapeutic agent; various animal experiments to validate the therapeutic concept; clinical trialling initially in animals and then in consenting human subjects, traversing Phase I to Phase III randomised controlled clinical trials, either comparing the novel agent to placebo or alternatively to a selected comparator agent, if such exists[(3)]. Once satisfying these development requirements, all of which must be conducted in accordance with Good Clinical Practice[(4)], the novel agent must satisfy regulatory authorities within the region in which is to be marketed[(5)]. Having convinced the regulators, that the new me-

* Institutions: 1. Professor – Griffith University, School of Medicine, Queensland, Australia. 2. Associate Professor – University of New South Wales, South-Western Clinical School of Medicine, Sydney, Australia. 3. Principal – Strategic Health Evaluators, 12 Thomas Street, Chatswood NSW 2067. 4. Secretary General of World Association for Medical Law

dication has a therapeutic role, it then needs to satisfy a further evaluative process to justify its inclusion within the applicable formulary, to meet health economic considerations, before it is going to be effectively marketed[(6)]. This typically requires of the order of 5 years development time (conservatively)[(7)] and exposure to approximately 5,000 patients within multicentre, often international clinical trials[(7)]. Even having satisfied the necessary requirements, the novel compound may still prove to be less than successful and fail within the market place for a host of reasons, not the least being previously unrecognised adverse effects, such as the visual field defects associated with vigabatrin[(8)] or the haemopoietic and hepatic consequences of felbamate[(9)]. Such unexpected adverse effects may not be recognised until the novel compound has been tested in 100(s) of thousands of patients[(8,9)].

Against this, somewhat unpredictable backdrop, once the patency period expires, others may develop a similar medication, known as a generic agent. Generic medications capitalise on 20 years experience (sometimes less) to realise the economic capacity of the novel agent, which is no longer so novel, but remains the 'parent' compound. Generic compounds need only be tested in approximately 12 healthy volunteers[(10)] at significantly reduced costs. The generic compound is considered equivalent to the parent compound if the 90% confidence intervals for the ratio of the mean peak plasma concentration (C max), area under the curve (AUC) and time to peak concentration (Tmax) fall within 80 – 125% of the parent compound within that cohort of healthy volunteers in whom it has been trialled[(10)]. Despite such defined standards, the ratio of generic compound compared to branded, parent compound bioavailability for anti-epileptic medications has been reported to the FDA with a variation of 74 – 142%[(11, 12)]. It follows that substitution from one generic to another may result in either doubling or halving the effective dosage, based on bioavailability. It must be appreciated that generic compounds are compared with the parent compound, in limited numbers of healthy volunteers, with no requirement for generic-to-generic comparison. This translates into the possibility of one generic being at somewhere between 74 – 80% of parent compound bioavailability and another being between 125 – 142%.

Some medical conditions, such as epilepsy, often rely on medications with a narrow therapeutic index. The therapeutic index is a pharmacological calculation of the ratio based on the effective dose within 50% of experimental animals (ED50) and the lethal dose which will kill half of those exposed (LD50) [13]. A narrow therapeutic index of ≤2 is attached to such anti-epileptic medications, such as carbamazepine (CBZ), phenytoin (PHT) and valproate (VPA) and all of these have spawned generic 'look alikes'[12,13]. To satisfy US requirements, a generic must reflect comparable equivalence for purity and strength of the active ingredients of the medication and reflect adequate quality assurance but the so called inactive excipient, which carries the active compound within the formulation, need not be identical so long as it is considered safe and production satisfies Good Manufactory Practice (GMP)[14].

Typically this equivalence comparison is tested in 24 – 36 healthy adult volunteers in monotherapy single dose crossover design protocols [14]. This ignores potential drug interactions which may occur in patients with polypharmacy using more than a single medicine, as occurs in difficult to manage epilepsy where patients are often on 3 or more medications. It also ignores geriatric patients who are often on a variety of medications from different therapeutic classes, used to treat diseases of a variety of organs.

The concept of even 80- 125% variation of bioavailability does not take into account the difficulty that may be encountered in stabilising patients whose condition, such as epilepsy, has been refractory to treatment. Once the appropriate combination of medications has been established, in such complex cases of epilepsy, even a modification of a single medicine may prove problematic. When GlaxoSmithKine imported lamotrigine from a different manufacturer, even satisfying all GMP requirements, patients became toxic, presumably on the basis of a different 'inactive' excipient[15], thereby demonstrating that modification of the excipient can have significant consequences.

Serious consequences

When minor variations in efficacy have little consequence, with agents having a broad safety spectrum and therapeutic index ≥10, there may be only minor impact subsequent to generic substitution. This is not the case with such conditions as epilepsy. A single seizure may have very serious consequences, which may cause injury or even death.

Someone whose epilepsy was well controlled on an established therapeutic regimen who was transferred, even without his/her knowledge or informed consent, to a generic, may have a recurrent seizure due to even a 20% reduction of bioequivalent medication. Such seizure may cause a road traffic accident and, even if no one is directly hurt as a result of the accident, the patient will lose his/her driver's licence, may lose his/her job, which can have many more psychosocial consequences.

Where such a patient seeks legal advice, there is every possibility that the patient will be advised that those responsible for that patient's management have failed their duty of care. This may result in litigation against 'learned intermediaries', including potentially the doctor and/or pharmacist involved in generic substitution.

Duty of care and negligence

A clinician has an overarching duty of care to discuss "*...material if it is a risk to which a reasonable person in the position of the patient would be likely to attach significance, or it is a risk to which the medical practitioner knows or ought reasonably to know the particular patient would be likely to attach significance in choosing whether or not to undergo a proposed treatment...*"[16]. When a medication may only have 80% equivalence, compared to the compound being currently prescribed and efficacious, it is to be presumed the patient would want to know this before consenting to the change. This assumes greater significance if the variation in bioavailability is wider, as reflected by the 74 – 142% range previously discussed[11,12], and if this was not previously discussed with the patient who suffered the consequences of a breakthrough seizure. The 'learned intermediary' who has negligently failed to discuss the implications of generic substitution may be held liable if such breakthrough seizure is accepted as directly caused as a consequence of the foreseeable risk of such substitution, to which the patient did not provide informed consent.

There is considerable evidence to suggest that pharmacists substitute generic medications, even contrary to the doctor's prescription, which may prohibit such brand substitution[17]. If this can be confirmed, and the above scenario of failure to warn is established, thereby demonstrating breach of duty of care accepted as causing of breakthrough seizure, and this was done in contravention of the prescribing doctor's instructions, it follows that the pharmacist is likely to be found responsible and hence liable for the consequences. This assumes greater culpability when the pharmacist tells the patient that both the parent compound and the generic medication are the same. It raises questions of fraudulent misrepresentation as the pharmacist, being a 'learned intermediary', ought to know the potential consequences of such substitution and the scope of variation in bioavailability. If the prescribing doctor has not confirmed that brand substitution is not allowed then it could be argued that the pharmacist was merely following instruction and the doctor may be held solely liable or the two 'learned intermediaries' joined as defendants and found liable.

Conclusions

Generic substitution of novel parent compounds results from a belief that equivalence exists, despite evidence to the contrary, especially for agents that have a narrow therapeutic index. This provokes considerable risk when treating people with epilepsy in whom the experience of a single breakthrough seizure may evoke serious consequences. 'Learned intermediaries' have a duty of care to explain these risks, if contemplating generic substitution. The risks are material to a patient providing informed consent to the change in therapy and failure to discuss these may result in successful litigation for negligence, which may well be accepted as causative of the consequences experienced.

References

1. Collier R (2009)
   "Drug development cost estimates hard to swallow"
   Canadian Med Assoc J 180 (3): 279 – 280
2. Chitty KM, Beran RG (2010)
   "Benefits and risks of generic substitution in epilepsy management"
   in Atlas of Epilepsies, Panayiotopolos CP ed
   London, England, Springer, 1583 – 1586
3. Dunne S, Shannon B, Dunne C, Cullen W (2013)
   "A review of the differences and similarities between generic drugs and their originator counterparts, including economic benefits associated with usage of generic medicines, using Ireland as a case study"
   BMC Pharmacol and Toxicol 14: 1 – 19
4. Maliepaard M, Hekster YA, Kappelle A, van Puijenbroek EP, Elferink AJ, Welink J, Gispen-de Wied CC, Lekkerkerker FJ (2009)

"Requirements for generic anti-epileptic medications: A regulatory perspective"
J Neurol 256: 1966 – 71

5. Pearce G (2006)
"Regulating Medicines – Where do generics fit?"
Aust Health Consumer 3, 9 – 10
6. Vitry AI, Shin NG, Vitre P (2013)
"Assessment of the therapeutic value of new medicines marketed in Australia"
J Pharmaceutic Policy & Practice 6: (2), 1 – 6
7. Lipsky MS, Sharp LK (2001)
"From idea to market: The drug approval process"
J American Board Fam Prac 14 (5), 362 – 367
8. Sergott RC (2014)
"Vigabatrin-associated visual field loss: past, present and future"
Expert Rev Ophthalmol 9(3), 145 – 148
9. Shi LL, Dong J, Ni H, Geng J, Wu T (2014)
"Felbamate as an add-on therapy for refractory epilepsy (Review)"
The Cochrane Collaboration, Wiley & Sons Ltd 7; 1 – 17
10. Ferner RE, Lenney W, Marriott JF (2010)
"Controversy over generic substitution"
Brit Med J 340: c2548
11. Nuwer MR, Browne TR, Dodson WE, Dreiffus FE, Engel J Jr, Leppik IE, Mattson RH, Penry J, Treiman DM, Wilder BJ(1990)
"Generic substitution for anti-epileptic drugs"
Neurology 40 (11): 1647 – 1651
12. Feely M, Crawford P, Kramer G, Guberman A (2005)
"Risk management in epilepsy: generic substitution and continuity of supply"
Eur J Hosp Pharmacy Sci 11: 83 – 87
13. Paveliu MS, Bengea S, Paveis FS (2011)
"Generic substitution issues: brand-generic substitution, generic-generic substitution, and generic substitution of narrow therapeutic index (NTI)/critical dose drugs"
Maedica (Buchar) 6: 52 – 58
14. Gidal BE, Tomson T (2008)
"Debate: Substitution of generic drugs in epilepsy: Is there cause for concern?"
Epilepsia 49: 56 – 62
15. Patel V, Cordato D, Dias M, Beran RG (2012)

"Changed constitution without change in brand name – The risk of generics in epilepsy"
Epilepsy Res 98: 269 – 272

16. *Rogers v Whittaker* [1992] HCA 58, 59; (1992) 175 CLR 479
17. AMA Brand Substitution Survey: Australian Medical Association, Canberra, 2006 (accessed 22nd September 2014 at https://ama.com.a/brand-substitution-survey-results-may-2006)

Arbitragem e propriedade industrial: medicamentos de referência e medicamentos genéricos*

Alexandre de Soveral Martins**

1. A arbitragem necessária prevista na Lei 62/2011

A arbitrabilidade de litígios no âmbito da propriedade industrial está hoje expressamente reconhecida na lei, embora dentro de certos limites[1]. Desde logo, o art. 48º, 1, do Código da Propriedade Industrial (CPI) admite que «todas as questões suscetíveis de recurso judicial» sejam julgadas por tribunal arbitral voluntário[2]. Só não será assim nos casos em que existam contrainteressados que não aceitem o compromisso arbitral (art. 48º, 1, do CPI). Para que a referida arbitragem tenha

* Este texto destina-se aos Estudos em Homenagem ao Professor Doutor Guilherme de Oliveira.

** Professor Auxiliar da Faculdade de Direito da Universidade de Coimbra e membro do Instituto Jurídico da mesma Faculdade

[1] Sobre as dificuldades que a doutrina encontrava antes do atual CPI, Luís de Lima Pinheiro, *Arbitragem transnacional. A determinação do estatuto da arbitragem*, Almedina, Coimbra, 2005, p. 109 e s.. Como lembra Manuel Barrocas, *Manual de arbitragem*, Almedina, Coimbra, 2010, p. 131, a própria OMPI administra um centro de arbitragem e mediação.

[2] O tribunal arbitral pode apreciar as questões como instância de recurso. A epígrafe do subcapítulo em causa é «Recurso arbitral» e o mesmo segue-se ao subcapítulo dedicado ao recurso judicial de decisões do INPI previstas no art. 39º.

lugar será necessário celebrar compromisso arbitral, nos termos do art. 49º CPI.

A própria Lei da Arbitragem Voluntária (LAV) de 2011 aceita que seja submetido a arbitragem voluntária «qualquer litígio respeitante a interesses de natureza patrimonial» se por lei especial não estiver submetido exclusivamente aos tribunais estaduais ou a arbitragem necessária. O critério da patrimonialidade permite o recurso à arbitragem voluntária para a resolução de muitos litígios no âmbito da propriedade industrial[3].

Em 12 de dezembro de 2011 foi publicada a Lei 62/2011[4], que, entre outras coisas, veio criar «um regime de composição dos litígios emer-

[3] E, na nossa opinião, mesmo que possa estar envolvida a aplicação, nas relações entre particulares, de (certas) normas do direito da concorrência. Considerando que a arbitrabilidade de litígios relacionados com «the assignment, performance, or termination of a patent license (...) has become commonplace», LAURENCE CRAIG/WILLIAM PARK/JAN PAULSSON, *International Chamber of Commerce Arbitration*, OUP, New Youk, 2000, p. 68.

[4] A doutrina portuguesa já se pronunciou quanto a este regime: cfr., p. ex., REMÉDIO MARQUES, «A apreciação da validade de patentes (ou certificados complementares de protecção) por tribunal arbitral necessário – excepção versus reconvenção na Lei nº 62/2011», *BFD*, 2011, p. 179-212; ID., «A arbitrabilidade dos litígios e a dedução de providências cautelares por empresas de medicamentos de referência, na sequência da aprovação de medicamentos genéricos», *RDI*, 1, 2014, p. 33-99; DÁRIO MOURA VICENTE, «O regime especial de resolução de conflitos em matéria de patentes (Lei nº 62/2011)», *ROA*, 2012, IV, p. 971-990, SOFIA RIBEIRO MENDES, «O novo regime de arbitragem necessária de litígios relativos a medicamentos de referência e genéricos (alguns problemas)», in AAVV., *Estudos em homenagem ao Prof. Doutor José Lebre de* Freitas, II, Coimbra Editora, Coimbra, 2013, p. 1005-1037, RUI MEDEIROS, «Arbitragem necessária e constituição», in AAVV., *Estudos em homenagem ao Conselheiro Artur Maurício*, Coimbra Editora, Coimbra, 2014, p. 1301 e ss., EVARISTO MENDES, «Patentes de medicamentos», *PI*, 2014, 1, p. 49 e s., ANTÓNIO DE MAGALHÃES CARDOSO/SARA NAZARÉ, «A arbitragem necessária natureza e regime: breves contributos para o desbravar de uma (também ela) necessária discussão», in AAVV, *Estudos de direito da arbitragem em Homenagem a Mário Raposo*, Universidade Católica, Lisboa, 2015, p. 33-55, RUI MOURA RAMOS, «Tribunais arbitrais necessários, formulação de questões prejudiciais ao Tribunal de Justiça e duração máxima da exclusividade das patentes na União Europeia», em anotação ao Despacho do Tribunal de Justiça (Oitava Secção) 13 de Fevereiro de 2014 – Anotação, *RLJ*, 143º-144º, set-out 2014, p. 65-79, e MARGARIDA SAMEIRO, «Lei 62/2011: algumas questões controversas na perspetiva do titular do direito», *RDI*, 1, 2015, p. 309-342. Entretanto, em 19 de fevereiro de 2013 foi assinado em Bruxelas o Acordo relativo ao Tribunal Unificado de Patentes (ou TUP). No seu art. 35º está prevista a criação de um Centro de Mediação e Arbitragem de patentes, com sede em Liubliana e em Lisboa. No entanto, o art. 32º enumera um vasto conjunto de competências exclusivas do TUP (cfr. tb. o art. 35º, 2, parte final). A Proposta de Resolução do Governo no sentido da aprovação do Acordo foi aprovada em 10 de abril de 2015, a aprovação

gentes de direitos de propriedade industrial quando estejam em causa medicamentos de referência e medicamentos genéricos» (art. 1º)[5]. Essa «composição» deve realizar-se através de arbitragem necessária[6] quando estejam em causa litígios emergentes da invocação de direitos de propriedade industrial que estejam «relacionados com medicamentos de referência, na acepção da alínea ii) do nº 1 do artigo 3º do Decreto-Lei nº 176/2006, de 30 de agosto, e medicamentos genéricos»[7]. É medicamento *de referência* o que «foi autorizado com base em documentação completa, incluindo resultados de ensaios farmacêuticos, pré-clínicos e clínicos» (art. 3º, 1, ii), do DL 176/2006, de 30 de agosto). É medicamento *genérico* o medicamento «com a mesma composição qualitativa e quantitativa em substâncias ativas, a mesma forma farmacêutica e cuja bioequivalência com o medicamento de referência haja sido demonstrada por estudos de biodisponibilidade apropriados» (art. 3º, 1, oo), do DL 176/2006).

Resulta do art. 2º da L 62/2011 que a arbitragem necessária nele prevista também diz respeito aos próprios *procedimentos cautelares*[8] e

do Acordo deu-se com a Resolução da Assembleia da República nº 108/2015 e a ratificação ocorreu com o Decreto do Presidente da República nº 90/2015, de 6 de agosto (cfr. o DR, 1ª série, de 6 de agosto de 2015). Sobre a entrada em vigor do Acordo, v. o seu art. 89º.

[5] São da L 62/2011, de 12 de dezembro, todas as normas que são referidas sem outra indicação. Curiosamente, a LAV (Lei da Arbitragem Voluntária), foi aprovada pela Lei 63/2011, de 14 de dezembro.

[6] A arbitragem necessária que está a ser estudada pode ser internacional, pois esta última é a que «põe em jogo interesses do comércio internacional» (cfr. o art. 49º, 1, da LAV, e o art. 3º, 8, da Lei 62/2011). Sobre o aumento de importância da arbitragem necessária, abarcando hoje vários domínios, António de Magalhães Cardoso/Sara Nazaré, «A arbitragem necessária natureza e regime: breves contributos para o desbravar de uma (também ela) necessária discussão», cit., p. 34 e s..

[7] A harmonização dos regimes aplicáveis a medicamentos de referência e a genéricos não é fácil, como o demonstra Aquilino Antunes, «O Acordo ADPIC/TRIPS no direito português. A perspectiva do acesso a medicamentos e da saúde pública», in Oliveira Ascensão (coord.), *Direito industrial*, VIII, Almedina, Coimbra, 2012, p. 163 e ss..

[8] Sobre a importância prática das providências cautelares perante o regime aplicável aos pedidos de autorização (ou registo) de introdução no mercado de medicamentos genéricos, Sofia Ribeiro Mendes, «O novo regime de arbitragem necessária de litígios relativos a medicamentos de referência e genéricos (alguns problemas)», cit., p. 1028. Quanto às *providências cautelares* tem interesse ver os arts. 338º-C a 338º-J do CPI, e o art. 9º da Diretiva 2004/48/CE do Parlamento Europeu e do Conselho, de 29 de abril de 2004, «relativa ao respeito dos direitos de propriedade intelectual» (conhecida como Diretiva do *Enforcement*). Note-se que a LAV

estende-se aos casos em que estejam em causa «patentes de processo, de produto ou de utilização, ou de certificados complementares de proteção» (art. 2º)[9].

A previsão da necessidade de recurso à arbitragem ficou certamente a dever-se às vantagens normalmente associadas a uma tal via de reso-

também permite que os tribunais arbitrais decretem providências cautelares nas arbitragens *voluntárias*, de acordo com o disposto nos arts. 20º e ss. LAV. O facto de o art. 2º da L 62/2011 não mencionar expressamente a possibilidade de os tribunais arbitrais ali previstos emitirem *ordens preliminares* (arts. 22º e ss. da LAV) não a afasta necessariamente, uma vez que se sujeita à referida arbitragem os «litígios emergentes da invocação de direitos de propriedade industrial» e a menção ali feita aos procedimentos cautelares talvez tenha apenas finalidade clarificadora. Quanto à possibilidade de recorrer ao Tribunal da Propriedade Industrial para «conseguir uma tutela provisória, até haver tribunal arbitral que se ocupe do assunto», cfr. a sentença arbitral publicada no *BPI* nº 2014/05/07 a p. 58, e Margarida Sameiro, «Lei 62/2011: algumas questões controversas na perspetiva do titular do direito», cit., p. 323.

[9] Como lembra Couto Gonçalves, *Manual de direito industrial*, 4ª ed., Almedina, Coimbra, 2013, durante muito tempo não foi possível proteger em Portugal patentes de *produtos químicos*. Lembrando que, precisamente por isso, muitas patentes de *processos* eram, na verdade, de *produtos*, Remédio Marques, «Nota prévia», *Medicamentos* versus *patentes*, Coimbra Editora, Coimbra, 2008, p. 6. V. tb., sobre o tema e com desenvolvimento, Remédio Marques/Nogueira Serens, «Direito de patente: sucessão de leis no tempo e a proibição da outorga de *patentes nacionais* sobre *produtos químicos* ou *farmacêuticos*, no domínio do CPI de 1940 – o aditamento de *reivindicações de produto químico* ou *farmacêutico*, no quadro do CPI de 1995, nos procedimentos de protecção *pendentes* na data de adesão à Convenção da Patente Europeia e ao Acordo TRIPS», *O Direito*, 138º, 2006, V, p. 102 e ss.. Os *certificados complementares* surgiram porque as *autorizações de introdução no mercado* não são concedidas rapidamente e isso «reduz a protecção efectiva conferida pela patente a um período insuficiente para amortizar os investimentos efectuados na investigação»: autor e obra citados em último lugar, p. 118. Em sentido próximo, Vieira de Andrade, «A protecção do direito fundado em patente no âmbito do procedimento de autorização da comercialização de medicamentos», *RLJ*, 138º, nov-dez 2008, p. 73 e ss.. É a insuficiência da patente para a colocação dos medicamentos no mercado que leva Oliveira Ascensão/Luis Morais, «A fixação dos preços dos medicamentos genéricos – questões de direito industrial», in Jorge Miranda (coord.), *Estudos em homenagem ao Prof. Doutor Sérvulo Correia*, Coimbra Editora, Coimbra, 2010, p. 395, a afirmarem que, no «domínio da invenção farmacêutica [...] a patente não concede positivamente nada». Dando conta de que entre o desenvolvimento da substância e o pedido da patente, por um lado, e a comercialização do produto, por outro, medeiam dez e mais anos, Frank-Erich Hufnagel, «§ 14», in Peter Dieners/Ulrich Reese (her.), *Handbuch des Pharmarecht*, Beck (Beck-online), München, 2010, Rn. 165. Vejam-se hoje, sobre os certificados complementares, o Regulamento (CE) nº 469/2009, de 6 de maio, e, quanto à prorrogação do certificado complementar, o Regulamento (CE) nº 1901/2006, de 12 de dezembro de 2006.

lução de litígios. Destacamos a tendencial maior celeridade, o caráter menos formal, a especialização dos árbitros, a reserva ou sigilo (sempre importantes quando falamos de propriedade industrial e, especialmente, de patentes[10] e certificados complementares de proteção) e o relevo que pode ter a vontade das partes[11]. E, como é sabido, a celeridade na resolução de litígios relativos à propriedade industrial é cada vez mais necessária. Celeridade que se justifica, designadamente, por razões que se relacionam com as «rápidas mutações nos mercados», a necessidade de «lutar contra a contrafação» e as exigências inerentes à «realização dos investimentos necessários para o desenvolvimento de novas tecnologias»[12].

Nos termos do art. 3º, 1, da L 62/2011, a arbitragem é necessária quando o interessado *pretende invocar o seu direito de propriedade industrial na sequência da publicitação prevista no art. 15º-A do DL 176/2006, de 30 de agosto*. Nesse último preceito, aditado pela mesma L 62/2011, lê-se que os pedidos de autorização, ou registo[13], de introdução no mercado de medicamentos genéricos devem ser publicitados pelo INFARMED na sua página eletrónica. Após a publicitação referida, o interessado que pretenda invocar o seu direito de propriedade industrial relacionado com os medicamentos de referência e genéricos em causa confronta-se

[10] E sem prejuízo, evidentemente, da publicidade que será dada à decisão arbitral, nos termos do art. 3º, 6, da L 62/2011. Uma coisa é a decisão e outra o processo.

[11] Naturalmente que não podem ser escondidas algumas desvantagens potenciais. Parecem mais importantes as seguintes: a existência de conflitos de interesses, o custo, algumas dificuldades no âmbito da prova e a necessidade de continuar a recorrer aos tribunais estaduais em certos casos (mas v. o art. 19º LAV).

[12] Aldo Frignani, «Controversie in matéria di proprietà industriale», in Mauro Rubino-Sammartano (coord.), *Il diritto dell'arbitrato*, II, 6ª ed., Cedam, 2010, p. 1481. A necessidade de recurso à arbitragem não foi considerada inconstitucional no Ac. TC nº 123/2015, de 12 de fevereiro (quanto a uma providência cautelar). Sobre a questão da conformidade da solução perante a Lei Fundamental, Remédio Marques, «A arbitrabilidade dos litígios e a dedução de providências cautelares por empresas de medicamentos de referência, na sequência da aprovação de medicamentos genéricos», cit., p. 44 e s. (não reconhecendo uma inconstitucionalidade material no recurso à arbitragem necessária), Rui Medeiros, «Arbitragem necessária e Constituição», cit., p. 1301 e ss..

[13] Estarão aqui em causa os registos relativos a AIM concedidas no âmbito dos procedimentos do Sistema Europeu de Avaliação de Medicamentos.

com o prazo de 30 dias para o fazer[14] junto de um tribunal institucionalizado ou solicitar uma arbitragem não institucionalizada (art. 3º, 1).

A questão do prazo referido não está encerrada. Com efeito, no Ac. TC 123/2015 foi considerada inconstitucional «a dimensão normativa resultante do art. 3º, nº 1, conjugado com o artigo 2º da Lei nº 62/2011, de 12 de dezembro, segundo a qual o titular de direito de propriedade industrial não pode demandar o titular de Autorização de Introdução no Mercado ou o requerente de pedido de AIM para além do prazo de trinta dias [...]».

O art. 2º da L 62/2011 *não limita o regime de arbitragem necessária aos casos em que teve lugar a publicitação referida no art. 15º-A do DL 176/2006*[15].

[14] Mas v., considerando que o decurso desse prazo *não afasta a possibilidade de recurso aos tribunais judiciais* pelos interessados «a fim de reagirem contra as violações dos seus direitos de propriedade industrial», Dário Moura Vicente, «O regime especial de resolução de conflitos em matéria de patentes (Lei nº 62/2011), *ROA*, 2012, IV, p. 976. Remédio Marques, «A arbitrabilidade dos litígios e a dedução do providências cautelares por empresas de medicamentos de referência na sequência da aprovação de medicamentos genéricos», *RDI*, 1, 2014, p. 42, depois de afirmar que «a inação do titular do direito industrial dentro do referido prazo de 30 dias não preclude o seu direito de ação (de dedução de providência cautelar), se e quando pretender reagir contra violações actuais ou iminentes do direito de patente ou certificado complementar de protecção relativo ao medicamento de referência após o decurso do referido prazo de 30 dias», defende que tal direito de ação será exercitável, após aqueles 30 dias, ainda junto de tribunal arbitral necessário quanto a «litígios emergentes da invocação de direitos de propriedade industrial relacionados com os medicamentos de referência e genéricos abrangidos pelo art. 2º da L 62/2011. Por sua vez, Evaristo Mendes, «Patendes de medicamentos», cit., p. 49, afirma que a ação do art. 3º da L 62/2011 «acresce aos meios gerais de defesa dos mesmos [direitos da propriedade industrial] previstos no CPI e no CPC». Na nossa opinião, a falta de invocação do direito de propriedade industrial no prazo previsto no art. 3º, 1, apenas teria como consequência a impossibilidade de invocar aquele direito quanto ao medicamento genérico para que foi pedida a autorização (ou registo) de introdução no mercado nos termos da publicitação realizada de acordo com o art. 15º-A. Com outras leituras, v. Sofia Ribeiro Mendes, «O novo regime de arbitragem necessária de litígios relativos a medicamentos de referência e genéricos (alguns problemas)», cit., p. 1035, e Aquilino Paulo Antunes, «O tribunal unificado de patentes. Alguns problemas do acesso a medicamentos em Portugal», in Dário Moura Vicente/José Alberto Coelho Vieira/Alexandre Dias Pereira/Sofia de Vasconcelos Casimiro/Ana Maria Pereira da Silva (coord.), *Estudos de Direito Intelectual em homenagem ao Prof. Doutor Oliveira Ascensão. 50 anos de vida universitária*, Almedina, Coimbra, 2015, p. 710.

[15] Com a mesma leitura, Remédio Marques, «A arbitrabilidade dos litígios e a dedução de providências cautelares por empresas de medicamentos de referência na sequência da aprovação de medicamentos genéricos», cit., p. 43, e António de Magalhães Cardoso/

É certo que o art. 3º, 1, faz surgir dúvidas acerca das hipóteses abrangidas pela arbitragem necessária, uma vez que nele se estabelece que são tidas em vista as situações em que *o interessado pretende invocar o seu direito de propriedade industrial «nos termos do artigo anterior»*. Impõe-se assim perguntar: a arbitragem necessária está prevista apenas para os casos em que foi feita a publicitação referida no art. 15º-A, do DL 176/2006? Ou o art. 2º é mais abrangente e torna necessário recorrer à arbitragem *sempre que* se pretenda resolver um litígio emergente da «invocação de direitos de propriedade industrial, incluindo os procedimentos cautelares, relacionados com medicamentos de referência» (e, portanto, *mesmo que não tenha lugar aquela publicitação* ou *já tenha decorrido o prazo de 30 dias* referido no art. 3º, 1)?[16].

Embora as normas legais referidas não sejam totalmente transparentes, parece-nos que o art. 2º cria um regime de arbitragem necessária que *não se aplica apenas aos casos a que diz respeito o art. 3º, 1,* e, portanto, não está limitada à apreciação de litígios que surjam a propósito de pedidos de autorização (ou registo) de introdução no mercado de medicamentos genéricos[17]. A letra do art. 2º assim o dá a entender. O processo arbitral previsto no art. 3º, 1, por sua vez, tem como consequência a aplicação do regime contido nos números seguintes daquele mesmo artigo. A tramitação apresentada no art. 3º não se adequa, desde logo, aos procedimentos cautelares, estando estes últimos expressamente referidos no art. 2º.

A ser assim, também não podemos deixar de afirmar que a solução encontrada na lei parece estranha. Teremos uma arbitragem necessária a que se aplica o art. 2º mas não o art. 3º, e outra sujeita ao disposto nos arts. 2º e 3º (nomeadamente aos seus nºs 3 a 5, 7 e 8). Mas será mesmo assim? Quer-nos parecer que não. Com efeito, em regra não vemos razão

Sara Nazaré, «A arbitragem necessária natureza e regime: breves contributos para o desbravar de uma (também ela) necessária discussão», cit., p. 51.

[16] Ainda assim, é preciso ter em conta que há *matérias que não podem ser sujeitas a arbitragem*. Sobre isto, Remédio Marques, «A arbitrabilidade dos litígios e a dedução de providências cautelares por empresas de medicamentos de referência na sequência da aprovação de medicamentos genéricos», cit., p. 48 e ss..

[17] Nesse sentido também, cfr. o Ac. RL de 19.03.2013, Proc. nº 227/13.5YRLSB-7 (Relatora: Maria do Rosário Morgado), in www.dgsi.pt. Quanto aos problemas que se levantam a propósito dos medicamentos «híbridos», v. Margarida Sameiro, «Lei 62/2011: algumas questões controversas na perspetiva do titular do direito», cit., p. 317, nt. 26.

para afastar a aplicação, ao menos por analogia, do art. 3º, 3 a 5, 7 e 8, às arbitragens necessárias que são abrangidas pelo art. 2º mas não pelo art. 3º, 1. E dizemos «ao menos por analogia» porque a Proposta de Lei nº 13/XII dá a entender que o espírito da lei vai além da sua letra, o que permitiria uma interpretação extensiva. Com efeito, lê-se naquela Proposta o seguinte: «Através da presente proposta de lei o Governo pretende estabelecer um mecanismo alternativo de composição dos litígios que, num curto espaço de tempo, profira uma decisão de mérito quanto à existência, ou não, de violação dos direitos de propriedade industrial. Institui-se, por isso, o recurso à arbitragem necessária para essa composição, solução já adoptada, inclusive no âmbito dos conflitos atinentes aos direitos de autor». A própria epígrafe do art. 3º dá a entender que o âmbito de aplicação deste vai além dos casos previstos no respetivo nº 1.

Mas, por outro lado, a aplicação do art. 3º, 2 a 5, aos restantes processos que caem no âmbito do art. 2º *não parece fazer sentido no que diz respeito aos procedimentos cautelares* (e, para quem as admita neste âmbito, às ordens preliminares)[18].

De qualquer modo, os «litígios emergentes de direitos de propriedade industrial quando estejam em causa medicamentos de referência e medicamentos genéricos» podem ser de muito variada natureza. O interessado que pretenda invocar o seu direito de propriedade industrial nos termos do art. 3º, 1, da L 62/2011, não estará obrigado, na nossa opinião, a alegar e provar que houve *violação* daquele direito ou que existe *ameaça* de violação (não estamos a pensar, obviamente, numa providência cautelar). Para se compreender quais são os litígios que podem surgir, revela-se útil a leitura do art. 101º, 1 e 2, do CPI[19].

[18] Para um caso em que não parece ter sido aplicado o art. 3º, 2, no âmbito de um procedimento cautelar (pois o prazo fixado para a oposição foi de apenas 10 dias), cfr. a decisão arbitral publicada no *BPI* nº 2013/05/03. Nesta decisão (p. 35 do *BPI* referido) considerou-se igualmente aplicável o disposto no art. 338º-I, CPI.

[19] Quanto às limitações aos direitos conferidos pela patente, cfr., especialmente, o art. 102º do CPI. Sobre os ensaios com vista à obtenção de autorizações administrativas (art. 102º, *c*), CPI), com profundidade, Remédio Marques, *Biotecnologia(s) e propriedade intelectual*, vol. I, Almedina, Coimbra, 2007, p. 1147 e ss..

2. O corte no *patent linkage*

O art. 23º-A, 2, do DL 176/2006, introduzido também pela L 62/2011, veio estabelecer que o procedimento administrativo que conduz à concessão pelo INFARMED de uma autorização (ou registo) de introdução no mercado de medicamento de uso humano «não tem por objeto a apreciação da existência de eventuais direitos de propriedade industrial»[20].

Como é dito no art. 23º-A, 1, daquele DL 176/2006, o procedimento e a concessão da autorização ou registo mencionados «têm exclusivamente por objeto a apreciação da qualidade, segurança e eficácia do medicamento». O nº 2 do art. 25º do mesmo diploma, mais uma vez na redação da L 62/2011, acrescenta que o «pedido de autorização de introdução no mercado não pode ser indeferido com fundamento na eventual existência de direitos de propriedade industrial, sem prejuízo do disposto no nº 4 do artigo 18º». Mas, como diz Vieira de Andrade perante o teor do 14º, 4, «a autorização não confere nem visa conferir aos particulares direitos que não tenham relativamente à comercialização dos medicamentos, e, em especial, não os dispensa da sujeição aos exclusivos resultantes de patentes, nem os iliba da responsabilidade, civil ou criminal, que o ordenamento jurídico determine como consequência da actuação lesiva de tais exclusivos»[21]. Mas a questão está, precisamente, em saber até onde vai o exclusivo resultante da patente.

O regime acima descrito justifica-se, designadamente, por se ter verificado que os atos de concessão foram muitas vezes travados através de *providências cautelares de suspensão de eficácia* proferidas em procedimentos cautelares instaurados nos tribunais administrativos. A *impugnação dos atos de autorização* também atrasava a comercialização de genéricos[22].

[20] Para uma análise de diversas alternativas quanto ao regime que poderia ser seguido, Remédio Marques, «Os procedimentos de AIM e de fixação do preço dos *medicamentos genéricos* durante a *vigência* dos direitos de propriedade industrial dos *medicamentos de referência*», in *Medicamentos* versus *patentes. Estudos de propriedade industrial*, Coimbra Editora, Coimbra, 2008, p. 62 e ss.

[21] Vieira de Andrade, «A protecção do direito fundado em patente no âmbito do procedimento de autorização da comercialização de medicamentos», cit., p. 80. O TC, no seu Ac. nº 216/2015, de 8 de abril, não considerou inconstitucionais os arts. 25º, 1 e 2, e 179º, 1 e 2, do Estatuto do Medicamento, e o art. 8º, 3 e 4, da L 62/2011, na interpretação ali analisada.

[22] Às vezes até «para além do período legal de duração das patentes»: Dário Moura Vicente, «O regime especial de resolução de conflitos em matéria de patentes (Lei

Aquele regime adquire especial importância por força do disposto no art. 9º, 1, da L 62/2011, que atribuiu *natureza interpretativa* à redação dada aos arts. 19º, 25º e 179º, com as inerentes consequências nos *processos pendentes*[23].

As alterações referidas não são de menor importância. Com efeito, chegou a ser colocada a possibilidade de o INFARMED «exigir aos requerentes de autorizações de introdução no mercado de medicamentos genéricos a prova da inexistência de uma patente em vigor que obstasse à comercialização»[24].

Por sua vez, o art. 19º do DL 176/2006 passou a conter um nº 8 que estabelece *não serem contrários aos direitos relativos a patentes ou certificados complementares de proteção de medicamentos* a «realização dos estudos necessários à aplicação dos nºs 1 a 6 e as exigências práticas daí decorrentes, incluindo a correspondente concessão de autorização prevista no artigo 14º».

E se, por esse lado, a lei quis evitar que certos atrasos na produção dos efeitos dos atos de concessão continuassem a verificar-se, por outro

nº 62/2011), *ROA*, 2012, IV, p. 974. Alertando também para as dificuldades mencionadas no texto, Remédio Marques, «Nota prévia», *Medicamentos* versus patentes, cit., p. 5, e Maria José Costeira/Maria Teresa Freitas, «A tutela cautelar das patentes de medicamentos: aspetos práticos», *Julgar*, nº 8, 2009, p. 119 e ss.. Sobre os diversos meios que o titular da patente teria ao seu dispor, Vieira de Andrade, «A protecção do direito fundado em patente no âmbito do procedimento de autorização da comercialização de medicamentos», cit., p. 92 e s.. Relativamente às estratégias que atrasam a introdução dos genéricos no mercado, Remédio Marques, «O direito de patentes, o sistema regulatório de aprovação, o direito da concorrência e o acesso aos medicamentos genéricos», in Jorge Miranda (coord.), *Estudos em homenagem ao Prof. Doutor Sérvulo Correia*, III, Coimbra Editora, Coimbra, 2010, p. 302 e ss..

[23] Sobre estas, Remédio Marques, «A arbitrabilidade dos litígios e a dedução de providências cautelares por empresas de medicamentos de referência na sequência da aprovação de medicamentos genéricos», *RDI*, 1, 2014, p. 34 e ss.. O referido Ac. TC nº 216/2015 não julgou inconstitucional o art. 9º, 1, da L 62/2011. Considerando duvidoso o carácter interpretativo da lei, Pedro Caridade de Freitas, «Medicamentos genéricos e tutela dos direitos de propriedade intelectual», *Estudos de Direito Intelectual...*, cit., p. 1020.

[24] Vieira de Andrade, «A protecção do direito fundado em patente no âmbito do procedimento de autorização da comercialização de medicamentos», cit., p. 84, embora deixando apenas no ar a pergunta. Sobre a possibilidade de emissão *condicional* ou *a termo* de autorização de introdução no mercado, para além do que diz o autor que acabámos de citar, a p. 91, v. tb. Paulo Pinheiro/Miguel Gorjão-Henriques, *Direito do medicamento*, Coimbra Editora, Coimbra, p. 66 e ss., e Remédio Marques, «O direito de patentes, o sistema regulatório de aprovação, o direito da concorrência e o acesso aos medicamentos genéricos», cit., p. 333 e s...

terá querido impedir que os tribunais estaduais fossem inundados com ações para a apreciação dos litígios emergentes da invocação de direitos de propriedade industrial, remetendo os interessados para a arbitragem.

3. A questão do regime aplicável ao processo arbitral

A L 62/2011 não regula em pormenor todo o processo arbitral que terá lugar na arbitragem necessária ali criada. O art. 3º, 8, considera aliás que a tudo o que não estiver previsto nos números anteriores do artigo em causa será aplicável o regulamento do centro de arbitragem escolhido pelas partes e, subsidiariamente, o regime geral da arbitragem voluntária. Este regime da arbitragem voluntária será o que estiver em vigor na data do início do processo. Note-se que a atual LAV é de 14 de dezembro de 2011 e, portanto, posterior à Lei em análise.

Uma vez que a L 62/2011 consagra um regime de arbitragem necessária, deve ser verificado se são aplicáveis a essa arbitragem os arts. 1082º-1085º CPC. De acordo com o art. 1082º CPC, no caso de o julgamento arbitral ser prescrito por lei especial *deve atender-se ao que esta determinar* e só no caso de faltar essa determinação é que se manda aplicar o disposto nos artigos posteriores. Sucede que é o próprio art. 3º, 8, da L 62/2011 que, no que não estiver previsto expressamente nos restantes números daquele artigo, manda aplicar o regulamento do centro de arbitragem escolhido pelas partes «e, subsidiariamente, o regime geral da arbitragem voluntária».

Porém, a letra do art. 3º, 8, parece mostrar que este tem em vista os casos a que o art. 3º diz respeito. Ou seja, tem em vista os litígios emergentes da invocação de direitos da propriedade industrial relacionados com medicamentos de referência que surjam *quando o interessado pretende invocar o seu direito de propriedade industrial perante a publicitação a que se refere o art. 15º-A do DL 176/2006.*

E nos restantes casos de arbitragem necessária abrangidos pelo art. 2º da L 62/2011? Recorre-se ao art. 3º, 8, desta L 62/2011 ou são aplicáveis os arts. 1082º-1085º CPC? Na nossa opinião justifica-se aplicar o art. 3º, 8, às restantes arbitragens necessárias em causa no art. 2º, ao menos, por analogia[25].

[25] O nº 8 do art. 3º começa, aliás, da seguinte forma: «Em tudo o que não se encontrar expressamente contrariado pelo disposto nos números anteriores...». Ora, se o que encontramos no art. 3º, 1, a 7, diz respeito à arbitragem prevista no nº 1, sempre se poderia dizer que as outras

Mas a lei podia ser mais clara. Atendendo precisamente a essas obscuridades, apenas nos preocuparemos em seguida com o processo arbitral a que diz respeito o art. 3º, 1.

4. A invocação do direito de propriedade industrial pelo interessado no caso da publicitação prevista no art. 15º-A do DL 176/2006. A constituição do tribunal arbitral

Dispõe o art. 3º, 1, da L 62/2011 que, ocorrendo a publicitação referida no artigo 15º-A do DL 176/2006, «o interessado que pretenda invocar o seu direito de propriedade industrial nos termos do artigo anterior deve fazê-lo junto do tribunal arbitral institucionalizado ou efetuar pedido de submissão do litígio a arbitragem não institucionalizada». Para tal, aquele art. 3º, 1, fixa ao interessado o prazo de 30 dias *a contar da publicitação* aludida.

O regime parece ser aplicável apenas quando o direito de propriedade industrial é do interessado em causa («o seu direito de propriedade industrial» – *não o de outrem*). No caso de o interessado optar pelo recurso a tribunal arbitral institucionalizado, deverá invocar o seu direito de propriedade industrial junto daquele tribunal. As *provas* devem ser *oferecidas* pelas partes *com os respetivos articulados* (art. 3º, 3, da L 62/2011). Nos termos do art. 3º, 8, da L 62/2011, o interessado deve ter em conta o que resulte do regulamento do centro de arbitragem[26], bem como, subsidiariamente, o regime da arbitragem voluntária. Do exposto resulta que o interessado deve verificar se o regulamento do centro de arbitragem permite invocar o seu direito de propriedade industrial no prazo legalmente previsto e se está adaptado ao teor do art. 3º.

Se o interessado em invocar o direito de propriedade industrial escolhe a arbitragem *não institucionalizada,* deve efetuar o necessário *pedido de submissão do litígio a arbitragem.* E para esse pedido é fixado o prazo de 30 dias a contar do momento previsto no art. 3º, 1, da L 62/2011. A invocação do direito de propriedade industrial deve então ter lugar ponde-

arbitragens necessárias permitidas pelo art. 2º não seriam abrangidas pela letra dos números anteriores ao nº 8...

[26] O ARBITRARE, por exemplo, tem um Regulamento para «arbitragens que tenham por objeto a composição dos litígios emergentes de direitos de propriedade industrial quando estejam em causa medicamentos de referência e medicamentos genéricos, sujeitos a arbitragem necessária ao abrigo da Lei nº 62/2011».

rando o disposto no art. 3º, 8, da L 62/2011, que manda ter em conta o regulamento do centro de arbitragem escolhido pelas partes e, subsidiariamente, o regime geral da arbitragem voluntária (desde logo, se não é escolhido pelas partes um centro de arbitragem). O art. 3º, 8, parece inclusivamente prever a possibilidade de recurso a um centro de arbitragem «não institucionalizado» escolhido pelas partes. Naturalmente, não se pode esquecer o teor da decisão do TC no seu Ac. nº 123/2015.

Justifica-se perguntar se o interessado em invocar o seu direito de propriedade industrial pode escolher, *unilateralmente*, a arbitragem institucionalizada. É certo que isso parece decorrer do art. 3º, 1, da L 62/2011, para os casos aí previstos. Mas já não é o que se extrai do nº 8 do mesmo artigo, em que se faz referência ao «centro de arbitragem, institucionalizado ou não institucionalizado, escolhido pelas partes», mandando-se aplicar, subsidiariamente, o regime geral da arbitragem voluntária: *subsidiariamente*, e portanto *também quando não haja escolha pelas partes* nos termos referidos[27].

Se as partes *não escolhem* um tribunal arbitral institucionalizado, o interessado que pretenda invocar o seu direito de propriedade industrial deve «efetuar pedido de submissão do litígio a arbitragem não institucionalizada». Não havendo regulamento de centro de arbitragem para aplicar, o regime geral da arbitragem voluntária adquire especial significado. Nomeadamente, para se saber o que significa «efetuar pedido de submissão do litígio a arbitragem não institucionalizada», de acordo com o art. 3º, 1. Tanto quanto nos é dado a entender, isso quer significar o *desencadear do processo de designação dos árbitros* previsto no art. 10º da LAV[28], sendo usual que os árbitros, uma vez designados, procedam à

[27] Com outra leitura, mas levantando a questão da inconstitucionalidade da solução, SOFIA RIBEIRO MENDES, «O novo regime de arbitragem necessária de litígios relativos a medicamentos de referência e genéricos (alguns problemas)», cit., p. 1020.

[28] Sobre a questão da independência e imparcialidade dos árbitros, v., com interesse, o Ac. RL de 24.3.2015 (Relatora: Maria Adelaide Domingos), in www.dgsi.pt, de cujo sumário publicado consta, designadamente, o seguinte: «5. A nomeação do mesmo árbitro nos 3 anos anteriores, pela mesma sociedade de advogados, em processos de arbitragem necessária no âmbito de litígios abrangidos pela Lei nº 62/2011, em cerca de 50 arbitragens, sendo que, em 19 delas, a nomeação provém da mesma parte e/ou suas associadas, e relativa à mesma substância ativa, correspondem a circunstâncias, que quer aos "olhos das partes", que não as conhecia na sua totalidade e extensão, quer objetivamente, são suscetíveis de criarem fundadas dúvidas sobre a independência e isenção do árbitro».

realização de um ato formal de instalação do tribunal arbitral. Não tendo havido *acordo quanto ao número de membros do tribunal arbitral*[29], parece justificado aplicar o disposto no art. 8º, 2, LAV: o tribunal será composto por *três* árbitros.

5. As regras do processo

Tendo em conta que a Lei 62/2011 pouco dispõe acerca do andamento do processo iniciado nos termos do art. 3º, 1, será necessário dar especial atenção ao que conste do regulamento do centro de arbitragem escolhido pelas partes e, subsidiariamente, à LAV (art. 3º, 8, da Lei 62/2011). No que a esta última diz respeito, chamamos a atenção para o seu art. 30º, 2: até à aceitação do primeiro árbitro[30], as partes podem acordar nas regras do processo a observar e respeitando os princípios fundamentais enunciados no art. 30º, 1, bem como as normas imperativas da LAV. Se as partes não acordarem quanto às regras do processo, o art. 30º, 3, da LAV também permite que, respeitando os limites legais, o tribunal arbitral conduza a arbitragem «do modo que considerar apropriado, definindo as regras processuais que entender adequadas [...]»[31].

A adoção de regras de carácter processual pelo próprio Tribunal Arbitral, quando possível, pode ter lugar através de decisões que muitas vezes constam de «ordens processuais» (*procedural orders*). Contudo, também é verdade que por vezes torna-se difícil determinar quando estamos perante meras regras disciplinadoras do andamento do procedimento ou antes em face de decisões de natureza substantiva[32].

Não está excluída a possibilidade de realização de *audiências sobre questões processuais* (no âmbito do que por vezes é designado como *early*

[29] Olhando para a redação do art. 3º, 8, da L 62/2011, parece possível um acordo entre as partes quanto ao número de membros do tribunal arbitral.

[30] Defendendo que a limitação temporal referida não é aplicável às arbitragens necessárias, António de Magalhães Cardoso/Sara Nazaré, «A arbitragem necessária natureza e regime: breves contributos para o desbravar de uma (também ela) necessária discussão», cit., p. 53. No nosso caso, há que ter em conta o art. 3º, 8, da LAV.

[31] Mas v., considerando de afastar a limitação temporal prevista no art. 30º, 2, da LAV, no caso das arbitragens necessárias, António de Magalhães Cardoso/Sara Nazaré, «A arbitragem necessária natureza e regime: breves contributos para o desbravar de uma (também ela) necessária discussão», cit., p.53.

[32] Sobre o problema, cfr. Derains/Schwartz, *A Guide to the ICC Rules of Arbitration*, cit., p. 30-31.

case-management). Naturalmente, há que ter em conta o *prazo para a realização da audiência de produção de prova a produzir oralmente*: o art. 3º, 5, fixa para o efeito um «prazo máximo de 60 dias posteriores à apresentação da oposição».

6. A petição

A apresentação da petição efetuar-se-á de acordo com a via escolhida para a resolução do litígio. Com efeito, o art. 3º, 1, da L 62/2011 dá a entender que a escolha da *arbitragem institucionalizada* obriga o interessado a apresentar *logo* a sua pretensão no prazo ali previsto junto do tribunal arbitral institucionalizado. Essa pretensão terá que ser apresentada nos termos constantes do regulamento do tribunal arbitral institucionalizado (art. 3º, 8, da L 62/2011), que por isso deve permitir aquela invocação no mencionado prazo.

No caso de se optar pela *arbitragem não institucionalizada*, a petição deverá ser apresentada nos termos do disposto no art. 33º LAV, aplicável por força do art. 3º, 8, da L 62/2011. Com efeito, invocar o «direito de propriedade industrial» não se confunde com «efetuar pedido de submissão do litígio a arbitragem não institucionalizada».

Quem instaura o processo arbitral em causa é o *interessado* que invoca o *seu* direito de propriedade industrial. O processo que está regulado no art. 3º, 1, é instaurado contra o requerente de AIM e, se não for o mesmo, contra o destinatário da AIM[33].

Perante o disposto no art. 3º, 2, da L 62/2011, é claro que o interessado que invoca o seu direito de propriedade industrial pode pedir que o requerente de autorização (ou registo) de introdução no mercado do medicamento genérico seja condenado a não iniciar a sua exploração industrial ou comercial na vigência dos direitos de propriedade industrial invocados. Mas para além disso não se pode esquecer que a arbitragem necessária prevista no art. 3º, 1, diz respeito à invocação do direito de propriedade industrial do interessado e que essa invocação pode ter lugar «nos termos do artigo anterior». E esta remissão para o artigo anterior (o 2º) significa que a arbitragem em causa pode dizer respeito aos

[33] Nesse sentido, e com base no art. 15º-A do Estatuto do Medicamento, cfr. a sentença arbitral publicada no *BPI* nº 2014/05/07 a p. 65. Quanto à discussão em torno da natureza «preventiva e inibitória» da ação, cfr. p. ex., Margarida Sameiro, «Lei 62/2011: Algumas questões controversas na perspetiva do titular do direito», cit., p. 317 e ss..

litígios emergentes da invocação de direitos de propriedade industrial relacionados com medicamentos de referência e medicamentos genéricos, o que pode ter consequências no que diz respeito aos pedidos a formular[34].

Particularmente importante também, do ponto de vista prático, é a inclusão de um pedido de condenação em sanção pecuniária compulsória. Como já foi escrito, dessa sanção depende em grande parte a «real eficácia da decisão arbitral»[35].

A aplicação a título subsidiário do regime geral da arbitragem voluntária, de acordo com o disposto no art. 3º 8, da Lei 62/2011, permite que, nos termos do art. 33º, 3, da LAV, qualquer das partes, na ausência de convenção em contrário, *modifique* ou *complete* a petição ou a contestação no decurso do processo arbitral. Isto, a menos que o tribunal arbitral considere que não deve admitir a alteração «em razão do atraso com que é formulada, sem que para este haja justificação bastante».

7. A contestação

O tribunal arbitral, uma vez constituído, deve notificar o demandado para que este apresente a sua contestação (art. 3º, 2). Nessa contestação pode, designadamente, ser alegada *a título de exceção* a *invalidade das patentes* invocadas pelas farmacêuticas fabricantes dos medicamentos de referência[36]. A título de exceção, dizemos, porque as ações de nulidade

[34] Sobre a matéria, António de Magalhães Cardoso/Sara Nazaré, «A arbitragem necessária natureza e regime: breves contributos para o desbravar de uma (também ela) necessária discussão», cit., p. 50 e s..

[35] Evaristo Mendes, «Patentes de medicamentos», *Propriedades intelectuais*, nº 1, Junho 2014, p. 49, revela que nas petições surge. Cfr., porém, afastando a possibilidade de condenação em sanção pecuniária compulsória, o Ac. RL de 13.2.2014, Proc. nº 724/13.2YRLSB-8 (Relator: Luís Correia de Mendonça), in www.dgsi.pt.

[36] Remédio Marques, «A apreciação da validade de patentes (ou certificados complementares de protecção) por tribunal arbitral necessário – excepção versus reconvenção na Lei nº 62/2011», cit., p. 183 e s., e, aparentemente com menos certezas, «A arbitrabilidade dos litígios e a dedução do providências cautelares por empresas de medicamentos de referência na sequência da aprovação de medicamentos genéricos», cit., p. 53 (manifestando ainda maiores dúvidas quanto à invocação da invalidade em sede de procedimento cautelar); Dário Moura Vicente, «O regime especial de resolução de conflitos em matéria de patentes (Lei nº 62/2011)», cit., p. 985. Era também aquela a solução que prevalecia na jurisprudência italiana antes do *Codice della Proprietà Industriale* de 2005 quanto à arbitragem voluntária: cfr. Aldo Frignani, «Controversie in matéria di proprietà industriale», cit., p. 1491 e s.. Com

e de anulação previstas no CPI devem ser apreciadas pelo Tribunal da Propriedade Industrial, nos termos do art. 111º, 1, da LOSJ (cfr. tb. o art. 35º CPI).

A falta de apresentação de contestação no prazo devido tem como consequência que o requerente de autorização ou registo de introdução no mercado do medicamento genérico não pode iniciar a exploração industrial ou comercial do mesmo na vigência dos direitos de propriedade industrial invocados[37], como logo se extrai do art. 3º, 2. Mas deste preceito já não se pode retirar que a apresentação da contestação permite ao mesmo requerente de autorização iniciar a exploração industrial ou comercial do medicamento genérico «na vigência dos direitos de propriedade industrial invocados [...]».

A falta de apresentação da contestação deve ser notificada por meios eletrónicos às partes, ao INFARMED e ao INPI. Este último realizará a publicitação da falta de dedução de contestação no Boletim da Propriedade Industrial (art. 3º, 6).

Porém, não é claro se a *falta de contestação no prazo legal* conduz ao *encerramento* do processo. Consideramos que não é necessário que assim aconteça[38]. Na verdade, esse encerramento não está previsto no art. 3º, 2 ou 6. Acresce que dificilmente o interessado que invoca o seu direito de

«grandes dúvidas» quanto à possibilidade de o «requerido invocar, na sua contestação, vícios referentes à patente, como seja a sua invalidade», Sofia Ribeiro Mendes, «O novo regime de arbitragem necessária de litígios relativos a medicamentos de referência e genéricos (alguns problemas)», cit., p. 1026 e s.. Contra a possibilidade de conhecer a invalidade da patente «em via de excepção», Manuel Ohen Mendes, «Breves considerações sobre a incompetência dos tribunais arbitrais portugueses para apreciarem a questão da invalidade das patentes e dos certificados complementares de protecção para medicamentos», in *Estudos de Direito Intelectual...*, cit., p. 936, e Ac. RL de 13.02.2014 (Relator: Jorge Leal), Proc. nº 1053/13.7YRLSB, in www.dgsi.pt.

[37] Aparentemente com outra leitura, na medida em que afirma que a falta de contestação em tempo implica a proibição de iniciar a exploração comercial do medicamento genérico após a caducidade ou cessação por outro modo do direito de patente ou certificado complementar relativo ao medicamento de referência, Remédio Marques, «A arbitrabilidade dos litígios e a dedução do providências cautelares por empresas de medicamentos de referência na sequência da aprovação de medicamentos genéricos», cit., p. 43.

[38] Com outra leitura, Sofia Ribeiro Mendes, «O novo regime de arbitragem necessária de litígios relativos a medicamentos de referência e genéricos (alguns problemas)», cit., p. 1026. Cfr., para um caso em que o processo prosseguiu, o Ac. RL de 29.04.2014, Proc. nº 1337/13.4YRLSB-7 (Relator: Tomé Gomes), in www.dgsi.pt.

propriedade no processo arbitral instaurado pede apenas que o demandado seja condenado a não iniciar a exploração industrial ou comercial referida no art. 3º, 1. Além disso, o art. 3º, 8, manda aplicar o regulamento do centro de arbitragem escolhido pelas partes e, subsidiariamente, a LAV em tudo o que não estiver expressamente «contrariado» pelos números anteriores do artigo.

Ora, a solução consagrada no art. 35º, 2, da LAV para a falta de contestação é a seguinte: se o demandado não apresenta a contestação de acordo com o previsto no art. 33º, 2, da LAV, «o tribunal prossegue o processo arbitral, sem considerar esta omissão, em si mesma, como uma aceitação das alegações do demandante». E é isto que deve acontecer, com o desvio previsto no art. 3º, 2.

Mas, se não é apresentada contestação e daí se segue que o requerente de autorização (ou registo) de introdução no mercado do medicamento genérico não pode iniciar a sua exploração industrial ou comercial enquanto vigorarem os direitos de propriedade industrial invocados, deverá o tribunal arbitral proferir decisão nesses termos? Esclareça-se, antes de mais, que isso não parece ser necessário para que a proibição se aplique e para que tenha lugar a notificação exigida pelo art. 3º, 6. Este último preceito contrapõe, aliás, a falta de dedução de contestação à decisão arbitral. Só que, como vimos, a não dedução de contestação não afasta a existência de uma posterior decisão arbitral, uma vez que o processo arbitral prossegue. E na decisão arbitral pode o tribunal condenar o requerente da autorização (ou registo) de introdução no mercado a não iniciar a exploração industrial ou comercial do medicamento genérico[39]. E deverá fazê-lo? Julgamos que na falta de contestação só pode ser essa a solução tendo em conta o art. 3º, 2.

Embora a L 62/2011 não o diga, não está excluído que a contestação contenha *reconvenção*. Essa é a solução que se retira do art. 33º, 4, LAV[40]. Mas essa reconvenção não pode servir para se obter a declaração de nulidade ou a anulação da patente, pois o art. 35º, 1, do CPI não o permite.

[39] Cfr., a propósito do problema, o Ac. RL de 2.12.2014, Proc. nº 1158/13.4YRLSB (Relatora: Maria do Rosário Barbosa), in www.dgsi.pt.

[40] Afastando «à partida» a possibilidade de apresentação de reconvenção, Sofia Ribeiro Mendes, «O novo regime de arbitragem necessária de litígios relativos a medicamentos de referência e genéricos (alguns problemas)», cit., p. 1019.

8. Algumas questões sobre a prova

De acordo com o disposto no art. 3º, 3, da L 62/2011, as provas devem ser *oferecidas* pelas partes com os respetivos articulados. Isto parece querer significar que, no caso da prova documental de que a parte disponha, a mesma deve ser logo *apresentada* com o articulado em causa. A parte que apresenta um articulado deve juntar ao mesmo o documento de que disponha para fazer prova do que alega[41].

Mas será que não é possível oferecer prova *a produzir*? Essa leitura não é razoável e é desmentida pelo teor do art. 3º, 4, da Lei 62/2011. Aí se lê que será designada audiência de produção de prova que «haja» de ser produzida oralmente. Assim, quanto à prova a produzir parece mais correto dizer que o *oferecimento* da prova com o articulado significa *requerer* aquela produção: a inquirição de testemunhas, a realização de prova pericial, etc.[42].

Perante os requerimentos de prova, a elaboração de uma *lista do que é pedido* permite manter o controlo do que ainda carece de uma decisão, do que já consta do processo e do que deve ser produzido. O tribunal arbitral não deverá omitir uma decisão sobre o que é pedido por qualquer das partes.

No que diz respeito à *produção* de prova, pode haver necessidade de cautelas especiais. A sua adoção terá que respeitar também o regulamento do centro de arbitragem escolhido e a LAV, nos termos do art. 3º, 8, da Lei 62/2011.

Por vezes, justifica-se que a parte que requer a apresentação de *documentos em poder da outra* tenha a possibilidade de efetuar uma prévia análise dos mesmos para decidir se devem ou não ser juntos ao processo. Essa triagem pode ocorrer com recurso a *data rooms*, sendo frequente-

[41] Na sentença arbitral publicada no BPI nº 2014/05/07 a p. 7 e ss. é revelado que o tribunal arbitral admitiu documentos «coadjuvantes de outra prova, documental e testemunhal», apresentados após os «respetivos articulados».

[42] Preferiríamos que fosse utilizado o termo «indicação» para significar a identificação do meio de prova (em lugar de oferecimento) e o termo «produção» para aludir à apresentação do meio de prova no processo. A indicação de um documento como prova não significa necessariamente a sua produção. Se a parte indica esse documento e, ao mesmo tempo, o leva ao processo, está também a produzir a prova. Uma parte pode indicar como meio de prova um documento em poder da outra parte: nesse caso, quem irá eventualmente produzir a prova será a parte que tem o documento em seu poder. Quanto à prova testemunhal, a indicação de uma testemunha não se confunde com a sua inquirição.

mente adotados regulamentos para a respetiva utilização (quem pode estar, quem pode ver, se é possível tirar cópias, o tempo durante o qual estará disponível, as regras de confidencialidade, a possibilidade de solicitar novos elementos). Hoje em dia, é possível que a *data room* seja meramente eletrónica e até com acesso remoto.

A alternativa à *data room* pode ser a de o tribunal arbitral determinar que os documentos serão primeiro enviados à parte que os solicita para que esta selecione os que quer apresentar ao tribunal. Depois, apresentará os documentos que entender. Quanto à apresentação dos documentos ao tribunal, é usual que os mesmos sejam numerados sequencialmente, cada um separado dos outros por um separador, contendo cada eventual *dossier* um resumo inicial dos documentos nele contidos e do conteúdo de cada documento, com o número e data do mesmo.

A Lei 62/2011 prevê a realização de uma audiência de produção da *prova a produzir oralmente*. No que diz respeito à *inquirição de testemunhas*, aos *esclarecimentos de peritos* ou à *audição das partes* não está afastado que as partes ou o tribunal arbitral estabeleçam regras para essa produção de prova[43], nos termos do art. 30º, 2 e 3, da LAV e do art. 3º, 8, da Lei 62/2011.

De acordo com o art. 188º, 4, do DL 176/2006, de 30 de agosto, na redação dada pela L 62/2011, em regra «o fornecimento de informação a terceiros sobre um pedido de autorização, ou registo, de introdução no mercado de um medicamento de uso humano, é diferido até à tomada da decisão final». No entanto, o nº 5 do mesmo art. 188º acrescenta que o *requerente* de informação que seja *terceiro* e demonstre um *interesse legítimo* pode ter acesso a alguma informação antes da decisão final. Essa informação fica reduzida ao nome do requerente da AIM, à data do pedido, à substância, dosagem e forma farmacêutica do medicamento e ao medicamento de referência. De fora fica, assim, «a prestação de informação sobre a composição qualitativa e quantitativa dos medicamentos em causa, incluindo a lista de excipientes desses medicamentos»[44].

[43] Podem ser especialmente úteis as *Guidelines for Arbitrating Small Claims under the ICC Rules of Arbitration*, disponíveis em www.iccwbo.org, as *IBA Rules on the Taking of Evidence in International Commercial Arbitration*, de 1999, disponíveis em www.ibanet.org, e as *UNCITRAL Notes on Organizing Arbitral Proceedings*.

[44] Dário Moura Vicente, «O regime especial de resolução de conflitos em matéria de patentes (Lei nº 62/2011)», cit., p. 988.

No entanto, o TC, através do seu Ac 2/2013, de 9 de janeiro de 2013, julgou «inconstitucional a norma do nº 5 do artigo 188º do Decreto-Lei nº 176/2006, de 30 de agosto, na redação introduzida pela Lei nº 62/2011, de 12 de dezembro, por violação conjugada dos artigos 18º, nº 2, 20º, nº 1 e 268º, nºs 1 e 2 da Constituição». Entre outras coisas,

lê-se naquele Acórdão o seguinte: «o elenco legal de elementos disponíveis na fase pré-decisória a qualquer pessoa e aos titulares de direitos de propriedade industrial em especial constante do nº 5 do artigo 188º não reflecte nem permite qualquer juízo de ponderação casuística de direitos ou interesses constitucionalmente protegidos que pudesse fundar uma restrição ao direito de acesso à informação administrativa para salvaguarda do direito à tutela jurisdicional efetiva dos direitos de propriedade industrial, violando, por isso, o princípio da proporcionalidade».

9. Outros articulados

O art. 3º da L 62/2011 não faz referência à possibilidade de apresentação de *outros articulados* posteriores à contestação e anteriores à audiência de produção da prova. Mas também não a afasta. Se as partes escolheram um centro de arbitragem, será preciso, nos termos do art. 3º, 8, da L 62/2011, ter em conta o que resultar do respetivo regulamento; não sendo esse o caso, vale o regime da LAV e, em particular, o seu art. 30º, 1, *b*) e *c*). Desde logo, para os casos em que o demandado apresente exceções ou reconvenção ou em que o demandante responda por sua vez à reconvenção deduzindo exceções[45].

A abertura da possibilidade de apresentação de outros articulados posteriores à contestação não pode deixar de ter em conta o prazo para a realização da audiência de produção de prova que deva ser produzida oralmente (60 dias – art. 3º, 5, da L 62/2011) e o prazo para proferir a sentença.

Se for aberta a possibilidade de apresentação de outros articulados para além dos previstos na própria Lei 62/2011 e no regulamento do

[45] Cfr. tb. o art. 30º, 2 e 3. Sobre o tema, v. tb. Sofia Ribeiro Mendes, «O novo regime de arbitragem necessária de litígios relativos a medicamentos de referência e genéricos (alguns problemas)», cit., p. 1027.

centro de arbitragem escolhido pelas partes, isso deve ocorrer tendo em conta, designadamente, a necessidade de definir:

a) *Quantos* serão os escritos permitidos a cada parte, o *momento* da sua apresentação e o *objeto* dos mesmos;
b) Os *termos* da apresentação – só ao tribunal arbitral, que reencaminha às outras partes findo o prazo comum, ou também às outras partes? Seguem-se procedimentos simultâneos (2 + 2, p. ex.) ou sucessivos? Com ou sem bifurcação? Em papel e enviado por correio expresso, por fax ou por correio eletrónico com confirmação da receção? Ou em papel por correio expresso apenas se o articulado tem mais do que um certo número de páginas? Se são vários os meios a utilizar (em papel por correio expresso e por correio eletrónico, por exemplo), qual deles serve para cumprir o prazo e qual é relevante para efeitos de prova? Qual deve ser o programa utilizado para elaborar os documentos que acompanham os articulados? Como devem ser numerados esses documentos?;
c) Os *prazos* para a entrega dos articulados (sendo necessário ter em conta que por vezes estarão a litigar partes sujeitas a diferentes fusos horários);
d) Os termos da *indicação e produção de prova.*

10. A audiência «de produção da prova que haja de ser produzida oralmente»

Se houver prova que deva («haja de») ser produzida oralmente, o tribunal arbitral tem de designar uma audiência para que essa produção tenha lugar. Mas, apesar da redação do art. 3º, 4, da L 62/2011, isso não parece significar que o tribunal arbitral tenha necessariamente que aceitar todos os requerimentos de produção de prova que deva ser produzida oralmente. A prova que «haja de ser» produzida oralmente será a que for admitida pelo tribunal arbitral[46].

A audiência para a produção da prova deve ter lugar «no prazo máximo de 60 dias posteriores à apresentação da oposição». E isto parece querer significar que toda ela deve realizar-se naquele prazo, não bastando que se inicie antes do decurso do mesmo. A razão de ser do regime terá sido a de garantir celeridade ao processo.

[46] Nos termos do regulamento do centro de arbitragem ou do art. 30º, 4, da LAV.

A L 62/2011 não se preocupa com uma grande variedade de matérias que devem ser devidamente acauteladas no que diz respeito à audiência que possa vir a ter lugar. A remissão contida no art. 3º, 8, para o regulamento do centro de arbitragem escolhido pelas partes e para a LAV permitirá resolver muitas dúvidas. Mas outras questões terão, em regra, que ser ponderadas e objeto de decisão. Será, por exemplo, necessário saber qual será a data exata da realização da audiência e a sua duração prevista. Essa duração pode determinar muitas outras coisas (v.g., a organização do fornecimento de refeições no local para evitar interrupções muito longas que atrasem os trabalhos, distribuição das pessoas a ouvir por dias e horas, etc.).

Muitas vezes é preciso arranjar um lugar onde a audiência possa decorrer e que seja adequado para o efeito (com sala de audiências bem iluminada – de preferência por luz natural –, salas para testemunhas de ambas as partes, salas para cada uma das partes e sala para o tribunal arbitral poder reunir recatadamente). O pagamento da utilização dessas instalações deve também ser acautelado.

Os termos em que se realizam as audiências variam muito de caso para caso. Por vezes haverá interesse em ter gravação das mesmas e até em ver realizada a transcrição. Pode, inclusivamente, ser necessário providenciar pela presença de tradutores. O desenrolar dos trabalhos pode ser mais ou menos disciplinado: basta pensar na definição do tempo disponível para interrogar cada testemunha (eventualmente, com cronometragem...), na ordem de audição das pessoas que serão ouvidas ou, como já vimos, na distribuição das mesmas pelos dias da audiência. A utilização de *witness books* em que se reúnem os documentos mais relevantes permitirá evitar os «tempos mortos» que ocorrem quando se procuram em processos com milhares de páginas os que interessa apresentar à testemunha ou perito.

Perante o disposto no art. 30º, 1, *b*), da LAV, perguntar-se-á se as partes devem ter a «oportunidade razoável de fazerem valer os seus direitos, por escrito ou oralmente, antes de ser proferida a sentença final». Entendemos que sim, pois trata-se de uma exigência que é considerada um *princípio fundamental* do processo arbitral (cfr. tb., mais uma vez, o art. 3º, 8, da L 62/2011). Os próprios acordos das partes sobre as regras do processo devem observar os princípios fundamentais constantes do art. 30º, 1 (cfr. o art. 30º, 2, LAV). Além disso, o art. 46º, 3, *a*), *ii*), indica como fundamento de anulação da sentença arbitral a «violação de alguns dos princípios fundamentais referidos no nº 1 do artigo 30º com influência decisiva na resolução do litígio».

11. A sentença arbitral

A L 62/2011 não estabelece um prazo para que seja proferida a sentença arbitral. Deverá, assim, aplicar-se o disposto no art. 3º, 8, daquela Lei, pelo que ou vale o prazo previsto no regulamento do centro de arbitragem escolhido pelas partes, ou aplica-se o regime previsto na LAV. Esta última estabelece no seu art. 43º um prazo de 12 meses para que a sentença final seja notificada às partes, contando-se o prazo da data de aceitação do último árbitro[47]. No entanto, as partes podem acordar outro prazo até à aceitação do primeiro árbitro e a LAV também permite que, verificados certos requisitos, tenha lugar a prorrogação.

Uma vez que em todas as fases do processo arbitral deve ser garantida a observância do princípio do contraditório (art. 30º, 1, *c*), LAV), a aplicação de normas ainda não discutidas pelas partes deve ser antecedida da audição destas sobre a matéria[48].

O tribunal arbitral necessário pode submeter questões prejudiciais ao TJUE[49], ao abrigo do art. 267º do TFUE. Há, inclusivamente, jurisprudência do TJUE sobre a matéria nesse sentido, publicada nesta mesma *Revista*[50].

Proferida a decisão arbitral, a mesma deve ser notificada por meios eletrónicos às partes, ao INFARMED e ao INPI. Este último procede à publicação da decisão no BPI (art. 3º, 6)[51].

[47] Remédio Marques, «A arbitrabilidade dos litígios e a dedução do providências cautelares por empresas de medicamentos de referência na sequência da aprovação de medicamentos genéricos», cit., p. 87, nt. 107, defende que sim.

[48] Considerando que no caso de recurso a normas não discutidas pelas partes estas devem ser ouvidas previamente sobre a solução que os árbitros admitem consagrar na sentença, Armindo Ribeiro Mendes, «Artigo 30º», in AAVV., *Lei da arbitragem voluntária anotada*, Almedina, Coimbra, 2012, p. 63.

[49] Cfr., nesse sentido, o referido «Despacho do Tribunal de Justiça (Oitava Secção) 13 de Fevereiro de 2014».

[50] Cfr. o Despacho do Tribunal de Justiça (Oitava Secção) 13 de fevereiro de 2014, *RLJ*, 144º, nº 3988, set-out 2014, p. 65 e ss., com a anotação de Rui Moura Ramos já acima referida.

[51] Embora o art. 3º, 6, da L 62/2011 ressalve «o disposto no regime geral da arbitragem voluntária no que respeita ao depósito da decisão arbitral», esse depósito deixou de estar previsto na nova LAV (cfr. o art. 44º, 4, desta última).

12. O recurso

De acordo com o art. 3º, 7, da L 62/2011, é possível interpor recurso da decisão arbitral para o Tribunal da Relação competente, com efeito meramente devolutivo[52]. Solução diferente encontra-se prevista no art. 39º, 4, LAV, pois este último preceito estabelece que o recurso da sentença que conhecer do fundo da causa ou que, mesmo sem dele conhecer, puser termo ao processo arbitral, não é, em regra, admissível[53].

No que diz respeito à arbitragem internacional o art. 53.º da LAV consagra solução ainda mais restritiva. Mas, se a arbitragem necessária abrangida pelo art. 3º, 1, colocar em jogo os interesses do comércio internacional, o regime a aplicar será o do art. 3º, 7.

A razão de ser da solução prevista no art. 3º, 7, da L 62/2011 parece residir na preocupação de assegurar a conformidade do regime de arbitragem necessária com a Constituição da República Portuguesa. Como afirma Rui Medeiros[54], «a Constituição dificilmente toleraria uma solução legal que determinasse a irrecorribilidade em geral das decisões arbitrais».

A questão da recorribilidade da decisão proferida pelo Tribunal da Relação deverá ser apreciada tendo em conta o disposto no art. 59º, 8, da LAV, por força do art. 3º, 8, da L 62/2011[55].

13. Nota final

A arbitragem necessária prevista na L 62/2011 e a interrupção na *patent linkage* constituem soluções arrojadas. Não obstante a evidente necessidade de aperfeiçoar o regime estabelecido na L 62/2011, atendendo às deficiências acima identificadas, ao legislador não pode deixar de se reconhecer a coragem de intervir nas matérias em causa[56]. É certo que

[52] Outro problema interessante é o da recorribilidade de decisões intercalares ou interlocutórias: sobre esta questão, cfr. os Acs. RL de 12.11.2013, Proc. nº 842/13.7YRLSB-2 (Relator: Esagüy Martins), e de 11.09.2014, Proc. nº 775/14.0YRLSB.L1 (Relatora: Maria Teresa Albuquerque), in www.dgsi.pt.

[53] Só o sendo «no caso de as partes terem expressamente previsto tal possibilidade na convenção de arbitragem e desde que a causa não haja sido decidida segundo a equidade ou mediante composição amigável».

[54] Rui Medeiros, «Arbitragem necessária e Constituição», cit., p. 132.

[55] Mas v., dando conta de que o STJ tem recusado a admissibilidade de recurso de revista para aquele Tribunal, Pedro Caridade de Freitas, «Medicamentos genéricos e tutela dos direitos de propriedade intelectual», cit., p. 1030.

[56] Considerando que o próprio Acordo ADPIC/TRIPS terá ficado a dever-se «à pressão de alguns responsáveis de companhias farmacêuticas americanas», Aquilino Antunes, «O

a proteção conferida pelas patentes permite às fabricantes de produtos farmacêuticos a realização de investimentos mais elevados por contarem com o monopólio de que poderão beneficiar durante certo tempo. Isso funciona como um estímulo à investigação para obter novos produtos, novos processos ou novas aplicações e conduz à conceção de complexas estratégias de gestão da carteira de patentes[57]. Nem estará certamente no espírito do legislador questionar a patenteabilidade dos medicamentos de referência[58]. Mas também não se pode esquecer que razões de interesse público justificam as soluções adotadas na Lei 62/2011 e que a tutela conferida aos medicamentos de referência não deixa de continuar a ser considerável[59]. O próprio art. 8º, 1, do Acordo ADPIC/TRIPS permite que os Membros adotem «medidas necessárias para proteger a saúde pública e a nutrição e para promover o interesse público em setores de importância crucial para o seu desenvolvimento sócio-económico e tecnológico», se compatíveis com o Acordo, e na Declaração de Doha de 14 de novembro de 2001 pode ler-se que aquele Acordo «can and should be interpreted and implemented in a manner supportive of WTO Members' right to protect public health and, in particular, to promote access to medicines for all», sendo reafirmado «the right of WTO Members to use, to the full, the provisions in the TRIPS Agreement, which provide flexibility for this purpose». O legislador nacional fez opções: e aqui, como em tudo na vida, são as opções que nos definem.

Acordo ADPIC/TRIPS no direito português. A perspectiva do acesso a medicamentos e da saúde pública», cit., p. 151.

[57] Sobre estas, Christiane Noeske-Jungblut, «Gewerbliche Schutzrechte im Pharmabereich», in Stefan Fuhrmann/Bodo Klein/Andreas Fleischfresser (her.), *Arzneimittelrecht. Handbuch für die pharmazeutische Rechtspraxis*, 2. Aufl., Nomos (Beck-online), München 2014

[58] Como lembra Giorgio Floridia, «Le invenzioni», in P. Auteri/G. Floridia/V. Mangini/G. Olivieri/M. ricolfi/P. Spada, *Diritto industriale. Proprietà intellettuale e concorrenza*, 2ª. ed., Giappichelli, Torino, 2005, p. 206, «la sintesi di un nuovo composto chimico ancorché non possa che trarre origine da elementi già esistenti in natura è pur sempre procedimento di creazione di qualche cosa di nuovo configurabile come opera dell'uomo». Mas v. tb., sobre as dificuldades encontradas em vários países, Alberto Casado Cerviño/Begoña Cerro Prada, *GATT y propriedad industrial*, Tecnos, Madrid, 1994.

[59] Cfr., p. ex., o art. 10º da Diretiva 2001/83, e o art. 19º, 3, do DL 176/2006, de 30 de agosto (sucessivamente alterado), limitando a possibilidade de comercialização de genéricos em função do período de tempo decorrido a partir da data da autorização inicial do medicamento de referência.

Telemedicina e farmácia *online*: aspetos jurídicos da *eHealth*

ALEXANDRE LIBÓRIO DIAS PEREIRA*

SUMÁRIO: § Introdução. § 1. O princípio do país de origem e a liberdade de prestação de serviços no mercado europeu. § 2. Informação e publicidade dos sítios de eHealth. § 3. Contratação pela via eletrónica. § 4. Reembolso. § 5. Farmácia na Internet. § 6. Tribunal competente e lei aplicável. § 7. Conclusão.

Introdução

A telemedicina é uma alternativa ou um complemento à prestação tradicional de cuidados médicos. Na União Europeia o documento estratégico «Uma agenda digital para a Europa» (COM(2010)245 final) estabelece a utilização generalizada da telemedicina como meta em 2020. Existem projetos de telemedicina em vários países, nomeadamente a Noruega, que dispõe de um Centro especializado que colabora com a Organização Mundial de Saúde desde 2002 enquanto unidade de pesquisa na área da telemedicina e da saúde eletrónica (e-Health).[1]

A telemedicina consiste na prestação de serviços de saúde por meio de tecnologias da informação e da comunicação, em que o profissional

* Faculdade de Direito e Instituto Jurídico, Universidade de Coimbra.

[1] http://www.ehealthservices.eu/project_partners/nst

de saúde e o paciente não estão presentes fisicamente no mesmo local. Envolve a transmissão de dados e informação de saúde através de textos, sons, imagens ou outros que sejam necessários para a prevenção, diagnóstico, tratamento e acompanhamento de pacientes[2], e está presente em diversas especialidades da medicina, desde a teleradiologia à telecirurgia passando pela teleconsulta. O conceito de *eHealth* é mais amplo, abrangendo outros serviços como os portais de informação de saúde, as farmácias *online*, as bases de dados eletrónicas e a prescrição e transmissão eletrónica de receitas médicas.

Na União Europeia, a generalidade dos Estados-Membros não dispõe de regulação específica da telemedicina. Em alguns países, nomeadamente Portugal, foram adotadas regras deontológicas sobre a utilização da telemedicina. Todavia, há países, como a Polónia, nos quais a licitude do ato médico exige a presença física simultânea do paciente e do profissional de saúde no mesmo local.[3] De igual modo, o quadro jurídico da farmácia online não está harmonizado a nível da União Europeia.

Este trabalho procura respostas para diversas questões relativas à *eHealth*, incluindo a telemedicina e a farmácia online, tais como a que lei está sujeita a prestação de cuidados de saúde a distância por via eletrónica, se é necessária autorização especial para exercer a atividade pela Internet, se os profissionais podem dirigir a sua atividade a pacientes de outros Estados-Membros, se os seus sítios da Internet devem cumprir alguns requisitos especiais, se podem anunciar os seus serviços na Internet, incluindo o envio de comunicações promocionais não solicitadas, se os contratos celebrados por via eletrónica são válidos e eficazes, se as despesas de serviços de saúde prestados por profissionais estabelecidos em outros Estados-Membros são reembolsáveis, e se é lícita a promoção e a venda de medicamentos pela Internet e em que condições.[4]

[2] *Vide,* da Comissão Europeia, *Commission Communication on telemedicine for the benefit of patients, healthcare systems and society,* COM(2008) 689 final.

[3] Cf. *Commission Staff Working document on the applicability of the existing EU legal framework to telemedicine services,* SWD(2012) 414 final, Brussels, 6.12.2012.

[4] Para uma primeira abordagem sobre a aplicação do quadro jurídico da União Europeia à telemedicina, *vide* SWD(2012) 414 final, e o nosso 'Patient safety in e-health and telemedicina', *Lex Medicinae – Revista Portuguesa de Direito da Medicina, Nº Especial,* 2014, 95-106. Sobre o tema ver tb. Paula M. F. de Lemos Pereira, 'Patient safety in the digital age', *Lex Medicinae, Nº Especial,* 2014, 171-186.

§ 1. O princípio do país de origem e a liberdade de prestação de serviços no mercado europeu

A telemedicina e a farmácia online, na medida que em envolvam serviços prestados normalmente contra remuneração, à distância, por via eletrónica e mediante pedido individual de um destinatário de serviços, são considerados serviços da sociedade da informação (SSI).[5] Este conceito não abrange a atividade presencial da medicina ou da farmácia, como seja prestação de serviços como o aconselhamento médico que exija o exame físico do doente, nem a entrega de medicamentos enquanto mercadorias.[6]

Na medida em que constituam serviços da sociedade da informação, a telemedicina e a farmácia online ficam sujeitas ao regime jurídico do comércio eletrónico.[7] Rege neste domínio o país de origem, consagrado pela Diretiva 2000/31 com vista a assegurar a liberdade de prestação de serviços da sociedade da informação no mercado interno.[8] O princípio

[5] Artigo 1º/2 e Anexo V da Diretiva nº 98/48/CE, do Parlamento Europeu e do Conselho, de 20 de Julho, relativa aos procedimentos de informação no domínio das normas e regulamentações técnicas e às regras relativas aos serviços da sociedade da informação, transposta pelo Decreto-Lei nº 58/2000, de 18 de abril (anexo I). Sobre a noção de serviços da sociedade da informação, *vide* o nosso *Comércio electrónico na sociedade da informação: da segurança técnica à confiança jurídica*. Coimbra: Almedina, 1999.

[6] Nos termos do acórdão do Tribunal de Justiça da União Europeia, de 2 de dezembro de 2010 (C-108/09, *Ker-Optika*), "As regras nacionais relativas à comercialização de lentes de contacto estão abrangidas pelo âmbito de aplicação da Diretiva 2000/31/CE do Parlamento Europeu e do Conselho [...] na medida em que respeitam ao ato de venda dessas lentes através da Internet. Em contrapartida, as regras nacionais relativas à entrega das referidas lentes não estão abrangidas pelo âmbito de aplicação desta diretiva."

[7] Diretiva 2000/31/CE do Parlamento Europeu e do Conselho, de 8 de junho de 2000, transposta pelo Decreto-Lei nº 7/2004, de 7 de janeiro, alterado pelo Decreto-Lei nº 62/2009, de 10 de março, e pela Lei nº 46/2012, de 29 de agosto. Sobre o princípio do país de origem e a cláusula do mercado interno no domínio da proteção do consumidor no comércio eletrónico, cf. o nosso 'A protecção jurídica do consumidor no quadro da directiva sobre o comércio electrónico', *Estudos de Direito do Consumidor*, nº 2 (2000), p. 43-140.

[8] A Diretiva nº 2011/24/UE, do Parlamento Europeu e do Conselho, de 9 de março de 2011, relativa ao exercício dos direitos dos doentes em matéria de cuidados de saúde transfronteiriço, contém duas referências expressas à telemedicina (arts. 3º/d e 7º/7), e estabelece que o EM de tratamento é o EM de estabelecimento do prestador de serviços (art. 4/1). Esta Diretiva consagra o direito ao reembolso de despesas de saúde efetuadas em outros EM (já antes reconhecido pelo Tribunal de Justiça da União Europeia nomeadamente no acórdão do de 27 de outubro de 2011, processo C-255-09, *Commission v. Portugal*), incluindo por meio de *eHealth* e telemedicina. O seu âmbito de aplicação abrange a prestação de

do país de origem significa que o acesso à, e o exercício da profissão se regem pela lei do Estado-Membro (EM), no qual o prestador de serviços está estabelecido, i.e. o local onde o prestador exerce efetivamente uma atividade económica através de um estabelecimento estável por tempo indeterminado, ficando os outros EM impedidos de exigir nova autorização prévia ou qualquer outro requisito com efeito equivalente.

Assim, o controlo é feito no país do estabelecimento, não podendo os EM, por razões que relevem do domínio coordenado, restringir a livre circulação dos serviços da sociedade da informação provenientes de outro Estado-Membro. O controlo na origem dos serviços da sociedade da informação sofre diversas *derrogações*. Não se aplica a diversos domínios, como sejam a liberdade de as partes escolherem a legislação aplicável ao seu contrato e as obrigações contratuais relativas aos contratos celebrados pelos consumidores. Por outro lado, em certas condições, os outros EM podem adotar medidas restritivas (*controlo adicional*), se forem *necessárias*, nomeadamente por razões de *defesa dos consumidores* ou da *saúde pública* (a), dirigidas a determinado serviço de saúde online que lese ou possa séria e gravemente lesar tais objetivos (b), e *proporcionais* a esses objetivos (c).

A adoção destas medidas restritivas fica sujeita, exceto em casos de urgência, a um *procedimento especial de cooperação e notificação* entre os Estados-Membros. O EM de destino deverá primeiro solicitar ao EM de origem do serviço que tome medidas adequadas e, no caso de não o fazer, deverá notificar à Comissão e ao EM de origem a sua intenção de tomar tais medidas. Excecionalmente, em *caso de urgência*, os EM podem adotar logo medidas restritivas, embora devam notificá-las logo que possível à Comissão e ao EM de origem, justificando a urgência da situação.[9]

serviços de saúde a pacientes, independentemente do seu modo de organização, prestação ou financiamento (art. 1º/2). A Diretiva 2011/24 foi transposta pela Lei nº 52/2014 de 25 de agosto. A Portaria nº 191/2014, de 25 de setembro, define os cuidados de saúde sujeitos a autorização prévia nos termos do do art. 11º/1 da Lei 52/2014, ou seja, os cuidados de saúde transfronteiriços cirúrgicos que exijam o internamento durante pelo menos uma noite e os cuidados de saúde transfronteiriços que exijam recursos a infraestruturas ou equipamentos médicos altamente onerosos e de elevada especialização.

[9] Cf. Diretiva 2000/31, arts. 3º e 4º; DL 7/2004, arts. 3º a 7º. Cf. o nosso 'Comércio electrónico e consumidor', *Estudos de Direito do Consumidor*, nº 6 (2004), p. 341-400. Tais medidas restritivas ficam sujeitas a um *procedimento de vigilância* ou controlo por parte da Comissão, a quem compete analisar, com a maior celeridade, a compatibilidade das medidas notificadas

Em suma, os profissionais estabelecidos em Portugal devem estar devidamente autorizados pelas autoridades competentes para o exercício da atividade no nosso país e pautar a sua atuação segundo a lei portuguesa.[10] Nos termos do referido procedimento especial de cooperação e notificação a prestação online de serviços de saúde poderá ser objeto de medidas restritivas por parte de outros EM, o mesmo valendo para os prestadores estabelecidos em outros EM que dirijam as suas atividades para pacientes situados em Portugal.

O Tribunal de Justiça da União Europeia (TJUE) afirmou, por diversas vezes, que os serviços de saúde são abrangidos pela liberdade de prestação de serviços no mercado interno (Art. 56 TFUE), e além dis-

com o direito comunitário. Se a Comissão concluir que a medida é incompatível com o direito comunitário, então deverá solicitar ao Estado-Membro em causa que se abstenha de tomar quaisquer outras medidas previstas, ou ponha termo, com urgência, às medidas já tomadas. O procedimento de controlo vale também para as medidas restritivas das liberdades do mercado interno adotadas a nível nacional por razões de proteção de saúde pública, por ex. no que respeita à venda de medicamentos pela Internet. O Tribunal de Justiça da União Europeia, no acórdão de 11 de dezembro de 2003 (C-322/01, *DocMorris, Deutscher Apothekerverband eV*), sem por em causa a proibição de venda de medicamentos fora das farmácias, decidiu que a venda de medicamentos à distância não deve ser proibida relativamente a medicamentos que não carecem de receita médica, por força da liberdade de circulação de mercadorias no mercado interno. Sobre o tema, Éric Fouassier, 'Le juge communautaire et la vente de médicaments sur Internet. Commentaire de l'arrêt CJCE «DocMorris» du 11 décembre 2003', *Bull. Ordre phar.* Nº 382 (2004), p. 109-123). V. tb. o nosso 'Saúde pública e liberdade económica: aspectos jurídicos da regulação do mercado dos cosméticos, produtos homeopáticos e dispositivos médicos', *Lex Medicinae – Revista Portuguesa de Direito da Saúde*, nº 2, 2004, p. 47-8, nota 24. Mais recentemente, no acórdão de 2 de dezembro de 2010 (C-108/09, *Ker-Optika*), o TJUE decidiu que "Os artigos 34º TFUE e 36º TFUE, bem como a Diretiva 2000/31, devem ser interpretados no sentido de que se opõem a uma regulamentação nacional que apenas autoriza a comercialização de lentes de contacto em estabelecimentos especializados em dispositivos médicos", sem prejuízo de reconhecer que "o Estado-Membro pode impor aos operadores económicos interessados a obrigação de disponibilizar ao cliente um óptico qualificado que lhe forneça, à distância, informações e aconselhamento individualizados em matéria de utilização e de manutenção das lentes de contacto. A prestação dessas informações e desse aconselhamento à distância pode, de resto, apresentar vantagens uma vez que permite ao utilizador de lentes de contacto formular as suas questões de modo refletido, preciso e sem ter de se deslocar para o efeito" (par. 73).

[10] Tendo em conta que, no caso da telemedicina, os serviços são prestados sem a deslocação territorial do prestador de serviços de saúde, a Diretiva 2005/36 sobre o reconhecimento das qualificações profissionais não abrangerá os prestadores de telemedicina transfronteiriça, uma vez que o seu âmbito de aplicação é limitado aos casos em que o prestador do serviço se desloca para o território do EM de destino para aí exercer a sua profissão regulamentada.

so que, nem a sua natureza especial nem o modo como são organizados ou financiados os exclui do âmbito de aplicação desta liberdade fundamental.[11] Ao abrigo desta liberdade reconhece-se aos cidadãos o direito de procurar e de receber serviços de saúde em qualquer EM, independentemente de como o serviço é prestado.[12] Os EM podem manter ou introduzir restrições à livre prestação de serviços apenas na medida em que sejam justificadas por razões imperativas de interesse público (e.g. saúde pública), que não excedam o que é objetivamente necessário para esse fim e que o mesmo resultado não possa ser alcançado por medidas menos restritivas (princípio da proporcionalidade).[13] A prestação à distância de cuidados de saúde por via eletrónica, enquanto serviço, está sujeita às regras do Tratado sobre o Funcionamento da União Europeia (TFUE), pelo que os EM só podem manter ou adotar restrições a essa atividade se respeitarem os termos da cláusula do mercado interno, incorporada pela Diretiva sobre comércio eletrónico. Em especial, parece-nos que, em princípio, os EM não podem pura e simplesmente proibir a prestação de serviços de saúde pela Internet.

Em Portugal, o Código Deontológico da Ordem dos Médicos[14] contém um capítulo sobre telemedicina. De um modo geral, a telemedicina não é proibida, mas deve respeitar a relação medico-paciente. Em especial, quando o paciente solicita uma consulta de acompanhamento por via de telemedicina, tal não deve substituir a relação medico-paciente e pode apenas ser prestada na condição de o médico ter uma ideia clara e justificada da situação clínica do paciente (art. 94/2). Os médicos são livres de utilizarem a telemedicina (art. 95/1) e não têm qualquer obrigação de emitir opinião à distância no caso de não terem conhecimento ou informação suficiente do paciente (art. 95/3). No caso de praticarem a telemedicina têm que se assegurar de que a equipa de trabalho tem as competências necessárias e de que os sistemas de apoio, os controlos de

[11] Acórdãos do TJUE de 31 de janeiro de 1984 (C-286/82 e 26/83, *Luisi and Carbone)*, de 28 de abril de 1998 (C-158/96, *Kohll*), de 12 de julho de 2001 (C-368/98, *Vanbraekel*; C-157/99, *Smits and Peerbooms*), de 13 de maio de 2003 (C-385/99, *Müller-Fauré and Van Riet*), e de 16 de maio de 2006 (C-372/04, *Watts*) – *vide* curia.europa.eu

[12] Acórdão do TJUE de 10 de maio de 1995 (C-384/93 *Alpine Investments*).

[13] Acórdãos do TJUE de 2 de março de 2011 (C-108/91 *Ker-Optika*), de 4 de dezembro de 1986 (C-205/84, *Commission v Germany*), de 26 de fevereiro de 1991 (C-180/89, *Commission v Italy*), e de 20 de maio de 1992 (C-106/91, *Ramrath*).

[14] Regulamento N. 14/2009 de 13 de janeiro de 2009.

qualidade e os procedimentos de avaliação são adequados para controlar a qualidade e a confidencialidade da informação recebida e transmitida (art. 96 e 97).

Em suma, o Código Deontológico permite a utilização da telemedicina, na medida em que o seu modo de prestação respeite a relação medico-paciente, e a segurança e confidencialidade do paciente. A telemedicina não é proibida enquanto tal, mas os seus requisitos justificam um possível efeito restritivo à liberdade de prestação de serviços de saúde no Mercado interno. Estes requisitos aplicam-se aos prestadores de telemedicina estabelecidos em Portugal na medida em que o princípio do país de origem também se aplica às regras e orientações sobre qualidade e segurança estabelecidas pelo Estado-Membro de origem de acordo com o art. 4º da Diretiva 2011/24.

No que respeita aos serviços farmacêuticos online, o novo regime jurídico das farmácias[15] consagrou a possibilidade de as farmácias e os locais de venda de medicamentos não sujeitos a receita médica dispensarem medicamentos não só através da tradicional forma presencial mas também ao domicílio e de aceitarem pedidos feitos através da Internet.

§ 2. Informação e publicidade dos sítios de eHealth

A telemedicina e a farmácia online, enquanto serviços da sociedade da informação, devem cumprir os certos requisitos.[16] Para começar, os prestadores de serviços devem disponibilizar permanentemente em linha, em condições que permitam um acesso fácil e direto, elementos completos de identificação que incluam, nomeadamente, nome ou denominação social (a), endereço geográfico em que se encontra estabelecido e endereço eletrónico que permita uma comunicação direta (b); inscrições do prestador em registos públicos e respetivos números de registo (c); número de identificação fiscal (d); informação relativa à entidade que concedeu a autorização para exercer a atividade (e); o título profissional e o EM em que foi concedido, a entidade profissional em que se encontra inscrito, bem como as regras profissionais que disciplinam o acesso e o exercício dessa profissão (f). Por outro lado, os profissionais de saúde devem prestar informação clara e prévia à utilização dos

[15] Aprovado pelo Decreto-Lei nº 307/2007, de 31 de agosto, alterado pela Lei nº 26/2011, de 16 de junho, e pelo Decreto-Lei nº 171/2012, de 1 de agosto.

[16] Diretiva 2000/31, art. 5º; DL 7/2004, art. 10º.

serviços sobre eventuais custos para os destinatários além dos custos dos serviços de telecomunicações, incluindo ónus fiscais ou despesas de entrega, implicados pela prestação dos seus serviços de saúde (DL 7/2004, art. 10º/4).

Por outro lado, enquanto membros de profissão regulamentada, os prestadores de telemedicina só podem efetuar publicidade online em conformidade com as regras deontológicas da profissão.[17] Determinadas informações são excluídas, nos termos da diretiva e da lei sobre comércio eletrónico, do conceito de comunicações comerciais[18], a saber: as informações que permitam o acesso direto à atividade da sociedade, da organização ou da pessoa, nomeadamente um nome de área ou um endereço de correio eletrónico (1), e as comunicações relativas às mercadorias, aos serviços ou à imagem da sociedade, organização ou pessoa, compiladas de forma imparcial, em particular quando não existam implicações financeiras (2). Assim, não constituem publicidade os *sítios meramente passivos*, que não contêm mensagens de natureza promocional, i.e. que não incitam à aquisição de medicamentos pela Internet. Um sítio passivo de um médico ou de uma farmácia não é considerado publicidade, antes se equiparando às indicações inerentes ao exercício profissional, nomeadamente letreiros, impressos e outros documentos.

A publicidade online dos prestadores de serviços deve ser clara e inequivocamente identificada enquanto tal. É permitida a publicidade de profissões regulamentadas na Internet mediante sujeição ao cumprimento das regras profissionais em matéria de independência, dignidade e honra da profissão, bem como do sigilo profissional e da lealdade para com clientes e outros membros da profissão, devendo as associações e organizações profissionais ser incentivadas a elaborar códigos de conduta a nível comunitário, que permitam determinar os tipos de informações que podem ser prestadas para efeitos de comunicação comercial. Em vista disto, e tendo em conta o diploma do comércio eletrónico, os

[17] São permitidas restrições a este princípio geral, mas uma proibição total das comunicações comerciais por parte destes profissionais é afastada não apenas pela Diretiva 2000/31 mas também pela Diretiva 2006/123/CE, do Parlamento Europeu e do Conselho, de 12 de Dezembro, relativa aos serviços no mercado interno (art. 24º/1), transposta pelo Decreto-Lei nº 92/2010, de 26 de julho.

[18] Diretiva 2000/31, arts. 6º a 8º; DL 7/2004, arts. 20º, 21º, 23º.

sítios de serviços de saúde online poderão incluir mensagens de natureza promocional segundo os parâmetros a definir por códigos de conduta.

A proteção dos dados pessoais e da privacidade é uma matéria sensível na saúde *online*. Pela sua natureza, a telemedicina envolve o tratamento de dados pessoais através da criação e/ou da transmissão de dados pessoais de saúde[19]. Em especial, suscita-se o problema da utili-

[19] A proteção dos dados pessoais é prevista como direito fundamental no artigo 8º da Carta de Direitos Fundamentais da UE e desenvolvida pela Diretiva 95/46/CE do Parlamento Europeu e do Conselho, de 24 de outubro de 1995, relativa à proteção das pessoas singulares no que diz respeito ao tratamento de dados pessoais e à livre circulação desses dados. O tratamento de dados pessoais relacionados com a saúde é proibido a menos que certas condições estejam satisfeitas. De acordo com o TJUE, a noção de dados de saúde deve ser interpretada em termos amplos de modo a abranger informação sobre todos os aspetos, tanto físicos como psíquicos, da saúde de uma pessoa (acórdão de 6 de novembro de 2003, C-101/01, *Bodil Lindqvist*). O grupo de trabalho sobre proteção de dados, previsto no artigo 29, desenvolveu a interpretação deste conceito recomendando que os dados de saúde deveriam abranger: quaisquer dados pessoais estritamente relacionados com o estado de saúde da pessoa, tais como dados genéticos ou dados sobre o consumo de medicamentos, álcool e drogas e quaisquer outros dados contidos nos ficheiros clínicos sobre o tratamento de um paciente, incluindo dados administrativos (numero de segurança social, data de admissão no hospital, etc.), de modo a que qualquer dado que não seja relevante para o tratamento do paciente não seja inserido nos ficheiros médicos. Sobre as questões suscitadas pelo processo clínico eletrónico, regulado nos EUA pela *Health Insurance Portability and Accountability Act* de 1996 (Public Law 104-191), *vide* Article 29 Working Party Working Document on the processing of personal data relating to health in electronic health records (EHR), 2007; Vera Lúcia Raposo, 'O Fim da "Letra De Médico": Problemas Suscitados pelo Processo Clínico Eletrónico em Sede de Responsabilidade Médica', *Lex Medicinae*, nº 19 (2013), 51-78. Sobre a proteção de dados pessoais, *vide e.g.* Garcia Marques, Lourenço Martins, *Direito da Informática*, 2ª ed., Coimbra, Almedina, 2006, 129-313, 422-442, 330-391; Maria Eduarda Gonçalves, *Direito da Informação – Novos Direitos e Formas de Regulação na Sociedade da Informação*, 2ª ed., Coimbra, Almedina, 2003, 82-111, 173-183; Catarina Sarmento e Castro, *Direito da informática, privacidade e dados pessoais – A propósito da legalização de tratamento de dados pessoais (incluindo televigilância, telecomunicações e Internet por entidades públicas e por entidades privadas, e da sua comunicação e acesso)*, Almedina, Coimbra, 2005.

Para uma crítica à "bicefalia de regimes", consoante a natureza pública ou privada do prestador de serviços, na nossa legislação (Lei nº 67/98, de 26 de outubro, Lei nº 12/2005 de 26 de janeiro, e Lei nº 46/2007, de 24 de Agosto), *vide* Carla Barbosa, 'Aspectos Jurídicos do Acesso ao Processo Clínico'. *Lex Medicinae*, nº 7 (2010), 107-140. André Gonçalo Dias Pereira, 'Dever de documentação, acesso ao processo clínico e sua propriedade: uma perspectiva europeia', *Revista Portuguesa do Dano Corporal*, nº 16 (2006), e, do mesmo Autor, *Direitos dos pacientes e responsabilidade médica*, Coimbra Editora, 2015 (caps. 3 e 4 da parte III, sobre o direito à documentação e ao acesso à informação pessoal de saúde e sobre o direito à reserva da intimidade da vida privada (os dados de saúde), com referência à problemática do processo clínico eletrónico). Com efeito, a lei dos dados pessoais qualifica os dados de saúde como dados sensíveis (art. 7º/1) e permite o seu tratamento, incluindo os relativos à vida sexual e os dados genéticos, mesmo sem autorização do titular, quando for necessário para efeitos de *medicina preventiva, diagnóstico médico, prestação de cuidados ou tratamentos médicos,* ou *gestão de serviços de saúde,* desde que o tratamento desses dados seja efetuado por um *profissional de saúde* obrigado a *sigilo* ou por outra pessoa sujeita igualmente a *segredo profissional,* seja *notificado* à CNPD, nos termos do artigo 27º, e sejam garantidas *medidas adequadas de segurança da informação* (art. 7º/4). O direito de acesso à informação relativa a dados da saúde, incluindo os dados genéticos, é exercido por *intermédio de médico* escolhido pelo titular dos dados (art. 11º/5). Em França a hospedagem de dados de saúde só pode ser efetuada por prestadores devidamente acreditados por um organismo do Ministério da Saúde. A lei da informação pessoal de saúde (Lei 12/2005) estabelece igualmente que o acesso à informação de saúde por parte do seu titular, ou de terceiros com o seu consentimento, é feito através de médico, com habilitação própria, escolhido pelo titular da informação (art. 3º/3). Esta lei determina que a informação de saúde pertence à pessoa a que diz respeito, sendo as unidades do sistema de saúde seus depositários, e só pode ser utilizada *para fins de prestação de cuidados* e investigação em saúde e outros estabelecidos pela lei (art. 3º/1). Quando aos fins de investigação, o acesso à informação de saúde pode ser facultado se for anonimizada (art. 4º/3). O titular da informação tem direito ao conhecimento de todo o processo clínico que lhe diga respeito, salvo circunstâncias excecionais devidamente justificadas e em que seja inequivocamente demonstrado que isso lhe possa ser prejudicial, ou de o fazer comunicar a quem seja por si indicado (art. 3º/2). O processo clínico abrange qualquer registo, informatizado ou não, que contenha informação de saúde sobre doentes ou seus familiares, devendo conter toda a informação médica disponível que diga respeito à pessoa (art. 5º/2-3). Sendo que a consulta e a edição do processo clínico cabem apenas ao médico ou sob sua supervisão a outro profissional igualmente sujeito ao dever de sigilo (art. 5º/4-5). O responsável da unidade de saúde pelo tratamento da informação de saúde está sujeito a determinados deveres, no que respeita à confidencialidade, à segurança das instalações e dos equipamentos, ao controlo do acesso à informação, tem ainda um dever reforçado de sigilo e de educação deontológica dos profissionais (art. 4º/1). É proibido o acesso indevido de terceiros aos processos clínicos e aos sistemas informáticos que contenham informação de saúde, e são exigidos níveis de segurança que evitem nomeadamente a sua destruição, acidental ou ilícita, a alteração, difusão ou acesso não autorizado ou qualquer outra forma de tratamento ilícito da informação (art. 4º/2). Além disso, a gestão dos sistemas de informação deve assegurar a realização regular e frequente de cópias de segurança da informação de saúde (art. 4º/6; o Regulamento (UE) 611/2013 da Comissão de 24 de junho de 2013 impõe um dever de notificação em caso de violação de dados pessoais).

Por seu turno, a Lei do Acesso aos Documentos da Administração (Lei 46/2007) estabelece que o acesso a documentos nominativos que incluam dados de saúde pode ser efetuado pelo titular da informação ou por terceiro *autorizado por escrito* pelo titular ou por quem demonstre um *interesse direto, pessoal e legítimo,* suficientemente relevante segundo o princípio da proporcionalidade (arts. 2º/3 e 6º/5). Ao contrário da lei dos dados pessoais e da lei da informação pessoal de saúde, que exigem a mediação do médico no acesso aos dados, no

zação de dados pessoais, como o correio eletrónico, para fins de marketing direto. O envio de comunicações comerciais não solicitadas está agora regulado na Lei da proteção da privacidade nas comunicações eletrónicas[20], que exige consentimento prévio e expresso do assinante ou utilizador de serviços de comunicações eletrónicas, que seja pessoa singular (art. 13º-A/1). Abrange a utilização de correio eletrónico, incluindo SMS, EMS, MMS e similares. De todo o modo, o envio já é lícito se o prestador já tiver obtido as coordenadas eletrónicas de contato do paciente no âmbito de um fornecimento de produtos ou serviços, nos termos da Lei dos Dados Pessoais[21], desde que garanta aos clientes em causa, clara e explicitamente, a possibilidade de recusarem, de forma gratuita e fácil, a utilização de tais coordenadas, tanto no momento da respetiva recolha, como por ocasião de cada mensagem, quando o cliente não tenha recusado inicialmente essa utilização (art. 13º-A/3). Em qualquer caso, a identidade da pessoa em nome de quem é efetuada a comunicação não pode ser ocultada ou dissimulada, por força do princípio da identificabilidade das comunicações comerciais estabelecido no art. 21º do DL 7/2004 e já antes no Código da Publicidade.[22] Às pessoas coletivas é reconhecido o direito de recusarem o envio dessas mensagens, devendo para o efeito inscrever-se numa lista (art. 13º-A/2).

§ 3. Contratação pela via eletrónica

O diploma do comércio eletrónico estabelece a idoneidade da via eletrónica como meio de declaração negocial, equipara o documento eletrónico ao documento escrito, e proíbe cláusulas contratuais gerais

âmbito da LADAR a comunicação de dados de saúde é feita por intermédio de médico apenas se o requerente o solicitar (art. 7º). Em suma, ao abrigo desta lei, o acesso pode ser facultado a terceiro que pode dispensar a mediação do médico. Em todo o caso, o acesso não abrange notas pessoais, esboços, apontamentos e outros registos de natureza semelhante, que são excluídos da noção de documento administrativo (art. 3º/2-a).

[20] Lei nº 41/2004, de 18 de agosto (transpõe a Diretiva nº 2002/58/CE, do Parlamento Europeu e do Conselho, de 12 de Julho, relativa ao tratamento de dados pessoais e à proteção da privacidade no sector das comunicações eletrónicas), alterada pela Lei 46/2012, de 29 de agosto (transpõe a Diretiva nº 2009/136/CE, na parte que altera a Diretiva nº 2002/58/CE).

[21] Lei nº 67/98, de 26 de outubro (transpõe a Diretiva 95/46/CE).

[22] Aprovado pelo Decreto-Lei nº 330/90, de 23 de outubro, com a última alteração pela Lei nº 8/2011, de 11 de abril.

que imponham a celebração por via eletrónica dos contratos com consumidores.[23]

A proteção do consumidor justifica, aliás, um regime especial de formação do contrato, por via de deveres específicos dos prestadores de SSI, nomeadamente a obrigação de disponibilizarem determinadas informações, mecanismos de identificação e correção de erros e deveres de aviso de receção e de confirmação da encomenda.[24] Antes de ser dada a ordem de encomenda, o fornecedor deve disponibilizar ao consumidor dispositivos de identificação e correção de erros e disponibilizar-lhe certas informações prévias (que acrescem às previstas no art. 10º) sobre o contrato, o seu processo de celebração, arquivamento, línguas de celebração, meios técnicos de identificação e correção de erros, termos contratuais e cláusulas contratuais gerais, e códigos de conduta de que o fornecedor seja subscritor. Uma vez recebida uma ordem de encomenda, o prestador deve enviar aviso de receção para o endereço eletrónico do consumidor contendo a informação fundamental do respetivo contrato, sendo que na sequência do aviso de receção o consumidor terá que confirmar a encomenda para ela se tornar definitiva (art. 29º/5), parecendo assim que sem a confirmação o contrato não produz efeitos. De todo o modo, tanto o dever de aviso de receção como o de confirmação não são obrigatórios se houver imediata prestação em linha do serviço em cumprimento da encomenda ou se a negociação se efetuar por correio eletrónico ou meio equivalente.[25]

De notar que o regime dos direitos dos consumidores nos contratos à distância[26] não se aplica a serviços de cuidados de saúde, nem ao fornecimento de géneros alimentícios, bebidas ou outros bens destinados ao consumo corrente do agregado familiar, entregues fisicamente pelo fornecedor de bens em deslocações frequentes e regulares ao domicílio, residência ou local de trabalho do consumidor.

[23] DL 7/2004, arts. 25º e 26º.

[24] DL 7/2004, arts. 27º a 29º.

[25] Para desenvolvimentos, vide o nosso 'A via electrónica da negociação (alguns aspectos)', *Estudos de Direito do Consumidor*, nº 8 (2006/2007), p. 275-290.

[26] Decreto-Lei nº 24/2014, de 14 de fevereiro (transpõe para a ordem jurídica nacional a Diretiva nº 2011/83/UE, do Parlamento Europeu e do Conselho, de 25 de outubro de 2011, relativa aos direitos dos consumidores).

§ 4. Reembolso

A Diretiva 2011/24 estabelece, no artigo 7, as regras gerais de reembolso de despesas de saúde realizadas em outro EM, que correm em princípio por conta do EM do paciente.

Em princípio os pacientes não precisam de autorização prévia para receber serviços de saúde em outros EM. Frequentemente o paciente paga o serviço ao prestador e depois pede o reembolso no seu EM da quantia que receberia se o tratamento aí tivesse lugar (art. 7/4 da Diretiva 2011/24). Todavia, de modo a aliviar os encargos financeiros, os EM podem estabelecer um mecanismo de notificação prévia, de modo a que os pacientes possam saber antecipadamente e por escrito a quantia de reembolso a que terão direito (art. 9/5 Diretiva 2011/24).

Contudo, estas soluções podem ser limitadas em certas circunstâncias legalmente definidas. Por exemplo, a Diretiva estabelece uma isenção exceção geral fundada em razões extraordinárias de interesse geral (art. 7/9 Dir. 2011/24). Outra exceção está prevista no art. 8, permitindo um requerimento de autorização prévia para o reembolso de despesas médicas nomeadamente no caso de existirem sérias razões relativas à segurança e à qualidade dos serviços de saúde prestados, e que pode tornar-se uma situação habitual na telemedicina derivado aos riscos associados com este modo de prática médica. Para ultrapassar este obstáculo equaciona-se a adoção de um conjunto básico de regras comuns para a telemedicina, uma vez que a referida restrição se aplica a serviços de saúde que não são objeto de harmonização.

O reembolso pode ser recusado se o EM de origem do paciente considerar que o tratamento em causa podia ter sido adequadamente prestado internamente, um com fundamento na exceção de interesse geral, ou ainda pela falta de autorização prévia, quando exigida. Todavia, as referidas restrições ao direito de reembolso devem ser necessárias e proporcionais e nunca podem funcionar como mecanismo de discriminação ou como obstáculo às liberdades fundamentais do Mercado interno.

§ 5. Farmácia na Internet

O antigo regime jurídico da farmácia não previa a possibilidade de as farmácias oferecerem os seus produtos e aceitarem encomendas pela Internet. O conceito normativo de farmácia era limitado a instalações físicas com determinadas dimensões e caraterísticas, vinculadas a determinada área geográfica.[27] O novo regime jurídico das farmácias[28] permite a oferta e encomenda de medicamentos pela internet. O art. 9º/1 prevê a possibilidade de apresentação do pedido de medicamento por qualquer meio de comunicação, incluindo a página eletrónica na Internet de cada farmácia (oferta e encomenda online). Todavia, a dispensa e entrega de medicamentos ao público só pode ser efetuada pelo pessoal da farmácia nas instalações desta ou no domicílio do utente (dispensa e entrega presencial). O pessoal da farmácia compreende o diretor técnico e outro farmacêutico, e eventualmente técnico de farmácia ou outro pessoal devidamente habilitado – arts. 23º e 24º).[29]

A utilização de página eletrónica, bem como a atividade de entrega de medicamentos ao domicílio nos referidos termos, não depende de autorização, mas está sujeita a *comunicação prévia* ao INFARMED (art. 9º/3). Sendo que "As condições e os requisitos da dispensa de medicamentos ao domicílio e através da Internet" são regulamentadas por portaria do membro do Governo responsável pela área da saúde (art. 57º/-b; art. 9º/6).[30] De todo o modo, a lei das farmácias estabelece algumas regras, como sejam a responsabilidade do diretor técnico da farmácia pela prestação da informação necessária à adequada utilização do medicamento, bem como o registo de cada pedido de entrega ao domicílio (art. 9º/5); e a obrigação de as farmácias disporem nas suas instalações, nomeadamente, da Farmacopeia Portuguesa, em edição de papel, em formato eletrónico ou online, a partir de sítio da Internet reconhe-

[27] Lei nº 2125, de 20 de março de 1965, e Decreto-Lei nº 48 547, de 27 de agosto de 1968. Cf. o nosso 'Farmácia electrónica: sobre a comercialização de medicamentos na Internet'. *Lex Medicinae – Revista Portuguesa de Direito da Saúde*, nº 1, 2004, 33-42.

[28] Aprovado pelo Decreto-Lei nº 307/2007, de 31 de agosto, e alterado pela Lei nº 26/2011, de 16 de junho, e pelo Decreto-Lei nº 171/2012, de 1 de agosto.

[29] Os deveres de assistência na dispensa e entrega de medicamentos poderão ser válidos relativamente a outros produtos que podem ser vendidos nas farmácias, como sejam produtos homeopáticos e naturais, dispositivos médicos, suplementos alimentares e produtos de alimentação especial, produtos fitofarmacêuticos, cosméticos e de higiene corporal, artigos de puericultura e produtos de conforto (DL 307/2007, art. 33º). De todo o modo, a exigência de prestação presencial dessa informação será contrária à jurisprudência do TJUE firmada no acórdão *Ker-Optika* (C-108/09, 2/12/2010).

[30] Trata-se da Portaria nº 1427/2007, de 2 de novembro.

cido pelo INFARMED (art. 37º). Esta norma integra o sítio da Internet reconhecido pelo INFARMED como parte das instalações da farmácia.[31]

A Portaria nº 1427/2007 consagra a possibilidade aberta pela lei de o pedido de dispensa de medicamentos para entrega ao domicílio ser feito não apenas presencialmente (nas farmácias ou nos locais de venda de medicamentos não sujeitos a receita médica) mas também a distância através do sítio eletrónico da farmácia, de correio eletrónico, telefone ou telefax (art. 2º/1).

A dispensa de medicamentos não está sujeita a autorização especial mas depende de comunicação prévia do sítio eletrónico ao INFARMED (art. 5º/1), ao qual cabe disponibilizar em local adequado do seu sítio na Internet a lista dos endereços dos sítios da Internet que lhe forem comunicados (art. 6º).

São estabelecidas algumas condições para a dispensa de medicamentos ao domicílio e através da Internet. Para começar, a entrega ao domicílio deve ser feita sob a supervisão de um farmacêutico, no caso de farmácia, ou de um farmacêutico ou técnico de farmácia, no caso de local de venda de medicamentos não sujeitos a receita médica, cabendo-lhes a responsabilidade pela informação necessária à adequada utilização do medicamento (art. 2º/2-3). A entrega ao domicílio de medicamentos está limitada ao município onde se encontra instalada a farmácia e aos municípios limítrofes, só pode ser assegurada pela farmácia ou, no caso de medicamento não sujeito a receita médica pelo local autorizado à respetiva venda, onde o medicamento é solicitado[32], e, no que toca aos medicamentos sujeitos a receita médica, deve cumprir as regras de apresentação obrigatória de receita médica (art. 3º). Quanto ao transporte, devem, ser observadas as regras de transporte previstas nas boas práticas de distribuição de medicamentos.

Por outro lado, a Portaria nº 1427/2007 estabelece requisitos específicos dos sítios eletrónicos das farmácias. Dispõe o art. 4º/1 que "As

[31] Sobre o sítio eletrónico como valor empresarial, *vide* o nosso 'Empresa, comércio electrónico e propriedade intelectual', *Nos 20 Anos do Código das Sociedades Comerciais, Homenagem aos Professores Doutores A. Ferrer Correia, Orlando de Carvalho e Vasco Lobo Xavier*, Coord. António Pinto Monteiro, Volume I – Empresas e Sociedades, Coimbra Editora, 2007, p. 439-478.

[32] Todavia, a Portaria possibilita que as farmácias ou os locais de venda de MNSRM partilhem conjuntamente o referido sítio eletrónico detidas, geridas ou exploradas pela mesma pessoa singular ou sociedade comercial (art. 4º/2).

farmácias devem dispor de um sítio eletrónico, individualizado, propriedade da farmácia ou do local de venda de MNSRM, disponibilizando as seguintes informações: a) Preço dos serviços prestados relacionados com a dispensa de medicamentos e respetiva entrega ao domicílio; *b*) Formas aceites de pagamento; *c*) Área geográfica em que a farmácia assegura a dispensa ao domicílio; *d*) Tempo provável para a entrega dos medicamentos solicitados; *e*) Nome do director técnico da farmácia ou do responsável técnico do local de venda de medicamentos não sujeitos a receita médica."

Os pedidos de dispensa de medicamentos para entrega ao domicílio efetuados nomeadamente pela Internet devem ser registados com referência à identificação do medicamento, à quantidade dispensada e ao município de entrega, devendo a referida informação ser disponibilizada ao INFARMED sempre que solicitado (art. 7º).

Quanto a saber se os sítios das farmácias podem difundir informações relativas a medicamentos sujeitos a receita médica, a publicidade aos medicamentos de uso humano está sujeita ao regime jurídico previsto no Estatuto do Medicamento[33], e, subsidiariamente, no Código da Publicidade. Os titulares de Autorização de Introdução no Mercado devem remeter a publicidade ao INFARMED, competindo-lhe fiscalizá-la com vista à promoção do uso racional do medicamento e dos produtos de saúde. Em especial, é proibida a publicidade a medicamentos que não sejam objeto de uma autorização ou registo válidos para o mercado nacional e a publicidade junto do público em geral dos medicamentos sujeitos a receita médica (a) ou que contenham substâncias definidas como estupefacientes ou psicotrópicos, ao abrigo de convenções internacionais que vinculem o Estado português (b) ou sejam comparticipados pelo SNS (c), salvo campanhas de vacinação efetuadas pela indústria ou campanhas de promoção de medicamentos genéricos efetuadas pela indústria desde que aprovadas pelo INFARMED. Em qualquer caso, no

[33] Decreto-Lei nº 176/2006, de 30 de agosto, na redação que lhe foi dada pelo Decreto-Lei nº 128/2013, de 5 de setembro, alterado pela Lei nº 51/2014, de 25 de agosto. Por seu turno, a publicidade de dispositivos médicos regula-se pelo Decreto-Lei nº 145/2009, de 17 de junho, e, subsidiariamente, pelo Código da Publicidade. A publicidade de produtos cosméticos é regulada pelo Regulamento (CE) Nº 1223/2009 do Parlamento Europeu e do Conselho, de 30/11/2009, pelo Regulamento (UE) Nº 655/2013 da Comissão, de 10/07/2013 e pelo Decreto-Lei nº 189/2008, de 24 de setembro.

patrocínio de iniciativas dirigidas ao público, é proibida a menção ao nome de um medicamento, salvo se realizada nos termos do Estatuto do Medicamento (art. 152º/5).

Ora, a propósito da difusão em sítios das farmácias de informações relativas a medicamentos sujeitos a receita médica, o Tribunal de Justiça da União Europeia decidiu, no acórdão de 5 de maio de 2011[34], que o art. 88º/1-a) da Diretiva 2001/83

> "não proíbe a difusão num sítio da Internet, por uma empresa farmacêutica, de informações relativas a medicamentos sujeitos a receita médica, quando estas informações se encontram acessíveis neste sítio apenas a quem as procura obter e quando essa difusão consista exclusivamente na reprodução fiel da embalagem do medicamento, nos termos do artigo 62º da Diretiva 2001/83, (...), bem como na reprodução literal e integral da bula ou do resumo das características do produto aprovados pela autoridade competente em matéria de medicamentos. É, pelo contrário, proibida a difusão nesse sítio de informações sobre um medicamento que tenham sido objeto, por parte do fabricante, de uma seleção ou de uma alteração que só se possam explicar em virtude de uma finalidade publicitária."

§ 6. Tribunal competente e lei aplicável

6.1. Nos termos do Regulamento 1215/2012[35], as partes são livres de designar, por acordo escrito, o tribunal competente para dirimir possíveis litígios entre si. Todavia, por razões de proteção do consumidor, a liberdade das partes é limitada quando estão em causa relações entre profissionais e consumidores. Se as partes não escolherem o foro competente, a regra geral é a da competência dos tribunais do EM de domicílio do réu. Todavia, em certas circunstâncias, um réu pode ser processado perante os tribunais de outro Estado-membro.

Em matérias de responsabilidade civil extracontratual, é competente o tribunal do local onde ocorreu ou possa ocorrer o facto danoso. Na telemedicina transfronteiriça, o local onde ocorre o facto danoso corresponde ao Estado-Membro no qual o prestador está situado

[34] Proc. C-316/09, *MSD Sharp & Dohme GmbH c. Merckle GmbH.*

[35] Regulamento 1215/2012 do Parlamento Europeu e do Conselho, de 12 de dezembro de 2012, regula a competência judiciária, o reconhecimento e a execução de decisões em matéria civil e comercial. Revogou e substituiu o Regulamento nº 44/2001 de 22 de Dezembro de 2000.

quando presta o serviço (a) e o local onde o dano ocorre corresponde ao EM onde o paciente se encontra quando recebe a consulta médica ou o tratamento (b).

No domínio da responsabilidade contratual, distingue-se entre contratos apenas entre profissionais (B2B) e contratos entre profissionais e consumidores (B2C). Nos primeiros, são competentes os tribunais do EM onde, nos termos do contrato, os serviços foram prestados ou deviam ter sido prestados (art. 7º/1). Nos segundos, só pode ser intentada uma ação contra o consumidor nos tribunais do EM do seu domicílio quando a atividade do profissional seja dirigida a esse EM ou a vários EM incluindo esse (arts. 17º/1-c e 18º). Nos acórdãos *Alpenhof e Pammer*[36], o TJUE clarificou a noção de atividades dirigidas no contexto da Internet, no sentido de que para determinar se um sítio profissional dirige a sua atividade ao EM do domicílio do consumidor deve ter-se em conta se, antes da celebração de qualquer contrato, resultava desse sítio e da sua atividade em geral que procurava oportunidades de negócio nesse EM. O Tribunal de Justiça apresenta, para o efeito, uma lista não exaustiva de tópicos, tais como a natureza internacional da atividade, a referência a itinerários a partir de outros EM para ir ao local de estabelecimento do profissional, a utilização de línguas ou de moedas para além das que são geralmente aceites no seu EM de estabelecimento, a menção a números de telefone com código internacional, recurso a serviços pagos de indexação de resultados de pesquisa para facilitar acesso ao seu sítio por parte de consumidores domiciliados em outros EM, etc. Para o Tribunal de Justiça, a mera acessibilidade do profissional no EM de domicílio do consumidor é insuficiente para estabelecer a conexão, por ex. quando um consumidor português solicita serviços de telemedicina de um prestador sueco apenas disponíveis em sueco.

Se a atividade não é dirigida ao EM de domicílio do consumidor, são competentes os tribunais do EM onde, nos termos do contrato, os serviços foram prestados ou deviam ter sido prestados. Segundo a Diretiva 2011/24, no caso da telemedicina, considera-se que os cuidados de saúde são prestados no EM de estabelecimento do prestador (art. 3/d).

[36] Proc. C-144/09 e C-585/08, de 7 de dezembro de 2010. Sobre o tema *vide*, com indicações, o nosso 'Os pactos atributivos de jurisdição nos contratos electrónicos de consumo', *Estudos de Direito do Consumidor*, nº 3 (2001), p. 281-300.

6.2. Quanto à lei aplicável, o Regulamento Roma I[37] regula a lei aplicável a contratos civis e comerciais. Relativamente a contratos entre profissionais (B2B), a regra geral é a da liberdade de escolha, no sentido de que a lei aplicável ao contrato será a que as partes expressamente escolherem. Na falta de escolha, vale a regra supletiva para os serviços, i.e. a lei do EM da residência habitual ou país de origem do prestador de serviços (art. 4º/1-b).

Quanto a contratos entre profissionais e consumidores (B2C), as partes também são livres de escolher a lei aplicável mas o consumidor não pode ser privado da proteção que lhe é conferida pelas normas imperativas da lei do seu EM de domicílio. Na falta de escolha, a lei aplicável é ou a lei do país da residência habitual do consumidor no caso de o profissional dirigir as suas atividades para esse EM ou para vários EM incluindo esse, ou, caso contrário, a lei do EM onde o prestador tem a sua residência habitual (art. 6).

Em matéria de responsabilidade extracontratual, o Regulamento Roma II[38] estabelece a regra geral da aplicação da lei do país onde ocorre o facto danoso, i.e. a lei do EM onde o paciente recebe o tratamento. Esta lei aplica-se independentemente do país no qual o facto danoso ocorreu (i.e. o EM onde o profissional de saúde se encontrava no momento da consulta ou do tratamento) e do país ou países onde ocorram as consequências indiretas desse facto (art. 4º/1). Todavia, em certas condições, as partes podem escolher outra lei por acordo após o facto danoso ter ocorrido (art. 14º).

No que respeita à relação entre a lei aplicável e o princípio do país de origem, o artigo 4 da Diretiva 2011/24 estabelece que a prestação de cuidados de saúde transfronteiriça deve respeitar a legislação do EM do tratamento e as normas e diretrizes sobre qualidade e segurança estabelecidas por esse Estado-Membro (art. 4º), i.e. o tratamento deve ser realizado em conformidade com a lei do país de origem do prestador. Esta solução não contraria as regras estabelecidas nos Regulamentos Roma I e II sobre a lei aplicável (art. 2º/q da Diretiva 2011/24) uma vez que a lei aplicável à responsabilidade civil pode ser de um EM diferente

[37] Regulamento (CE) nº 593/2008 do Parlamento Europeu e do Conselho, de 17 de Junho de 2008, sobre a lei aplicável às obrigações contratuais (Roma I).

[38] Regulamento (CE) nº 864/2007 do Parlamento Europeu e do Conselho, de 11 de Julho de 2007, relativo à lei aplicável às obrigações extracontratuais («Roma II»).

da do prestador de serviços. O âmbito do artigo 4 da Diretiva 2011/24 é limitado a questões de direito público, e conjuga-se com o artigo 17 do Regulamento Roma II nos termos do qual na determinação da conduta da pessoa considerada responsável devem ter-se em conta as regras de segurança em vigor no local do facto danoso, i.e. o facto gerador de responsabilidade. Por exemplo, se o EM do tratamento é Portugal por ser o país de origem do prestador de telemedicina, mas as partes escolheram o direito espanhol, este só se aplica à questão da responsabilidade civil entre as partes, embora os padrões impostos pelo direito português sejam relevantes para determinar se o cirurgião cumpriu os requisitos de qualidade e segurança aplicáveis à telemedicina.

§ 7. Conclusão

A utilização generalizada das tecnologias da informação e da comunicação em rede é uma realidade também no setor da saúde. A lei acompanha o desenvolvimento tecnológico e permite, dentro de certos limites, tanto a telemedicina como a farmácia online, em vista dos benefícios proporcionados pelas novas tecnologias.

Todavia, a migração para o ambiente digital, se por um lado é uma oportunidade com inegáveis vantagens, por outro é igualmente uma fonte de riscos acrescidos para direitos fundamentais dos pacientes, em especial no que respeita a matérias tão sensíveis como a proteção dos dados pessoais e da privacidade. Se o futuro da saúde passa também, em boa medida, pela Nuvem[39], a proteção dos dados pessoais e da privacidade não deverá ser remetida para o estatuto de mero custo de tran-

[39] Nos termos da Comunicação da Comissão ao Parlamento Europeu, ao Conselho, ao Comité Económico e Social Europeu e ao Comité das Regiões, *Explorar plenamente o potencial da computação em nuvem na Europa*, COM(2012) 529 final, Bruxelas, 27.9.2012, "A «computação em nuvem» em termos simples pode ser entendida como o armazenamento, tratamento e utilização de dados em computadores remotos a que se acede através da Internet. Isto significa que os utilizadores podem controlar, mediante pedido, uma capacidade computacional quase ilimitada, que não têm de realizar grandes investimentos de capital para satisfazer as suas necessidades e que podem ter acesso aos seus dados em qualquer local através de ligação à Internet. A computação em nuvem permite reduzir substancialmente as despesas informáticas dos utilizadores e desenvolver uma grande quantidade de novos serviços. Recorrendo à computação em nuvem, as empresas, mesmo as de menor dimensão, podem penetrar em mercados cada vez maiores e as administrações públicas podem tornar os seus serviços mais atraentes e eficientes, contendo ao mesmo tempo as despesas."

sação do desenvolvimento da economia digital. Antes pelo contrário é fundamental assegurar o respeito por estes direitos fundamentais, tanto ao nível do controlo de acesso, da autenticidade e integridade, como da confidencialidade, da interoperabilidade e da segurança dos dados e das comunicações.[40]

Tarefa que não se afigura fácil, num mundo sem fronteiras, marcado pelo avanço tecnológico sobre a legislação e em que se assiste à utilização em massa de dispositivos eletrónicos e aplicações de saúde, que permitem acompanhar em 'tempo real' o estado de saúde de cada um. Mas tarefa nem por isso impossível, para quem, como nós defende um ciberespaço subordinado à lei.[41]

[40] Em ordem a responder aos desafios da Nuvem em matéria de tratamento de dados pessoais e de invasões à vida privada das pessoas nos domínios dos cuidados de saúde foram elaboradas determinadas recomendações. *Vide*, por ex., Article 29 Working Party Opinion 05/2012 on Cloud Computing, 2012; Cloud Standards Consumer Council, *Impact of Cloud Computing on Healthcare*, 2012. Entre os principais riscos da Nuvem apontam-se: as falhas de segurança de informação, como quebras de confidencialidade, integridade ou disponibilidade de dados pessoais, não detetadas pelo responsável pelo tratamento (a); a transferência de dados para países sem proteção adequada de dados pessoais (b); termos de serviços que permitem ao operador da nuvem tratar os dados em desconformidade com as instruções do responsável (c); a utilização dos dados por parte dos servidores de nuvem ou terceiros associados para os seus próprios fins sem o conhecimento ou a autorização do responsável (d); a responsabilidade evanescente dos subcontratados (e); perda de controlo dos dados e do seu tratamento e incapacidade de controlar as atividades do provedor de Nuvem (f); impossibilidade de fiscalização por parte das autoridades de proteção de dados relativamente ao tratamento dos dados pelo responsável ou pelo provedor de nuvem (g) – Berlin International Working Group on Data Protection in Telecommunications, *Working Paper on Cloud Computing – Privacy and data protection issues* ("Sopot Memorandum"), 2014. Alguns destes problemas encontram já resposta na lei interna (*vide supra* nota 19), pese embora o tratamento destas questões ser ainda algo embrionário entre nós, quando comparado com outros países, nomeadamente o sistema Kanta finlandês – *vide* Carolina Lindqvist, *Access management and control in eHealth systems*, University of Helsinki, 2013 – http://www.cs.helsinki.fi/u/carolili/ehealth/ehealth.pdf

[41] *Vide*, com referências, o nosso 'Direito ciberespacial: «soft law» ou «hard law»?», *Estudos em Homenagem ao Prof. Doutor José Joaquim Gomes Canotilho*, Volume III – *Direitos e Interconstitucionalidade : Entre Dignidade e Cosmopolitismo*, org. Fernando Alves Correia, Jónatas Machado, João Carlos Loureiro, Coimbra: Coimbra Editora, 2012, p. 685-710.

Os Biobancos no atual contexto da Investigação Científica e preocupações de saúde pública

ANDREIA DA COSTA ANDRADE*

RESUMO: A temática foi escolhida atendendo às descobertas registadas na área da genética, que vieram agudizar a tensão que há muito o Direito procura apaziguar entre as exigências de tutela dos direitos fundamentais dos cidadãos, as necessidades de investigação científica na área da medicina e os interesses comerciais gerados em torno dos novos conhecimentos bio-tecnológicos. As referidas inovações impõem a intervenção do Direito carreando para a discussão própria das ciências naturais as suas coordenadas de cariz axiológico, económico, político e social, imprimindo no específico campo da saúde os limites e deveres da ciência para com os cidadãos. A empreitada a que me proponho tem necessariamente de se iniciar, e disso tratarei neste estudo, por uma contextualização dogmática onde se inclui a delimitação por categorias dos vários tipos de Biobancos existentes de acordo com as caraterísticas específicas de cada um, bem como a consideração dos diferentes enquadramentos jurídico-normativos de cada país e as respostas apresentadas por cada ordenamento jurídico na tentativa de equilibrar os riscos inerentes à aplicação da biotecnologias disponíveis ao sector da saúde com as potencialidades e perspetivas de melhoria dos cuidados de saúde prestados aos cidadãos. Concluindo com o aflorar de uma proposta de regulamentação para um futuro próximo.

* Doutoranda em Direito Público pela Faculdade de Direito da Universidade de Coimbra e Investigadora integrada na equipa da Stemlab, S.A.

PALAVRAS-CHAVE: Biobancos – Investigação Biomédica – Dados Genéticos – Amostras Biológicas – Saúde Pública

ABSTRACT: The theme was chosen in view of the findings reported in the area of genetics, who came to intensify the tension there is much demand law appease between the requirements of protection of citizens' fundamental rights, the needs of scientific research in the area of medicine and commercial interests generated around the new technologic knowledge. These innovations require transporting the Law intervention for discussion own natural sciences your coordinates of axiological nature, economic, political and social, printing in specific field of health the limits and duties of science towards the citizens. The journey that I propose has necessarily to start, and that will in this study, by a dogmatic context including the delimitation by categories of various types of existing Biobanks according to the specific characteristics of each, as well as consideration of the different legal and regulatory frameworks of each country and the answers submitted by each legal system in an attempt to balance the risks inherent in the application of bio-available to the health sector with the potential and perspectives for improvement of health care provided to citizens. Concluding with the touch on a proposal for a regulation for the near future.

KEYWORDS: Biobanks – Biomedical Research – Genetic Data – Biological Samples – Public Health

> *«Health is the result of biological and social determinants; both are important. Nature dictates the laws for biological determinants; people create the laws for social determinants. Nature's laws are hard to discover and are eternal whether or not they suit humanity; people's laws are easily written and can be changed at anytime to suit humanity better»*[1].

1. Considerações preliminares

Nas primeiras aulas a que assisti na qualidade de estudante da Licenciatura em Direito na Faculdade de Direito da Universidade de Coimbra, não estava ainda ciente da importância da investigação científica e da discussão jurídico-doutrinal em torno dos grandes temas implicados pela medicina e pelas inovações biomédicas. No entanto,

[1] ATTARAN A[1], PANG T, WHITWORTH J, OXMAN A, MCKEE M; *Healthy by law: the missed opportunity to use laws for public health*, Lancet, Ottawa, Janeiro de 2012.

e não obstante não integrarem o programa de qualquer unidade curricular, cedo as contingências do Direito da Medicina e do Biodireito me interpelaram, cativando-me pela sua constante ebulição e abrangência impondo ao Direito e a outras ciências sociais, indagações e respostas que até então não se colocavam. Associar-me a este tributo é por isso, além de ocasião de grande alegria pela consideração e estima que dedico ao homenageado, oportunidade de desenvolver o estudo que, de uns anos a esta parte, venho empenhando e que agora serve de argumento ao programa de Doutoramento que empreendi na escola que me acolhe desde a licenciatura.

O estudo apresentado não aspira a um tratamento exaustivo das questões jurídicas implicadas pelos avanços tecnológicos proporcionados pelos Biobancos. Atenta a complexidade e extensão da temática, limitar-me-ei a gizar o trajeto, como se de um esboço de uma obra se tratasse, a percorrer num estudo mais desenvolvido do tema.

2. Investigação Científica e Biobancos

Até ao final do século XVIII, a medicina repousou na segurança de que a saúde advinha do equilíbrio entre os líquidos corporais, pelo que a cura universal residiria no derrame de sangue[2]. Por milhares de anos, desde Hipócrates, o conhecimento médico permaneceu inalterado, estagnado neste estado de coisas. O panorama alterou-se de há 200 anos a esta parte, registando-se um notável progresso no âmbito das ciências médicas. Os dogmas de outros tempos foram ultrapassados dando lugar a métodos sofisticados de diagnóstico e tratamento de doenças. Entre 1945 e 1965, por exemplo, foram desenvolvidos, e a sua utilização tornou-se comum, medicamentos contra infeções bacterianas, hipertensão e psicose. Iniciaram-se procedimentos como a transplantação de órgãos e a sustentação artificial da vida por meio de dispositivos como *pacemakers* e ventiladores[3].

Estes são os resultados visíveis da investigação médica desenvolvida ao longo de anos. No entanto, a necessidade de investigação contínua permanece perante a urgência de alcançar novos meios de diagnóstico

[2] Lindberg B.S., *Clinical data – a necessary requirement for realizing the potential of biobanks,* in *Biobanks as resources for health,* Uppsala, Universitetstryckeriet, 2003, p.21-32.

[3] Jonsen A.R., *A short history of medical ethics,* New York, Oxford University Press, 2000.

e tratamento ou melhoria da qualidade de vida no caso de a cura não ser ainda possível para novas doenças ou novas variantes de doenças que estigmatizam a nossa sociedade. Um dos casos mais prementes, e sobre o qual a ciência tem focado a sua melhor atenção, é o cancro infantil. Uma área onde a investigação tem proporcionado grandes melhorias seja no diagnóstico, seja na terapêutica. De acordo com os dados divulgados em 2012, cerca de 300 crianças são diagnosticada com cancro a cada ano na Suécia. Não obstante a investigação médica ter proporcionado nas últimas décadas um progresso assinalável relativamente à taxa de mortalidade verificada em períodos anteriores, neste momento regista-se ainda uma taxa de 25% de crianças diagnosticadas com cancro que se debate contra uma morte prematura[4]. O desenvolvimento da investigação permitirá, senão o estabelecimento de terapêutica tendente à cura, a possibilidade de diagnóstico precoce e por consequência a intervenção célere e eficaz dos meios técnico-científicos disponíveis.

Um exemplo demonstrativo da urgência do cabal desenvolvimento da investigação científica é a rápida evolução das novas doenças bem como o surgimento e rápida propagação de novas estirpes de vírus à escala mundial. Na memória coletiva está ainda presente o recente caso da "gripe suína" (provocada pela infeção com o vírus H1N1). O primeiro foco de infeção que foi detetado no México em Abril de 2009 e até o final desse mesmo ano, a doença propagou-se por mais de 200 países, causando pelo menos 12.220 mortes[5]. A pandemia a que agora nos referimos sobressaltou a comunidade internacional pelo facto de, num mundo globalizado como é o dos nossos tempos, estar facilitada a propagação de doenças a uma velocidade e escala incontroláveis. Além disto, a intervenção médica com a aplicação da vacina Pandremix a crianças como método profilático contra a infeção com o H1N1 foi neste contexto associada ao aumento da incidência de narcolepsia entre as crianças vacinadas. Neste circunspeto, importa realçar que o conhecimento médico proporcionado pela investigação científica é essencial para lidar com futuras crises de saúde pública, assim como para formular os meios profiláticos cuja relevância na melhoria da resposta imunitária se reco-

[4] The Swedish Childhood Cancer Foundation, disponível em: www.barncancerfonden.se.

[5] World Health Organization, disponível em: http://www.who.int/csr/don/2009_12_30/en/index.html.

nhece sem olvidar, porém, os efeitos adversos associados à sua utilização como seja a indução de determinadas doenças ou a autoimunidade.

Outro dos argumentos apontados pelos profissionais da saúde adjuvante do desenvolvimento da investigação médico-científica prende-se com o crescente problema da resistência às drogas. O aumento da resistência aos antibióticos em conjunto com a falta da inovação antibacteriana tem sido reconhecida como uma séria ameaça pela comunidade científica. Neste ponto, a investigação científica é imprescindível porque as doenças sobejamente conhecidas não poderão continuar a ser tratadas com os métodos tradicionais de forma eficaz por a bactéria ou organismo que lhe está na origem se ter entretanto tornado resistente à farmacologia administrada, continuando a evoluir com os subjacentes riscos para a saúde da comunidade[6].

É neste contexto que a investigação biomédica[7] se tem revelado a chave de acesso à plena eficácia dos tratamentos médicos partindo da análise dos dados proporcionados pela genética. Para o desenvolvimento da investigação científica muito contribuiu a sequenciação do genoma humano que veio permitir o desenvolvimento de modelos terapêuticos direcionados que permitem, por sua vez, adaptar a cada organismo e constituição genética a farmacologia e terapêuticas mais apropriadas, do mesmo modo que vem proporcionando conhecimento mais profundo sobre as origens e causas de doenças multifatoriais (advenientes de uma combinação de fatores genéticos com fatores ambientais). Diante dos argumentos aduzidos *supra* é imperiosa a conclusão da

[6] STJERNSCHANTZ F., Joanna, *Biobank Research: Individual Rights and Public Benefit*, Uppsala: Acta Universitatis Upsaliensis, 2012.

[7] A investigação médica pode ser estruturada em duas categorias: a investigação interventiva e observacional. A primeira, de natureza experimental, envolve a avaliação dos efeitos de uma intervenção no organismo humano. Por exemplo, a administração de um novo medicamento a pacientes para comparação da sua eficácia por contraposição com a farmacologia tradicional. Diferente é a investigação observacional na qual, por recurso a amostras biológicas de pacientes e/ou dados clínicos associados, se procura detetar a presença de recetores do fármaco ou terapêutica em estudo e reportar os efeitos sobre o tecido ou amostra em causa. A distinção revela-se de suma importância desde logo atentos os diferentes graus de risco envolvidos e a possibilidade de produção de danos na saúde ou integridade física, que como se compreende, podem ser avultados na primeira modalidade e praticamente inexistentes na segunda, embora não se ignore outro tipo de riscos para direitos igualmente essenciais dos participantes.

urgência da implementação de políticas de saúde pública que incentivem e promovam a investigação médico-científica.

No entanto, a investigação biomédica é altamente dependente da capacidade de dispor de grandes quantidades de amostras biológicas. De facto, investigação na área da saúde exige a coleta de material biológico humano, o seu adequado armazenamento e o acesso aos dados associados, que poderão ser cruciais para correta análise dos resultados alcançados pelos investigadores. Por esta razão, os biobancos ganharam grande importância para a investigação científica na área da medicina, sendo cada vez mais reconhecida como uma infraestrutura fundamental para a investigação. Este neologismo, que é agora comummente utilizado entre cientistas e profissionais da área da saúde, designa em termos simples, uma coleção organizada de material biológico humano e informações associadas armazenados para fins de pesquisa ou prestação de cuidados de saúde.

Apesar de desde há muito os profissionais da saúde estudarem as patologias e as terapêuticas a aplicar a partir de amostras biológicas [8], o termo biobanco surgiu pela primeira vez na PubMed em 1996, tendo--se tornado de utilização recorrente a partir de 2000 para descrever as coleções de material biológico que variam desde grandes repositórios de base populacional, onde se armazenam milhares de amostras, até pequenas coleções utilizadas por hospitais ou unidades de pesquisa para estudo focados em determinada patologia. Em 2009 a Revista Time designou a atividade dos Biobancos como uma das 10 ideias que estão a mudar o Mundo.

3. Definição e Tipos de Biobancos

Usei até a este momento, deliberadamente, a expressão "Biobanco" sem determinar o seu conteúdo e alcance, pois pretendo antes de mais

[8] Desde 1858, quando Rudolf Virchow logrou demonstrar que as células não podem surgir espontaneamente mas são antes geradas por outras células, que os médicos, em especial os patologistas, têm vindo a realizar estudos sobre amostras de tecido humano recolhido dos seus pacientes. A novidade consiste na técnica de armazenamento e conservação das amostras com garantia de preservação das caraterísticas originas por um longo período de tempo. Sobre a evolução da medicina e em especial o contributo da investigação científica desde os seus primórdios *vide* Weatherall, D, *Science and the quiet art – medical research e patient care*, Oxford University Press, Oxford,1995.

demonstrar as necessidades a que procura dar resposta e o contexto em que surgiu o conceito. Não há uma definição de biobanco, variando a determinação conceptual na mesma extensão que varia o regime ético-jurídico aplicado por cada país. Vejamos alguns exemplos:

Na Dinamarca, designa-se por Biobanco «uma estrutura organizada de material biológico humano cujo acesso se restringe por critérios e onde as informações contidas na amostra biológica pode ser relacionado com as pessoas» [9].

França e Alemanha dispõem de definições próximas. Nestes países biobancos são «entidades particular ou publicamente sustentadas para armazenamento a longo prazo de substâncias corporais humanas». Tratam-se pois de «coleções de amostras de substâncias corporais humanas que são ou podem ser associados com dados pessoais e informações sobre seus doadores». «Os Biobancos têm um caráter duplo, como coleções de amostras e de dados» [10].

Nos termos definidos pelo ordenamento jurídico da Noruega, o conceito de Biobanco designa a «coleção e o armazenamento de amostras biológicas de um ou vários indivíduos de origem anônima ou não» [11].

Na vizinha Espanha, apesar de não ser regulado de modo homogéneo atenta a organização político-administrativa do país, os biobancos são definidos nos termos da Lei da Investigação Biomédica como «estabelecimento que acolhe uma coleção de amostras biológicas organizadas como uma unidade técnica com critérios de qualidade, ordem e destino»[12].

A Lei da Suécia entende por Biobanco o conjunto do «material biológico de um ou vários seres humanos recolhido e armazenado por tempo determinado e pode ser relacionado com os seres humanos a quem originariamente pertence»[13].

E por fim, em Portugal a Lei 12/2005, 26 de Janeiro, no seu artigo 19º estatui que se entende por Biobanco «qualquer repositório de amostras

[9] Health Science information Banks (Biobanks), Copenhagen, Danish Council of Ethics, 1996.

[10] Opinion Biobanks for research, Berlin, German National Ethics Council (NER), and the French Comité Consultatif National d'Ethique (CCNE), 2004, p. 97.

[11] Norwegian Biobanks Act, 2003.

[12] Artigo 3º, d) da Ley 14/2007 de 3 de julio, Ley de Investigación Biomédica.

[13] Swedish Act on Biobanks (SF 2002:297).

biológicas ou seus derivados, com ou sem tempo delimitado de armazenamento, quer utilize colheita prospetiva ou material previamente colhido, quer tenha sido obtido como componente da prestação de cuidados de saúde de rotina, quer em programas de rastreio, quer para investigação, e que inclua amostras que sejam identificadas, identificáveis, anonimizadas ou anónimas».

A delimitação conceptual diversificada espelha as diferenças registadas ao nível da regulamentação interna das questões suscitadas pela criação e exploração dos Biobancos. Mas a variação ocorre também em função do tipo de Biobanco em referência. Isto porque, milhões de amostras de tecido são recolhidas e armazenadas em todo o mundo para efeitos de prestação de cuidados de saúde, ensino, controlo de qualidade ou desenvolvimento de investigação. Estima-se que existam cerca de 100 milhões de amostras armazenadas na Suécia, com 23 milhões de novas amostras adicionadas a cada ano. Do mesmo modo, mais de 300 milhões de amostras biológicas humanas são armazenadas nos Estados Unidos, crescendo ao ritmo de 20 milhões de novas amostras por ano[14].

Fica claro que os Biobancos foram organizados de modo heterogéneo e por diversas razões, que vão desde a recolha e análise de material biológico para fins de diagnóstico, ou terapêutica, até à obtenção e análise de amostras obtidas por meio de participação voluntária em projetos de investigação científica. A categorização que a seguir se oferece, onde se estratificam os diferentes tipos de biobancos (como biobancos clínicos, biobancos para investigação científica e biobancos de base populacional em grande escala), é necessariamente limitadora, como todas as classificações, por procurar arrumar em categorias estanques uma realidade ainda não completamente definida nem regulamentada seja ao nível internacional seja ao nível nacional.

3.1. Biobancos Clínicos

Os biobancos clínicos têm por norma uma base hospitalar onde recolhem amostras que representam uma variedade de doenças, contendo uma coleção muito mais heterogénea de materiais biológicos[15].

[14] STJERNSCHANTZ F., Joanna, *Biobank Research: Individual Rights and Public Benefit*, Uppsala: Acta Universitatis Upsaliensis, 2012, p.26.

[15] Em Portugal merece referência o Biobanco-IMM iniciado em Outubro de 2012. Trata-se de uma estrutura criada pelo IMM que acolhe e armazena uma enorme coleção de amostras

O uso de amostras com fins clínicos (ou seja de diagnóstico e terapêutica) tornou-se comum na atual prestação de cuidados médicos, podendo suceder em momentos distintos da intervenção médica e com diversas finalidades: detetar uma patologia, registar a sua evolução ou resposta ao tratamento, ou a sua regressão... Tradicionalmente, as coleções de material biológico desenvolveram-se com a acumulação de amostras provenientes de procedimentos médicos (sejam de diagnóstico, como é o caso das biopsias, seja material resultante de intervenção cirúrgica ou até amostras de fluidos corporais) depositadas nos departamentos de patologia de unidades hospitalares. No final da pesquisa patológica, as amostras biológicas rotineiramente tomadas no contexto dos cuidados de saúde para fins relacionados com diagnóstico ou tratamento são maioritariamente descartadas, mas algumas amostras são mantidas para uso futuro, muitas vezes para a segurança dos pacientes (de modo que aquelas possam ser reanalisadas ou comparadas com amostras futuras) sendo arquivadas como parte integrante do historial clínico do paciente.

Segundo Zielhuis os biobancos clínicos partem das amostras recolhidas para focar o estudo sobre doenças específicas, possibilitando estudos de caso-controle eficazes como o estudo da interação genes/ambiente, bem como estudos de prognóstico ou seja interação genes/

biológicas, doadas voluntariamente, com o objetivo de incentivar a investigação biomédica. «O objetivo é criar uma estrutura física onde são guardadas amostras biológicas em condições perfeitas de conservação, durante muitos anos, e ao mesmo tempo a informação clínica dos doentes associados a essas amostras. Esta informação é guardada numa estrutura informática específica que permite a segurança contra qualquer utilização indevida», segundo as declarações do Prof. Doutor João Eurico Fonseca, Diretor do Biobanco-IMM. Atualmente contém milhares de amostras biológicas humanas, desde sangue, soro, saliva, urina, osso, ADN e tecido tumoral, e respetiva informação clínica. No incentivo à investigação biomédica, o Biobanco-IMM garante uma utilização rigorosa e cientificamente pertinente das amostras que constituem a sua coleção. A cedência das amostras para investigação faz-se após aprovação do projeto pela Comissão de Ética, que valida o âmbito e a finalidade da investigação científica, e de acordo com a Comissão Científica, garante a utilização mais adequada para cada amostra. O Biobanco-IMM colabora com diversas organizações de saúde e departamentos de investigação biomédica, está integrado na rede europeia de biobancos do BBMRI – Biobanking and Biomolecular Resources Research Infrastructure (Infraestrutura de Investigação de Recursos Biomoleculares e Biobancos), o que permite uma maior visibilidade das suas coleções. Informações disponíveis em http://www.imm.fm.ul.pt/web/imm/biobank.

tratamento[16]. A título de exemplo deixaremos a nota do estudo epidemiológico realizado por WALLIN que ilustra a utilidade de biobancos clínicos. De acordo com o estudo citado, foi detetada a presença do Papiloma Vírus Humano (HPV) em exames de Papanicolau realizados durante exames de rotina foi associado com um aumento de 16 vezes no risco de cancro cervical futuro[17]. No estudo, um pequeno biobanco registado e o Swedish Cancer Registry actuaram em colaboração de meios com o intuito de encontrar casos e controlos. Este é um estudo importante porque pesquisas anteriores haviam sido realizados em amostras colhidas após o diagnóstico do cancro e, portanto, a ordem temporal de eventos não poderia ser estabelecido, ou seja, a infeção com o vírus pode ter sido também um efeito do cancro.

Pelo exposto, um biobanco clínico constitui um importante recurso de apoio à investigação da origem e progressão das doenças com alto impacto na saúde dos cidadãos. A riqueza de uma estrutura desta natureza depende da diversidade e da qualidade das amostras biológicas que armazena e disponibiliza à comunidade científica. A existência de amostras tanto de dadores saudáveis como de doentes, a presença de mais do que uma amostra do mesmo dador e a disponibilização de informação clínica dos dadores, representa um recurso fundamental na identificação de novos testes de diagnóstico e prognóstico, bem como de medicamentos inovadores.

3.2. Biobancos de Investigação Científica

Como vimos, a prestação de cuidados médicos quotidianos revelou a necessidade de dispor de amostras biológicas dos pacientes para efeitos de diagnóstico ou de terapêutica, não se limitando a utilizar e descartar as amostras, mas antes a armazena-las e a retirar delas a maior quantidade de informação possível através de novas análises ou estudos de acordo com o estado do paciente, sem necessidade de obter nova amostra. Foi a partir desta premissa que se desenvolveu a investigação biomédica, que se orientou de igual modo para o estudo celular e genético do material biológico humano. Atenta esta nova predisposição da investigação e a inerente necessidade de dispor de amostras, organizaram-se redes

[16] Zielhuis, G.A., Biobanking for epidemiology. Public Health, 2012. 126(3): p. 214-6.
[17] Wallin K, Wiklund F, Ångström T., et al. Type-specific persistence of human papillomavirus DNA before the development of invasive cervical cancer. N Engl J Med 1999; 341(22): 1633-8.

de intercâmbio de amostras entre centros de estudo e investigadores. A mais recente tendência é a criação de estabelecimentos dedicados de forma específica a colocar à disposição dos investigadores que o requeiram, material biológico de qualidade, cujas características se adaptem às necessidades concretas da investigação a empreender. É com este objetivo que os Biobancos para investigação científica obtêm as amostras, procedem ao seu tratamento garantindo a qualidade da amostra e a manutenção das suas caraterísticas por meio da conservação em condições adequadas distribuindo ou cedendo depois para investigação biomédica.

No fundo os biobancos de investigação científica pretendem promover a investigação biomédica de vanguarda colocando à disposição da comunidade científica material biológico de origem humana, de qualidade, adequadamente classificado e conservado para atender às solicitações dos investigadores. Nesta demanda estas infraestruturas de base da investigação biomédica atuam no mais estrito respeito pelas normas de proteção dos direitos dos participantes titulares do material biológico, evitando deste modo a proliferação de redes de tráfico de matérias biológicos humanos. Nos exatos termos em que a OCDE formulou as «Guidelines on Human Biobanks and Genetic Research Databases» em 2009, considerando para estes efeitos Biobanco de amostras humanas e banco de dados genéticos para investigação biomédica como recursos estruturados e disponíveis para investigação que incluem: *a)* materiais biológicos humanos e/ou informações geradas da sua análise, bem como *b)* extensa informação associada[18].

Apesar de representarem um desenvolvimento recente, os biobancos para investigação científica vêm sendo objeto de interesse crescente, sendo reconhecido como um elemento crucial na execução das estratégias de saúde pública em todo o mundo[19]. No entanto, as instituições dedicadas à investigação científica têm-se deparado com dificuldades no

[18] Disponível para consulta em http://www.oecd.org/science/biotech/44054609.pdf.

[19] Neste circunspecto queremos realçar o Projeto MONICA desenvolvido pela Organização Mundial de Saúde que teve como objetivo estudar as tendências e determinantes das doenças cardiovasculares. De acordo com os dados publicados em 1990, 79% dos 2.000 indivíduos selecionados aleatoriamente no norte da Suécia concordou em participar, e suas amostras de sangue (doados para a pesquisa sobre "cardiovascular desordens e diabetes ") foram armazenados num banco biológico para uso futuro. A população do estudo foi posteriormente ampliado e agora inclui cerca de 12 000 indivíduos examinados, com 18 000 com registo de enfarte do miocárdio e 21 000 acidentes vasculares cerebrais registrados.

que tange à investigação transfronteiriça e a imprescindível colaboração entre biobancos de vários países ou até mesmo dentro das fronteiras de um Estado. É a estas dificuldades e desafios que procuraremos dilucidar no próximo ponto.

3.3. Biobancos de base populacional

Distintos dos biobancos clínicos, mas com o mesmo intuito dos biobancos de investigação científica, podemos ainda destacar em função da sua dimensão os Biobancos Populacionais.

O objetivo principal da investigação nos biobancos de base populacional consiste em descobrir biomarcadores para a suscetibilidade à doença dentro da população em causa, não possuindo uma base a nível hospitalar. Podemos definir biobanco de base populacional como um grande depósito de ADN humano doado e / ou a sua informação, recolhida a partir de voluntários saudáveis, que são representativos de uma região, país ou grupo étnico. Os dados que acompanham a amostra doada compreendem não só a história médica, mas também medidas físicas e de informação epidemiológica (por exemplo: hábitos de vida, status socioeconómico).

Na Europa encontramos vários exemplos de biobancos de base populacional, o que, atenta a diversidade da população europeia, representa uma ferramenta preciosa na elaboração de estratégias de investigação biomédica com intuito de desenvolver instrumentos de diagnóstico ou de terapêutica. Os exemplos incluem o Biobanco do Reino Unido[20], o

Ao vincular estes registros para o outro o risco de doença em desenvolvimento podem ser relacionados com a características que as pessoas indicadas quando foram examinados.

[20] O UK Biobank coletou amostras e dados de saúde dos 500 000 indivíduos entre 40 e 69 anos de idade. De acordo com as informações disponíveis na página oficial, este biobanco é um importante recurso nacional de saúde com o objetivo de melhorar a prevenção, diagnóstico e tratamento de uma ampla gama de graves e com risco de vida doenças, incluindo cancro, doenças cardíacas, acidente vascular cerebral, diabetes, artrite, osteoporose, perturbações visuais, depressão e formas de demência – *vide* http://www.ukbiobank.ac.uk.

LifeGene (na Suécia)[21], e o Estonian Projeto Genoma[22]. Estes biobancos armazenam uma elevada quantidade de amostras e estão a sofrer um rápido desenvolvimento, crescendo de forma acentuada, especialmente após o sequenciamento do genoma humano, em 2000. Com a constituição destes biobancos os países esperar alcançar um conhecimento mais avançado na prevenção das doenças genéticas por meio do investimento na investigação como genes interagem com o ambiente das pessoas e estilo de vida.

4. Desafios colocados ao Direito: a necessidade de harmonização dos regimes jurídicos

A temática dos Biobancos vem sendo abordada da perspetiva dos profissionais dedicados à exploração científica, não faltando quem, como acabámos de ver, exalte as vantagens destas estruturas para o impulso da investigação científica em medicina. Mas a armazenagem em grande escala de dados genéticos e materiais biológicos provoca uma série de controvérsias, tanto a nível nacional como internacional. Aspetos essencialmente jurídicos que merecem maior atenção, como sejam os termos em que é prestado o consentimento informado, o regime de proteção de dados e segredo médico, bem como a propriedade intelectual sobre as inovações alcançadas com base na exploração das amostras.

A estas acrescem questões decorrentes da dicotomia entre os interesses comercial e público na exploração dos Biobancos. Não raras vezes, são colocados em litígio os valores da equidade, universalidade e

[21] O LifeGene é um projeto de base populacional que foi iniciado na Suécia com o objetivo de recrutar meio milhão de pessoas e de seguir o seu estado de saúde, a fim de estudar as doenças comuns e problemas de saúde, tais como a asma, alergias, infeções, obesidade, lesões por esforço repetitivo, fadiga crônica e dor, e as principais doenças na vida adulta, doenças cardiovasculares e cancro. O projeto tem encontrado dificuldades de regulamentação com base no fato de que ele é uma infraestrutura para pesquisas futuras, em vez de um estudo de pesquisa em si, sendo questionada inclusive a validade do consentimento prestado pelos participantes. Informações disponíveis em https://www.lifegene.se/.

[22] O Estonian Genome Project foi lançado em 1999, e procurava criar um banco de dados genético incluindo praticamente todos os cidadãos da Estónia, mas a taxa de inscrição foi muito menor do que o previsto, e seu objetivo atual é para incluir 5% da população. Um objetivo explícito do projeto é conceder aos participantes o acesso aos seus dados, para que possam beneficiar da personalização da medicina num futuro próximo. *Vide* http://www.geenivaramu.ee/en.

gratuitidade do acesso aos dados e amostras armazenadas com os interesses comerciais na divulgação e expansão dos métodos científicos disponíveis para a prática quotidiana da medicina, como se de realidades inconciliáveis se tratasse. Não se nos afigura que esta seja a formulação mais correta do problema, isto porque é possível traçar um modelo equilibrado que granjeie a confiança da população participante no Biobanco – por meio da partilha de benefícios para a saúde pública – preservando a atratividade para o sector comercial.

Os desafios colocados à investigação científica baseada em amostras recolhidas e armazenadas em biobancos, que pretende desenvolver-se no sentido de aproveitar todas as potencialidades e benefícios possíveis desta prática, prendem-se, por um lado, com as dificuldades geradas pelas diferentes práticas laboratoriais no momento da colheita, processamento e conservação das amostras registadas e, por outro lado, com os diversos enquadramentos legais das questões implicadas pela atividade dos Biobancos nos vários países. A primeira das barreiras ao desenvolvimento da investigação biomédica é de ordem técnico-científica cabendo aos cientistas definir procedimentos padrão para a colheita, processamento e armazenamento das amostras que permita a partilha e análise de informações de modo adequado[23].

É o segundo desafio que interpela o Direito exigindo uma solução que dê resposta cabal a todos os interesses envolvidos. Do audaz jurista que se aventura pelos caminhos da Biomedicina, não se espera que domine as regras da biologia, mas antes que apreenda conceitos de modo a consiga estruturar sobre os princípios jurídicos basilares um regime

[23] As práticas amplamente variadas em relação por exemplo aos momentos da coleta, armazenamento e procedimentos de consentimento podem representar uma barreira para a pesquisa e colaboração, limitando o acesso a amostras e dados. Neste contexto, um estudo recente indica que a partilha limitada e a falta de articulação de amostras constitui um entrave com graves consequências para a investigação em áreas como a farmacogenética. A falta de homogeneidade nos procedimentos é a dificuldade que mais obsta à criação de um real benefício público para a saúde partindo destas coleções de amostras. Por isso, tem sido sugerido que há uma forte necessidade de uma abordagem harmonizada sobre as práticas dos biobancos e melhoria das redes de existentes e novas coleções – cfr. European Commission Joint Research Centre Institute for Prospective Technological Studies, *Biobanks in Europe: Prospects for Harmonisation and Networking*, European Union, 2010, disponível para consulta em http://ftp.jrc.es/EURdoc/JRC57831.pdf.

normativo que assegure o equilíbrio entre a liberdade de investigação e os direitos dos indivíduos.

4.1. Enquadramento normativo relevante

Como vimos os primeiros biobancos surgiram da necessidade clínica de conservar as amostras obtidas na prestação de cuidados médicos, uma prática que, com o passar do tempo e atendendo ao potencial científico que representa, se tornou imprescindível para a obtenção de conhecimentos na área da medicina e depressa logrou um nível de técnico-científico que hoje reconhecemos a estas infraestruturas que são muito mais do que *stocks* de amostras biológicas humanas, constituindo ponto de partida para qualquer entidade que pretenda empreender um processo de investigação científica na área da biomedicina. Vimos também que a natureza, extensão, objetivos e métodos dos biobancos são muito variáveis. A rápida evolução e a heterogeneidade desta nova realidade que confronta a Ciência Jurídica são as mais importantes causas da ausência de regulamentação sólida, clara e específica. Na verdade, a maioria dos países que se confronta com a emergência destas estruturas no seu território não dispõe de um quadro legal que estabeleça em concreto as regras pelas quais se hão-de pautar a atividade de colheita, processamento e armazenamento do material biológico humano. Conscientes desse facto, procuramos neste ponto compilar a legislação que, não se referindo diretamente ao estabelecimento e exploração de Biobancos, aborda aspectos relacionados com esta atividade moldando de algum modo o quadro em que atualmente se desenvolve a investigação científica.

O quadro jurídico concernente ao tema de que agora nos ocupamos é parco, sendo de todo o modo de destacar da perspetiva internacional a Recomendação nº (92) 1 do Conselho da Europa, de 10 de Fevereiro, relativa ao uso de análises do ácido desoxirribonucleico (DNA) no âmbito do sistema de justiça criminal; a Recomendação nº (92) 3 do Conselho da Europa, de 10 de Fevereiro, sobre testes genéticos e Triagem para Fins de Saúde [24]; a Recomendação nº (97) 5 do Conselho da Europa, de

[24] Ambas consideram que as amostras biológicas não são dados pessoais, mas antes suportes desse tipo de informação que pode ser recolhida através da análise da amostra apropriada. Dito de outro modo, as amostras biológicas e tecidos corporais são suporte de dados, devendo como tal ser tratados da mesma forma que dados médicos processados automaticamente.

13 de Fevereiro, sobre proteção dos dados médicos; e a Recomendação nº (2006) 4 do Conselho da Europa, de 15 de Março, relativa à investigação com material biológico de origem humana.

Referência incontornável é ainda a Declaração Internacional sobre os dados genéticos humanos elaborada pela UNESCO, e aprovada a 16 de outubro de 2003. É o primeiro instrumento jurídico internacional a estabelecer uma série de regras sobre amostras biológicas e sobre dados pessoais que podem ser coletados a partir dessas amostras, estabelecendo, se bem que não vinculativamente, que os dados genéticos podem conter informações de relevância desconhecida no momento da coleta das amostras biológicas e, que os dados genéticos podem ser culturalmente importante para os indivíduos ou grupos de pessoas. Por outro lado a Declaração estabelece os requisitos que devem ser cumpridos na utilização de amostras biológicas conservadas quando comportem a obtenção de dados genéticos: é estipulada a necessidade do consentimento prévio, livre, informado e expresso do titular da amostra. De facto, o documento contém diretrizes da maior relevância para a orientação dos regimes a criar na esfera nacional, no entanto, não é vinculativa podendo a legislação nacional fixar exceções, nomeadamente a esta exigência quando os dados médicos revistam importância para a investigação médico-científica ou para a saúde pública. Temos que levar em conta que este documento tem uma grande importância porque estabelece alguns princípios que servirão de base para futuras regulamentações nacionais sobre a matéria.

No quadro da União Europeia, regista-se um interesse crescente na temática dos biobancos abordada em reuniões de grupos de trabalho e de investigação. Ainda assim, o quadro normativo do tema que agora nos ocupa é espartilhado, sendo os seus múltiplos aspetos regulados por diplomas não direcionados concretamente para as problemáticas envolvidas na atividade dos Biobancos. É o caso da Diretiva 2001/20//CE, relativa à aproximação das disposições legislativas, regulamentares e administrativas dos Estados-Membros respeitantes à aplicação de boas práticas clínicas na condução dos ensaios clínicos de medicamentos para uso humano, que veio estabelecer, no seu artigo 8º, que o Comis-

Toas os texto citados estão disponíveis para consulta em: http://www.coe.int/t/dg3/healthbioethic/texts_and_documents/default_en.asp.

são Europeia formulará e publicará indicações pormenorizadas sobre a apresentação do pedido e a documentação a apresentar para solicitar o parecer do Comité de Ética, nomeadamente no que respeita à informação comunicada aos participantes, e às garantias adequadas para assegurar a proteção dos dados pessoais. Essa orientação foi publicada em Abril de 2003 e remete por sua vez para a Diretiva 95/46/CE do Parlamento Europeu e do Conselho, de 24 de Outubro de 1995 relativa à proteção das pessoas singulares no que diz respeito ao tratamento de dados pessoais e à livre circulação desses dados[25].

O último instrumento normativo a citar no quadro da UE incidente sobre aspetos dos Biobancos é a Diretiva 2004/23/CE do Parlamento Europeu e do Conselho, de 31 de Março de 2004 relativa ao estabelecimento de normas de qualidade e segurança em relação à dádiva, colheita, análise, processamento, preservação, armazenamento e distribuição de tecidos e células de origem humana. Com enfoque na utilização de células e tecidos humanos, um ramo dos cuidados de saúde que vem registando um desenvolvimento interessante atentas as oportunidades em aberto no tratamento de doenças consideradas incurável até agora, o normativo agora em análise procura garantir a qualidade e a segurança destas substâncias a fim de evitar a transmissão de doenças e de proteger a saúde pública.

4.2. Direito Comparado

Numa perspetiva de direito comparado merece destaque a Lei Suécia sobre Biobancos aprovada em 23 de Maio de 2002. Isto porque, além de oferecer uma definição legal de biobanco, como tivemos oportunidade de referir *supra*, estabelece as regras relativas a cada momento desde a criação, à aplicação de conceitos essenciais como o consentimento informado, a exploração e a transferência das amostras. Não obstante

[25] O regime jurídio europeu concernente à protecção de dados pessoais conheceu recentemente um grande desenvolvimento após um longo processo legislativo. O Regulamento (UE) 2016/679 do Parlamento Europeu e do Conselho de 27 de abril de 2016, publicado no J.O. L 119 de 4.5.2016, que só será aplicável em todos os Estados-Membros a partir de maio de 2018, aborda várias questões fundamentais imbicadas essencialmente com os direitos dos titulares dos dados, as obrigações dos responsáveis pelos tratamentos de dados pessoais (criando a figura do Data Protection Officer), a supervisão e sanção pelos Estados-Membros, bem como a transfetência de dados pessoais para países terceiros.

conhecer regulamentação específica incidente sobre a temática dos biobancos, a lei em causa tem sido fortemente criticada por ter o seu âmbito reduzido aos biobancos inseridos no sistema nacional de saúde, o que restringe a aplicabilidade das suas normas aos biobancos de base populacional. Estas entidades recorrem a um modelo de consentimento informado amplo, ao contrário dos biobancos detidos por entidades que, de natureza pública ou privada (no a estas últimas concerne referimo-nos aos biobancos utilizados para investigação biomédica detidos por empresas do sector da biotecnologia que é consabidamente o quarto maior da Europa e que tanto vem contribuindo para o conhecimento biomédico e desenvolvimento da farmacologia), se dedicam à investigação biomédica centrada em determinada patologia ou fármaco, que utilizam um modelo de consentimento informado específico e criticando abertamente a crescente burocratização a que a sua atividade está sujeita em claro prejuízo relativamente aos biobancos populacionais inseridos no sistema nacional de saúde. No que tange à política de proteção de dados, a Suécia, á semelhança de outros Estados-Membros, transpôs a Diretiva 95/46/CE e densificou o regime com outros diplomas que à escala do seu ordenamento jurídico, nem sempre se coadunam com a Lei dos Biobancos surgindo vazios legais e zonas de tensão.

Também o Reino Unido aprovou em Novembro de 2004 a Human Tissu Act. Um diploma que além da criação da Human Tissue Authority (HTA), a entidade responsável pelo licenciamento da atividade dos biobancos no país, estabeleceu um regime abrangente da atividade biomédica desenvolvida sobre células e tecidos humanos. Em especial, e após intenso debate do projeto, foi estabelecida em secção dedicada ao conceito, os termos em que o consentimento do paciente/participante deve ser prestado e em que termos pode ser retirado, determinando o fim da conservação da amostra.

No ordenamento jurídico Espanhol, os Biobancos são regulados nos termos da Lei 14/2007 relativa à Investigação Biomédica. Tal diploma veio pôr cobro à lacuna legal existente até então e prevê agora ampla regulamentação relativa à obtenção, armazenamento, transferência e utilização de amostras biológicas, partindo do princípio basilar da prestação de consentimento informado como facto legitimante da manipulação de amostras biológicas e dados pessoais associados (embora preveja a possibilidade de anonimização das amostras em determinadas circunstâncias), impõe a disponibilização de informação relativa ao objeto da pesquisa, benefícios esperados e riscos associados à colheita e armazenamento. A Lei sobre Investigação Biomédica reconhece ainda o direito dos participantes a revogar a sua autorização para exploração científica da amostra cedida a qualquer momento, bem como a garantia de confidencialidade dos dados armazenados. É ainda consagrado o princípio da gratuidade de modo a impedir a discriminação de pacientes e investigadores no acesso às amostras biológicas e inerentes oportunidades de exploração e pesquisa biomédica e farmacológica sobre elas. Quanto aos biobancos, as exigências de respeito pela autonomia, liberdade e confidencialidade que conformam o consentimento informado e a política de proteção de dados são também consagrados no diploma. Foi instituído o Registro Nacional de Biobancos, do qual devem constar todas as agências que disponham de coleções e procedam ao tratamento das amostras biológicas para fins de investigação.

Outros ordenamentos jurídicos e as respetivas normas dedicadas ao tema que agora focamos mereceriam destaque, mas a extensão e natureza do estudo ora apresentado não permite uma abordagem tão detalhada quanto desejaríamos, sem prejuízo de a levar a cabo em capítulo apropriado na Dissertação de Doutoramento. Não podemos, no entanto, encerrar esta parte sem uma especial referência ao sistema jurídico português. Nos mesmos termos do definido pelo regime geral[26] lavra a Lei da Informação Genética Pessoal e Informação de Saúde, a Lei 12/2005 de 26 de Janeiro, que em Portugal regulamenta alguns dos aspetos implicados pelos biobancos e estatui que a colheita de amostras biológicas é permitida apenas quando previamente seja obtido parecer favorável por parte de uma comissão de ética e a autorização para a colheita de dados clínicos por parte da Comissão Nacional de Proteção de Dados. Mas importa analisar este regime em pormenor em sede própria.

4.3. Proposta

Estamos neste momento em condições de tecer algumas considerações sobre o enquadramento jurídico internacional e europeu cabido

[26] No nosso ordenamento jurídico o regime geral é nos oferecido pelo artigo 70º, nº 1 do Código Civil que estatui um direito ao controlo sobre as partes do seu próprio corpo. Mesmo as partes que sejam destacadas (como é o caso das amostras biológicas) gozam de tutela deste direito de personalidade.

aos Biobancos, com especial atinência aos temas implicados pela utilização das amostras biológicas humanas para fins de investigação científica. Prestando a atenção devida aos profissionais que todos os dias se confrontam com as dificuldades na realização da investigação biomédica à qual é hoje indispensável a atividade dos biobancos, deixamos ecos dessas preocupações como se de focos sobre um regime normativo a estruturar se tratassem.

As potencialidades da inovação constituída pelos Biobancos é toldada no momento que vivemos pela influência de instrumentos jurídicos que afetam a atividade em causa. A questão que se coloca é pois a de saber: deve a abordagem jurídica da atividade dos Biobanco continuar a ser operada de modo parcelar e repartido pelas especificidades de cada ordenamento jurídico, ou deve ser adotado nesta matéria um regime europeu capaz de cobrir todos os aspetos essenciais de modo potenciar a criação de uma rede ou sistema de colaboração entre Biobancos e países que proporcione uma base de trabalho para a investigação científica? Sugerimos que as tensões existentes entre os diversos instrumentos jurídicos a operar nesta matéria e as disparidades verificadas entre as normas nacionais sejam superadas por legislação no quadro europeu que, integrada pelos princípios que presidiram à criação da União Europeia e que se encontram expressos nos tratados que a regem, dê resposta unitária às questões suscitadas pela colheita, tratamento, armazenamento e exploração científica de amostras biológicas humanas. Estamos conscientes de que a criação de tal instrumento se confrontará com obstáculos significativos, nomeadamente a dificuldade de apreciar, discutir e decidir uma questão tão complexa entre vários Estados Membros. Tomará o seu tempo, até porque a solução a criar terá de se coadunar com as normas já em vigor, e que sejam de manter, quer no quadro europeu quer ao nível dos ordenamentos jurídicos nacionais. Uma solução que temos por desejável e oportuna atenta a necessidade de regulação das inovações registadas pela biotecnologia e os conhecimentos da biomedicina. Na verdade, a oportunidade de regulação coerente e ampla dos biobancos no quadro europeu (e internacional) não deve ser desperdiçada atenta a relevância da temática no contexto atual[27].

[27] Neste sentido veja-se TOWNEND, David; *The Politeness of Data Protection. Exploring a legal instrument to regulate medical research using genetic information and biobanking;* Maastricht, 2012.

A definição de um regime unitário, harmonizador do espaço europeu neste aspeto, constitui a criação de uma solução abrangente que daria resposta às questões do estatuto jurídico da "doação" da amostra biológica, da delimitação do consentimento informado, da eventual comunicação dos *incidental findings* (seja ao titular seja aos familiares), da constituição de propriedade intelectual, bem como da proteção a conferir à privacidade por contraposição dos interesses públicos na utilização dos dados.

Em concreto, no que à proteção da privacidade respeita, a legislação a aprovar no sector dos Biobancos empenhar-se-ia na construção de um regime legal tendente ao equilíbrio entre os interesses dos indivíduos, superando as dificuldades de aplicação que a Diretiva 95/46/CE vem conhecendo com as interpretações diversas resultantes da transposição para os ordenamentos jurídicos nacionais. Também a questão da informação necessária à prestação de um consentimento válido e eficaz carece de harmonização. Os modelos aplicados até ao momento variam entre um consentimento amplo com referência genérica do fim de investigação científica até um modelo de consentimento específico com concretização do estudo, método e resultados esperados com a exploração científica da amostra e dos dados associados. O consentimento informado, livre e esclarecido e expresso é a base ético-normativa da colheita, tratamento e conservação das amostras e dados associados em todos os países. No entanto, as discrepâncias verificadas quanto ao procedimento, extensão e rigor da informação prestada aos participantes constitui um entrave à colaboração entre os investigadores e projetos de investigação, com as consequentes dificuldades criadas ao progresso científico e os riscos de contorno destas dificuldades por meios que coloquem em causa os direitos dos participantes.

Outro aspeto que merece a melhor atenção será o modelo de governação dos Biobancos, em especial a admissibilidade de estruturas detidas por entidades privadas, ou apenas por entidades públicas, ou a construção de uma via alternativa que permita conciliar as duas vias tradicionais, num esforço conjunto dos sistemas de saúde públicos e das empresas do ramo da biotecnologia interessadas em acrescentar conhecimento e contribuir com ferramentas inovadoras para a saúde e qualidade de vida dos cidadãos. Todos estes pontos serão objeto de estudo aprofundado em local apropriado para discussão de perspetivas e possíveis vias de solução.

5. Considerações Finais

«A inovação em saúde é um processo criativo que transforma um intangível – o conhecimento – em produtos, processos e procedimentos tangíveis, e que ao fazê-lo cria valor simultaneamente em três domínios distintos: na saúde (melhor saúde, maior qualidade nos cuidados de saúde), na economia (a partir do sistema de saúde), e na qualidade das relações entre os diferentes atores sociais na saúde (capacitando e ouvindo melhor o cidadão-cliente)»[28].

SAKELLARIDES

Não obstante ser ter revelado conhecimento empírico de grande valia logo no século XIX e entretanto ter conhecido desenvolvimentos assinaláveis, só em meados do século XX, a genética alargou os limites do conhecimento e das inovações tecnológicas vindo a interferir nos modos de produção, nas relações sociais e na própria natureza humana. Foi nos anos 90 que se revelaram as grandes repercussões do avanço científico nesta área e de suas aplicações tecnológicas no campo da economia, do direito e da cultura. Essa parafernália tecnocientífica, a que chamamos "progresso" carreou consigo as incertezas, os riscos e a perplexidade diante de um conhecimento e uma técnica que requerem especial atenção do Direito.

Pese embora o reconhecimento generalizado da relevância das biotecnologias nas sociedades hodiernas, os avanços científicos, os procedimentos e ferramentas utilizadas geram incertezas éticas e legais que exigem regulamentação equilibrada atenta a complexidade do tema que afeta direitos fundamentais do ser humano. Do Direito, enquanto «última instância crítica da comunidade», espera-se que processe todas as informações técnicas, ético-culturais e político-económicas deste quadrante da realidade social e estruture os princípios adequados, defina as regras com prudência e equilíbrio.

O presente estudo incide sobre uma área inovadora do Direito que assume especial relevo para a inovação e eficiência na área da saúde em Portugal. Pretendeu-se realizar uma análise do quadro legal e doutrinal relativo aos Biobancos procurando, nesta primeira fase, esclarecer o regime normativo em que se enquadra e identificar as lacunas existentes.

[28] SAKELLARIDES C.; PEDRO A. R.; MENDES M. S.; *Knowledge-centered health innovation: the case for citizen health information systems,* in Kickbusch, Ilona, ed. lit. – *Policy Innovation for Health*, New York: Springer Science, Business Media, LLC, 2009, pp. 165-201.

Representa por isso uma análise imprescindível que permitiu delimitar um contexto teórico-normativo e uma perspetiva crítica essenciais para a posterior apresentação de uma proposta de regulamentação da nova realidade suscitada pela organização de Biobancos. Em termos sintéticos diremos que, as consequências jurídicas da difusão e aplicação das bio-tecnologias e dos conhecimentos da genética se resumem essencialmente: num primeiro plano, à esfera individual do sujeito, envolvendo questões de confidencialidade, direito à privacidade e intimidade, direito de saber e não saber, direito ao aconselhamento, garantias de não discriminação e, num segundo plano, concernente à esfera coletiva, da perspetiva das políticas públicas de saúde, igualdade e universalidade de acesso a estruturas como os biobancos, bem como à exploração económica das referidas tecnologias e aplicações dos conhecimentos proporcionados pela genética – com ou sem a intervenção do Estado.

É neste estado de coisas que (segundo entendemos) se impõe a intervenção dos órgãos da União Europeia que, dentro das competências de atuação atribuídas, e no sentido da efetivação de uma política de saúde pública, nos termos, aliás do propugnado no Tratado da União Europeia[29], devem adotar instrumentos tendentes à implementação de

[29] Nos termos do artigo 179º (antigo 163º TCE) do Tratado da União Europeia, constante do Título XIX (A Investigação E O Desenvolvimento Tecnológico E O Espaço) «A União tem por objetivo reforçar as suas bases científicas e tecnológicas, através da realização de um espaço europeu de investigação no qual os investigadores, os conhecimentos científicos e as tecnologias circulem livremente, fomentar o desenvolvimento da sua competitividade, incluindo a da sua indústria, bem como promover as ações de investigação consideradas necessárias ao abrigo de outros capítulos dos Tratados. 2. Para o efeito, a União incentivará, em todo o seu território, as empresas, incluindo as pequenas e médias empresas, os centros de investigação e as universidades nos seus esforços de investigação e de desenvolvimento tecnológico de elevada qualidade; apoiará os seus esforços de cooperação, tendo especialmente por objetivo dar aos investigadores a possibilidade de cooperarem livremente além- -fronteiras e às empresas a possibilidade de explorarem plenamente as potencialidades do mercado interno, através, nomeadamente, da abertura dos concursos públicos nacionais, da definição de normas comuns e da eliminação dos obstáculos jurídicos e fiscais a essa cooperação. 3. Todas as ações da União empreendidas ao abrigo dos Tratados, incluindo os projetos de demonstração, no domínio da investigação e do desenvolvimento tecnológico serão decididas e realizadas de acordo com as disposições do presente título». Destaque ainda para o artigo 168º (antigo 152º TCE) que em sede do Título XIV (A Saúde Pública) estabelece que «Na definição e execução de todas as políticas e ações da União será assegurado um elevado nível de proteção da saúde. A ação da União, que será complementar das políticas nacionais, incidirá na melhoria da saúde pública e na prevenção das doenças e afeções

uma política de investigação científica competitiva. É urgente a criação de um quadro regulamentar da produção científica e exploração biomédica que estabeleça regras unitárias para todo o espaço europeu de modo a assegurar desde logo a harmonização de procedimentos científicos e impulsionar o conhecimento, mas também, a proteger de modo homogéneo os direitos dos participantes, cidadãos que pretendem beneficiar das inovações científicas que a investigação biomédica lhes poderá proporcionar, sem colocar em risco o respeito pelos seus direitos fundamentais. O objetivo da criação desta ferramenta é como se compreenderá, criar um quadro unitário para todos os Estados Membros referente as aspetos essenciais como seja a proteção de dados, os termos do consentimento informado, a propriedade intelectual a constituir sobre os conhecimentos produzidos pela exploração das amostras, bem como a circulação e acesso às amostras por parte dos investigadores e dos responsáveis por projetos de investigação científica, sejam eles desenvolvidos por entidades públicas ou privadas. Uma proposta que deve ser pensada à luz dos interesses do progresso técnico-científico mas também da proteção dos direitos dos cidadãos, numa estratégia de colaboração entre entidades públicas e privadas (com ou sem fins comerciais) integrada numa nova conceção de governance dos biobancos e da investigação científica em geral. Tema a que dedicaremos boa parte da Dissertação de Doutoramento.

Para concluir, a relevância científica, amplamente reconhecida, da atividade dos Biobancos pode sintetizar-se em duas vertentes consoante os interessados. Por um lado, para os investigadores é de suma importância aceder a coleções de material biológico e dados clínicos associados armazenados em condições tecnicamente adequadas, pois viabilizam alcançar resultados altamente confiáveis nas suas pesquisas. Por outro lado, para a sociedade civil e para os seus órgãos de governo, a atividade dos Biobancos e a sua exploração científica ética e juridicamente regulada permite desenvolver o conhecimento médico, e consequentemente melhorar o nível de saúde de uma sociedade, sem com

humanas e na redução das causas de perigo para a saúde física e mental. Esta ação abrangerá a luta contra os grandes flagelos, fomentando a investigação sobre as respetivas causas, formas de transmissão e prevenção, bem como a informação e a educação sanitária e a vigilância das ameaças graves para a saúde com dimensão transfronteiriça, o alerta em caso de tais ameaças e o combate contra as mesmas».

isso impor graves riscos para os cidadãos. Este bem público proporcionado pela investigação científica sobre amostras biológicas, tantas vezes estratégica para a efetivação das políticas de saúde vagamente firmadas em instrumentos internacionais de caráter não vinculativo, deve no entanto ser reafirmado desta feita num instrumento jurídico que comtemple os benefícios públicos a lograr com a atividade dos Biobancos e os potenciais riscos para os direitos individuais.

6. Bibliografia

1. ANTONOW, Katrin; *Der rechtliche Rahmen de Zulässigkeit für Biobanken zu Forrschungszwecken*, Baden-Baden, Nomos, 2006.
2. Attaran A[1], PANG T, WHITWORTH J, OXMAN A, MCKEE M; *Healthy by law: the missed opportunity to use laws for public health*, Lancet, Ottawa, Janeiro de 2012.
3. COMMIM, Virginie ; *Biobanques et santé publique: une analyse juridique*, Editions universitaires europeenes, 2011.
4. CONSELHO NACIONAL DE ÉTICA PARA AS CIÊNCIAS DA VIDA; *Parecer sobre os bancos de sangue e tecido do cordão umbilical e placenta*, 67/CNECV/2012, Lisboa, 2012.
5. DIERICKX, Kris and BORRY, Pascal; *New Challenges for Biobanks: Ethics, Law and Governance*, Antwerpen, 2009.
6. EUROPEAN COMMISSION; *Biobanks for Europe. A challenge for governance – Report of the Expert Group on Dealing with Ethical and Regulatory Challenges of International Biobank Research*, Brussels, 2012.
7. FISK, Nicholas and ATUN, Rifat; *Public-private partnership in cord blood banking*, BMJ, 336, March, 2008.
8. MORA, Asier Urruela; *Genética y Derecho:aspectos fundamentales*, in Lex Medicinae – Revista Portuguesa de Direito da Saúde, ano 10, nº19, Janeiro-Junho, Coimbra Editora, 2013.
9. GÓMEZ RIVERO, Maria del Cármen; *Los limites de deber de sigilo del médico en las situaciones de riesgo. Especial referencia al ámbito de la genética*, in Revista Derecho y Genoma Humano, nº 26, Enero-Junio, 2007.
10. GOTTWEIS, Herbert and PETERSON, Alan; *Biobanks: Governance in Comparative Perspective*, Routledge, 2008.
11. LOUREIRO, João Carlos Gonçalves; *Constituição e Biomedicina: contributo para uma teoria dos deveres bioconstitucionais na esfera da genética humana*, Coimbra, 2003.
12. MACILOTTI, Matteo; *Le Biobanche: Disciplina E Diritti Della Persona*, in in *Trattato di biodiritto. Il governo del corpo*, Giuffrè, Milano, 2011, pp.1195-1215.

13. Martins-Costa, Judith e Fernandes, Márcia Santana; *Os biobancos e a doação de material biológico humano: um ensaio de qualificação jurídica,* in Estudos de Direito da Bioética – Vol. IV, Coordenação: José de Oliveira Ascensão, Almedina, Coimbra, 2012.
14. O'Connor, Michelle AC; Samuel, Gabrielle; Jordens, Christopher FC and Kerridge, Ian H.; *Umbilical cord blood banking: Beyond the public-private divide,* in Journal of Law and Medicine, 19, pp. 512 e ss, 2012.
15. Oliveira, Guilherme Freire Falcão de; *Consentimento informado para biobancos,* in *Estudos em homenagem a António Barbosa de Melo* (org.) Fernando Alves Correia (et al), Almedina, Coimbra, 2013.
16. Organisation For Economic Co-Operation And Development; *Guidelines on Human Biobanks and Genetic Research Databases,* 2009.
17. Palácios, Marcelo; *Bancos de cordón umbilical – Donación/Depósito,* Editorial Círculo Rojo – Colección Investigacion, Gijón, 2011.
18. Romeo Casabona, Carlos María; *La ética y el derecho ante la biomedicina del futuro,* Bilbao, Universidad de Deusto, 2006.
19. Santosuosso, Amadeo e Colussi, Ilaria Anna; *Diritto E Genetica Delle Popolazioni,* in *Trattato di biodiritto. Il governo del corpo,* Giuffrè, Milano, 2011, pp. 351-370.
20. Sakellarides C.; Pedro A. R.; Mendes M. S.; *Knowledge-centered health innovation: the case for citizen health information systems,* in Kickbusch, Ilona, ed. lit. – *Policy Innovation for Health,* New York: Springer Science, Business Media, LLC, 2009, pp. 165-201.
21. Stjernschantz F., Joanna, *Biobank Research: Individual Rights and Public Benefit,* Uppsala: Acta Universitatis Upsaliensis, 2012.
22. Townend, David; *The Politeness of Data Protection. Exploring a legal instrument to regulate medical research using genetic information and biobanking;* Maastricht, 2012.
23. Weatherall, D., *Science and the quiet art – medical research e patient care,* Oxford University Press, Oxford, 1995.
24. World Health Organization; *Genetic databases assessing the benefits and the impact on human & patient rights,* Geneva, 2003.

Reflexiones en torno al marco normativo en materia de investigaciones que implican procedimientos invasivos en seres humanos en España

Asier Urruela Mora*

Resumen: La entrada en vigor de la Ley 14/2007, de 3 de julio, de Investigación Biomédica supuso la consagración, por primera vez en España, de un marco normativo exhaustivo y carente de lagunas legales en esta esfera. El presente trabajo analiza la legislación aplicable en materia de investigaciones que implican procedimientos invasivos en seres humanos reguladas en el Título II de la referida ley, quedando, no obstante, excluidos de dicho ámbito los ensayos clínicos en la esfera del medicamento, objeto de regulación en virtud de la Ley 29/2006, de 26 de julio, de garantías y uso racional de los medicamentos y los productos sanitarios.

Palabras clave: investigaciones que implican procedimientos invasivos en seres humanos, ensayos clínicos, investigación biomédica.

Abstract: The entry into force of the Spanish Law 14/2007 of 3rd July, on Biomedical Research implied the establishment for the first time of a complete legal framework in this field. This paper analyzes the legislation applicable to

* Profesor Titular de Derecho Penal (Universidad de Zaragoza)
Asesor Cátedra Interuniversitaria, Diputación Foral de Bizkaia, de Derecho y Genoma Humano, Universidad del País Vasco-EHU/Universidad de Deusto

the experimentation with human beings regulated in Title II of the mentioned law, excepting clinical essays in the field of medicaments, regulated by Law 29/2006 of 26th July, on surety and rational use of medicaments and sanitary products.

KEY WORDS: research implying invasive procedures in human beings, clinical essays, biomedical research.

I. Consideraciones generales y ubicación sistemática

El Título II de la Ley 14/2007, de 3 de julio, de Investigación Biomédica[1] lleva por rúbrica "Investigaciones que implican procedimientos invasivos en seres humanos", abarcando, a lo largo de sus cinco capítulos, los arts. 13 a 27 ambos inclusive. A través del conjunto de preceptos referidos se pretende establecer una caracterización general de las reglas a las que quedan sometidas las experimentaciones en las que participan directamente personas (excluyendo las meramente observacionales), si bien cuando las mismas se vinculan al ámbito de los medicamentos y productos sanitarios, son objeto de una regulación específica en virtud de la normativa sectorial.

En este sentido, procede poner de manifiesto que si bien la experimentación con seres humanos existe desde antiguo, si entendemos la misma como práctica científica dirigida a comprobar en individuos determinadas hipótesis capaces de producir avances en la esfera de la medicina, se trata de un fenómeno relativamente reciente que cabría situar en el siglo XIX[2]. Hito esencial en este proceso lo constituyó la publicación en 1865 de la obra de Claude Bernard *Introducción al estudio de la medicina experimental,* momento a partir del cual la experimentación adquiere carta de naturaleza, quedando fijados los principios de una verdadera metodología científica para la medicina[3].

A partir de este hito, la investigación biomédica se ha desarrollado de una manera constante, quedando expuesta, no obstante, a importantes excesos, siendo los más conocidos los experimentos con seres

[1] Ley 14/2007, de 3 de julio, de Investigación Biomédica. *Boletín Oficial del Estado*, 4 de julio de 2007, núm. 159.

[2] Así lo pone de manifiesto GONZÁLEZ-TORRE, A.P., *Bioética y experimentación con seres humanos*, Comares, Granada, 2002, p. 1.

[3] *Ibídem*, pp. 2 y s.

humanos desarrollados por científicos durante el régimen nacionalsocialista alemán que han pasado desgraciadamente a los anales de la historia como los mayores ejemplos de tortura y sufrimiento inflingidos a personas vivas. No obstante, la existencia de abusos intolerables en el curso de investigaciones no ha constituido característica exclusiva de los regímenes totalitarios, sino que se ha producido lamentablemente con excesiva frecuencia también en estados democráticos[4]. Ante tan dramáticas experiencias, a lo largo del siglo XX, particularmente en su segunda mitad, se ha generado una importante reflexión ética relacionada con el desarrollo de las referidas experimentaciones en seres humanos, que se ha materializado en importantes textos de referencia (Código de Nüremberg, Declaración de Helsinki, Informe Belmont, Convenio sobre Derechos Humanos y Biomedicina del Consejo de Europa y su Protocolo adicional relativo a la Investigación Biomédica, etc.).

A lo largo del presente trabajo, se procede a analizar la normativa aplicable en España en materia de investigaciones que implican procedimientos invasivos en seres humanos de acuerdo con el Título II de la Ley de Investigación Biomédica[5], excluyendo la esfera de los ensayos

[4] Uno de los episodios más tristes de este proceso investigador en seres humanos a lo largo del siglo XX lo constituye, sin lugar a dudas, el estudio Tuskegee sobre sífilis, desarrollado entre 1932 y 1972 por el Servicio de Salud Pública norteamericano. En el curso del mismo, seiscientos afroamericanos de baja extracción social, cuatrocientos de los cuales se encontraban infectados de sífilis, fueron objeto de monitorización durante cuarenta años. A pesar de ser sometidos a exámenes médicos continuados no se les comunicó a los individuos su enfermedad. Incluso aunque en la década de los cincuenta se conoció la existencia de un método curativo de eficacia probada (penicilina), el estudio se prolongó hasta 1972 siéndoles denegado a los participantes el tratamiento. Llegaron a conocerse casos en los que, estando la sífilis diagnosticada por otros médicos, investigadores intervinieron con el fin de evitar que se suministrase a los participantes tratamiento alguno. En este contexto, numerosos sujetos murieron de sífilis durante el estudio. La investigación fue interrumpida en 1973 por el Departamento de Salud, Educación y Bienestar norteamericano únicamente cuando su existencia fue publicitada y se convirtió en un problema desde el punto de vista político. En 1997, y bajo una presión pública creciente, el Presidente Clinton pidió disculpas a los participantes y a sus familias. Véase DIVISION OF RESEARCH AND GRADUATE STUDIES (UNLV)-OFFICE FOR THE PROTECTION OF RESEARCH SUBJECTS, *History of Research Ethics,* [en línea], [citado el 1 de octubre de 2011], disponible en Internet: [http://research.unlv.edu/OPRS/history-ethics.htm]

[5] Huelga insistir en la importancia de la intervención del Derecho en la esfera de las experimentaciones con seres humanos, dado que en las mismas se encuentran implicados derechos constitucionalmente consagrados –algunos con el rango de derechos

clínicos[6] farmacológicos y vinculados con los productos sanitarios que cuentan con su propia regulación específica. Para ello procederemos, en un primer momento, a realizar un repaso histórico de los distintos textos internacionales de referencia dirigidos a abordar el tema de la experimentación humana desde una perspectiva ética. Posteriormente, y ya desde un prisma eminentemente jurídico, abordaremos la normativa concurrente en el Título II de la Ley de Investigación Biomédica respecto de la cual resulta ineludible citar –por constituir el referente inmediato de la misma– tanto el Convenio para la protección de los Derechos Humanos y la Dignidad del ser humano con respecto a las aplicaciones

fundamentales–, tanto del investigador como de terceros participantes en la investigación. En este sentido, en el marco constitucional español consagran la posición del investigador el art. 20.1.b) Constitución Española –en adelante, CE– (derecho a la producción y creación literaria, artística, científica y técnica) y el art. 44.2 CE (promoción de la ciencia y de la investigación científica y técnica por parte de los poderes públicos en beneficio del interés general). Por el contrario, y dado que todo derecho (también los fundamentales) se encuentra sometido a límites en su ejercicio, deben tomarse en consideración al objeto de impedir toda ingerencia indeseada en la esfera personal de sujetos potenciales participantes en la experimentación los arts. 10.1 CE (dignidad de la persona, derechos inviolables que le son inherentes, libre desarrollo de la personalidad, respeto a la ley y a los derechos de los demás como fundamento del orden político y de la paz social), 15 CE (derecho de todos a la vida y a la integridad física y moral, sin que, en ningún caso, puedan ser sometidos a tortura o tratos inhumanos o degradantes), 18 CE (derecho al honor, a la intimidad personal y familiar y a la propia imagen), 20.4 CE (fija el límite a las libertades consagradas en el art. 20 CE en el respeto a los derechos reconocidos en el Título I Constitución, en los preceptos de las Leyes que lo desarrollan y, especialmente, en el derecho al honor, a la intimidad, a la propia imagen y a la protección de la juventud y de la infancia) y 43.1 CE (derecho a la protección de la salud). En este sentido, véase Romeo Casabona, C.M., «Aspectos jurídicos de la experimentación humana», *Revista de la Facultad de Derecho de la Universidad Complutense*, Monográfico 11 (*Estudios de Derecho Penal en homenaje al Profesor Luis Jiménez de Asua*), 1986, pp. 570 y ss.; Sánchez Caro, J., «Protección de los sujetos participantes. Postulados éticos en la investigación con seres humanos. Ensayos con menores e incapaces», en Sánchez Caro, J./Abellán, F. (Coordinadores), *Ensayos clínicos en España*, Comares, Granada, 2006, pp. 76 y ss. Argumentación cercana a la de los autores anteriores desarrolla Martín Pallín, J.A., «Barreras ético-jurídicas a la investigación clínica y farmacéutica», *Jueces para la Democracia*, 12, 1/1991, pp. 62 y s.

[6] En este sentido, siguiendo a Bonfill cabría definir los ensayos clínicos como aquellos estudios prospectivos realizados con el fin de evaluar las intervenciones que se han aplicado en más de dos grupos poblacionales creados al azar y que, por lo tanto, son comparables entre sí. Véase Bonfill, X., «Situación actual de los ensayos clínicos no farmacológicos en España», en Bonfill, X. et al., *Ensayos clínicos en intervenciones no farmacológicas*, Fundación Dr. Antonio Esteve-Ediciones Doyma, Barcelona, 2001, p. 1.

de la Biología y la Medicina (en adelante, Convenio relativo a los Derechos Humanos y la Biomedicina o Convenio de Oviedo) de 4 de abril de 1997, que en su capítulo V regula la materia relativa a la experimentación científica, como su Protocolo Adicional relativo a la Investigación Biomédica (2005) [7].

II. Antecedentes históricos

El origen de la regulación contenida en la Ley de Investigación Biomédica en relación con la materia estudiada hay que situarlo en la esfera internacional. Desde un punto de vista material han incidido en estas esferas el Código de Nüremberg, la Declaración de Helsinki de la Asociación Médica Mundial, el informe Belmont, y de manera directa, como se puso de manifiesto anteriormente, el Convenio relativo a los Derechos Humanos y la Biomedicina del Consejo de Europa en el marco del cual se ha aprobado un Protocolo Adicional relativo a la Investigación Biomédica.

a) Código de Nüremberg

En primer lugar, y con carácter histórico, cabría afirmar que los diez principios de Nüremberg, establecidos por el Tribunal Internacional Militar que procedió al enjuiciamiento de médicos e investigadores responsables de experimentos llevados a cabo con prisioneros en campos de concentración, vendría a constituir la primera normativa interna-

[7] En relación con el particular, como pone de manifiesto González-Torre, si bien "es cierto que la legislación por sí sola no podrá alcanzar a "supervisar" las probetas de los laboratorios (de hecho son escasísimos los supuestos que llegan a los tribunales, y sería absurdo pensar en una judicialización de la actividad científica), y que lo fundamental es cultivar la ética del investigador, (...) esto no implica que la legislación deba quedar al margen. La misión de la ley es por un lado configurar un modelo de comportamiento para los científicos, cuyos principios se inspiren en las necesidades sociales comúnmente admitidas, o al menos mayoritariamente acordadas, y por otro evitar en la medida de lo posible que el desarrollo científico vulnere intereses públicos o derechos privados jurídicamente protegidos. La autonomía de la ciencia, el valor intrínseco del progreso científico, no son ya consideraciones que justifiquen un actuar al margen de un derecho que debe funcionar como manifestación y garantía de los intereses generales y de los derechos de los individuos". Véase González-Torre, A.P., «Investigación científica (Capítulo V)», en Romeo Casabona, C.M. (editor), *El Convenio de Derechos Humanos y Biomedicina*, Cátedra de Derecho y Genoma Humano-Editorial Comares, Bilbao-Granada, 2002, pp. 240 y s.

cional[8] en este ámbito[9]. En concreto, los preceptos que configuraban el conocido como Código de Nüremberg[10] son los siguientes:

1. Es absolutamente esencial el consentimiento voluntario del sujeto humano.

Esto significa que la persona implicada debe tener capacidad legal para otorgar su consentimiento; su situación debe ser tal que pueda ser capaz de ejercer una elección libre, sin intervención de cualquier elemento de fuerza, fraude, engaño, coacción u otra forma de constreñimiento o coerción; debe tener suficiente conocimiento y comprensión de los elementos implicados que le capaciten para adoptar una decisión razonable e ilustrada. Este último elemento requiere que antes de que se acepte una decisión afirmativa por parte del sujeto de la experimentación debe conocer la naturaleza, duración y fines del experimento, el método y los medios con los que será realizado; todos los inconvenientes y riesgos que pueden ser esperados razonablemente y los efectos sobre su salud y persona que pueden posiblemente originarse de su participación en el experimento.

El deber y la responsabilidad para asegurarse de la calidad del consentimiento residen en cada individuo que inicie, dirija o esté implicado en el experimento. Es un deber y responsabilidad personales que no pueden ser delegados impunemente.

[8] A nivel nacional alemán DEUTSCH establece que la primera directiva conocida data de 1900 y fue promulgada por el ministro de cultura de Prusia en reacción a las denuncias aparecidas en la prensa popular con motivo de los ensayos clínicos que se llevaban a cabo en la Universidad de Greifswald, que implicó un número importante de víctimas. La normativa en cuestión exigía la aprobación del protocolo experimental por parte del jefe del servicio, no permitía experimentar en niños o disminuidos psíquicos y los pacientes debían otorgar su consentimiento previo. Véase DEUTSCH, E., «La declaración de Helsinki y la Convención Europea de Bioética. Problemas asociados a la regulación de la experimentación médica», en PALACIOS, M. (coordinador), *Bioética 2000*, Ediciones Nobel, Oviedo, 2003, pp. 183 y s.

[9] Véase SÁNCHEZ CARO, J., «Protección de los sujetos participantes. Postulados éticos en la investigación con seres humanos. Ensayos con menores e incapaces», *cit.*, p. 56; DEUTSCH, E., «La declaración de Helsinki y la Convención Europea de Bioética. Problemas asociados a la regulación de la experimentación médica», *cit.*, p. 184.

[10] Procederemos a reproducir íntegramente dichos principios a partir de la traducción de los mismos realizada por el *Observatori de Bioética i Dret*. Véase Código de Nüremberg, [en línea], 1947 [citado el 1 de abril de 2015], disponible en Internet: [http://www.pcb.ub.es/bioeticaidret/archivos/norm/CodigoNuremberg.pdf]

2. El experimento debe ser tal que produzca resultados provechosos para el beneficio de la sociedad, no obtenibles por otros métodos o medios y no de naturaleza aleatoria o innecesaria.

3. El experimento debe ser proyectado y basado en los resultados de la experimentación animal y en un conocimiento de la historia natural de la enfermedad o de otro problema objeto de estudio, de tal forma que los resultados previos justificarán la realización del experimento.

4. El experimento debe ser realizado de tal forma que se evite todo sufrimiento físico y mental innecesario y todo daño.

5. No debe realizarse ningún experimento cuando exista una razón *a priori* que lleve a creer que pueda sobrevenir muerte o daño incapacitante, excepto, quizás, en aquellos experimentos en que los médicos investigadores participen también como sujetos.

6. El grado de riesgo que ha de ser tomado no debe exceder nunca el determinado por la importancia humanitaria del problema que ha de ser resuelto con el experimento.

7. Deben llevarse a cabo los preparativos apropiados y proveerse de las infraestructuras adecuadas para proteger al sujeto de la experimentación contra posibilidades, incluso remotas, de daño, incapacitación o muerte.

8. El experimento debe ser realizado únicamente por personas científicamente cualificadas. Debe exigirse a lo largo de todas las etapas del experimento el mayor grado de pericia y cuidado en aquellos que realizan o están implicados en dicho experimento.

9. Durante el curso del experimento el sujeto humano debe ser libre de interrumpirlo si se encuentra en un estado físico o mental en el que la continuación del experimento le parezca imposible.

10. Durante el curso del experimento el científico responsable tiene que estar preparado para terminarlo en cualquier fase, si tiene una razón para creer con toda probabilidad, en el ejercicio de la buena fe, superior destreza y juicio cuidadoso que se requiere de él, que la continuación del experimento traerá probablemente como resultado daño, discapacidad o muerte del sujeto de la experimentación.

Los criterios configurados en el conocido Código de Nüremberg no conservan en su totalidad plena vigencia actual (así la proscripción absoluta de investigar con incapaces, lo cual daría lugar al bloqueo *de facto* de la actividad experimental –y, por lo tanto, del desarrollo de nuevas terapias– en este ámbito) pero constituyen un antecedente histórico y un referente válido de la actividad normativa producida posteriormente en esta materia tanto a nivel internacional como comparado. Incluso alguno de ellos puede estimarse, bajo nuestra conciencia ética actual absolutamente censurable, como el que permitiría la asunción de riesgos extraordinarios (muerte o daños incapacitantes graves) en la medida en que el investigador participe igualmente como sujeto del estudio. Por otro lado, el Código de Nüremberg no establecía diferenciación alguna entre investigación científica y terapéutica[11].

SÁNCHEZ CARO[12] reconduce los principios de Nüremberg en materia de experimentación con seres humanos a tres criterios básicos: consentimiento del sujeto como elemento esencial, protección de los sujetos incluidos en el ensayo y primacía del sujeto sobre el interés de la ciencia. De esta manera, el Código de Nüremberg de 1947 se erige en el primer documento internacional sobre ética de la investigación, estableciendo el inicio de una particular preocupación por la actividad experimental humana, inspirando las posteriores reglamentaciones[13].

b) Declaración de Helsinki

En el marco del proceso histórico de configuración de códigos éticos supranacionales en materia de investigación y experimentación con seres humanos, procede destacar igualmente la importancia que en el desarrollo de una armonización normativa ostenta la Declaración de

[11] En este sentido, Véase SÁNCHEZ CARO, J., «Protección de los sujetos participantes. Postulados éticos en la investigación con seres humanos. Ensayos con menores e incapaces», *cit.*, p. 57.

[12] Véase SÁNCHEZ CARO, J., «Protección de los sujetos participantes. Postulados éticos en la investigación con seres humanos. Ensayos con menores e incapaces», *cit.*, pp. 57 y s.

[13] Tal como ponen de manifiesto VEGA GUTIÉRREZ, J./VEGA GUTIÉRREZ, J.M./MARTÍNEZ BAZA, P., *Experimentación humana en Europa*, Universidad de Valladolid, Valladolid, 1997, pp. 44 y s. Particular importancia ostenta en este sentido el art. 7 del Pacto Internacional de Derechos Civiles y Políticos (1966) que dispone "nadie será sometido a torturas ni a penas o tratos crueles, inhumanos o degradantes. En particular, nadie será sometido sin su libre consentimiento a experimentos médicos o científicos".

Helsinki[14], adoptada por la 18ª Asamblea de la Asociación Médica Mundial (1964) y objeto de enmiendas sucesivas en la 29ª Asamblea Médica Mundial celebrada en Tokio (1975), en la 35ª Asamblea Médica Mundial de Venecia (1983), en la 41ª Asamblea Médica Mundial de Hong Kong (1989), en la 48ª Asamblea General en Sommerset West (Sudáfrica) (1996), en la 52ª Asamblea General reunida en Edimburgo (2000), en la 59ª Asamblea General reunida en Seúl (Corea) (2008) y en la 64ª Asamblea General reunida en Fortaleza (Brasil) (2013).

Desde un punto de vista material, la Declaración de Helsinki establece una serie de criterios que se han consolidado y que aún hoy mantienen plena vigencia en la praxis comparada. En su introducción la Declaración de Helsinki se configura como una propuesta de principios éticos para la investigación médica en seres humanos, incluida la investigación del material humano y de información identificables.

En el marco de los principios generales se parte del reconocimiento de que el progreso de la medicina se basa en la investigación, que, en muchas ocasiones, exige recurrir en último término a los estudios en seres humanos. Además, se establece de manera expresa el principio de que si bien el objetivo principal de la investigación médica es generar nuevos conocimientos, dicho objetivo nunca debe tener primacía sobre los derechos y los intereses de la persona que participa en la investigación.

En el ámbito de los requisitos científicos y los protocolos de investigación se dispone que la investigación médica en seres humanos debe conformarse con los principios científicos generalmente aceptados y debe apoyarse en un profundo conocimiento de la bibliografía científica, en otras fuentes de información pertinentes, así como en experimentos de laboratorio correctamente realizados y en animales, cuando sea oportuno. El desarrollo de una conciencia medioambiental a nivel internacional queda de manifiesto en la exigencia de que la investigación médica se realice de manera que reduzca al mínimo el posible daño al medio ambiente, debiéndose prestar el cuidado debido con el fin de garantizar el bienestar de los animales utilizados en los experimentos.

[14] Texto íntegro vigente de la declaración en ASOCIACIÓN MÉDICA MUNDIAL, *Declaración de Helsinki de la Asociación Médica Mundial. Principios éticos para las investigaciones médicas en seres humanos,* [en línea], 2013 [citado el 1 de abril de 2015], disponible en Internet: [http://www.wma.net/en/30publications/10policies/b3/index.html]

El apartado 22 ostenta una importancia fundamental pues implica la exigencia de que el proyecto y el método de todo estudio en seres humanos se describan claramente y se justifiquen en un protocolo de investigación que debe hacer referencia a las consideraciones éticas atinentes al caso e indicar cómo se han considerado los principios enunciados en la Declaración. Asimismo debe incluir información sobre financiación, patrocinadores, afiliaciones institucionales, posibles conflictos de interés e incentivos para los sujetos participantes en el estudio y sobre las estipulaciones para tratar o compensar a las personas que han sufrido daños como consecuencia de su participación en la investigación. Finalmente, en los ensayos clínicos, el protocolo también debe describir los arreglos apropiados para las estipulaciones después del ensayo. El protocolo ha de remitirse antes de comenzar el estudio, a efectos de su toma en consideración, comentario, consejo y aprobación, al comité de ética de investigación pertinente antes de comenzar el estudio, debiendo dicho comité ser transparente en su funcionamiento, independiente del investigador, del patrocinador o de cualquier otro tipo de influencia indebida y estar debidamente calificado. El comité debe considerar las leyes y reglamentos vigentes en el país donde se realiza la investigación, como también las normas internacionales vigentes, pero no se debe permitir que éstas disminuyan o eliminen ninguna de las protecciones para las personas que participan en la investigación establecidas en la propia Declaración. El referido comité tiene el derecho de controlar los ensayos en curso, mientras que el investigador ostenta la obligación de proporcionar información de control al comité, en especial sobre todo incidente adverso grave. En principio, no cabe realizar ninguna enmienda en el protocolo sin la consideración y aprobación del comité. Asimismo, la Declaración de Helsinki establece que una vez finalizado el estudio, los investigadores deben presentar un informe final al comité con un resumen de los resultados y conclusiones del estudio.

Por otro lado, y de acuerdo con la Declaración de Helsinki la investigación médica en seres humanos debe ser llevada a cabo sólo por personas con la educación, formación y calificación científica y ética apropiadas, requiriendo la investigación en pacientes o voluntarios sanos de la supervisión de un médico u otro profesional de la salud competente y calificado apropiadamente. La responsabilidad de la protección de las personas que toman parte en la investigación debe recaer siempre en un médico u otro profesional de la salud y nunca en los participantes de la investigación, aunque hayan otorgado su consentimiento.

La Declaración de Helsinki exige específicamente que toda investigación médica en seres humanos sea precedida de una cuidadosa comparación de los riesgos y los costos para las personas y los grupos que participan en la investigación, en comparación con los beneficios previsibles para ellos y para otras personas o grupos afectados por la enfermedad que se investiga. En este sentido, los médicos no deben participar en estudios de investigación en seres humanos a menos de que estén seguros de que los riesgos inherentes han sido adecuadamente evaluados y de que es posible hacerles frente de manera satisfactoria. Por otro lado, en el curso de las investigaciones médicas deben tomarse toda clase de precauciones para resguardar la intimidad de las personas que participan en las mismas y la confidencialidad de su información personal y es deber del médico proteger la vida, la salud, la dignidad, la integridad, el derecho a la autodeterminación, la intimidad y la confidencialidad de la información personal de los individuos que participan en la investigación.

Partiendo del dato de que la participación de personas competentes en una investigación médica ha de ser voluntaria, un ulterior aspecto que procede destacar adecuadamente es el relativo al consentimiento informado, que debe obtenerse preferentemente por escrito –en cuyo defecto deberá ser documentado y atestiguado formalmente–, exigiéndose en materia de información un nivel adecuado a suministrar a los sujetos implicados (incluyendo los objetivos, métodos, fuentes de financiación, posibles conflictos de intereses, afiliaciones institucionales del investigador, beneficios calculados, riesgos previsibles e incomodidades derivadas del experimento, estipulaciones *post* estudio y todo otro aspecto pertinente de la investigación, así como el derecho a participar o no y a retirar el consentimiento en cualquier momento).

En relación con los supuestos de incapacidad, la declaración dispone que cuando el individuo potencial sea incapaz, el investigador debe obtener el consentimiento informado del representante legal. No obstante, en el caso en el que una persona considerada incompetente por la ley, como es el caso de un menor de edad, sea capaz de asentir o rechazar su participación en la investigación, el investigador debe obtener dicha conformidad, además del consentimiento del representante legal, debiéndose respetar el desacuerdo del individuo potencial. De cualquier manera, las personas incapaces no deben ser incluidas en una investigación que no presente posibilidades de beneficio para ellas, a menos que ésta tenga como objetivo promover la salud de la población representada por el individuo potencial y esta investigación no pueda realizarse en personas competentes e implique sólo un riesgo y costo mínimos. Por otro lado, se dispone que la investigación en individuos que no son capaces física o mentalmente de otorgar consentimiento (así, pacientes inconscientes) se puede realizar sólo si la condición física o mental que impide otorgar el consentimiento informado es una característica necesaria de la población investigada. En dichas circunstancias el médico habría de solicitar el consentimiento informado al representante legal, si bien, de no encontrarse dicho representante disponible y de no poderse retrasar la investigación, el estudio podría llevarse a cabo sin consentimiento informado, siempre que las razones específicas para incluir a individuos con una enfermedad que no les permite otorgar consentimiento informado hayan sido estipuladas en el protocolo de la investigación y el estudio haya sido aprobado por un comité de ética de la investigación. En todo caso, el consentimiento para mantenerse en la investigación debería obtenerse a la menor brevedad posible del individuo o de un representante legal.

La declaración de Helsinki establece la existencia de obligaciones éticas por parte de los investigadores, autores, auspiciadores, directores y editores con respecto a la publicación de los resultados de su investigación. En relación con los investigadores se establece que tienen el deber de tener a disposición del público los resultados de su investigación en seres humanos y que son responsables de la integridad y exactitud de sus informes, debiendo todas las partes aceptar las normas éticas de entrega de información. Se consigna igualmente la necesaria publicación tanto de los resultados negativos e inconclusos como de los positivos (habiendo, de lo contrario, de quedar a disposición del público). En todo caso, la publicación tiene que citar las fuentes de financiación, las afiliaciones institucionales y los conflictos de intereses. Incluso se recoge expresamente que los informes sobre investigaciones que no se ciñan a los principios descritos en la propia Declaración de Helsinki no deben ser aceptados para su publicación.

Por último, la declaración dispone una serie de criterios aplicables cuando la investigación médica se combina con atención médica. En este sentido, se dispone que el médico que combina la investigación médica con la atención médica debe involucrar a sus pacientes en la investigación sólo en la medida en que ello acredite un justificado valor potencial preventivo, diagnóstico o terapéutico y si el médico tiene buenas razones para creer que la participación en el estudio no afectará de manera adversa a la salud de los pacientes que toman parte en la investigación.

En el marco de la investigación médica con seres humanos uno de los aspectos que ha generado mayores interrogantes en la esfera científica es el relativo a la legitimidad del uso de placebo. La declaración de Helsinki dispone sobre el particular que los posibles beneficios, riesgos, costos y eficacia de toda intervención nueva deben ser evaluados mediante su comparación con las mejores intervenciones probadas, excepto en las siguientes circunstancias:

- Cuando no existe una intervención probada, el uso de un placebo, o ninguna intervención, es aceptable; o
- cuando por razones metodológicas científicamente sólidas y convincentes, sea necesario para determinar la eficacia y la seguridad de una intervención el uso de cualquier intervención menos eficaz que la mejor probada, el uso de un placebo o ninguna intervención.

En todo caso, los pacientes que reciben cualquier intervención menos eficaz que la mejor probada, el placebo o ninguna intervención, no deben correr riesgos adicionales de daño grave o irreversible como consecuencia de no recibir la mejor intervención probada. La propia Declaración de Helsinki incide en que se debe tener muchísimo cuidado para evitar abusar de esta opción.

Por otro lado, en el marco de las estipulaciones *post* ensayo se establece que antes del ensayo clínico, los auspiciadores, investigadores y los gobiernos de los países anfitriones deben prever el acceso post ensayo a todos los participantes que todavía necesitan una intervención que ha sido identificada como beneficiosa en el ensayo. Esta información también se debe proporcionar a los participantes durante el proceso del consentimiento informado. Asimismo, el médico debe informar cabalmente al paciente de los aspectos de la atención que tienen relación con la investigación, no cabiendo que la negativa del paciente a participar en una investigación o su decisión de retirarse perturbe la relación médico-paciente[15].

El apartado 37 regula el uso compasivo del medicamento o producto o técnica objeto de ensayo (intervenciones no probadas en la práctica clínica) estableciendo que cuando en la atención de un enfermo las intervenciones probadas no existen u otras intervenciones conocidas hayan resultado ineficaces, el médico, después de pedir consejo de experto, con el consentimiento informado del paciente o de un representante legal autorizado, podrá permitirse usar intervenciones no comprobadas, si, a su juicio, ello da alguna esperanza de salvar la vida, restituir la salud o aliviar el sufrimiento. Tales intervenciones deben ser investigadas posteriormente a fin de evaluar su seguridad y eficacia. En todos los casos, esa información nueva debe ser registrada y, cuando sea oportuno, puesta a disposición del público.

El conjunto de principios referidos constituye el eje sobre el que se ha establecido el marco de investigación y experimentación humana, tanto en la esfera supranacional (Consejo de Europa, Unión Europea, etc.), como en la esfera comparada a nivel de las distintas democracias occidentales. Se puede concluir que dichos principios se han erigido en criterios generales informadores de los ordenamientos jurídicos en materia de investigación biomédica.

c) *Informe Belmont*

Una ulterior etapa en este proceso de consolidación en la esfera internacional, por medio de instrumentos de naturaleza no jurídica, de principios en materia de experimentación humana, viene constituida por el informe Belmont del año 1978[16]. En el mismo se establecían los deno-

[15] En este sentido, SÁNCHEZ CARO, J., «Protección de los sujetos participantes. Postulados éticos en la investigación con seres humanos. Ensayos con menores e incapaces», *cit.*, p. 59.

[16] De acuerdo con GAFO el referido informe significó un verdadero espaldarazo a la incipiente Bioética y marcó un nuevo estilo en los enfoques metodológicos de esta disciplina, dejando de analizarse los problemas bioéticos de acuerdo con los códigos deontológicos y pasando a hacerlo en torno a los principios citados y a partir de procedimientos derivados de ellos. Véase GAFO, J., «Historia de una nueva disciplina: la Bioética», en ROMEO CASABONA, C.M. (coord.), *Derecho biomédico y bioética*, Ministerio de Sanidad y Consumo-Comares, Granada, 1998, p. 99.

minados "principios éticos básicos"[17], que deben ser entendidos como aquellos criterios generales que sirven como justificación para muchos de los preceptos éticos particulares y evaluaciones de las acciones humanas. El referido informe fue fruto de la creación en 1974 en Estados Unidos de la *National Commission for the protection of Human Subject of Biomedical and Behavioral Research* (Comisión Nacional para la protección de los seres humanos sujetos a investigación biomédica y conductual) y se elaboró como respuesta a los casos de utilización abusiva de seres humanos en experimentaciones científicas llevados a cabo en Estados Unidos[18].

En primer lugar, se consigna el principio de respeto por las personas (también conocido como principio de autonomía). De manera general, ello implica tanto que los seres humanos deben ser tratados como entes autónomos como que las personas cuya autonomía se encuentra disminuida deben ser objeto de protección. El principio de respeto por las personas se divide en dos requerimientos morales distintos: por un lado, la exigencia de aceptar la autonomía y, por otro, la de proteger a aquellos con autonomía reducida. Como pone de manifiesto el propio Informe Belmont una persona autónoma es un individuo capaz de deliberación sobre sus objetivos personales y de actuar de acuerdo con dicha deliberación. Respetar la autonomía es dar valor a las opiniones y opciones de las personas autónomas a la vez que evitar la obstrucción de sus acciones salvo cuando son claramente perjudiciales para terceros. Mostar falta de respeto por un agente autónomo es repudiar los juicios de esa persona, denegar a un individuo la libertad de actuar sobre la base de dichos juicios u ocultarle información necesaria para realizar un juicio, cuando no existen razones justificadas para hacerlo. Como queda de manifiesto en virtud de la argumentación anterior, el principio de respeto por las personas entronca fundamentalmente con la cuestión del consentimiento informado, eje de la reflexión actual en materia de experimentación humana[19], y aspecto incorporado como fundamental

[17] Respecto a la clasificación cuatrimembre posterior, véase BEAUCHAMP, T.L./CHILDRESS, J. F., *Principles of biomedical ethics*, Oxford University Press, New York, 1979.
[18] Tal como pone de manifiesto GONZÁLEZ-TORRE, A.P., «Investigación científica (Capítulo V)», *cit.*, p. 236; el mismo, *Bioética y experimentación con seres humanos*, cit., pp. 15 y ss.
[19] Véase GAFO, J., «Historia de una nueva disciplina: la Bioética», *cit.*, p. 103.

en la legislación comparada de la práctica totalidad de los países occidentales[20].

En segundo lugar, se consagra el principio de beneficencia. Se puede afirmar que el Informe Belmont contenía en este punto dos subprincipios: el de beneficencia y el de no maleficencia, pues se establecían tanto la exigencia de no hacer daño como la de extremar los posibles beneficios y minimizar los potenciales riesgos. De acuerdo con el Informe Belmont la máxima hipocrática "no hacer daño" ha sido un principio fundamental de la ética médica y el propio Claude Bernard la extendió a la esfera de la investigación, afirmando que nadie debe lesionar a otra persona con independencia de los beneficios que puedan derivarse para terceros. En este sentido, cabe afirmar que el principio de beneficencia ostenta una importancia primordial a la hora de definir el rol del médico, si bien se ha puesto de manifiesto el peligro de que, aisladamente considerado, pueda conducir a actitudes paternalistas por parte de los profesionales de la salud[21]. De cualquier manera, las exigencias derivadas del principio de beneficencia afectan tanto a los investigadores individuales como a la sociedad en su conjunto, pues se extienden tanto a los proyectos de investigación particulares como al conjunto de la acción experimental a nivel social.

Por último, el informe Belmont configura como principio fundamental en este punto el de justicia, en un intento de determinar criterios válidos para la asignación de cargas y beneficios en el marco de la investigación con seres humanos. El propio informe acepta que diferencias fundadas en la experiencia, edad, privación, competencia, mérito y posición constituyen en ocasiones criterios que justifican un tratamiento diferencial para ciertos fines. Se citan igualmente una serie de formu-

[20] Según Abellán-García Sánchez actualmente el consentimiento informado ha sido elevado a la categoría de derecho humano fundamental. Así, para nuestro Tribunal Supremo el consentimiento informado encuentra su fundamento y apoyo en la misma Constitución española en la exaltación de la dignidad de la persona, pero sobre todo en la libertad, a partir del reconocimiento de la autonomía del individuo para elegir entre diversas opciones vitales de acuerdo con sus propios intereses y preferencias. Véase Abellán-García Sánchez, F., «El consentimiento informado, la intimidad y la confidencialidad de los datos del paciente en los ensayos clínicos, con especial referencia a las obligaciones en materia de protección de datos personales», en Sánchez Caro, J./Abellán, F. (Coordinadores), *Ensayos clínicos en España*, cit., pp. 93 y ss.

[21] Véase Gafo, J., "Historia de una nueva disciplina: la Bioética", *cit.*, pp. 101 y s.

laciones ampliamente aceptadas dirigidas a distribuir justamente cargas o beneficios. Dichas formulaciones serían las siguientes[22]: 1) a cada persona una participación igual; 2) a cada persona de acuerdo con sus necesidades individuales; 3) a cada persona de acuerdo con sus esfuerzos individuales; 4) a cada persona de acuerdo con su contribución social; 5) a cada persona de acuerdo con sus méritos.

El principio de justicia ostenta una importancia decisiva en materia de experimentación[23], pues plantea cuestiones como la legitimidad del empleo de determinados grupos de sujetos (normalmente pertenecientes a las clases sociales más desfavorecidas o a minorías étnicas objeto de discriminación) en el marco de los procesos de investigación, redundando posteriormente los beneficios de manera ordinaria en favor de los grupos más acomodados[24]. A tratar de erradicar dichas prácticas viene el referido principio de justicia cuya relevancia en esta esfera resulta indubitada.

Otro aspecto relevante relacionado con el principio antedicho es el desarrollo de ensayos clínicos en países emergentes (o incluso subdesarrollados) con el fin de eludir las exigencias más estrictas para la realización de los mismos en países desarrollados (fundamentalmente desde el punto de vista de la normativa aplicable) siendo posteriormente los

[22] Se refiere a los criterios sentados por el Informe Belmont en relación con el particular, SÁNCHEZ CARO, J., «Protección de los sujetos participantes. Postulados éticos en la investigación con seres humanos. Ensayos con menores e incapaces», *cit.*, p. 62.

[23] GONZÁLEZ-TORRE se muestra crítico con la plasmación, en materia de experimentación, del principio de justicia en el marco del Convenio sobre Derechos Humanos y Biomedicina, pues si bien el Convenio establece en su art. 3 que las partes, teniendo en cuenta las necesidades de la sanidad y los recursos disponibles, habrán de adoptar las medidas adecuadas con el fin de garantizar un acceso igualitario a los beneficios de una sanidad de calidad apropiada, ello no es objeto de concreción posterior en relación con la investigación con seres humanos. Véase GONZÁLEZ-TORRE, A.P., «Investigación científica (Capítulo V)», *cit.*, p. 248.

[24] Acertadamente, GONZÁLEZ-TORRE pone de manifiesto una problemática ulterior que atenta contra el principio de justicia, consistente en la posibilidad, en el marco de investigaciones terapéuticas con importantes expectativas de éxito, de que determinadas minorías desfavorecidas se encuentren discriminadas en el desarrollo de dicha experimentación. Resulta, por ello necesario, que todos los segmentos sociales (por ejemplo, mujeres y minorías) participen de las investigaciones y estén representados en ellas, en atención a los posibles beneficios que se derivarán de los ensayos. Muchas veces estas personas serán tentadas a participar en ensayos no terapéuticos, pero difícilmente se encontrarán entre los grupos en los que se experimentan terapias innovadoras. Véase GONZÁLEZ-TORRE, A.P., *Bioética y experimentación con seres humanos*, cit., pp. 82 y ss.

beneficiarios primarios (y en muchas ocasiones exclusivos) de dichos nuevos productos o técnicas los habitantes del llamado primer mundo.

d) La Declaración Universal sobre Bioética y Derechos Humanos de la UNESCO (19 octubre de 2005)[25]

De acuerdo con su artículo 1 (Alcance) dicha declaración trata las cuestiones vinculadas con la medicina, las ciencias de la vida y las tecnologías conexas aplicadas a los seres humanos, teniendo en cuenta sus dimensiones sociales, jurídicas y ambientales. Si bien la declaración se orienta primariamente a los estados y ostenta un carácter eminentemente transnacional[26], también establece criterios, cuando procede, para guiar las decisiones de individuos, grupos, comunidades, instituciones y empresas (tanto públicas como privadas).

Entre los objetivos de la declaración el artículo 2 incluye el reconocimiento de la importancia de la libertad de investigación científica y las repercusiones beneficiosas del desarrollo científico y tecnológico, destacando al mismo tiempo la necesidad de que esa investigación y los consiguientes adelantos se realicen en el marco de los principios éticos enunciados en la Declaración y respeten la dignidad humana, los derechos humanos y las libertades fundamentales (art. 2, apartado d). En cuanto a los principios de la declaración directamente aplicables en la esfera de la investigación científica en el ámbito de la salud humana cabría citar los de respeto a la dignidad humana y los derechos humanos (art. 3)[27], potenciación de los beneficios directos e indirectos para

[25] En la esfera de la UNESCO cabe mencionar igualmente la Declaración Universal sobre el Genoma Humano y los Derechos Humanos (11 de noviembre de 1997), que aborda oportunamente las cuestiones vinculadas con la investigación sobre el genoma humano y las condiciones de ejercicio de la actividad científica.

[26] Para una ampliación sobre el particular véase ROMEO CASABONA, C.M./DE MIGUEL BERIAIN, I., «Ámbito de aplicación de la Declaración Universal sobre Bioética y Derechos Humanos», en ROMEO CASABONA, C.M. (coord.), *Hacia una Bioética Universal. La Declaración Universal sobre Bioética y Derechos Humanos*, Instituto Roche-Cátedra Interuniversitaria de Derecho y Genoma Humano, [en línea], Bilbao, 2006 [citado el 1 de abril de 2015], pp. 11 y ss., disponible en Internet: [http://www.catedraderechoygenomahumano.es/images/monografias/Revista_UNESCO.pdf]

[27] En este plano, NICOLÁS JIMÉNEZ destaca acertadamente la importancia de la plasmación en el art. 3.2 de la Declaración del principio de primacía del ser humano (utilizando una dicción literal similar a la empleada por el Convenio de Derechos Humanos y Biomedicina del Consejo de Europa), véase NICOLÁS JIMÉNEZ, P., «La medicina individualizada frente a

los pacientes, los participantes en la investigación y otras personas concernidas y reducción al máximo de los efectos nocivos para las personas (art. 4), autonomía y responsabilidad individual (art. 5), consentimiento (art. 6) incluyendo las oportunas previsiones en relación con las personas que carecen de la capacidad para consentir (art. 7), respeto a la vulnerabilidad humana y a la integridad personal (art. 8), privacidad y confidencialidad (art. 9), igualdad, justicia y equidad (art. 10), no discriminación y no estigmatización (art. 11), respeto de la diversidad cultural y del pluralismo (art. 12), solidaridad y cooperación (art. 13), responsabilidad social y salud (art. 14), aprovechamiento compartido de los beneficios (art. 15), protección de las generaciones futuras (art. 16) y protección del medio ambiente, la bioesfera y la biodiversidad (art. 17). Por otro lado, especial importancia en el contexto de la investigación con seres humanos ostenta el art. 19 de la Declaración que establece que se deberían crear, promover y apoyar, al nivel que corresponda, comités de ética independientes, pluridisciplinarios y pluralistas con miras, entre otros aspectos, a evaluar los problemas éticos, jurídicos, científicos y sociales pertinentes suscitados por los proyectos de investigación relativos a los seres humanos. Asimismo, el art. 22.2 de la Declaración dispone que los estados deberían alentar la creación de comités de ética independientes, pluridisciplinarios y pluralistas[28].

e) Documentos del Consejo de Organizaciones Internacionales de las Ciencias Médicas (CIOMS), de la Organización Mundial de la Salud (OMS) y de la Conferencia Internacional sobre Armonización de los Requerimientos Técnicos para el Registro de Fármacos de Uso Humano (ICH)

El Consejo de Organizaciones Internacionales de las Ciencias Médicas (CIOMS) es una organización internacional no gubernamental que tiene relaciones oficiales con la Organización Mundial de la Salud,

la Declaración Universal sobre Bioética y Derechos Humanos», en Romeo Casabona, C.M. (coord.), *Hacia una Bioética Universal. La Declaración Universal sobre Bioética y Derechos Humanos, cit.*, p. 32.

[28] En este sentido, véase Romeo Malanda, S., «Impacto de la Declaración Universal de la UNESCO sobre Bioética y Derechos Humanos en el ordenamiento jurídico español», en Romeo Casabona, C.M. (coord.), *Hacia una Bioética Universal. La Declaración Universal sobre Bioética y Derechos Humanos, cit.*, p. 38.

habiendo sido fundada bajo los auspicios de la propia OMS y de la UNESCO en 1949. La CIOMS ha elaborado distintos documentos relevantes en el ámbito de la los criterios éticos para el desarrollo de investigación biomédica en seres humanos. Por un lado, las Pautas Éticas Internacionales para la Investigación Biomédica en Seres Humanos (Ginebra, 2002)[29] y, por otro, las Guías Operacionales para Comités de Ética que evalúan Investigación Biomédica (Ginebra, 2000). Las primeras se dirigen a orientar, particularmente a los países de escasos recursos, en la definición de pautas nacionales sobre ética de la investigación biomédica, aplicando estándares éticos en condiciones locales y estableciendo o redefiniendo mecanismos adecuados para la evaluación ética de la investigación en humanos. Dicho texto establece principios éticos generales, un preámbulo y 21 pautas con una introducción y una breve descripción de anteriores instrumentos y criterios[30].

Específicamente en la esfera de los ensayos clínicos en relación con productos farmacéuticos la OMS elaboró las Pautas para Buenas Prácticas Clínicas en Ensayos de Productos Farmacéuticos (1995)[31], cabiendo citar en dicho ámbito igualmente las Pautas de la Conferencia Internacional sobre armonización de los requerimientos técnicos para el registro de fármacos para uso humano[32].

f) Normativa comunitaria y española sobre ensayos clínicos con medicamentos de uso humano y productos sanitarios

Si bien del ámbito del Título II de la Ley 14/2007, de 3 de julio, de Investigación Biomédica (*Investigaciones que implican procedimientos invasivos*

[29] La versión de 2002 constituye la tercera existente, tras la de 1982 (Propuesta de Pautas Éticas Internacionales para la Investigación Biomédica en Seres Humanos) y la de 1993.

[30] Véase Consejo De Organizaciones Internacionales De Las Ciencias Médicas (Cioms)/Organización Mundial De La Salud, *Pautas Éticas Internacionales para la Investigación Biomédica en Seres Humanos*, [en línea], Ginebra, 2002 [citado el 1 de abril de 2015], disponible en Internet: [http://www.ub.edu/rceue/archivos/Pautas_Eticas_Internac.pdf]

[31] Véase World Health Organisation, *Guidelines for Good Clinical Practice (GCP) for trials on pharmaceutical products*, [en línea], 1995 [citado el 1 de abril de 2015], disponible en Internet: [http://www.who.int/medicinedocs/collect/medicinedocs/pdf/whozip13e/whozip13e.pdf]

[32] Véase International Conference On Harmonisation Of Technical Requirements For Registration Of Pharmaceutical For Human Use (ICH), *ICH Guidelines*, [en línea], [citado el 1 de abril de 2015], disponible in Internet: [http://www.ich.org/products/guidelines.html]

en seres humanos) quedan excluidos los ensayos clínicos en la esfera del medicamento y los productos sanitarios, objeto de una regulación específica en virtud de la legislación sectorial, procede en este punto poner de manifiesto la existencia de una profusa normativa tanto a nivel de la Unión Europea como en la esfera interna (básicamente, trasponiendo las disposiciones comunitarias y adaptándolas a la realidad española) en relación con el particular, cuya analogía con la materia estudiada resulta importante.

En el marco de la Unión Europea la cuestión de los ensayos clínicos con medicamentos de uso humano ha sido objeto de oportuna regulación en virtud de la Directiva 2001/20/CE del Parlamento Europeo y del Consejo, de 4 de abril de 2001, relativa a la aproximación de las disposiciones legales, reglamentarias y administrativas de los Estados miembros sobre la aplicación de buenas prácticas clínicas en la realización de ensayos clínicos de medicamentos de uso humano[33] y de la Directiva 2005/28/CE de la Comisión, de 8 de abril de 2005, por la que se establecen los principios y las directrices detalladas de las buenas prácticas clínicas respecto a los medicamentos en investigación de uso humano, así como los requisitos para autorizar la fabricación o importación de dichos productos. No obstante, procede destacar la reciente aprobación del Reglamento (UE) nº 536/2014 del Parlamento Europeo y del Consejo de 16 de abril de 2014 sobre los ensayos clínicos de medicamentos de uso humano, y por el que se deroga la Directiva 2001/20/ /CE, que de acuerdo con su art. 99 entrará en vigor a los veinte días de su publicación en el Diario Oficial de la Unión Europea (27/5/2014), siendo aplicable a partir de seis meses después de la publicación del aviso contemplado en el art. 82, apartado 3, pero en ningún caso antes del 28 de mayo de 2016.

A nivel español, el acervo comunitario concretado en la Directiva 2001/20/CE fue objeto de la oportuna recepción en virtud de la Ley 29/2006, de 29 de julio, de garantías y uso racional de los medica-

[33] En relación con el proceso de revisión que desembocó en la aprobación del nuevo Reglamento, véase European Commission-Health And Consumers Directorate-General, *Revision of the 'Clinical Trials Directive' 2001/20/EC. Concept paper submitted for public consultation*, [en línea], Bruselas, 09/02/2011 [citado el 1 de abril de 2015], disponible in Internet: [http://ec.europa.eu/health/files/clinicaltrials/concept_paper_02-2011.pdf]

mentos y productos sanitarios (actualmente en vigor RDL 1/2015)[34] y del Real Decreto 223/2004, de 6 de febrero, por el que se regulan los ensayos clínicos con medicamentos[35]. En este sentido, el Título III del Real Decreto Legislativo 1/2015 (De la investigación de los medicamentos de uso humano y sus garantías) regula los ensayos clínicos con medicamentos. En este ámbito y como garantía de transparencia, existe la posibilidad de que la Administración sanitaria pueda publicar los resultados de los ensayos clínicos cuando dicha publicación no se haya llevado a cabo por el promotor en plazo y siempre que los mencionados resultados permitan concluir que el producto presenta modificaciones de su perfil de eficacia o de seguridad; y ello, porque se toma en especial consideración el interés que, tanto para los pacientes que han participado en el ensayo como para los médicos y para la población en general, reviste el poder conocer los resultados del mismo, si de éstos se deriva que el medicamento plantea problemas de eficacia o de seguridad. Como eje de todo ensayo clínico en esta esfera se establece el necesario respeto a los derechos fundamentales de la persona y a los postulados éticos que afectan a la investigación biomédica (siguiéndose a estos efectos los de la Declaración de Helsinki), y la necesidad de que se cumplan las normas de buena práctica clínica como requisitos indispensables para garantizar la idoneidad del ensayo. Del mismo modo se mantienen las garantías de indemnización para los sujetos que pudieran verse perjudicados por su participación en los ensayos clínicos mediante la exigencia del aseguramiento previo de los daños y perjuicios que pudieran derivarse de aquéllos. En este sentido, el art. 61 Real Decreto Legislativo 1/2015 establece para los ensayos clínicos con medicamentos un régimen de responsabilidad del promotor, investigador y el centro u hospital en que se hubiera llevado a cabo análogo al que la Ley de

[34] Real Decreto Legislativo 1/2015, de 24 de julio, por el que se aprueba el texto refundido de la Ley de garantías y uso racional de los medicamentos y productos sanitarios (*Boletín Oficial del Estado*, 27 de julio de 2006, nº 178) cuyo título III aborda, bajo la rúbrica "De las garantías de la investigación de los medicamentos de uso humano", los ensayos clínicos con medicamentos. Dicha ley derogó la Ley 25/1990, de 20 de diciembre, del Medicamento (*Boletín Oficial del Estado*, 22 de diciembre de 1990, nº 306).

[35] Respecto a los estudios observacionales en la esfera del medicamento, véase el Real Decreto 577/2013, de 26 de julio, por el que se regula la farmacovigilancia de medicamentos de uso humano -en concreto, en el ámbito de los estudios post-autorización-.

Investigación Biomédica configura para el caso de experimentaciones que impliquen procedimientos invasivos en seres humanos.

Específicamente en relación con la práctica de ensayos clínicos con medicamentos en nuestro país el Real Decreto 223/2004, de 6 de febrero, ha sido recientemente derogado por el Real Decreto 1090/2015, de 4 de deciembre, por el que se regulan los ensayos clínicos con medicamentos, los Comités de Ética de la Investigación con medicamentos y el Registro Español de Estudios Clínicos.

Si bien la normativa anterior se refiere exclusivamente al ámbito de los ensayos clínicos con medicamentos de uso humano así como con productos sanitarios, ostenta incidencia en nuestra materia de estudio por la analogía con la regulación existente para los ensayos clínicos no farmacológicos.

III. El antecedente inmediato: La Convención del Consejo de Europa sobre los Derechos Humanos y la Biomedicina y su Protocolo Adicional relativo a la investigación biomédica de 25.1.2005

a) La Convención del Consejo de Europa sobre los Derechos Humanos y la Biomedicina

El capítulo V del Convenio sobre Derechos Humanos y Biomedicina del Consejo de Europa se dedica a la investigación científica. Tras establecer en su art. 15 la regla general en virtud de la cual se consagra la libertad de investigación específicamente en el ámbito de la medicina y la biología (si bien, como resulta obvio, dicha libertad no es absoluta, pues se encuentra limitada por los derechos fundamentales de los individuos implicados), el art. 16 establece los criterios de protección de las personas que se someten a un experimento y el art. 17 hace lo propio en relación con las personas que no tengan capacidad para expresar su consentimiento a un experimento. Finalmente, el art. 18 se consagra a la experimentación con embriones *in vitro*, cuestión que queda fuera del objeto del presente trabajo y da lugar a una problemática específica abordada de manera suficientemente amplia por la doctrina nacional y comparada (así, en relación con la utilización de embriones sobrantes con fines de investigación o la mal denominada clonación terapéutica –en su caso, clonación para investigación–).

Otros preceptos del Convenio de Biomedicina relevantes en relación con la investigación biomédica son el art. 2 (que establece que el interés y el bienestar del ser humano deben prevalecer sobre el interés exclusivo de la sociedad o de la ciencia), el art. 4 (prescribe para toda intervención en el ámbito de la sanidad, incluyendo la experimentación, el respeto a las normas y obligaciones profesionales, así como a las normas de conducta aplicables a cada caso), art. 5 (exigencia de consentimiento informado en la esfera sanitaria), art. 21 (proscripción de que el cuerpo o sus partes sean fuente de aprovechamiento) y art. 24 (derecho de toda persona que ha sufrido un daño injustificado a resultas de una intervención a una reparación equitativa en las condiciones y modalidades previstas por la ley)[36].

De manera específica, en su capítulo V el Convenio de Oviedo exige una serie de condiciones para la práctica de investigaciones con seres humanos (art. 16):

- la inexistencia de un método alternativo al experimento con seres humanos de eficacia comparable. Ello implicaría que la investigación no deberá ser autorizada si resultados análogos pueden ser obtenidos por otros medios. De acuerdo con el Informe Explicativo a la Convención[37] tampoco debe autorizarse el recurso a métodos invasivos si otros métodos no invasivos o menos invasivos pueden ser empleados con efectos similares.
- Que los riesgos en que puede incurrir la persona no sean desproporcionados en relación con los beneficios esperables del experimento.
- Aprobación del proyecto por parte de una autoridad competente[38] después de haber realizado un estudio sobre su pertinencia científica, comprendida una evaluación de la importancia del experi-

[36] En este sentido, González-Torre, A.P., «Investigación científica (Capítulo V)», *cit.*, p. 236.
[37] Council Of Europe, *Convention for the protection of Human Rights and dignity of the human being with regard to the application of biology and medicine: Convention on Human Rights and Biomedicine. Explanatory Report*, [en línea], 1997 [citado el 1 de abril de 2015], apartado 98, disponible en Internet: [http://conventions.coe.int/Treaty/en/Reports/Html/164.htm]
[38] El Convenio en este punto no concreta las características de la instancia de control a que se refiere, tal como pone de manifiesto González-Torre, A.P., «Investigación científica (Capítulo V)», *cit.*, p. 237.

mento, así como un estudio multidisciplinar de su aceptabilidad en el plano ético.
- Información adecuada suministrada a la persona que se presta al experimento en relación con sus derechos y las garantías previstas por la ley para su protección.
- Consentimiento otorgado libre, expresamente y por escrito con posibilidad de revocación del mismo en todo momento. De acuerdo con dicha previsión no resultaría suficiente en esta esfera un consentimiento tácito.

En cuanto a la protección de las personas que no tengan capacidad para prestar su consentimiento a un experimento, el art. 17 Convenio de Oviedo establece que únicamente podrá llevarse a cabo una investigación sobre dichos sujetos bajo las siguientes premisas:
- que se cumplan los requisitos fijados en el art. 16 (arriba citados) con excepción del relativo al consentimiento, que, por definición, en este caso no puede ser prestado válidamente.
- Que los resultados previstos supongan un beneficio real y directo para su salud.
- Que el experimento no pueda realizarse con eficacia comparable en individuos que puedan prestar su consentimiento. Ello implica que el recurso a personas incapaces para prestar su consentimiento debe constituir la única posibilidad, no resultando suficiente con que no se encuentren voluntarios entre personas capaces.
- Que se haya dado específicamente y por escrito la autorización de su representante, de una autoridad o de una persona o institución designada por la ley.
- Que la persona no exprese su rechazo al mismo.

Incluso puede prescindirse del requisito del beneficio directo para el sujeto del experimento en el caso de sujetos que no pueden prestar su consentimiento[39], siempre que se den el resto de condiciones mencio-

[39] De acuerdo con González-Torre algunos autores han empleado la habilitación del art. 17 Convenio en relación con la posibilidad de investigar con personas incapaces (no exigiéndose de manera absoluta el beneficio directo para el sujeto participante) para afirmar que nos encontramos ante un caso en el que el interés social prevalece sobre el de los sujetos individuales. Véase González-Torre-TORRE, A.P., «Investigación científica (Capítulo

nadas, y que además, por un lado, el experimento suponga para la persona un riesgo o un inconveniente mínimo, y por otro lado, tenga por objeto, mediante una mejora significativa del conocimiento del estado de la persona, de su enfermedad o de su trastorno, contribuir a lograr en determinado plazo resultados que permitan obtener un beneficio para la persona afectada o para personas de la misma categoría de edad o que padezcan la misma enfermedad o trastorno, o que presenten las mismas características.

La distinción que traza el art. 17 Convenio entre supuestos de beneficio directo para el sujeto sometido a experimentación frente a casos donde el mismo no concurre nos remite a la importante diferenciación entre investigación terapéutica y no terapéutica. Siguiendo a González-Torre[40] cabe conceptuar la primera como la aplicación a pacientes específicos de tratamientos cuya eficacia no ha sido establecida desde el punto de vista científico pero que se espera tengan un efecto positivo sobre la situación del enfermo, mientras que en el segundo caso se pretende la obtención de un conocimiento científico que no supone un beneficio directo para la persona sometida al ensayo. La importancia de la diferenciación radica en la ponderación del riesgo asumible, lógicamente mayor cuando se presume la producción, en caso de éxito del ensayo, de un efecto beneficioso en el participante. La delimitación antedicha no es acogida de manera genérica en el Convenio, si bien subyace al criterio que acoge el art. 17 Convenio específicamente en la esfera de la experimentación con incapaces, limitando en casos de investigación no terapéutica la admisibilidad de la misma a los casos en los que implique un riesgo y carga mínimos[41].

En principio, la investigación biomédica a desarrollar deberá respetar los postulados anteriores que constituyen el marco genérico establecido por el Convenio sobre Derechos Humanos y Biomedicina en relación con el particular. No obstante, la existencia de un Protocolo destinado a abordar específicamente esta materia añade requisitos

V)», *cit.*, p. 236. Como se ha puesto de manifiesto *supra*, en la línea de proscribir de manera absoluta la investigación con sujetos incapaces se pronunciaba el Código de Nüremberg.

[40] Véase González-Torre, A.P., «Investigación científica (Capítulo V)», *cit.*, pp. 252 y s.

[41] Asimismo, resulta de interés establecer la distinción entre investigación terapéutica y práctica médica habitual. En este sentido, véase González-Torre, A.P., *Bioética y experimentación con seres humanos*, cit., pp. 41 y ss.

ulteriores, que dado que han sido mayoritariamente asumidos por la legislación española posterior, procede tomar oportunamente en consideración[42].

b) *Protocolo Adicional al Convenio sobre Derechos Humanos y la Biomedicina, relativo a la Investigación Biomédica*

En desarrollo de esta normativa, el Consejo de Europa abrió a la firma el 25.1.2005 el Protocolo Adicional al Convenio de los Derechos Humanos y la Biomedicina, relativo a la investigación biomédica, que cuenta en la actualidad con 22 estados firmantes (entre los cuales no se encuentra España) y con 9 ratificaciones[43], entrando en vigor en dichos estados el 1 de septiembre de 2007 (salvo Georgia que ratificó el 8 de abril de 2010 y para la que entró en vigor el 1 de agosto de 2010, Turquía que ratificó el 21 de septiembre de 2011 y donde entró en vigor el 1 de enero de 2012, Montenegro que ratificó el 12 de febrero de 2013 y donde entró en vigor el 1 de junio de 2013 y Moldavia que ratificó el 7 de agosto de 2013 y donde entró en vigor el 1 de diciembre de dicho año).

El referido Protocolo se compone de cuarenta artículos integrados en doce capítulos (Objeto y ámbito de aplicación; Disposiciones generales; Comités de Ética; Información y consentimiento; Protección de las personas incapaces de consentir a la investigación; Situaciones específicas; Seguridad y supervisión; Confidencialidad y derecho a la información; Investigación en países no partes del Protocolo; Infracción de las disposiciones de este Protocolo; Relación entre este Protocolo y otras disposiciones y reexamen de este Protocolo; Cláusulas finales). El Protocolo se refiere a todas las actividades de investigación en el ámbito de la salud que impliquen intervenciones[44] en seres humanos (integrando

[42] Como pone de manifiesto acertadamente González-Torre el Convenio es un Convenio marco que establece normas generales comunes, dejando para los protocolos adicionales la regulación de cuestiones más detalladas, como en este caso la investigación biomédica. Véase González-Torre, A.P., «Investigación científica (Capítulo V)», *cit.*, p. 234.

[43] Datos a 1 de abril de 2015.

[44] A efectos del Protocolo se entiende por intervención, tanto aquellas de naturaleza física, como cualquier otra en la medida en que implique un riesgo para la salud psicológica de la persona afectada. Por lo tanto, el término intervención se emplea aquí en un sentido amplio, incluyendo cuestionarios, entrevistas e investigaciones observacionales que tengan lugar en el contexto de un protocolo de investigación biomédica si implican un peligro de naturaleza psicológica. De acuerdo con el Informe Explicativo al Protocolo, cuestionarios o entrevistas

en dicha esfera a embriones y fetos *in vivo*), excluyendo la experimentación con embriones *in vitro*.

En este punto, cabe distinguir entre investigación médica y práctica médica innovativa, derivada de la intención que subyace a la intervención. En el caso de la practica médica la única finalidad es la de beneficiar al paciente individual, no la obtención de conocimiento para beneficio general, a pesar de que dicho conocimiento puede emerger de la experiencia clínica obtenida. En el caso de la investigación biomédica la intención primaria es la de mejorar el conocimiento de manera que los pacientes en general puedan beneficiarse del mismo. No obstante, un individuo participante en la investigación puede no beneficiarse de aquella.

El capítulo II del Protocolo Adicional establece las disposiciones generales y contiene criterios comúnmente aceptados en la esfera de las investigaciones que implican procedimientos invasivos en seres humanos. De esta manera se consagran la primacía de los intereses del ser humano sobre los de la sociedad y la ciencia (art. 3), la libertad de investigación sujeta a las previsiones del protocolo y demás disposiciones legales destinadas a garantizar la protección del ser humano (art. 4), la ausencia de alternativas de efectividad comparable (art. 5), la exigencia de que la investigación no implique para el sujeto riesgos y cargas desproporcionados a sus beneficios potenciales (art. 6), la necesidad de que todo proyecto de investigación sea aprobado por el órgano competente tras un examen independiente acerca de su valor científico (art. 7) y, finalmente, el requerimiento de que la experimentación se encuentre científicamente justificada (art. 8).

Particular relevancia ostenta el art. 6 Protocolo pues da acogida, como principio general en materia de investigación en seres humanos, a la distinción entre experimentación con beneficio directo para los participantes (investigación terapéutica) y aquella que no implica tal benefi-

pueden conllevar un riesgo para la salud psicológica del participante en la investigación si incluyen preguntas de naturaleza íntima capaces de resultar en un daño psicológico. No obstante, en este contexto, una angustia emocional leve y temporal no habría de ser considerada como daño psicológico. Council Of Europe, *Additional Protocol to the Convention on Human Rights and Biomedicine concerning Biomedical Research. Explanatory Report*, [en línea], 2005 [citado el 1 de abril de 2015], apartado 17, disponible en Internet: [http://conventions.coe.int/Treaty/EN/Reports/Html/195.htm]

cio (investigación no terapéutica), admitiendo un mayor nivel de riesgo en la primera dado el efecto sobre la salud del sujeto sometido al ensayo que en el caso de la segunda[45]. Con carácter general el precepto referido establece que la investigación no puede implicar para el ser humano riesgos y cargas desproporcionados a su potencial beneficio, pero matiza adicionalmente, en relación con los casos de investigación que no tienen un potencial de producir un beneficio directo en la salud de los sujetos participantes, que la misma no podrá llevarse a cabo más que si no supone ningún riesgo o carga inaceptable para los participantes.

El capítulo III del Protocolo se dedica a los Comités de Ética. En este sentido se exige en el art. 9 el sometimiento de todo proyecto de investigación a un examen independiente sobre su aceptabilidad ética por parte de un Comité de Ética, siendo el objeto del análisis multidisciplinar referido el garantizar la dignidad, los derechos, la seguridad y el bienestar de los participantes en la investigación. La conclusión a la que llegue el Comité mencionado debe encontrarse debidamente fundada. En relación con este precepto ostenta enorme importancia precisar el alcance del concepto de multidisciplinariedad, que necesariamente debe atender al equilibrio en cuestiones tales como la composición de los comités citados con base en criterios como género y diversidad cultural y no sólo a la formación en distintas áreas científicas o académicas de sus integrantes.

Un aspecto fundamental en relación con el trabajo de los Comités de Ética es garantizar su independencia, cuestión expresamente establecida en el art. 10 Protocolo, impidiéndose que su actuación se encuentre indebidamente mediatizada por influencias externas inadecuadas. Asimismo, se impone a los miembros de los Comités la declaración de cualquier circunstancia que pueda conducir a un conflicto de intereses. Finalmente, se establece que toda la información necesaria para la eva-

[45] Como pone de manifiesto Deutsch la diferenciación tiene su razón de ser porque en cualquier experimentación de tipo científico (no terapéutica) se deben ponderar los riesgos que supone para el sujeto sometido a ella frente al beneficio que suponga para la ciencia en general. Al ser conceptos totalmente distintos lo anterior no resultará fácil. Por otro lado, en la experimentación terapéutica los riesgos y beneficios para los pacientes que toman parte en el ensayo están situados al mismo nivel. Véase Deutsch, E., «La declaración de Helsinki y la Convención Europea de Bioética. Problemas asociados a la regulación de la experimentación médica», *cit.*, p. 187.

luación ética del proyecto de investigación debe ser suministrada por escrito al Comité de Ética correspondiente (art. 11). El propio Protocolo contiene un apéndice en el que se explicita el conjunto de la información que ha de ser trasladada al Comité de Ética (agrupada en los siguientes bloques: descripción del proyecto; participantes, consentimiento e información y otras informaciones) al amparo de lo previsto en el art. 11.

En virtud del art. 12 Protocolo se establece la proscripción de influencias indebidas, incluyendo las de naturaleza económica, en relación con los sujetos participantes en la investigación. La cuestión citada ostenta particular relevancia en aquellas situaciones en las que un sujeto confía en otro (así, típicamente en la relación doctor/paciente cuando el primero es a su vez investigador) pudiéndose ejercer presión sobre el segundo para que participe en la experimentación. El Informe Explicativo al Protocolo pone de manifiesto que en dichas situaciones la mejor práctica consistirá en solicitar el consentimiento por parte de un tercero neutral o en la recepción de la contestación por parte de este último en relación con la participación en la investigación. No obstante, se admite la previsión de algún tipo de compensación para los participantes sin que ello pueda considerarse influencia indebida, siempre que la misma resulte adecuada a las cargas e inconvenientes generados y que no suponga un incentivo a asumir riesgos que de otra forma no se considerarían aceptables. En todo caso, en esta materia debe prestarse particular atención en los casos de personas dependientes (privados de libertad, estudiantes, p.ej. de medicina, militares, trabajadores sanitarios, etc.) y vulnerables con el fin de evitar toda influencia indebida, que resulta más factible en estos casos.

De cualquier manera, la cuestión de la posible remuneración/compensación (en este caso, el eufemismo de los términos encubre la voluntad de legitimar una práctica sin la cual el desarrollo de muchos ensayos clínicos sería del todo imposible) de los sujetos participantes en una investigación resulta problemática, pues es evidente que particularmente en experimentaciones sin beneficio directo para los participantes, la existencia de alguna forma de incentivo dinerario constituye una razón importante para que muchos sujetos tomen parte en la misma[46].

[46] En este sentido, véase GONZÁLEZ-TORRE, A.P., «Investigación científica (Capítulo V)», *cit.*, p. 250.

No obstante, la legislación tanto supranacional (art. 21 Convenio sobre Derechos Humanos y Biomedicina, que proscribe que el cuerpo humano o sus partes sean fuentes de aprovechamiento) como nacional se muestran absolutamente contrarias a la admisión de toda forma de remuneración en este ámbito, aceptándose exclusivamente la compensación de las molestias causadas como consecuencia de la participación en la experimentación.

El capítulo IV aborda los aspectos relativos a la información y al consentimiento, cuestiones centrales en el marco de la investigación biomédica directamente vinculadas con el principio de respeto a la persona o autonomía. En particular, se establece la necesidad de que los sujetos participantes en la experimentación reciban información adecuada de manera comprensible, debiendo la misma ser documentada. La información debe extenderse al objetivo, el plan general y a los riesgos y beneficios posibles del proyecto de investigación y debe incluir la opinión del Comité de Ética. Ulterior información específica a suministrar viene establecida en el art. 13 Protocolo. En relación con el particular, procede poner de manifiesto la importancia de que la información suministrada no resulte meramente generalista, sino que pormenorice al sujeto cuestiones como los riesgos a asumir en virtud de la intervención proyectada en sus circunstancias concretas y personales (atendiendo para ello a factores como edad o patología subyacente). Asimismo, la información debe ser transmitida de manera adecuada a las características del sujeto receptor, tomando en consideración su edad, formación, etc.

Finalmente en materia de consentimiento el art. 14 exige que el mismo sea libre, expreso, informado, específico y documentado, proscribiendo que el rechazo a consentir o la retirada del mismo pueda dar lugar a forma alguna de discriminación. Resulta particularmente interesante que dicho precepto establezca la necesidad de llevar a cabo los ajustes procedentes en el caso de sujetos cuya capacidad para consentir pueda resultar dudosa con el fin de comprobar la efectiva concurrencia de dicha capacidad. De acuerdo con el Informe Explicativo al Protocolo dicha previsión abarca a las personas que no hayan sido declaradas incapaces para prestar su consentimiento por un órgano judicial, pero cuya capacidad para consentir resulte cuestionable debido a un accidente o a un estado persistente o que ha empeorado. En todo caso, el precepto no exigiría que los ajustes establecidos específicamente para estos supuestos se desarrollaran en todo caso en el marco de los tribunales de justicia, pudiendo ser implementados con arreglo a los estándares profesionales.

El Protocolo Adicional al Convenio sobre Derechos Humanos y Biomedicina, relativo a la Investigación Biomédica, regula en sus capítulos V y VI las cuestiones relacionadas con la protección de las personas incapaces para prestar su consentimiento y una serie de situaciones específicas, respectivamente.

En relación con el primero de los puntos referidos, el art. 15 exige un conjunto de condiciones para poder desarrollar investigaciones en personas incapaces (siendo estos requisitos sustancialmente los mismos que los establecidos en la Ley de Investigación Biomédica, por lo que serán objeto de oportuno desarrollo en dicho apartado). Por otro lado, en relación con la investigación con incapaces el art. 16 viene a concretar la información previa a suministrar (tanto a la persona encargada de prestar su consentimiento como al sujeto afectado, a pesar de que este último no se encuentre en situación de prestar su consentimiento, salvo que no pueda recibir dicha información), mientras el art. 17 define los conceptos de mínimo riesgo y mínima carga en el marco de la experimentación con seres humanos (condición requerida, entre otras, por el art. 15.2 Protocolo para llevar a cabo investigación en incapaces que no produzca beneficio directo en la salud de los mismos). En este sentido, se considera que el riesgo es mínimo si, tomando en consideración la naturaleza y la dimensión de la intervención, resulta esperable que producirá, a lo sumo, un impacto negativo en la salud de la persona afectada leve y temporal. Por otro lado, la mínima carga se daría si resulta esperable que el malestar será, como mucho, temporal y muy leve para el sujeto concernido. Al concretar el grado de carga para el individuo, una persona que goce de su confianza puede evaluarla cuando se estime apropiado. El Informe Explicativo al Protocolo considera como ejemplos de investigaciones con mínima carga y riesgo las siguientes:

- Obtención de fluidos corporales sin intervención invasiva (saliva, muestras de orina, etc).
- Cuando se están obteniendo muestras de tejidos, por ejemplo, durante una intervención quirúrgica, tomar pequeñas muestras suplementarias.
- Tomar una muestra de sangre de una vena periférica o una muestra de sangre capilar.

- Extensiones menores de medidas diagnósticas no invasivas empleando equipamiento técnico, como exámenes sonográficos, electrocardiogramas tras reposo, una exposición a rayos X, etc.

No obstante, podrían existir participantes para los cuales algunos de estos procedimientos no impliquen un riesgo o carga estimable como meramente mínimo. Por ello, la concreción de dichos aspectos debe realizarse sobre una base individual.

En materia de situaciones específicas (Capítulo VI Protocolo) se regulan de manera particular las investigaciones durante el embarazo y la lactancia (art. 18), aquellas practicadas en personas en situación de emergencia clínica (art. 19) y las llevadas a cabo en personas privadas de libertad (art. 20).

Respecto del primer supuesto citado, el artículo 18 protege a la mujer, feto y al embrión *in vivo* durante el embarazo, así como a la mujer lactante sometida a investigación. El precepto implica que si los resultados de la experimentación no tienen potencial de beneficio directo para la salud de la mujer, embrión, feto o del niño después del nacimiento no puede existir más que una carga y riesgo mínimo. Además, en este supuesto y con respecto a mujeres embarazadas, la investigación debe ir dirigida a beneficiar a otras mujeres en relación con la reproducción o a otros embriones, fetos o niños y sólo será aceptable si dicha investigación no puede realizarse en mujeres que no se encuentren en dicho estado. Asimismo, se establece que si la experimentación se lleva a cabo en una mujer lactante, deben adoptarse particulares cautelas para evitar cualquier impacto adverso en la salud del niño.

Particular relevancia ostenta el capítulo VII del Protocolo Adicional relativo a la seguridad y la supervisión. En este punto, el art. 21 se refiere a la minimización de riesgos y cargas, ámbito en el que se incluye la necesidad de que la investigación se lleve a cabo únicamente bajo la supervisión de un profesional clínico que posea la cualificación y le experiencia precisa. Por otro lado, el art. 22 aborda la evaluación del estado de salud de los sujetos participantes, exigiendo de los investigadores la adopción de todas las medidas necesarias para la comprobación del estado de salud de los potenciales participantes en la investigación con carácter previo a su inclusión en la misma, a fin de excluir a aquellos sometidos a un riesgo importante. En este sentido, el Informe Explicativo al Protocolo pone de manifiesto que las medidas necesarias pueden incluir un examen clínico de los sujetos, pero ello no resultará necesario en todos los casos. Asimismo, se establece que cuando la investigación se lleve a cabo en personas en edad fértil debe prestarse especial atención al posible impacto negativo en un embarazo actual o futuro y en la salud del embrión, feto o niño.

Una ulterior previsión en relación con el desarrollo de las investigaciones se establece en el art. 23 dedicado a la no interferencia con las intervenciones clínicas necesarias, impidiendo que la investigación demore o prive a los individuos sometidos a la misma de los procedimientos preventivos, diagnósticos o terapéuticos precisos. En el caso de investigación asociada con la prevención, diagnóstico o tratamiento, los participantes asignados a grupos de control deben tener asegurado el acceso a métodos probados de prevención, diagnóstico o tratamiento[47]. Por lo tanto, es de esperar que se emplee un método contrastado de tratamiento disponible en el país o región (entendida como un conjunto de países vecinos o incluso como un área más amplia) de referencia. Asimismo, se establece en relación con el uso de placebo, la admisibilidad del recurso al mismo únicamente cuando no exista un método de efectividad comprobada o cuando la renuncia o la retirada de tales métodos no represente un riesgo o carga inaceptable para el paciente. Este último aspecto (carácter aceptable o no del riesgo o carga) debe ser establecido por el Comité de Ética y por el organismo competente correspondiente.

Finalmente se prevé que el proyecto de investigación sea reexaminado si ello resulta pertinente a la luz de los nuevos desarrollos científicos o eventos acaecidos en el curso de la experimentación (art. 24) con

[47] Cuestión cuya relevancia es oportunamente puesta de manifiesto por parte de González-Torre, autor que remite en este punto al concepto de equilibrio clínico (*clinical equipoise*) que, siguiendo a Beauchamp/Childress cabría definir como la situación que se produce cuando "basándose en las pruebas disponibles, los miembros de la comunidad médica de expertos relevantes están igualmente inclinados hacia cualquiera de las estrategias de tratamiento que se están probando en el ensayo clínico aleatorio (ECA), porque tienen las mismas incertidumbres frente a ellas y se sienten igualmente cómodos con las ventajas y desventajas conocidas de los tratamientos sometidos a prueba. Ningún paciente, pues, recibirá un tratamiento que se sepa que es menos efectivo o más peligroso que una alternativa disponible". Véase González-Torre, A.P., *Bioética y experimentación con seres humanos*, cit., p. 55.

el fin de determinar si la misma debe ser interrumpida o si deben introducirse cambios en el protocolo. Con base en dicho precepto cabría la finalización anticipada de la investigación, siempre que ello responda a situaciones que así lo legitimen, habiendo de informarse de las mismas al organismo competente. El Informe Explicativo al Protocolo recoge como razones aceptables de finalización el que se ponga de manifiesto de manera estadísticamente clara que el tratamiento experimental es significativamente peor que el tratamiento estándar, por lo que no resultaría éticamente aceptable continuar con el proyecto. En cambio, no sería una legitimación adecuada para la terminación el evitar una respuesta comercial adversa a la vista de un probable resultado negativo, resultado que, en principio, habrá de ser hecho público.

En cuanto al capítulo VIII Protocolo Adicional se dedica a cuestiones claves en relación con la investigación biomédica, tales como la confidencialidad de la información personal obtenida durante el proceso experimentador (art. 25), derecho a saber con respecto a toda información de salud y personal derivada de la práctica investigadora (art. 26), la obligación de ofrecer a los individuos participantes toda información relevante para su calidad de vida actual o futura derivada de la investigación (art. 27) y la necesaria disponibilidad de los resultados por parte de los Comités de Ética u organismos competentes, participantes y público en general (art. 28). Este último precepto resulta particularmente reseñable pues al fijar la obligación por parte de los investigadores de enviar un sumario o informe de la investigación al comité de Ética o al organismo competente y de hacer públicos los resultados obtenidos en un plazo razonable, incluso si son negativos, se está evitando la duplicación innecesaria de investigaciones que empleen personas debido a la falta de publicación de los resultados anteriores, y se pretende proscribir la supresión de resultados negativos o positivos por razones comerciales u otras no científicas.

Finalmente, se abordan cuestiones tales como la investigación en estados no parte del Protocolo (capítulo IX), la infracción de las disposiciones del Protocolo (capítulo X), la relación entre el Protocolo y otras disposiciones y reexamen del Protocolo (capítulo XI) y las cláusulas finales (capítulo XII). En definitiva, el Protocolo Adicional establece un marco completo y adecuado para la regulación de la investigación biomédica, cuyo ámbito de aplicación resulta más amplio que el capítulo II de la Ley de Investigación Biomédica (*Investigaciones que implican procedimientos invasivos en seres humanos*) pues no excluye la investigación en la esfera farmacéutica y de los productos sanitarios. Dicha normativa del Consejo de Europa ha servido de referente directo para la regulación española sobre el particular en virtud de la Ley 14/2007, de 3 de julio.

IV. Análisis de la Ley de Investigación Biomédica

a) Visión de conjunto del Título II

A la hora de proceder al estudio del Título II de la Ley de Investigación Biomédica, resulta imprescindible remitirse al Protocolo adicional al Convenio del Consejo de Europa sobre los Derechos Humanos y la Biomedicina, relativo a la Investigación Biomédica (25.1.2005) del que trae directamente causa, hasta el punto de poder afirmar que la mayor parte de los artículos que configuran dicho título han sido transcritos literalmente del referido protocolo.

En este sentido, cabe poner de manifiesto el acierto de la decisión adoptada por el legislador español en este punto, pues supone otorgar rango legal a nivel interno a una normativa de referencia internacional, adelantando así el proceso que exige que, para que ello tenga lugar, se proceda a la firma y ratificación del instrumento por parte de España (lo cual aún no se ha llevado a cabo en el caso de nuestro país).

Siguiendo la propia exposición de motivos de la Ley de Investigación Biomédica resulta oportuno destacar que el Título II ("Investigaciones que implican procedimientos invasivos en seres humanos") constituye el primero que aborda una materia específica, pues el Título I de la norma integra las disposiciones generales. Ello pone de manifiesto la relevancia otorgada por el legislador a la materia relativa a las investigaciones que implican procedimientos invasivos en seres humanos (excluyendo los meramente observacionales), no sólo por la posición sistemática que ocupa dicho Título II en el conjunto del texto, sino igualmente por el importante nivel de garantías previstas al efecto.

Desde el punto de vista material, resulta oportuno subrayar el carácter complementario que la regulación prevista en la Ley de Investigación Biomédica ostenta en relación con la normativa ya existente en virtud de la Ley de garantías y uso racional de los medicamentos y productos sanitarios, y relativa a los ensayos clínicos con dichos productos. De esta manera queda completado en el Derecho español el marco normativo sobre investigaciones invasivas (y, por lo tanto, no meramente observacionales[48]) en las que los seres humanos son sujetos participantes directos.

Desde un punto de vista estructural procede destacar que el título II Ley de Investigación Biomédica se divide en cinco capítulos, lo que evidencia la amplitud y heterogeneidad de la materia objeto de regulación. En cuanto a los rasgos básicos de cada uno de los capítulos integrantes del Título II Ley de Investigación Biomédica, el primero de ellos (arts. 13-15) aborda los principios generales en que estas investigaciones deben desenvolverse, incluyendo de manera pormenorizada los aspectos vinculados al consentimiento y desglosando la información precisa que ha de suministrarse necesariamente a los sujetos participantes en la investigación.

El capítulo II (arts. 16-18) gira bajo la denominación "Evaluación, autorización y aseguramiento del daño" y supone la concreción en la esfera de las experimentaciones que implican procedimientos invasivos en seres humanos del principio de evaluación de la actividad investigadora, cuya mayor dificultad consistirá en llevarla a cabo sin vulnerar el contenido esencial de la libertad de investigación[49]. Las disposiciones contenidas en el capítulo referido pretenden, de acuerdo con la propia Exposición de Motivos de la ley, reducir al máximo los perjuicios que pudieran derivarse de investigaciones que supongan procedimientos invasivos en seres humanos. A dichos efectos se recogen una serie de previsiones, incluyendo además de las medidas profilácticas necesarias las

[48] De acuerdo con el art. 3 Ley de Investigación Biomédica ("Definiciones") se entiende por estudio observacional el "estudio realizado sobre individuos respecto de los cuales no se modifica el tratamiento o intervención a que pudieran estar sometidos ni se les prescribe cualquier otra pauta que pudiera afectar a su integridad personal". Los anteriores quedan excluidos del ámbito del capítulo II Ley de Investigación Biomédica, pues de acuerdo con el título II de dicha norma su esfera de aplicación se limita a aquellas investigaciones que implican procedimientos invasivos en seres humanos.

[49] Así lo pone de manifiesto, GÓMEZ SÁNCHEZ, Y., «La libertad de creación y producción científica en la ley de investigación biomédica: objeto, ámbito de aplicación y principios generales de la ley», en SÁNCHEZ-CARO, J./ABELLÁN, F. (Coords.), *Investigación Biomédica en España*, Comares, Granada, 2007, p. 27.

cuestiones vinculadas con el aseguramiento del daño que pueda sobrevenir a los sujetos participantes a resultas de la investigación llevada a cabo sobre los mismos.

El capítulo III del Título II Ley de Investigación Biomédica (arts. 19-21) se refiere a las "Situaciones específicas" y, en concreto, procede a regular los aspectos particulares ligados a la investigación durante el embarazo y la lactancia, así como en el supuesto de menores e incapaces y en el de personas incapaces de consentir debido a su situación clínica. No cabe duda de que nos encontramos ante casos que exigen un plus de protección, dada la particular vulnerabilidad del sujeto, y así lo ha entendido el legislador que ha procedido a configurar un marco legal específico para estos supuestos. Ello entronca, por otro lado, con la profusa normativa internacional existente en estas materias, y con la tradición histórica desde el Código de Nüremberg.

El cuarto capítulo (arts. 22-25) regula los sistemas de seguridad y supervisión en el proceso de investigación. Ello ostenta una particular importancia práctica a la vista de la necesidad de garantizar la absoluta indemnidad de los intereses de los sujetos participantes. En este punto, la Ley de Investigación Biomédica exige la evaluación del estado de salud de los participantes en la investigación, alude a la no interferencia en las intervenciones clínicas de éstos y configura un completo sistema de comprobaciones que deben efectuarse durante el curso de la experimentación en el marco de las cuales ostenta particular relevancia la labor del Comité de Ética de la Investigación.

Finalmente, el capítulo V (arts. 26-27) fija una serie de obligaciones a las que tradicionalmente no se ha prestado la importancia que merecen en la esfera de las investigaciones con seres humanos, pero a las que la doctrina y legislación tanto nacional como comparada asignan un rol fundamental con el fin de garantizar la transparencia en el proceso investigador. En concreto, se trata de la necesidad de informar a los participantes en la investigación de los datos relevantes para su salud que puedan obtenerse durante su desarrollo, así como la de dar publicidad a sus resultados.

b) Ámbito de aplicación del Título II Ley de Investigación Biomédica

Una primera cuestión que procede analizar oportunamente es la relativa al ámbito de aplicación del Título II Ley de Investigación Biomédica. En este sentido, el hecho de que la esfera de la investigación con seres humanos a nivel de ensayos clínicos con medicamentos y productos sanitarios cuente con su propia normativa de referencia (Real Decreto Legislativo 1/2015, de 24 de julio, por el que se aprueba el texto refundido de la Ley, de garantías y uso racional de los medicamentos y productos sanitarios –Título III – y Real Decreto 1090/2015, de 4 de diciembre, por el que se regulen los ensayos clínicos con medicamentos, los Comités de Ética de la Investigación con medicamentos y el Registro Español de Estudios Clínicos) determina que dicha materia quede excluida de la regulación de la Ley de Investigación Biomédica. Ello se encuentra expresamente establecido en el art. 1 de la norma (Objeto y ámbito de aplicación) que dispone que "la investigación biomédica a la que se refiere esta Ley incluye la investigación de carácter básico y la clínica, con la excepción en este último caso de los ensayos clínicos con medicamentos y productos sanitarios, que se regirán por su normativa específica". En virtud del dato anterior, el Título II de la ley quedará reservado exclusivamente para aquellas investigaciones con personas que no puedan incardinarse en la esfera del medicamento y del desarrollo de productos sanitarios. Si bien la mayor parte de los ensayos clínicos[50] se vinculan al ámbito farmacológico, procede no caer en una simplista asociación entre ensayo clínico y medicamento[51]. No obstante, la prevalencia manifiesta de ensayos clínicos

[50] Entendidos como aquellos estudios prospectivos realizados con el fin de evaluar las intervenciones que se han aplicado en más de dos grupos poblacionales creados al azar y que, por lo tanto, son comparables entre sí. Véase Xavier BONFILL, X., «Situación actual de los ensayos clínicos no farmacológicos en España», *cit.*, p. 11.

[51] Ejemplos de ensayos clínicos en intervenciones no farmacológicas pueden citarse, entre otros, los siguientes, PICO SOLER, Mª. V., «Prevención del alcoholismo: estudios EMPA y EIBAL», en BONFILL, X. et al., *Ensayos clínicos en intervenciones no farmacológicas,* cit., pp. 17 y ss.; RODRÍGUEZ, F. A., «Ensayos clínicos en ejercicio físico y deporte», en BONFILL, X. et al., *Ensayos clínicos en intervenciones no farmacológicas,* cit., pp. 23 y ss.; ALEIXANDRE MARTI, E./CASANOVA MATUTANO, M. A. et al., «Ensayo clínico de dos intervenciones de deshabituación tabáquica en atención primaria», en BONFILL, X. et al., *Ensayos clínicos en intervenciones no farmacológicas,* cit., pp. 37 y ss.; PLADEVALL VILA, M., «Intervenciones sobre cumplimiento terapéutico: a propósito de un ensayo clínico», en BONFILL, X. et al., *Ensayos clínicos en intervenciones no farmacológicas,* cit., pp. 45 y ss.; IZQUIERDO, M., «Terapia génica», en BONFILL, X. et al., *Ensayos clínicos en intervenciones no farmacológicas,* cit., pp. 55 y ss.; GUERRA, J. A., «Problemas de investigación en acupuntura», en BONFILL, X. et al., *Ensayos clínicos en intervenciones no farmacológicas,* cit., pp. 61 y ss.; SANCHO, J. J., «Ensayos clínicos en cirugía»,

farmacológicos ha conllevado que aquellos que no ostentan dicha naturaleza adolezcan en muchos casos de una menor estandarización metodológica y, probablemente en numerosas ocasiones, de un menor rigor y validez[52].

En segundo lugar, lo dispuesto en el Título II Ley de Investigación Biomédica únicamente resulta aplicable cuando la experimentación se desarrolle en nacidos, así como en embriones y fetos vivos en el útero (pues en este último caso, resulta indudable que incidirá sobre un nacido como es la embarazada, siendo dicha interpretación coherente con la dicción del art. 19 Ley de Investigación Biomédica). Ello supone que la actividad experimental sobre preembriones *in vitro*, así como sobre embriones que hayan perdido su capacidad de desarrollo o sobre embriones o fetos muertos (incluyendo sus estructuras biológicas), cuestiones que han constituido uno de los focos fundamentales de polémica en relación con la investigación biomédica en España no se regirán por las disposiciones aquí estudiadas. Ello se deduce indefectiblemente del hecho de que la anterior sea una materia regulada en otros títulos de la Ley 14/2007, de 3 de julio, de Investigación Biomédica (Título III. *Sobre la donación y el uso de embriones y fetos humanos, de sus células, tejidos u órganos* y Título IV. *Sobre la obtención y uso de células y tejidos de origen embrionario humano y de otras células semejantes*), así como por la Ley 14/2006, de 26 de mayo, sobre Técnicas de Reproducción Humana Asistida[53] (capítulo IV. *Investigación con gametos y preembriones humanos*).

No obstante, y aun cuando la investigación en embriones y fetos vivos en el útero se rige por lo dispuesto en el Título II Ley de Investigación Biomédica, resulta oportuno poner de manifiesto que respecto de los mismos únicamente cabrá la investigación terapéutica, es decir, la

en Bonfill, X. et al., *Ensayos clínicos en intervenciones no farmacológicas*, cit., pp. 69 y ss.; Targarona, E. Mª., «Cirugía endoscópica y medicina basada en la evidencia», en Bonfill, X. et al., *Ensayos clínicos en intervenciones no farmacológicas*, cit., pp. 75 y ss.; Kovacs, F. M., «Ensayos clínicos sobre la intervención neurorreflejoterápica para el tratamiento de la lumbalgia inespecífica», en Bonfill, X. et al., *Ensayos clínicos en intervenciones no farmacológicas*, cit., pp. 83 y ss.; Sánchez Meca, J., «Aportación del metaanálisis en la evaluación de la psicoterapia», en Bonfill, X. et al., *Ensayos clínicos en intervenciones no farmacológicas*, cit., pp. 93 y ss.

[52] Argumentos sostenidos por Xavier Bonfill. Véase Bonfill, X., «Situación actual de los ensayos clínicos no farmacológicos en España», *cit.*, p. 11.

[53] Ley 14/2006, de 26 de mayo, sobre Técnicas de Reproducción Asistida. *Boletín Oficial del Estado*, 27 de mayo de 2006, nº 126.

destinada a producir un beneficio directo en aquellos, dado que el art. 30 Ley de Investigación Biomédica (*Limitaciones a la investigación con embriones y fetos vivos en el útero*) dispone expresamente que exclusivamente podrán autorizarse intervenciones sobre el embrión o el feto vivos en el útero cuando tengan un propósito diagnóstico o terapéutico en su propio interés, sin perjuicio de lo previsto legalmente sobre la interrupción voluntaria del embarazo. La propia Exposición de Motivos de la ley establece que "la investigación con embriones y fetos vivos en el útero sólo podrá realizarse con propósito diagnóstico o terapéutico en su propio interés", por lo que admite expresamente la investigación con beneficio directo en estos casos.

Por último, a la hora de definir lo que se entiende por "investigaciones que implican procedimientos invasivos en seres humanos" como ámbito material del Título II de la ley, procede poner de manifiesto que el concepto aludido se opone a los denominados estudios observacionales, que no quedan sometidos a los importantes requerimientos legales configurados en el articulado de referencia, básicamente, por entenderse que no implican peligro significativo para los sujetos participantes. En todo caso, lo que debamos entender por "estudios observacionales" y por "procedimientos invasivos" viene legalmente determinado en el propio art. 3 Ley de Investigación Biomédica, disposición en la que se consignan un conjunto de definiciones, que resultan fundamentales a la hora de interpretar el sentido de la norma. De esta manera, "estudio observacional" lo será aquel "estudio realizado sobre individuos respecto de los cuales no se modifica el tratamiento o intervención a que pudieran estar sometidos ni se les prescribe cualquier otra pauta que pudiera afectar a su integridad personal" (art. 3.m), mientras el "procedimiento invasivo" quedará integrado por "toda intervención realizada con fines de investigación que implique un riesgo físico o psíquico para el sujeto afectado" (art. 3.t).

Al hilo de la argumentación desarrollada al analizar el Protocolo al Convenio sobre Derechos Humanos y Biomedicina relativo a la Investigación Biomédica cuyo ámbito de aplicación se extiende al conjunto de las actividades de investigación en el ámbito de la salud que impliquen intervenciones en seres humanos, procede poner de manifiesto que, con base en las definiciones anteriores de la Ley de Investigación Biomédica, habría que considerar procedimiento invasivo el sometimiento del sujeto a cuestionarios o entrevistas en la medida en que puedan implicar un riesgo para la salud psicológica del participante en la investigación (normalmente si incluyen preguntas de naturaleza íntima capaces de derivar en un daño psicológico). En supuestos como los anteriores el carácter de la investigación (meramente observacional o invasiva) deberá ser concretado *ex ante* y adecuadamente ponderado, pues determina el sometimiento de la misma a normas concretas para su desarrollo.

c) Capítulo I. Principios generales y requisitos de la información y consentimiento.

Dicho capítulo (capítulo I, Título II Ley de Investigación Biomédica) se encuentra integrado por 3 preceptos (arts. 13-15) dedicados al consentimiento, los principios generales a los que deben someterse las referidas investigaciones y la información a suministrar a los sujetos participantes en la investigación, respectivamente.

A pesar de su ubicación sistemática, procede analizar en primer término el art. 14 Ley de Investigación Biomédica, disposición que ostenta una importancia decisiva pues aborda la cuestión de los principios generales por los que deben regirse las experimentaciones con seres humanos. Sólo de cumplirse los términos previstos en dicho artículo procederá llevar a cabo investigaciones que impliquen procedimientos invasivos. En concreto, se establecen tres criterios básicos:

1. Recurso a la misma sólo en ausencia de una alternativa de eficacia comparable.
2. La investigación no deberá implicar riesgos y molestias desproporcionadas en relación con los beneficios potenciales que se puedan obtener.
3. Finalmente, y cuando la investigación no tenga posibilidad de producir resultados de beneficio directo para la salud del sujeto participante en la misma, sólo podrá ser iniciada en el caso de que presente un riesgo y una carga mínimos, a juicio del Comité de Ética de la Investigación[54] que deba evaluarla. En este sentido, el concepto de "riesgo y carga mínimos" se incluye entre las defini-

[54] De acuerdo con la Disposición transitoria tercera de la Ley de Investigación Biomédica (*Comités Éticos de Investigación Clínica*):
"Los Comités Éticos de Investigación Clínica dejarán de existir a partir del momento en que se constituyan los Comités de Ética de la Investigación. Hasta que dicho Comités se

ciones establecidas en el art. 3 apartado u de la ley, que lo conceptúa como "los impactos en la salud y las molestias que puedan sufrir los sujetos participantes en una investigación, y cuyos efectos sólo podrán ser de carácter leve y temporal".

A través de este precepto, que reproduce los arts. 5 y 6 del Protocolo adicional al Convenio de Derechos Humanos y Biomedicina relativo a la investigación biomédica[55] se establecen criterios básicos en relación con los que debe desarrollarse la investigación con seres humanos.

En todo caso, el art. 14 Ley de Investigación Biomédica incide en un aspecto oportunamente destacado *supra* pero que procede reiterar, consistente en la distinción entre investigación con beneficio directo para el participante (investigación terapéutica) y la que no implica tal beneficio (investigación no terapéutica). Ello resulta oportuno al objeto de delimitar el nivel de riesgo admisible en cada una, que como destaca el propio art. 14 de la ley, será mayor en el caso de la primera.

El art. 13 relativo al consentimiento exige que el mismo sea expreso, específico y escrito, por parte del sujeto o de su representante legal, de acuerdo con los principios establecidos en el art. 4 Ley de Investigación Biomédica[56]. La cuestión del consentimiento informado constituye uno de los aspectos axiales en la esfera de la investigación biomédica[57].

constituyan, los Comités Éticos de Investigación Clínica que estén en funcionamiento en los centros que realicen investigación biomédica, podrán asumir las competencias de aquéllos". Véase, asimismo, la Disposición adicional primera (Comités Éticos de Investigación Clínica) Real Decreto 1090/2015.

[55] Únicamente procede reseñar que el art. 6.2 del Protocolo mencionado, para el caso de que la investigación no produzca ningún beneficio directo en el sometido a la misma se limita a exigir que no implique un riesgo o una carga inaceptable para el sujeto participante, por lo que parece más permisivo en este punto que la propia Ley de Investigación Biomédica que habla de riesgo y cargas mínimos.

[56] El referido art. 13 Ley de Investigación Biomédica tiene su equivalente en el Protocolo adicional al Convenio de Derechos Humanos y Biomedicina del Consejo de Europa, relativo a la investigación biomédica en virtud del art. 14 de este último texto legal que, sin embargo, añade a lo anterior que el consentimiento puede ser libremente retirado por la persona en cualquier momento de la investigación (la Ley de Investigación Biomédica introduce dicha cláusula en el art. 15.4) y que prevé ajustes cuando la capacidad de la persona para consentir resulte dudosa con el fin de comprobar dicha eventualidad.

[57] Sánchez Caro pone de manifiesto que el consentimiento informado constituye el exponente fundamental del principio de autonomía y la principal justificación para que se

Así queda de manifiesto con carácter general en relación con cualquier intervención en la esfera de la sanidad en virtud de la regulación del Convenio de Oviedo (art. 5) y de la Ley 41/2002, de 14 de noviembre, básica reguladora de la autonomía del paciente y de derechos y obligaciones en materia de información y documentación clínica (Capítulo IV. *El respeto a la autonomía del paciente*, en particular, arts. 8 a 10), y sectorialmente en el marco de las investigaciones con seres humanos en virtud del Protocolo Adicional al Convenio de los Derechos Humanos y la Biomedicina, relativo a la investigación biomédica (art. 14), del Real Decreto Legislativo (art. 60.4) y del Real Decreto 1090/2015 (art. 4).

En primer lugar, procede poner de manifiesto que para que el consentimiento informado resulte válido debe ser, inexorablemente, otorgado por una persona competente, adecuadamente informada y voluntario[58]. La voluntariedad, como atributo del consentimiento se emplea aquí en el sentido de manifestación de la voluntad carente de coerción, manipulación o persuasión[59]. La particularidad de la rela-

pueda actuar sobre el cuerpo del paciente. Dicho autor destaca cómo para la ley la cuestión esencial consiste en determinar el papel que tengan la información y el consentimiento; es decir, si lo relevante es la posición del médico, que en virtud del principio de beneficencia tiene como norte el objetivo del bienestar del paciente, construyéndose, en este caso, la relación alrededor del propio profesional sanitario, o si, por el contrario, el eje de la relación se articula en torno a la autonomía del paciente, quien, sobre la base de una información adecuada, de unos datos relevantes, queda en libertad para tomar la decisión que crea más oportuna. No obstante, advierte oportunamente SÁNCHEZ CARO que "aún reconociendo la importancia de la información y del consentimiento, parece obligado advertir, en este momento, que la complejidad médica nos puede presentar situaciones en las que el principio de autonomía no es relevante por sí solo, sino que tiene que ser objeto de ponderación junto con otros principios. Tal es el caso de la experimentación terapéutica, la investigación con y en seres humanos (...)"; dado que el presente trabajo se centra en el análisis de las investigaciones que implican procedimientos invasivos en seres humanos, procede en este punto tomar en consideración las particularidades concurrentes en materia de consentimiento. Véase SÁNCHEZ CARO, J., «El consentimiento previo a la intervención y la protección de los incapaces (Capítulo II)», en ROMEO CASABONA, C. M. (editor), *El Convenio de Derechos Humanos y Biomedicina*, Cátedra de Derecho y Genoma Humano-Editorial Comares, Bilbao-Granada, 2002, pp. 112 y s.

[58] Véase FOSTER, C., *The ethics of medical research in humans*, Cambridge University Press, Cambridge, 2001, p. 57.

[59] Véase CAMPS, V., «El consentimiento informado y sus limitaciones», en CARNÉ, X./ COSTA, J. et al., *Problemas y controversias en torno al ensayo clínico*, Fundación Dr. Antonio Esteve-Ediciones Doyma, Barcelona, 1998, p. 11. Dicha autora pone de manifiesto que el

ción médico-paciente puede conducir a evidentes distorsiones en este punto; conviene aceptar que la posición prevalente en el binomio anterior es la que ocupa el médico, por lo que el paciente puede temer que aquel no se encuentre satisfecho de su renuncia a participar en una determinada investigación o incluso considere que su médico nunca va a solicitarle algo malo para él. Ello le puede llevar a considerar que no hay razón alguna para rechazar cualquier intervención, incluso en la esfera de la investigación, que aquel le proponga[60].

Conceptualmente la exigencia del consentimiento informado se vincula con el respeto a la autonomía individual. De acuerdo con ABELLÁN-GARCÍA SÁNCHEZ[61] el término "consentimiento informado" alude a una teoría que ha sido elaborada dentro del contexto de la ética, el derecho y la medicina, pudiendo denotar, por tanto, matices muy diferentes para los especialistas de diversas disciplinas, según se trate de éticos, juristas o médicos. Fundamental a la hora de hablar de un consentimiento informado es la existencia de una información adecuada, transmitida de manera comprensible, es decir, apta para el nivel de conocimientos del receptor de la misma. "Consentimiento" e "información" constituyen, pues, conceptos indisolubles en la práctica biomédica moderna, y así queda consagrado de manera general en la normativa tanto nacional como internacional existente sobre el particular.

consentimiento debería ser el resultado de una opción libre no instrumentalizada por intereses opacos o pocos claros, pero que, no obstante, no siempre resulta fácil determinar dónde acaba la coacción y donde empieza la libertad del agente que debe consentir. Particularmente complejo resulta concretar en qué supuestos existe manipulación y, en especial, persuasión, máxime en una relación tan característica como la existente entre el médico y el paciente.

[60] Véase FOSTER, C., *The ethics of medical research in humans*, cit., p. 61, quien considera que, de acuerdo con la premisa anterior, el médico nunca debería solicitar al paciente hacer algo que resulte dañoso, con independencia de que ello pueda redundar en futuros pacientes.

[61] Véase ABELLÁN-GARCÍA SÁNCHEZ, F., «El consentimiento informado, la intimidad y la confidencialidad de los datos del paciente en los ensayos clínicos, con especial referencia a las obligaciones en materia de protección de datos personales», *cit.*, p. 91, quien sigue en este punto a APPELBAUN, P. S./LIDZ, C. W./MEISEL, A., *Informed Consent*, New York, Oxford University Press, 1987. A nivel histórico la teoría del consentimiento informado, de acuerdo con ABELLÁN-GARCÍA SÁNCHEZ, constituye uno de los productos de la interacción entre medicina y sociedad surgido fundamentalmente tras la Segunda Guerra Mundial ante la constatación de las atrocidades llevadas a cabo en los campos de exterminio nazis en el marco de experimentos con seres humanos.

A la hora de trazar el marco normativo del consentimiento informado en derecho español, procede poner de manifiesto que inciden en esta materia el Convenio de Oviedo (art. 5) y la Ley 41/2002, Básica Reguladora de la Autonomía del Paciente (arts. 8 y ss.)[62]. De acuerdo con el art. 3 Ley 41/2002 cabría definir el consentimiento informado como "la conformidad libre, voluntaria y consciente de un paciente, manifestada en el pleno uso de sus facultades, después de recibir la información adecuada, para que tenga lugar una actuación que afecta a su salud". Específicamente, en el ámbito de los ensayos clínicos con medicamentos el Real Decreto 1090/2015 define el consentimento informado como "la expresión libre y voluntaria por parte de un sujeto de ensayo clínico de un voluntad de participar en un ensayo clínico determinado, tras haber vido informado de todos los aspectos del mismo que sean pertinentes para su decisión de participar o en el caso de los sujetos de ensayo menores o incapaz, una autorización o acuerdo de sui representantes legulamento designados de incluirlos en el ensayo clínico"[63]. En cuanto a la forma de plasmación del consentimiento, si bien la Ley 41/2002 parte, como criterio general, de la validez del consentimiento verbal, prevé una serie de excepciones en las que el mismo necesariamente deberá figurar por escrito. En concreto, ello se establece en los supuestos de intervención quirúrgica, procedimientos diagnósticos y terapéuticos invasores y para la aplicación de todos aquellos procedimientos que supongan riesgos o inconvenientes de notoria y previsible repercusión negativa en la salud del paciente (art. 8.2 ley 41/2002). Asimismo, la propia Ley 41/2002 acepta expresamente en su art. 9.4 (art. 9. *Límites del consentimiento informado y consentimiento por representación*) que *la práctica de ensayos clínicos* y de técnicas de reproducción humana asistida se regirán por lo establecido con carácter general sobre mayoría de edad y por las disposiciones especiales de aplicación.

En definitiva, la Ley de Autonomía del Paciente prevé su carácter meramente supletorio en materia de consentimiento en relación con la

[62] Previamente a la entrada en vigor de dicha norma en nuestro ordenamiento jurídico, la cuestión del consentimiento informado era objeto de regulación por parte de Ley 14/1986, General de Sanidad (art. 10.5 –información- y 10.6 –consentimiento-).

[63] Véase Real Decreto 1090/2015, art. 2.1.w.

regulación específica existente en la esfera de la investigación clínica[64], por lo que habrá que atender a la normativa sectorial en este ámbito: en materia de medicamentos y productos sanitarios el Real Decreto Legislativo 1/2015 y el Real Decreto 1090/2015; para el resto de experimentaciones que impliquen procedimientos invasivos en seres humanos rige el Título II de la Ley 14/2007, de 3 de julio, de Investigación Biomédica.

En consonancia con el criterio general establecido en la Ley de Autonomía del Paciente para los casos de procedimientos invasores, el art. 13 Ley de Investigación Biomédica, en relación específicamente con las investigaciones que impliquen procedimientos invasivos en seres humanos, prevé de manera taxativa que el consentimiento sea "expreso, específico y *escrito* por parte del sujeto o de su representante legal". La regulación en este punto de la ley española deriva de manera mimética de la normativa del Consejo de Europa, en concreto, del Protocolo Adicional relativo a la Investigación Biomédica, que dispone en su art. 14 la proscripción, salvo en supuestos excepcionales, de toda investigación en la que cada participante no haya prestado un consentimiento informado, libre, expreso, específico y consignado por escrito. De manera análoga, para el ámbito del medicamento y los productos sanitarios el Real Decreto 1/2015 establece que "el sujeto del ensayo prestará su consentimiento libremente, expresado por escrito, tras haber sido informado sobre la naturaleza, importancia, implicaciones y riesgos del ensayo clínico". En esta esfera, queda claramente vetada la posibilidad de que el consentimiento se exprese oralmente, salvo en los supuestos en los que el sujeto ostente un impedimento para escribir, en cuyo caso, el consentimiento podrá ser prestado por cualquier medio admitido en derecho que permita dejar constancia de su voluntad (art. 4 Ley de Investigación Biomédica).

[64] Disposición adicional 2ª Ley 41/2002. Aplicación supletoria
"Las normas de esta ley relativas a la información asistencial, la información para el ejercicio de la libertad de elección de médico y de centro, el consentimiento informado del paciente y la documentación clínica, serán de aplicación supletoria en los proyectos de investigación médica, en los procesos de extracción y trasplante de órganos, en los de aplicación de técnicas de reproducción humana asistida y en los que carezcan de regulación especial".

Junto con la importancia del consentimiento como criterio rector de la validez de toda investigación de la naturaleza de la recogida en el Título II Ley de Investigación Biomédica, procede destacar el carácter esencial de la información a suministrar al sujeto participante, con el fin de que el mencionado consentimiento resulte realmente "informado". Ello queda tasado de manera expresa en el art. 15 Ley de Investigación Biomédica, artículo que tiene su correlato en el art. 13 Protocolo adicional sobre investigación biomédica. De acuerdo con el precepto de la ley española citado, que hace referencia a la información a suministrar a los sujetos participantes en la investigación, las personas a las que se solicite su participación en un proyecto de investigación recibirán previamente la necesaria información, debidamente documentada y en forma comprensible y cuando se trate de individuos con discapacidad, de forma adecuada a sus circunstancias. En este sentido, procede poner de manifiesto que se trata de una información pormenorizada, debidamente documentada y que debe ser transmitida en forma comprensible, es decir, de manera ajustada a las circunstancias personales del sujeto[65]. Entre los aspectos que debe consignar la referida información se incluyen necesariamente el propósito, el plan detallado, las molestias y los posibles riesgos y beneficios de la investigación.

Los extremos a especificar incluyen:

1. Naturaleza, extensión y duración de los procedimientos a utilizar.
2. Procedimientos preventivos, diagnósticos y terapéuticos disponibles.
3. Medidas para responder a acontecimientos adversos en lo que concierne a los sujetos que participan en la investigación.

[65] Con carácter general, y al objeto de concretar el derecho a la información en la esfera de la biomedicina, cabe exigir que la referida información resulte inteligible para el receptor, veraz, adecuada y precisa, es decir, ajustada a la realidad y centrada en el problema o situación cuyo conocimiento sea necesario para asimilarla, debiendo contener todos los datos y elementos relevantes a la formación personal del juicio de valor. Finalmente deberá ser clara y neutral en el planteamiento de la decisión personal con el fin de permitir la decisión autónoma del receptor. En este sentido véase ALDAMA BAQUEDANO, C., «La protección de la intimidad y del derecho a la información (capítulo III)», en ROMEO CASABONA, C. M. (editor), *El Convenio de Derechos Humanos y Biomedicina*, cit., p. 153; ROMEO CASABONA, C. M. (Coord.)/ EMALDI CIRIÓN, A./MARTÍN URANGA, A./NICOLÁS JIMÉNEZ, P./MATA BARRANCO, I. de la, *Información y documentación clínica. Su tratamiento jurisprudencial (1990-1999)*, Ministerio de Sanidad y Consumo, Madrid, 2000, pp. 23 y ss.

4. Medidas para asegurar el respeto a la vida privada y a la confidencialidad de los datos personales, de acuerdo con la legislación sobre protección de datos de carácter personal[66].
5. Medidas para acceder a la información relevante para el sujeto, que surjan de la investigación o de los resultados totales.
6. Medidas para asegurar una compensación adecuada en el caso de que el sujeto sufra algún daño.
7. Identidad del profesional responsable de la investigación.
8. Cualquier futuro uso potencial, incluyendo los comerciales, de los resultados de la investigación.
9. Fuente de financiación del proyecto de investigación.

Incluso se establece la previsión de que, de no conocerse alguno de dichos extremos, existiría el compromiso explícito de completar la información cuando los referidos datos se encuentren disponibles.

El propio art. 15 aclara (cuestión que, de no quedar regulada expresamente también daría lugar a una remisión automática por razón de la materia) que en el supuesto de uso futuro o simultáneo de datos genéticos o de muestras biológicas en el curso de la investigación se estará a lo dispuesto en los capítulos II ("Análisis genéticos y tratamiento de datos genéticos de carácter personal") y III ("Utilización de muestras biológicas humanas con fines de investigación biomédica") del Título V ("Análisis genéticos, muestras biológicas y biobancos") de la Ley de Investigación Biomédica. En dichos capítulos se regulan pormenorizadamente aspectos tales como información previa a la realización de aná-

[66] Dicha exigencia de información respecto al mencionado particular presupone la necesaria adopción de medidas en este ámbito con el fin de garantizar la confidencialidad de los mencionados datos personales, en línea con lo dispuesto en el art. 25 (Consentimiento) Protocolo Adicional relativo a la investigación biomédica –precepto que carece de correlato en el Título II Ley de Investigación Biomédica– y que establece expresamente: "1. Toda información de carácter personal obtenida con ocasión de una investigación biomédica será considerada como confidencial y tratada de acuerdo con las reglas relativas a la protección de la vida privada.
2. La ley protegerá contra la divulgación inadecuada de toda otra información relativa a un proyecto de investigación que haya sido comunicada a un comité de ética en aplicación del presente Protocolo".
En España, rige en este punto la Ley 15/1999, de 13 de diciembre, de protección de datos de carácter personal.

lisis genéticos, derecho a la información y a no ser informado, acceso a los datos genéticos por personal sanitario, etc.

Por último, el art. 15 completa el ciclo relativo a la información a suministrar al interesado, pues prevé específicamente en su apartado 4º que los participantes en una investigación deberán ser informados de los derechos y salvaguardas previstas en la ley para su protección y, específicamente, de su derecho a rehusar el consentimiento o a retirarlo en cualquier momento sin que pueda verse afectado por tal motivo su derecho a la asistencia sanitaria.

Si analizamos la regulación de la información a suministrar en el marco del desarrollo de ensayos clínicos con medicamentos y productos sanitarios, podemos constatar la analogía en los aspectos fundamentales con la normativa derivada de la Ley de Investigación Biomédica, siendo, no obstante, esta última mucho más pormenorizada al detallar cada uno de los aspectos que deben incluirse en la información a suministrar al sujeto participante en el ensayo. En este sentido, el Real Decreto Legislativo 1/2015 dispone que el sujeto del ensayo clínico sea informado sobre la naturaleza, importancia, implicaciones y riesgos del mismo.

A pesar de que las normas relativas a la obtención del consentimiento informado resultan claras y taxativas, la monitorización de dicho proceso en diferentes países ha puesto de manifiesto importantes deficiencias y errores en el marco del mismo. Así la *Food and Drug Administration* norteamericana (FDA) evidenció que el 54% de los investigadores cometen errores en el proceso de obtención del consentimiento informado[67].

Como corolario al análisis de la Ley de Investigación Biomédica en materia de consentimiento informado en la esfera de las investigaciones que implican procedimientos invasivos en seres humanos procede poner de manifiesto las oportunas consideraciones formuladas por Victoria

[67] Véase DAL-RÉ, R., «La protección de los sujetos participantes en los ensayos clínicos: supervisión de la conducción del ensayo clínico por el Comité Ético de Investigación Clínica», en CARNÉ, X./COSTA, J. et al., *Problemas y controversias en torno al ensayo clínico*, cit., p. 17. Asimismo, dicho autor destaca que a pesar de que los Comités de Ética de la Investigación disponen en Estados Unidos de la posibilidad, en virtud de la autoridad conferida, de presenciar directamente o por terceros el proceso de obtención del consentimiento informado, ello constituiría una intromisión directa en el proceso de investigación, por lo que resulta preferible el control *ex post*.

CAMPS[68] en este punto. Por un lado, en relación con la propia práctica del consentimiento informado (como expresión del reconocimiento de la autonomía del paciente) que debería constituir una forma de favorecer y mejorar el diálogo entre el médico y el enfermo, por lo que el mismo no puede convertirse en un mero trámite burocrático que materialmente ejecuta una enfermera, y que se materializa en la simple firma de un documento que se entrega al paciente/participante, sin comprobar el grado de comprensión real por parte de aquel. Coincido en la observación de que para que el sujeto pueda tomar una decisión realmente libre ello implica necesariamente una "pérdida de tiempo" por parte del profesional sanitario, que se verá obligado a dar explicaciones que en muchos casos le resultarán demasiado elementales, pero que devienen fundamentales para asegurar la plena libertad del individuo.

1. Capítulo II. Evaluación, autorización y aseguramiento del daño. El art. 16 prevé el ciclo de evaluación y autorización al que debe ser sometida toda investigación biomédica que comporte algún procedimiento invasivo en el ser humano. En el caso español se requiere, en consecuencia, de dichas dos fases, que deberán ser implementadas en cada caso, por el Comité y por el organismo legalmente establecidos. En primer lugar, la evaluación corresponde al Comité de Ética de la Investigación, debiendo ser previa a la autorización, favorable y debidamente motivada y fundada en los siguientes aspectos: idoneidad científica del proyecto, pertinencia, factibilidad y adecuación del investigador principal y equipo investigador. Realizada la evaluación por el referido Comité de Ética de la Investigación, y de resultar la misma favorable, procederá la autorización de la investigación por parte del órgano autonómico competente.

Incluso se prevé que si los resultados parciales obtenidos aconsejan una modificación del proyecto, dicha modificación requerirá un informe favorable del Comité de Ética de la Investigación y habrá de ser comunicada a la autoridad autonómica competente a los efectos oportunos. En todo caso, en el supuesto de proyectos de investigación multicéntricos se garantiza la existencia de un informe único sobre la base de la unidad de criterio.

[68] Véase CAMPS, V., «El consentimiento informado y sus limitaciones», en CARNÉ, X./COSTA, J. et al., *Problemas y controversias en torno al ensayo clínico*, cit., p. 12.

El art. 16 Ley de Investigación Biomédica tiene su origen en los arts. 7 y 9 del Protocolo adicional sobre Investigación Biomédica que formulan la exigencia de aprobación de toda investigación biomédica por el órgano competente y de sometimiento de la misma al examen independiente de un Comité de Ética.

Por otro lado, el art. 17 relativo a las garantías de control y seguimiento, establece que la investigación deberá ajustarse al contenido del proyecto autorizado, ostentando en todo momento las autoridades sanitarias facultad de inspección, pudiendo tener acceso a las historias clínicas individuales de los sujetos del estudio respecto de las cuales deberán guardar su carácter confidencial. Asimismo, la autoridad autonómica deberá proceder, en los casos en que no se hayan observado los requisitos establecidos legalmente y sea necesario para proteger los derechos de los ciudadanos, a suspender cautelarmente –a instancias del Comité de Ética de la Investigación o por iniciativa propia– la investigación autorizada.

Finalmente, el art. 18 culmina el Capítulo II, abordando la materia relativa a las compensaciones por daños y su aseguramiento. En este punto, la Ley de Investigación Biomédica excede con mucho lo previsto en el Protocolo Adicional sobre Investigación Biomédica, que en su art. 31 (*Reparación del daño*) establece únicamente "la persona que haya sufrido un daño resultante de su participación en una investigación tiene derecho a una reparación equitativa en las condiciones y según las modalidades previstas por la ley".

En este sentido, el art. 18 Ley de Investigación Biomédica sigue a grandes rasgos, en relación con el particular, la regulación prevista en materia de ensayos clínicos con medicamentos: art. 61 (*Garantías de asunción de responsabilidades*) del Real Decreto Legislativo 1/2015 –a la que incluso se remite el art. 18.5 en los demás aspectos no regulados por la Ley de Investigación Biomédica relativos a la responsabilidad por daños y a su aseguramiento–, y arts. 9 y 10 del Real Decreto 1090/2015.

En este sentido, la realización de una investigación que comporte un procedimiento invasivo en seres humanos exige el aseguramiento previo de los daños y perjuicios que pudieran derivarse para la persona en la que se lleva a efecto (art. 18.2). De esta manera, de producirse un daño se establece la responsabilidad solidaria en caso de que, por cualquier circunstancia, el seguro no cubra enteramente los daños, del promotor, del investigador responsable y del hospital o centro en el que se llevó a cabo, incluso aunque no medie culpa, incumbiéndoles la carga de la prueba. A estos efectos ni la autorización administrativa, ni el informe del Comité de Ética de la Investigación les eximirá de responsabilidad. Para completar el régimen legal reseñado se establece una presunción *iuris tantum* (que admite prueba en contrario) en virtud de la cual se presume que los daños que afecten a la salud de la persona sujeta a la investigación, durante su realización y en el año siguiente a su terminación, se han producido como consecuencia de la investigación. Pasado dicho plazo es el perjudicado el que debe probar el daño y la relación de causalidad entre la investigación y el daño.

Lo que procede poner de manifiesto es que, un régimen legal tan estricto puede suponer un verdadero obstáculo al desarrollo de la investigación biomédica, máxime cuando se establece una presunción tan amplia como que todo daño aparecido en el periodo de un año desde la finalización de la investigación resulta reconducible a la misma. Sobra decir, que la prueba en contra de lo anterior se convertirá en una verdadera *probatio diabolica* para el promotor, investigador y hospital o centro. A sabiendas de lo anterior, y tomando en consideración que el Título II Ley de Investigación Biomédica resulta aplicable a las investigaciones que impliquen procedimientos invasivos en seres humanos distintas a las propias de la esfera del medicamento y el producto sanitario (que quedan sometidas a su legislación sectorial), procedería la adopción de medidas por parte de la iniciativa pública con el fin de fomentar la experimentación en estas áreas. Interés particular ostenta, en este sentido, lo dispuesto en el art. 9 apartado 5 del Real Decreto 1090/2015 en virtud del cual "cuando el promotor e investigador principal sean la misma persona y el ensayo clínico se realice en un centro sanitario dependiente de una Administración pública, ésta podrá adoptar las medidas que considere oportunas para facilitar la garantía de los riesgos específicos derivados del ensayo en los términos señalados en los apartados anteriores, con el objeto de fomentar la investigación". La asunción de una medida de este tipo resultaría particularmente recomendable en la esfera de la experimentación no farmacológica (o de los productos sanitarios), habida cuenta de los menores intereses económicos implicados en la misma, a pesar de lo cual el régimen de responsabilidad legal de los sujetos intervinientes resulta ciertamente importante.

2. Capítulo III. Situaciones específicas.

El capítulo III del Título II Ley de Investigación Biomédica establece una serie de previsiones específicas en relación con tres supuestos particulares en razón de la situación en la que se encuentran los sujetos: investigaciones durante el embarazo y la lactancia (art. 19), personas que no tengan capacidad para prestar su consentimiento (art. 20) e investigación en personas incapaces para consentir debido a su situación clínica (art. 21).

En relación con estos tres casos, cuya regulación concreta proviene nuevamente del Protocolo Adicional sobre Investigación Biomédica, se pretenden extremar las cautelas respecto de estos grupos de personas, minimizando los riesgos a los que pueden ser sometidos (particularmente si de las referidas investigaciones no se va a derivar un beneficio directo para la salud), y prestando particular importancia a los aspectos relativos al consentimiento (así, en el caso de incapaces, en el que el mismo deberá otorgarse por sus representantes legales o en el de personas incapaces de consentir debido a su situación clínica, en el que deberá respetarse cualquier objeción expresada previamente por el paciente que sea conocida y habrá de informarse al sujeto o a sus representantes legales a la mayor brevedad). No obstante, el Protocolo adicional prevé una situación específica que no ha hallado acogida en la ley española: la de investigaciones que se lleven a cabo en personas privadas de libertad.

a) Investigaciones durante el embarazo y la lactancia

El art. 19 Ley de Investigación Biomédica que se ocupa del particular reproduce de manera absolutamente mimética las disposiciones del art. 18 Protocolo Adicional al Convenio sobre Derechos Humanos y Biomedicina, relativo a la Investigación Biomédica, con lo que cabría dar por reproducidos los comentarios realizados en relación con el mismo.

A efectos sistemáticos procede poner de manifiesto que el referido precepto de la ley española limita la posibilidad de autorizar una investigación en la que participe una mujer embarazada, respecto de la cual dicha investigación no vaya a producir un beneficio directo, o sobre el embrión, el feto, o el niño después de su nacimiento[69], a los casos en los que se cumplan las siguientes condiciones:

[69] Aun cuando exista dicho beneficio directo, y en virtud del art. 14.2 Ley Investigación Biomédica, la investigación no deberá implicar para el ser humano riesgos y molestias desproporcionados en relación con los beneficios potenciales que se puedan obtener.

a) Que la investigación tenga el objeto de contribuir a producir unos resultados que redunden en beneficio de otras mujeres, embriones, fetos o niños.
b) Que no sea posible realizar investigaciones de eficacia comparable en mujeres que no estén embarazadas.
c) Que la investigación entrañe un riesgo y un perjuicio mínimos para la mujer y, en su caso, para el embrión, el feto o el niño. Ello resulta plenamente coherente con lo dispuesto en el art. 14.3 de la propia Ley de Investigación Biomédica.
d) Que la embarazada o los representantes legales del niño, en su caso, presten su consentimiento en los términos legalmente previstos.

Por último, y en relación con investigaciones que se lleven a cabo en una mujer durante el periodo de lactancia, se exige una especial toma en consideración con el fin de evitar un impacto adverso en la salud del niño.

b) Protección de personas que no tengan capacidad para expresar su consentimiento

El art. 20 Ley de Investigación Biomédica regula los supuestos de investigaciones sobre menores así como sobre personas incapaces de obrar (salvo que, en función a su grado de discernimiento, la resolución judicial de incapacitación les autorice para prestar su consentimiento a la investigación). Esta materia de nuevo procede del Protocolo Adicional relativo a la Investigación Biomédica, y en concreto, de su art. 15 (protección de personas incapaces de consentir a la investigación) siendo la regulación absolutamente análoga, más allá de concreciones de matiz que se contienen en uno y otro texto.

En este punto, la regulación española distingue oportunamente entre investigación terapéutica y no terapéutica, imponiendo requisitos más estrictos en el segundo caso. En relación con el primer supuesto, es decir, el de aquellas experimentaciones sobre menores o incapaces cuyos resultados puedan producir beneficios reales o directos para la salud, sólo podrán llevarse a cabo cuando se cumplan las siguientes condiciones:

– Que no se pueda realizar una investigación de eficacia comparable en individuos capaces de otorgar su consentimiento.

- Que la persona que vaya a participar en la investigación haya sido informada por escrito de sus derechos y de los límites prescritos en la Ley y la normativa que la desarrolle para su protección, a menos que esa persona no esté en situación de recibir la información.
- Que los representantes legales de la persona que vaya a participar en la investigación hayan prestado su consentimiento por escrito, después de haber recibido la información legalmente establecida. Los representantes legales tendrán en cuenta los deseos u objeciones previamente expresados por la persona afectada.

Además, en este punto hay que poner de manifiesto la relevancia del art. 14.2 Ley de Investigación Biomédica, que al trazar los principios generales de las experimentaciones que implican procedimientos invasivos en seres humanos impone que la investigación no implique riesgos y molestias desproporcionados en relación con los beneficios potenciales que se puedan obtener, lo cual resultaría plenamente de aplicación en este supuesto.

Por el contrario, en el caso de investigación no terapéutica en este ámbito, la misma podrá ser autorizada de manera excepcional, exigiéndose además de los requisitos pormenorizados *supra* (salvo el del beneficio directo, que por definición no puede aquí concurrir) los siguientes:

- Que la investigación tenga el objeto de contribuir, a través de mejoras significativas en la comprensión de la enfermedad o condición del individuo, a un resultado beneficioso para otras personas de la misma edad o con la misma enfermedad o condición, en un plazo razonable.
- Que la investigación entrañe un riesgo y una carga mínimos para el individuo participante (de nuevo, coherentemente con el art. 14.3 Ley de Investigación Biomédica).
- Que la autorización de la investigación se ponga en conocimiento del Ministerio Fiscal.

c) *Investigación en personas incapaces de consentir debido a su situación clínica*

La previsión del art. 21 Ley de Investigación Biomédica se dirige a permitir, bajo determinadas condiciones ciertamente estrictas, la realización de experimentaciones que impliquen procedimientos invasivos en seres humanos en situaciones de emergencia clínica. En este contexto, y de acuerdo con la propia ley, se consideran investigaciones en situaciones de emergencia aquéllas en las que la persona no se encuentre en condiciones de otorgar su consentimiento y, a causa de su estado y de la urgencia de la situación, sea imposible obtener a tiempo la autorización de los representantes legales del paciente o, de carecer de ellos, de las personas que convivieran con aquél. En todo caso, el inicio de la investigación en situación clínica de emergencia no obsta para que la persona que participe en la misma o, en su caso, sus representantes legales, hayan de ser informados a la mayor brevedad posible. Asimismo, debe solicitarse el consentimiento para continuar participando en las investigaciones, en cuanto el paciente se halle en condiciones de prestarlo.

Podrían sistematizarse los requisitos para llevar a cabo investigación en personas incapaces de consentir debido a su situación clínica en torno a los siguientes puntos:

- Que no sea posible realizar investigaciones de eficacia comparable en personas que no se encuentren en esa situación de emergencia.
- Que en el caso de que no sea previsible que la investigación vaya a producir resultados beneficiosos para la salud del paciente, tenga el propósito de contribuir a mejorar de forma significativa la comprensión de la enfermedad o condición del paciente, con el objetivo de beneficiar a otras personas con la misma enfermedad o condición, siempre que conlleve el mínimo riesgo e incomodidad para aquél.
- Que la autorización de la investigación se ponga en conocimiento del Ministerio Fiscal.
- Por otro lado, habrá de respetarse cualquier objeción expresada previamente por el paciente que sea conocida por el médico responsable de su asistencia, por el investigador o por el Comité de Ética de la Investigación.

3. Capítulo IV. Seguridad y supervisión.

A lo largo de los artículos 22 a 25 de la Ley de Investigación Biomédica se establecen una serie de previsiones destinadas a velar por la seguridad de la investigación y la salud del paciente en cualquier momento del procedimiento. De nuevo la regulación establecida en la Ley de Investigación Biomédica sigue a grandes rasgos lo dispuesto en los artículos 21 a 24 Protocolo Adicional al Convenio de Derechos Humanos y Biomedicina relativo a la Investigación Biomédica. En este sentido, el art. 22 establece los criterios de prevención de riesgos, exigiendo la adopción de las medidas necesarias para garantizar la seguridad de la investigación y reducir los riesgos y las incomodidades para los participantes, así como la necesidad por parte del investigador responsable de acreditar que, tanto él como su equipo de investigación, se encuentran en posesión de la cualificación y experiencias adecuadas al ámbito de la investigación propuesta. Ello resulta de todo punto lógico, si tomamos en consideración la responsabilidad profesional asumida al llevar a cabo un proyecto de investigación que implica la práctica de procedimientos invasivos en seres humanos.

En relación con la evaluación del estado de salud de las personas participantes en la investigación se traslada al sujeto del ensayo el deber de facilitar los datos reales sobre su estado físico o de salud, habiendo, no obstante, el investigador de tomar las medidas necesarias, que incluirán, en su caso, la consulta a los médicos responsables de la asistencia de los participantes, para comprobar dicho extremo previamente al inicio de la investigación, al objeto de que los sujetos para los que la investigación revista especial riesgo queden excluidos de la misma (art. 23). Resulta procedente poner de manifiesto que el Protocolo adicional sobre investigación biomédica en ningún apartado establece la referida obligación por parte del sujeto de la investigación de comunicar los datos sobre su estado físico o de salud, aspecto incorporado de manera novedosa por la Ley de Investigación Biomédica. Finalmente, se hace referencia al caso en el que la investigación implique a mujeres en edad fértil, habiendo de tenerse en cuenta el posible impacto adverso sobre un embarazo existente desconocido o posterior, así como sobre la salud del embrión, el feto o el niño.

El art. 24 Ley de Investigación Biomédica garantiza que la investigación no retrasará o privará a los participantes de los procedimientos médicos preventivos, diagnósticos o terapéuticos que sean necesarios para su estado de salud. En el caso de investigaciones asociadas con la prevención, diagnóstico o tratamiento de enfermedades, deberá asegurarse que los participantes que se asignen a los grupos de control reciban procedimientos probados de prevención, diagnóstico o tratamiento. En este sentido, el investigador hará constar los extremos anteriores en el protocolo del ensayo que vaya a someter a evaluación y autorización. Asimismo, únicamente podrá recurrirse al uso de placebo si no existen métodos de eficacia probada, o cuando la retirada de estos métodos no presente un riesgo o perjuicio inaceptable para el paciente.

Finalmente, el art. 25 establece la posibilidad que asiste en todo momento al Comité de Ética de la Investigación para adoptar las medidas oportunas con el fin de comprobar que la continuidad del proyecto está justificada a la luz de los nuevos conocimientos que se alcancen a lo largo de su ejecución. Estas evidencias novedosas pueden derivarse del propio proyecto emprendido (así, obtención de determinados resultados parciales que ponen de manifiesto la extremada peligrosidad de la técnica objeto de experimentación) o bien de otros proyectos conocidos por parte de los investigadores implicados (por ejemplo, publicación de resultados de otros estudios en revistas científicas). La Ley de Investigación Biomédica asigna la función de comprobación acerca de la oportunidad de continuar con el proyecto al Comité de Ética de la Investigación, aspecto que queda abierto en función del Protocolo Adicional al Convenio de Derechos Humanos y Biomedicina relativo a la Investigación Biomédica, que no especifica quién haya de desempeñar dicha función. En este sentido, se impone por ley al investigador principal la obligación de remitir de manera inmediata cualquier información relevante para la seguridad de los sujetos participantes. Las finalidades de la comprobación referida por parte del Comité de Ética de la Investigación serán las siguientes:

- Si es necesario interrumpir la investigación o realizar cambios en el proyecto para que pueda continuar.
- Si los participantes en la investigación o, en su caso, sus representantes, deben ser informados sobre los acontecimientos que puedan ocurrir.
- Si es preciso contar con un consentimiento adicional de los participantes.

En cualquier caso, si como consecuencia de dicha labor fiscalizadora o por cualquier otra circunstancia, resultase necesaria la modificación de las condiciones autorizadas, ésta exigiría el dictamen favorable del Comité de Ética de la Investigación y la aprobación de la autoridad correspondiente. Dicho precepto supone la positivización y el consiguiente otorgamiento de rango legal a una serie de criterios ya aceptados unánimemente en la comunidad científica[70]: por un lado, que las investigaciones deben llevarse a cabo en todo caso conforme al protocolo aprobado por el Comité de Ética de la Investigación y, por otro, que toda modificación ulterior del mencionado protocolo debe ser objeto de aprobación por parte de aquel.

De acuerdo con lo dispuesto legalmente, cualquier información relevante sobre la participación en la investigación será comunicada por escrito a los participantes o, en su caso, a sus representantes, a la mayor brevedad. En relación con el particular, el Comité de Ética de la Investigación procederá al seguimiento del cumplimiento de la obligación referida, debiendo dar cuenta de las incidencias que observe a la autoridad competente que dio la autorización para dicha investigación, con el fin de que ésta pueda adoptar las medidas que correspondan, de acuerdo con el artículo 17 de la Ley de Investigación Biomédica y con pleno respeto a lo establecido en la normativa vigente en materia de protección de datos de carácter personal.

El último apartado del art. 25 Ley de Investigación Biomédica ostenta particular interés pues dispone que el investigador responsable informará al Comité de Ética de la Investigación y a la autoridad competente que dio su conformidad a la investigación de las razones por las que decida terminar prematuramente cualquier proyecto de investigación. Con ello, se quieren evitar finalizaciones prematuras de una determinada experimentación basadas no en razones de pertinencia científica o justificadas por la seguridad de los participantes, sino por ejemplo, en criterios meramente comerciales. De esta forma, se pretende impedir que la finalización anticipada se funde meramente en la voluntad de no hacer públicos determinados resultados negativos que, de lo contrario, habrían de ser publicados. Como causa justificada de finalización antes de tiempo cabría citar la obtención de resultados estadísticos que evidencian que la técnica/tratamiento experimental es significativamente peor que el estándar existente, por lo que sería éticamente inaceptable

[70] Véase DAL-RÉ, R., «La protección de los sujetos participantes en los ensayos clínicos: supervisión de la conducción del ensayo clínico por el Comité Ético de Investigación Clínica», *cit.*, p. 18. No obstante, acepta dicho autor que, con relativa frecuencia, los investigadores modifican el protocolo inicialmente aprobado, sin informar de nuevo, ni por supuesto, solicitar la oportuna autorización del Comité de Ética correspondiente.

la continuación del proyecto de investigación. Otro ejemplo sería la publicación de resultados de estudios por otros investigadores que o bien negasen la justificación originaria para la investigación emprendida, o bien pusiesen en cuestión la seguridad de la experimentación[71].

El art. 25 Ley de Investigación Biomédica implica el desarrollo de una actividad proactiva por parte de los Comités de Ética de la Investigación en el cumplimiento de la labor fiscalizadora que les compete. Básicamente cabe considerar dos formas de materialización práctica de la misma: o bien exigir a los investigadores un detallado proceso de monitorización, o bien configurar un sistema por el cual el personal de la institución donde se realiza el ensayo clínico procede a monitorizarlo o a auditarlo (unidades de esta naturaleza ya existen en determinados hospitales españoles)[72].

4. Capítulo V. Gestión de la información.

Los arts. 26 y 27 Ley de Investigación Biomédica tienen su origen igualmente en el Protocolo adicional al Convenio sobre Derechos Humanos y Biomedicina relativo a la investigación biomédica (arts. 27 y 28). En virtud del primer precepto citado (art. 26), se garantiza que si la investigación da lugar a información relevante para la salud de los participantes, ésta deberá ser puesta a su disposición, en el marco de la asistencia en curso o prestando un asesoramiento específico (cuando ello resulte necesario atendiendo a la naturaleza de los resultados y a las opciones disponibles para los participantes). Dicha información puede consistir en las conclusiones de la investigación o en información incidental obtenida durante la experimentación, debiéndose evaluar por parte del investigador su relevancia para la salud o calidad de vida actual o futura de los participantes[73]. En todo caso, debe respetarse escrupulosamente

[71] Ejemplos citados en el Informe Explicativo al Protocolo adicional sobre Investigación Biomédica. Véase Council Of Europe, *Additional Protocol to the Convention on Human Rights and Biomedicine concerning Biomedical Research. Explanatory Report*, [en línea], 2005 [citado el 1 de abril de 2015], apartados 126 y s., disponible en Internet: [http://conventions.coe.int/Treaty/EN/Reports/Html/195.htm]

[72] Véase Rafael Dal-Ré, R., «La protección de los sujetos participantes en los ensayos clínicos: supervisión de la conducción del ensayo clínico por el Comité Ético de Investigación Clínica», *cit.*, p. 19.

[73] En este sentido, véase Council Of Europe, *Additional Protocol to the Convention on Human Rights and Biomedicine concerning Biomedical Research. Explanatory Report*, [en línea], 2005

tanto el derecho del sujeto a saber como a no saber (consagrado como principio general en el art. 4.5 Ley de Investigación Biomédica al que remite el art. 26 de la misma norma), con los límites doctrinalmente consagrados (así, en el caso del derecho a no saber, cuando dicha información, según criterio del médico responsable, sea necesaria para evitar un grave perjuicio para la salud del sujeto o la de sus familiares biológicos, se informará a un familiar próximo o a un representante, previa consulta del comité asistencial si lo hubiera, debiendo limitarse la comunicación exclusivamente a los datos necesarios para estas finalidades).

Por último, en virtud del art. 27 Ley de Investigación Biomédica el investigador responsable se obliga a remitir –una vez concluida la investigación– un resumen de la misma a la autoridad que dio la autorización y al Comité de Ética de la Investigación. Asimismo, y de solicitarlo, los resultados deben ser comunicados a los participantes. Finalmente, los investigadores deben hacer públicos los resultados de la investigación una vez concluidas atendiendo a los requisitos relativos a los datos de carácter personal y sin menoscabo de los correspondientes derechos de propiedad intelectual e industrial que se pudieran derivar de la investigación.

La cuestión de la publicación de los resultados ostenta una importancia particular[74], puesto que constituye uno de los mecanismos básicos de control (de naturaleza *ex post*) de las investigaciones llevadas a cabo[75]. Asimismo, garantizando la publicación se evita la innecesaria duplicación –no sólo en la esfera local, sino igualmente nacional e in-

[citado el 1 de abril de 2015], apartado 131, disponible en Internet: [http://conventions.coe.int/Treaty/EN/Reports/Html/195.htm]

[74] En la esfera de los ensayos clínicos con medicamentos GONZÁLEZ-TORRE pone de manifiesto que la publicación constituye una de las grandes necesidades de las empresas farmacéuticas, agrupadas en las llamadas "cinco pes": pacientes, prestigio, patentes, personal y publicaciones. Véase GONZÁLEZ-TORRE, A. P., *Bioética y experimentación con seres humanos*, cit., p. 144.

[75] DAL-RÉ pone de manifiesto la función de los antiguos Comités Éticos de Investigación Clínica (CEIC) en la comprobación regular de la publicación de los resultados de la investigación. Propone para ello realizar dicha función de manera selectiva, mediante una selección al azar de los estudios a auditar. Otra posibilidad sugerida por dicho autor consistiría en que fueran los propios CEIC los que requiriesen a los investigadores para que les informasen sobre la publicación de los resultados. No obstante, también se evidencia la existencia de ensayos clínicos (EC) que por su propia naturaleza, resultan de más fácil publicación que otros, por su mayor trascendencia para la comunidad médica. Véase

ternacional, dada la difusión presente de conocimientos a través de Internet– de experimentaciones invasivas que, precisamente por utilizar como participantes a seres humanos, deben reducirse al mínimo necesario[76]. Igualmente, se trata de proscribir mediante la ausencia de publicación la supresión de resultados negativos o positivos por razones comerciales u otras no científicas. Por otro lado, este aspecto entronca directamente con la cuestión del acceso a los resultados de los ensayos clínicos llevados a cabo por parte del público en general, y en particular, por determinados grupos de presión, entre los que destacan particularmente los pacientes, que son quienes ostentan un interés directo en los referidos procesos. En el marco de nuestras sociedades post-industriales en la era de la biotecnología cuestiones como las vinculadas con nuevas posibilidades diagnósticas o terapéuticas se enmarcan en el proceso de "democratización de la tecnología", aspectos en relación con los cuales el gran público desea tener un conocimiento de los avances producidos y participar activamente en la toma de decisiones[77]. Ello no implica aún una difusión importante de noticias de ámbito médico-científico en los medios de comunicación social más extendidos en España[78], pero sí que ha dado lugar a un interés creciente por estos temas.

Dal-Ré, R., «La protección de los sujetos participantes en los ensayos clínicos: supervisión de la conducción del ensayo clínico por el Comité Ético de Investigación Clínica», *cit.*, p. 16.

[76] Por otro lado, una de las cuestiones que se plantea en la actualidad es la de la prepublicación de los datos (sobre todo en investigaciones que implican la creación de amplias bases de datos) pues pueden ser de utilidad inmediata para otros investigadores en dicho campo generando así importantes beneficios sociales. Ello, que surge en la esfera del Proyecto Genoma Humano, se ha ampliado a otras esferas de la Biología y la Medicina. En relación con el particular y la problemática que ello puede plantear, véase Opinion, «Prepublication data sharing», *Nature*, 461, pp. 168 y ss. [en línea], 2011 [citado el 1 de abril de 2015], disponible en Internet: [http://www.nature.com/nature/journal/v461/n7261/full/461168a.html]

[77] Acerca de la incidencia de los grupos de presión en los procesos vinculados con los ensayos clínicos, véase Avendaño Solà, C., «Ensayos clínicos y grupos de presión», en Carné, X./Costa, J. et al., *Problemas y controversias en torno al ensayo clínico*, cit., pp. 25 y ss.

[78] En 1996 las noticias de ámbito médico-científico en los 6 periódicos de mayor venta en España se situaban en 1.273, de las que solo un 1% (15) se referían específicamente a temas relacionados con ensayos clínicos. No obstante, el acceso de la población en general a dicha información experta ha conocido un auge espectacular en los últimos años a raíz del fenómeno internet. Véase Vilarroya, O., «El ensayo clínico en la democratización de la información experta», en Carné, X./Costa, J. et al., *Problemas y controversias en torno al ensayo clínico*, cit., pp. 71 y ss.

Procede aceptar, no obstante, que la publicación de los resultados de un ensayo clínico se encuentra condicionada por diferentes variables, entre las que se encuentran cuestiones tales como las propias evidencias alcanzadas (es notorio que resulta significativamente más sencillo publicar ensayos cuyos resultados son positivos que aquellos que no llegan a confirmar las hipótesis de partida), el tamaño del estudio, etc. Suficientemente conocidos resultan factores tales como el "sesgo de publicación"[79], puesto de manifiesto de manera repetida, consistente en la no publicación de resultados negativos y que, en gran parte puede relacionarse con el hecho de que la naturaleza atractiva de los resultados puede primar en el interés editorial sobre la calidad del método con el que se han conseguido. Un paso fundamental al objeto de lograr que la gran mayoría de los ensayos clínicos se hagan públicos es la iniciativa que se ha dado a conocer como "amnistía de los ensayos clínicos", en la que los editores y otros responsables académicos se han comprometido a facilitar la publicación de todos aquellos ensayos clínicos que por irrelevancia, conflicto de intereses u otro tipo de impedimentos técnicos no han visto la luz en forma de publicación[80]. Dicha iniciativa sólo ha resultado posible en el marco de internet. En este punto, procede citar la importancia de la llamada Colaboración Cochrane, que como pone de manifiesto BONFILL[81], constituye una organización internacional dirigida a promover la producción, actualización y divulgación de revisiones sistemáticas sobre los efectos de los tratamientos o de las intervenciones

[79] Véase ANDRÉS-TRELLES, F. de, «Difusión selectiva de los ensayos clínicos. Lo que conoce la industria, lo que conoce el prescriptor», en CARNÉ, X./COSTA, J. et al., *Problemas y controversias en torno al ensayo clínico*, cit., p. 77. Según GONZÁLEZ-TORRE, un efecto negativo de este proceso en virtud del cual se tienden a publicar con más facilidad las investigaciones con resultados positivos es que los estudios sistemáticos sobre artículos de revistas especializadas dan lugar a conclusiones equivocadas sobre la efectividad de los tratamientos, sobrevalorándolos, de manera que se puede llegar a exponer a los pacientes a terapias inútiles e incluso peligrosas. Véase GONZÁLEZ-TORRE, A. P., *Bioética y experimentación con seres humanos*, cit., p. 146.

[80] Así lo pone de manifiesto VILARROYA, O., «El ensayo clínico en la democratización de la información experta», en CARNÉ, X./COSTA, J. et al., *Problemas y controversias en torno al ensayo clínico*, cit., p. 73.

[81] Véase BONFILL, X., «Situación actual de los ensayos clínicos no farmacológicos en España», *cit.*, pp. 13 y s. En el marco de dicha iniciativa ostentan particular importancia la Cochrane Library, revista electrónica donde se divulgan las revisiones de la Colaboración Cochrane y el registro Central.

sanitarias. De acuerdo con dicho autor, la referida iniciativa se encuentra organizada por grupos colaboradores de revisión establecidos en virtud de problemas de salud. De esta manera se trata de identificar todos los ensayos clínicos realizados en cualquier idioma y en cualquier país con el fin de registrarlos en una base de datos central, de importancia significativa para conocer ensayos clínicos en cada área de actividad.

Con ello queda cerrado el ciclo relativo a la práctica de las investigaciones que implican procedimientos invasivos en seres humanos. Cuestiones posteriores, que por razones ligadas al propio propósito de la presente contribución deben quedar fuera de nuestro análisis, son las relacionadas con la ulterior aplicación de los resultados de las experimentaciones a la práctica asistencial en forma normalmente de nuevas posibilidades diagnósticas o terapéuticas[82].

[82] Ello nos enfrenta con problemas éticos diversos que merecen un análisis pormenorizado. Para una profundización sobre el particular véase PERMANYER MIRALDA, G., «La aplicación de los ensayos clínicos a la práctica asistencial», en CARNÉ, X./COSTA, J. et al., *Problemas y controversias en torno al ensayo clínico,* cit., pp. 47 y ss.

Medida de segurança de internamento de inimputável em razão de anomalia psíquica – antecedentes

Maria João Antunes*

1. Já é recuado o tempo em que não se fazia a distinção entre imputável e inimputável para o efeito de responsabilizar criminalmente o agente da prática de um facto considerado crime. Porém, não é afinal tão longínquo quanto isso quando temos presente a história do direito penal.

É com o direito penal nascido no século das Luzes que a questão da inimputabilidade do agente em virtude de anomalia psíquica (em virtude de alineação mental ou loucura) ganha os contornos que ainda hoje lhe conhecemos. De facto, é a partir deste momento que avulta a preocupação em delimitar de forma rigorosa os sujeitos ativos de um ramo do direito que conhece exclusivamente a pena como consequência jurídica dos comportamentos definidos como crime. Podendo afirmar-se que este objetivo coincide com o culminar da progressiva subjetivação de um direito que começou por assentar numa relação objetiva e material de causa e efeito e por admitir até, consequentemente, a "punição" dos animais, das coisas inanimadas e também, logicamente, dos loucos. Basta ter presente a celebridade granjeada, na Idade Média, por um advogado especialista na defesa penal das bestas.

* Professora da Faculdade de Direito da Universidade de Coimbra

Esta evolução acompanha a da própria pena, uma reação inicialmente de natureza privada, que progressivamente assume natureza pública, trilhando os caminhos da *vingança*, do princípio de *talião*, da *composição* e de uma *responsabilidade subjetiva*. É este conceito que se aprimora no sentido de a responsabilidade penal abranger apenas aqueles a quem é aplicada uma pena, o que arrasta consequentemente a exclusão dos inimputáveis em razão de perturbações mentais do âmbito do direito penal, os quais passam a integrar a categoria dos penalmente irresponsáveis.

O novo direito penal elege a *pena* como a consequência jurídica exclusiva da prática de um *crime*, ligando este comportamento e aquela sanção de forma necessária a uma ideia de *culpa*, o que pressupõe a distinção, até aí negligenciada, entre agentes criminalmente responsáveis e agentes criminalmente irresponsáveis, nomeadamente em virtude de anomalia psíquica.

O direito penal saído do século das Luzes é um direito que assenta no princípio da responsabilidade moral, tendo como destinatário o cidadão livre e senhor dos seus atos da Declaração dos Direitos do Homem de 1789. O cidadão mentalmente alienado ou louco era um estranho para a justiça penal. Só aquele que, contra a vontade geral expressa na lei, escolheu livremente a via do crime devia ser sancionado através da aplicação de uma pena necessariamente ligada à culpa. Era conatural ao conceito de crime que o comportamento fosse livre, voluntário e executado com discernimento, o que manifestamente não aconteceria quando o agente fosse um alienado ou um louco, um homem que no momento da infração "não goza das luzes da sua razão", um homem para quem a aplicação da pena seria bárbara, por não poder compreender nem a sua razão de ser nem os seus efeitos.

Não estamos, com isto, a esquecer que já Aristóteles defendia que para imputar um ato ao seu autor necessário é que ele possua a razão, o discernimento e o poder de agir segundo as noções morais, pelo que seriam excluídos os loucos e os possessos por forças divinas; que houve médicos gregos e romanos dedicados ao estudo científico das doenças mentais, dos quais é dever destacar Hipócrates, que a partir da sua doutrina dos humores as considerava doenças de base somática. Afirmava quanto à epilepsia: "parece-me não ser mais divina ou mais sagrada do que as outras doenças, mas é como elas devida a causas naturais.

Aqueles que a chamam sagrada não me parecem diferentes de charlatães e ignorantes, que procuram esconder a sua incapacidade de prestar a assistência devida"; e que já no direito romano a loucura era tida como causa de exclusão da responsabilidade criminal, por influência dos ensinamentos hipocráticos. Numa época em que, contudo, o fundamento da irresponsabilidade penal dos loucos oscilava entre uma teoria que os via como uns desventurados suficientemente punidos através da própria doença e uma outra, mais científica, que fazia depender o crime de uma mente sã.

O que é facto é que a loucura andou desde os tempos primitivos e durante muito tempo envolta em roupagens divinas – a epilepsia era chamada de "doença sagrada" –, roupagens demoníacas ou sobrenaturais, confundindo-se com a arte de prever o futuro e levando o sacerdote médico ou o feiticeiro a ser visto não como aquele que trata a doença, mas sim como alguém que aplaca a cólera divina ou afasta os espíritos malignos. Durante grande parte da Idade Média, a loucura deixou praticamente de ser vista como uma outra doença, passando a ser encarada, fundamentalmente, como efeito de um pecado com origem em tentações diabólicas, conduzindo inevitavelmente a exorcismos e a penas barbaramente cruéis, por vezes bem mais cruéis do que as impostas aos que não padeciam de loucura. Nas palavras de Eduardo Correia, "a loucura é considerada obra do diabo, o louco equiparado ao possesso demoníaco, ao embruxado e ao herege, sujeito aos exorcismos e por vezes à tortura e à morte na fogueira". Os loucos não se distinguiam, então, dos mentalmente sãos para o efeito de serem responsabilizados criminalmente.

Foi decisivo, por isso, o nascimento da psiquiatria enquanto tal e, muito muito particularmente, foram determinantes os contributos dos alienistas franceses Pinel e Esquirol, por via da publicação das obras *Traité médico-philosophique sur l'alienation mental ou la manie*, de 1801, e *L'alienation mental*, de 1838. Foram decisivos para a inimputabilidade penal em razão de alienação mental se afirmar como afirmou, excluindo-se os alienados das fronteiras do direito penal e, excluindo-os, conceder-lhes um estatuto protetor face à *irracionalidade* e *crueldade* do sistema de justiça penal até então vigente. Progressivamente, a loucura deixa de ser vista como maldição para ser encarada como doença. Progressivamente, tornavam-se definitivamente ultrapassadas posições como as que podem ser lidas num tratado médico, publicado em 1801: "a loucura é a perda da liberdade moral e não depende nunca de uma causa física; não é uma doença do corpo, mas sim uma doença do espírito, *um pecado*. O homem que durante toda a sua vida tem diante dos olhos e no coração a imagem de Deus não tem que temer a perda da razão".

A França foi também a pátria do novo direito penal, daquele que excluía os loucos das suas fronteiras, podendo ler-se no artigo 64º do Código Penal francês de 1810, o Código Napoleónico, que "não há crime nem delito quando o acusado estava em estado de demência ao tempo da ação". Iniciava-se, então uma "revolução normativa", no verdadeiro sentido das palavras: os indivíduos declarados irresponsáveis em virtude de alineação mental ou loucura passaram a ser estranhos ao direito penal. O direito penal passou a excluí-los do seu próprio âmbito de aplicação.

2. Também em Portugal podemos detetar as características típicas do direito criminal europeu anterior ao Iluminismo. Também aqui o Século das Luzes constitui o marco fundamental a partir do qual começou a emergir um novo direito criminal. Para Levy Maria Jordão, "a reforma completa da penalidade, a rehabilitação da humanidade aos olhos da consciencia estava reservada para o seculo XVIII. Os philosophos e jurisconsultos protestam unanimemente contra os horriveis abusos de um direito em si legitimo".

Silva Ferrão afirmava em relação ao direito contido nas Ordenações que "os açoutes, a mutilação, de lingoa, de olhos, de mão, a tortura, a marca de ferro quente, a morte emfim, já na forca, já pelo apedrejamento, já pelo cutello, já pelo fogo, já por outros variados modos expressivos todos do resentimento, da paixão, ou da vingança individual, ou do proprio medo e terror social, que se queira compensar e destruir, pela rasão instinctiva da intimidação a outros criminosos, foram as penalidades adoptadas. Não sendo bastantes estes meios de crueldade, lançou-se mão também dos da irrisão e do escarneo publico, contra os criminosos, a exposição no pelourinho, o baraço e pregão, e outros expedientes, como o de se mandar rapar a cabeça, ou *descalvação*, foram igualmente praticados desde remotissimos tempos".

"O legislador – chama a atenção Caeiro da Matta – tivera em vista não tanto os fins das penas e a sua proporção com o delicto, como conter os homens por meio do terror e do sangue", não atendendo às condições de imputabilidade do criminoso, mas sim à "mais injusta differença de classes para o effeito da applicação das penas, que variavam segundo o réo era nobre ou plebeu, homem honrado, ou de estado, ou homem vil". Avultava o ato material em si, a perturbação que a sociedade sofreu pela violação das suas leis e de tal sorte que, ainda em 1654, havia sido queimada uma égua como *cúmplice de um crime de bestialidade*, de acordo com a informação dada por Levy Maria Jordão. O que explica que o § 19 do Título II do Código Criminal de Mello Freire dispusesse expressamente que "os animaes são incapazes de delicto".

Muito embora a reforma do direito então vigente fosse tida como premente, por clara influência do espírito do século das Luzes, Eduardo Correia conclui que "monstruosamente, as Ordenações continuaram a ser lei" até à entrada em vigor do Código Penal de 1852. Só com este diploma passa a haver norma expressa no sentido de que "não pódem ser criminosos os loucos de qualquer especie, excepto nos intervallos lucidos", porque "sómente podem ser criminosos os individuos que têem a necessaria intelligencia e liberdade" e ainda, porque "nenhum acto é criminoso quando o seu auctor, no momento de o commetter, estava inteiramente privado da intelligencia do mal que commettia" (artigos 23º-1, 22º e 14º-1).

Já anteriormente, porém, se podia ler no Título II, § 1, do *Código Criminal intentado pela Rainha D. Maria I*, da autoria de Mello Freire e com data de 1789, que "só póde chamar-se delinquente o que commetteo o delicto de sua propria e livre vontade, e o que soube e conheceo o mal, que fez. Por esta razão os furiosos ou dementes não são capazes de delicto ou de pena. O mesmo entendemos dos verdadeiros melancholicos ou phreneticos, e de todo o genero de loucos". Já Pereira e Sousa defendia, em 1803, que "se não póde imputar crime áquelle que não he capaz de dólo, ou culpa", porque a ele falta o necessário livre arbítrio. E daí que não devam ser punidos os "loucos, insensatos, e dementes, porque elles não entendem o que fazem". E já se podia ler no Título VI do *Codigo Penal da Nação Portuguesa*, apresentado por José Manuel da Veiga em 1833 e aprovado em 1837, mas nunca entrado em vigor, que "em regra as penas não são impostas áquellè que, no momento em que perpetrou o maleficio, estava privado do uso das suas faculdades moraes, sem que tivesse dado causa a essa privação" e "por tanto nenhuma pena se póde impôr aos loucos –, mentecaptos –, dementes –, infantes –, dormentes e somnambulos".

O princípio segundo o qual *só podem ser criminosos aqueles que têm a necessária inteligência e liberdade* passou a ser uma característica indiscutível do novo direito penal português. E daí que também o Código Penal de 1886 dispusesse depois que "sòmente podem ser criminosos os indivíduos que teem a necessária inteligência e liberdade" (artigo 26º), mais esclarecendo que "não são suscetíveis de imputação os loucos que não tiverem intervalos lúcidos" (artigo 42º, 2º) e que "não têem imputação os loucos que, embora tenham intervalos lúcidos praticarem o fato no estado de loucura" (artigo 43º, 2º).

O novo conceito de responsabilidade criminal significava que esta é privativa daqueles que têm a *necessária inteligência e liberdade*, com a consequência inevitável de só estes praticarem *crimes* e de só a estes ser imposta a sanção *pena* – "crime ou delicto é o facto voluntario, declarado punivel pela Lei penal", podia ler-se quer no Código Penal de 1852 quer depois no Código Penal de 1886. "Portanto – concluía Sousa Pinto –, intelligencia e liberdade são dois requisitos essenciaes para que o facto possa ser imputado e porisso para ser elevado a crime", pois "se castigarmos um furioso, nem elle se emenda do crime, nem cessa nos outros o receio de que o practique, porque não conhecia o que fez, nem tinha liberdade para deixar de o fazer".

3. Apesar do consenso legislativo e doutrinal em torno de um novo conceito de responsabilidade criminal, não se diga que ele também se estendeu aos nossos aplicadores do direito. Pelo contrário, também entre nós, à semelhança de outros países, foram mal recebidas pelos tribunais as novas leis. Por um lado, eram vistas como mais uma concessão, entre muitas outras, aos criminosos; por outro, eram muitas vezes entendidas como puro meio ardiloso de subtração à justiça penal; e, por outro lado, ainda, a exclusão dos irresponsáveis em virtude loucura não era bem recebida pelos cidadãos em geral, porque a esta exclusão correspondia, na prática, a impunidade destes indivíduos.

Compreendem-se, assim, palavras de António Maria Senna, escritas em 1887, no Relatório do serviço do Hospital do Conde de Ferreira: "se n'um ou n'outro caso se põe a hypothese da loucura, cahe a opinião dirigente em massa sobre o *utopista* e falla-se dos alienistas como d'uns visionarios que defendem uma chimera. Procedem assim os melhores espíritos da nossa sociedade. E, todavia, para quem vê claro n'estes problemas, a critica da *élite* intellectual do paiz é *erronea, superficial e injustissima.* E as victimas da defficiencia apontada exportam-se para as colonias ou martyrisam-se nas cadeias, aperfeiçoando-se muitas vezes a loucura degenerativa dos suppostos criminosos. A estatistica das penitenciarias o dirá um dia". Merecendo também destaque, neste contexto, uma observação de Lombroso: "a razão intima de tudo isto está na profunda ignorância que existe ainda *na gente mais culta*, no que diz respeito à psiquiatria. A nossa educação clássica tem a culpa... Não há homem de boa sociedade que não saiba quem foi Rómulo e quem foi Ulisses, ou quem se não envergonhe de não o saber... mas por que motivo nos movemos e respiramos, mas os essenciais elementos da vida poucos sabem e nimguém se envergonha de não saber".

Em Portugal o conflito entre os tribunais e os alienistas foi protagonizado por Marinho da Cruz, de 23 anos de idade, que "assassinou a tiros de rewolver em 22 de abril de 1886, das 9 para as 10 horas da manhã, no largo do Mitello, em Lisboa, o cabo de caçadores 5, António Pereira, [um seu antigo amante que o repudiara], seu camarada, seu subordinado, e seu collega na escola do exercito". A defesa esteve a cargo Thomaz Ribeiro, advogado formado pela Faculdade de Direito da Universidade de Coimbra, Presidente da Câmara de Tondela, Ministro de várias pastas no Governo de Fontes Pereira de Melo, Ministro de Portugal no Brasil, fundador do Instituto Vasco da Gama em Goa, jornalista e poeta. Em um dos julgamentos do caso a defesa leu mesmo uma carta de Lombroso, que se dizia *plenamente convencido de que Marinho da Cruz é um dos mais acentuados tipos da epilepsia larvada, como o era Misdea* (um soldado, observado por Lombroso, que, em 1884, havia disparado 52 tiros, ferindo 13 soldados e mantando 7).

Este caso é uma referência obrigatória no conflito aberto, a partir de 1852, entre, por um lado, o direito penal saído do século das Luzes e o antigo direito contido nas Ordenações e, por outro, entre os tribunais e os alienistas. O espaço dos tribunais, até aí inviolável, foi invadido pela Ciência, a qual se sentiu expulsa.

4. O denominado "direito penal clássico", saído do Iluminismo, excluía, de todo em todo, os irresponsáveis em virtude de perturbações mentais do âmbito da justiça penal. Só posteriormente, por influência da Escola positivista italiana, é que estes irresponsáveis passaram a fazer parte integrante do direito penal por via da aplicação de medidas de segurança. Para esta Escola tinha-se tornado claro que a exclusão destes irresponsáveis do âmbito do direito penal acabava, muitas vezes, por levar os tribunais a considerá-los a final responsáveis aplicando-lhes a única sanção que este ramo do direito conhecia – a pena. O que era de todo em todo inadequado e injusto, mas comunitariamente bem recebido, pois à prática de um "crime" devia corresponder naturalmente a imposição de uma qualquer sanção. Daí as pertinentes interrogações de Lombroso: "pois havemos nós de falsificar e renegar a verdade, porque a lei a não admite e se colocou num caminho falso, estudando o crime sem estudar o delinquente? Não seria mais razoável exigir que as leis se acomodem aos factos do que pretender que os factos se falsifiquem para os acomodar às leis?".

A uma Escola defensora do *livre arbítrio*, que vê o *delinquente* como um qualquer outro *homem normal* e o *crime* como algo *contingente* no sentido de ser ou não praticado segundo o *capricho de um indivíduo* que eventualmente se absterá de o fazer tendo em vista o respetivo *castigo*, contrapôs-se depois uma outra que *nega o livre arbítrio*, apresenta o *delinquente* como uma *anormalidade* da natureza humana e explica o *crime* como um *fenómeno natural e necessário*, um fenómeno com causas físicas, antropológicas e sociais que o determinam – a Escola positivista. Com a evolução da investigação médico-psiquiátrica, a escola frenológica de Gall, os estudos sobre a hereditariedade e a degenerescência de Morel, o positivismo comteano e o evolucionismo de Lamark e Darwin estava aberto o caminho para o positivismo criminal fazer "Escola".

Uma Escola que repudiando, de forma incondicional, a ideia chave do livre arbítrio, defendia em substituição do conceito de "responsabilidade moral" o conceito de "responsabilidade legal", suportado pelas ideias da "perigosidade" e da "defesa social". O conceito de "perigosidade" passaria a substituir o conceito clássico de "culpa", a medida de segurança passaria a substituir a pena. E, portanto, os agentes declarados inimputáveis seriam também abrangidos pelo direito penal.

É certo que os ideais positivistas não tiveram consagração legislativa acabada, mas o direito penal acabou por herdar deles os agentes inimputáveis e a correspondente medida de segurança de internamento em instituição de tratamento, de cura ou, simplesmente, de segurança.

5. O Código Penal de 1852 era completamente omisso quanto ao destino a dar aos indivíduos declarados irresponsáveis por motivo de loucura. Só posteriormente, com o artigo 47º do Código Penal de 1886, é que foi determinado o destino destes indivíduos: "os loucos, que, praticando o fato, forem isentos de responsabilidade criminal, serão entregues a suas famílias para os guardarem, ou recolhidos em hospital de alienados, se a mania fôr criminosa, ou se o seu estado o exigir para maior segurança". De todo o modo, não é lícito concluir que se tratava aqui de uma sanção de natureza penal. Pelo contrário, podemos afirmar, com palavras Caeiro da Matta, que, na época, o entendimento maioritário, era precisamente no sentido de que, não havendo nem responsabilidade nem culpabilidade, "a sociedade não tem o direito de intervir penalmente. Póde, é certo, tomar a respeito de tal agente certas medidas de precaução, se elle fôr alienado ou perigoso, por causas dos impulsos morbidos que o arrastam a certos actos de violencia, de improbidade ou de immoraldade, mas essas medidas não podem considerar-se penas, porque incidem sobre um ser irresponsavel, doente, e tendem, não a punil-o, mas a colocal-o na impossibilidade de prejudicar e a curarl-o".

Os artigos 5º § 2º da Lei de 4 de julho de 1889 e 13º da Lei de 3 de abril de 1896 abonavam, claramente, no sentido da natureza meramente assistencial do internamento em estabelecimento de alienados. Determinavam que fossem colocados nas *enfermarias especiais do hospital de Lisboa* os alienados que, tendo praticado factos puníveis com alguma das penas maiores, não fossem pronunciados como autores do crime por motivo de loucura e os que fossem absolvidos com o fundamento de terem infringido a lei em estado de alienação mental. Diferentemente, os *condenados a penas* maiores que aparecessem alienados ou epiléticos durante o cumprimento da pena eram colocados em *enfermarias anexas às penitenciárias* (artigo 5º § 1º da Lei de 4 de julho de 1889).

O manicómio criminal enquanto estabelecimento expressamente destinado à execução de medidas de segurança surge apenas com a Reforma Prisional de 1936 (artigos 1º, 8º e 147º). Anteriormente a esta Reforma, podemos apenas identificar soluções embrionárias da *medida de segurança de internamento em manicómio criminal.*

É uma solução embrionária a consagrada no artigo 47º do Código Penal de 1886, segundo o qual os agentes eram *recolhidos em hospital de alienados, se a mania fosse criminosa ou se o seu estado o exigisse para maior segurança*, dispondo posteriormente o artigo 132º do Código de Processo Penal de 1929 que o juiz *ordenará o internamento em um hospital ou estabelecimento próprio, quando averiguar que o arguido julgado irresponsável por falta de integridade mental pode ser um perigo para a ordem e segurança pública*. E também a então proposta, em 1861, no artigo 71º do *Codigo Penal Portuguez*, de acordo com o qual *os individuos isentos de imputabilidade, em resultado de affecção mental, serão entregues a suas familias para os guardarem, ou recolhidos em hospital de alienados, se a mania for criminosa ou o seu estado o exigir para mais segurança*.

O Decreto de 11 de Maio de 1911 criou, entre nós, especificamente, a figura dos manicómios criminais (artigo 1º, § 1º, 3ª categoria), mas a tal criação não correspondeu propriamente a consagração legal de uma *medida de segurança*. Estes manicómios recebiam, segundo o artigo 38º, *aquele que fosse considerado, pelo relatório que isentasse de responsabilidade criminal ou pelo atestado de loucura subscrito pelo médico do cárcere, como louco moral, epiléptico, perseguido-perseguidor ou impulsivo, cuja sequestração devesse ser indefinida*. Recebiam os "criminosos alienados" e não os "alienados criminosos". De acordo com o *Relatório* que antecede este Decreto de 2011, os primeiros – os *criminosos alienados* – são aqueles cujos crimes são uma manifestação inclinável da sua própria organização, constitucionalmente anómala. São mais degenerados que doentes, mais produtos da hereditariedade que das influências do meio. Os segundos – os *alienados criminosos* – são os loucos de criminalidade acidental ou fortuita, verdadeiros doentes, na aceção restrita deste termo, que estão bem dentro de qualquer manicómio, porque nada na sua psicologia, nos seus costumes ou nas suas tendências, os distingue dos seus congéneres, que, todavia, não delinquiram.

Bibliografia

A. Maria de Senna, *Relatorio do serviço medico e administrativo do Hospital do Conde de Ferreira. Relativo ao primeiro biénio (1883-1885)*, (colaboração de Júlio de Matos, J. Urbano, L. Peixoto e Magalhães de Lemos), Porto: Typographia Occidental, 1887.

Beleza dos Santos, "A falta de integridade mental e a imputabilidade no direito criminal português, *Revista de Legislação e de Jurisprudência*, anos 69º e 70º

Caeiro da Matta, *Direito Criminal Português* I e II, Coimbra: França Amado, 1911.

Dubuisson/Vigouroux, *Responsabilité Pénale et Folie. Ètude Médico-légale*, Paris, Félix Alcan, 1911.

Eduardo Correia, *Direito Criminal* I, Almedina, reimpressão, 1971.

Enrico Ferri, "Les mesures de suretè et les peines", *Revue Internationale de Droit Pénal*, 1925, p. 175-181.

Henriques da Silva, *Elementos de sociologia criminal e direito penal*, Coimbra: Imprensa da Universidade, 1905-1906.

Júlio de Matos, *A loucura. Estudos clínicos e médico-legais*, Lisboa: Livraria Clássica Editora, 1914.

Levy Maria Jordão, *Commentário ao Codigo Penal Portuguez*, tomo I, Lisboa, 1853.

Marc Ancel, *Les mesures de sureté en matière criminelle*, Melun: Imprimerie Administrative, 1950.

Maria João Antunes, *Medida de Segurança de Internamento e Facto de Inimputável em Razão de Anomalia Psíquica*, Coimbra Editora, 2002.

Nouvelle histoire de la psychiatrie (sous la direction de Jacques Postel et Claude Quetel), Paris: Dunod, 1994.

Pedro Polónio, *Psiquiatria forense*, Lisboa, 1975.

Pereira e Sousa, *Classes dos crimes, por ordem systematica, com as penas correspondentes, segundo a legislação actual*, Lisboa: Regia Officina Typografica, MDCCCIII.

Quintero Olivares, *Locos y culpables*, Navarra: Aranzadi Editorial, 1999.

R. Garraud, *Traité Théorique et Pratique du Droit Pénal Français* I, Paris, Recueil Sirey, 1913.

Roberto Pinto/Alberto Ferreira, *Organização prisional (Decreto-Lei nº 26 643, de 28 de Maio de 1936). Actualizada e anotada*, Coimbra, Coimbra Editora, 1955.

Silva Ferrão, *Theoria do direito penal aplicada ao codigo penal portuguez comparado com o codigo do Brasil, leis pátrias, codigos e leis criminaes dos povos antigos e modernos* I, Lisboa: Tipographia Universal, 1856.

Silva Pinto, *O Caso de Marinho da Cruz. Carta a Sua Alteza Real o Principe Regente*, Lisboa, 1988.

Codigo Penal da Nação Portuguesa, Lisboa: Imprensa Nacional, 1837.

Codigo Criminal intentado pela Rainha D. Maria I com as provas (Paschoal José de Mello Freire), Coimbra: Imprensa da Universidade, 1844.

Codigo Penal Portuguez. Relatorio e projecto da comissão, Lisboa: Imprensa Nacional, 1861.

Crime e Castigo – A saúde mental como condicionante da juridicidade

Ana Elisabete Ferreira*

A saúde mental, tal como a moralidade e a inteleção das ideias de «regra» e de «norma» e a noção de domesticação do homem[1] são fulcrais na compreensão da situação da pessoa na sociedade, e na comunidade em que se insere em particular. *Crime e Castigo* de Dostoiévski não é apenas um romance acerca de um crime e de um castigo. Os temas talvez nem sejam o crime ou o castigo. Na verdade, trata-se aqui muito mais da abordagem de uma particular experiência existencial de transformação patrocinada, nomeadamente, pelo Direito. Não é tanto um ensaio sobre as causas ou pressupostos do cometimento de um homicídio hediondo, mas sobre as consequências mentais desse ato e a possibilidade de regeneração psicológica e moral de uma pessoa[2].

* Centro de Direito Biomédico/ Instituto Jurídico da Faculdade de Direito da Universidade de Coimbra (Grupo 2 – Vulnerabilidade e Direito, *Desafios Sociais, Incerteza e Direito*: UID/DIR/04643/2013).

[1] **Pedro Polónio**, Psiquiatria Forense, policopiado, Lisboa, 1975 (Imp. Coimbra Editora), p. 33.

[2] Assim, **Amy D. Rooner**, *Law, Literature, and Therapeutic Jurisprudence*, Durham: Carolina Academic Press, 2009, p. 92.

Neste ponto, é importante tornar claro que o romance de Dostoiévski é passível de múltiplas abordagens, ainda que o ponto-de-fuga seja sempre o jurídico. Centrar-se nos aspetos mentais do seu protagonista é apenas uma das possibilidades, muito embora a mais comum. Inucleando-se a análise em Raskolnikov, as perspetivas podem ainda ser múltiplas, tendo em conta que este se manifesta como "possivelmente o mais complicado, enigmático e assombroso carácter do mundo da literatura"[3].

I. RASKOLNIKOV: O *PERSONAGEM*; O *ASSASSINO*; O *INCAPAZ* O DOENTE MENTAL PARA O DIREITO

No romance *Crime e Castigo* de Fiodor Dostoiévski, Raskolnikov é um miserável ex-estudante de Direito, extremamente pobre, solitário, taciturno. De resto, nada do que dissermos será suficiente para caracterizá-lo.

Trata-se de um personagem profundo, intelectual e circunspecto, diletante e sem rumo. É comum descrevê-lo como um *existencialista*, muito em nome dos seus devaneios ideológicos vanguardistas e das confessas influências do seu criador, Dostoiévski. *Crime e Castigo* é, fruto do seu tempo, um *romance psicológico*.

Este último facto não é um detalhe, pois semelhante caracterização literária da narrativa tem implicações analíticas imediatas: a marca da Psicologia concretiza-se aqui na fulcralidade da consciência individual no romance. A importância da consciência subjetiva determina uma conceção de realismo sujeita ao modo como uma mente humana apreende o exterior. E assim, todos os romances ditos *psicológicos* têm em comum o entendimento do mundo a partir de um personagem ou do narrador, sendo *o mundo* da história o lugar dos pensamentos desse personagem ou do narrador. Isto significa um corte transversal naquilo que Putnam chamava de «God's eye view» – a perspetiva do olho de Deus, o omnisciente, de que o Autor *realista*, e mais ainda o seu radical *naturalista*, lança mão para contar o que pretende contar. Ora, o determinismo, o detalhismo, o materialismo da descrição, o simplismo da linguagem quotidiana e a denúncia social e cultural são compreendidos de um modo completamente distinto no romance psicológico porque, no

[3] *Idem*, p. 108. Trad. nossa.

momento em que irrompe historicamente, o romance psicológico é, em primeira linha, um convite à rutura com a herança realista e naturalista.

Se Dostoiévski é também a *sua circunstância*, bastará referir o contexto social, cultural e artístico dos meados do século XIX, na sua vertente reacionária face ao *Positivismo*: é o tempo dos pioneiros da Psicologia e das doenças mentais, o tempo de Wundt, de William James, de Bergson e de Charcot; e é também o tempo dos grandes precursores da literatura psicológica, Autores consagradíssimos como Balzac ("Mulher de Trinta Anos") e Stendhal ("O Vermelho e o Negro"). E em França, Proust em "À Procura do Tempo Perdido" e Gide em "Os Falsos Moedeiros".

Estas obras têm em comum uma análise ou auto-análise de um personagem ou personagens tão abstrata, confusa ou pouco *realista* quanto a experiência, a vivência, da sua interioridade individual, na oscilação dos seus estados de consciência. Nas mais das vezes, a compreensão dos acontecimentos é ainda dificultada pelo facto de a sua descrição por parte do personagem ocorrer num espaço narrativo em que o Autor, enquanto narrador, é, pelo contrário, bastante realista.

1. Crime e Castigo... Quid iuris?

Em *Crime e Castigo,* Raskolnikov cometerá dois homicídios. Não é indiferente para o nosso apontamento compreender em que condições circunstanciais o faz.

O protagonista é estudante de Direito, mas há muito não frequenta a universidade; vive em condições miseráveis, rodeado de imundice e álcool. O quarto onde habita e cuja renda há muito não pode pagar é um cubículo húmido e pouco asseado onde não pode sequer manter-se de pé, direito, que Dostoiévski expressamente compara a um armário, provavelmente para chamar a atenção, não só para o seu carácter especialmente exíguo, mas também para a semelhança com um calabouço. Raskolnikov não tem roupas limpas, passa frio e raramente se alimenta devidamente. Desde o início do romance somos informados pelo narrador das suas constantes febres, insónias e alucinações. Logo no capítulo I da primeira parte, Dostoiévski dá-nos conta de que Raskolnikov se encontrava há já algum tempo *num estado tenso, irritável, como na hipocondria*[4]. Sem trabalho nem dinheiro, diletante e ocioso, o protagonista

[4] **Fiódor Dostoiévski**: *Crime e Castigo,* trad. de Nina e Filipe Guerra, Lisboa: Editorial Presença, 2001, p. 9.

recebe esparsamente alguns provimentos por parte da sua família, sabendo que, por sua causa, a sua irmã Donya terá de resignar-se a um casamento com um homem descrito como «cruel» e execrável».

Como modo de converter os termos da vida a que se encontra preso, Raskolnikov começa a imaginar a possibilidade de assassinar e roubar uma conhecida agiota, já idosa. Esta imagem não é pacificamente aceite por Raskolnikov e, ao menos num primeiro momento, não nos parece plausível afirmar que existisse nesta sua efabulação um claro desvalor da ação em causa. Existe sim, bem evidente, um *moralismo*, que não nos cabe agora definir, face ao carácter usurário dos créditos concedidos pela futura *vítima*; existe também, mas mais tarde, a justificação da sua morte («uma, apenas» pelo bem-estar de «muitas pessoas»)[5]. Todavia, é difícil aventar-se que uma consciência moral esteja ausente ou, pelo contrário, poderá sustentar-se que as tentativas de justificação do ato manifestam essa consciência.

Esta é, no nosso apontamento, a porta que dá para o problema da *premeditação*. Trata-se de um ângulo muito importante aquando do tratamento da imputabilidade, pois revela aspetos essenciais da personalidade do agente, sendo manifestação, desde logo, da modalidade do dolo, e consubstanciando também um indicador importante no que concerne à resistência à prática do ilícito. É, portanto, uma questão de grande relevância no direito penal, não sendo também despicienda no direito civil. Muitos Autores têm insistido, quase levianamente, que o crime de Raskolnikov seja premeditado: o personagem pensou vezes sem conta na possibilidade de matar; justificou mentalmente o homicídio; saiu de casa com um machado escondido no casaco para usar como arma do crime, como previamente decidira nas suas deambulações solitárias. Não obstante, toda a circunstância do crime e, em especial, os momentos imediatamente posteriores à sua prática, deixam-nos muitas dúvidas acerca da *premeditação* em sentido jurídico tradicional, que evidenciaria a imputabilidade do dolo. Como dizíamos, Raskolnikov não cometeu um, mas dois homicídios. O segundo, porém, distingue-se pela *eventualidade*: quando mata a agiota entra em cena uma segunda mulher, o que o leva a matá-la também; algo com que não contara.

[5] Cfr. **Amy D. Rooner**, cit., p. 112.

Os momentos seguintes da narrativa são uma preciosidade criativa oferecida por Dostoiévski. O inusitado da situação torna-a excepcionalmente marcante e distinta: Raskolnikov aperceber-se-á aqui de que a porta da casa da defunta sempre esteve entreaberta; ao querer sair apercebe-se de vozes nas escadas do prédio em direção aquele andar e vê-se forçado a permanecer ali dentro, junto dos cadáveres, por um tempo que parece interminável. E, por fim, nada. Não acontece rigorosamente nada.

Dostoiévski descreve a reação do personagem a estes acontecimentos de um modo com o qual o leitor facilmente se identifica. Isto não é facto menor, pois significa que Raskolnikov está a agir e a sentir-se como *qualquer pessoa* no seu lugar. Não como um psicopata delirante, não obstante a tenção evidente, nem como o estratega de um plano em execução, mas como alguém que luta desesperadamente contra «o pavor», «a repugnância» e «a estupidez» crescentes que diz sentir.

Aos olhos de um jurista poderá permanecer até ao final do romance uma mesma questão: estaria Raskolnikov efetivamente *ciente* da sua conduta? Teria Raskolnikov o *discernimento* necessário à *consciência* do facto?[6]

É patente a relevância jurídica do que agora particularmente se questiona. A conjugação de determinadas características psicológicas e cognitivas de uma pessoa define, para o Direito, a amplitude da sua responsabilidade. Isto, porque condiciona a sua capacidade de agir. A voluntariedade dos atos e as condições do discernimento da pessoa são as pedras-de-toque por excelência do estudo da incapacidade e da inimputabilidade jurídica que se lhe associa. É com base neste juízo fundamental acerca da *capacidade de entender e querer* que se determinará se o lesante é ou não imputável, o que, tradicionalmente, conduz a perguntar também pela sua capacidade de *culpa*.

Afirmar que o problema aqui expresso é extraordinariamente complexo para o próprio Direito é, por certo, uma banalidade. A dificuldade da abordagem que se propõe começa na evidência de que a capacidade

[6] ...É que "a saúde não depende de um êxito isolado de um factor de equilíbrio, quer este seja de natureza biológica, psicológica ou socio-cultural, mas sim da sua recíproca capacidade vicariante e da plasticidade e adequação da resposta dos mecanismos de defesa pessoais, sociais e culturais." J. Dias Cordeiro: *A Saúde Mental e a Vida*, Lisboa: Edições Salamandra, 1987, p. 11.

pressupõe a liberdade para agir, e só a pessoa livre de escolher como agir pode ser responsabilizada pelos seus atos.

A colocação assim do problema, como logo se vê, pressupõe liminarmente uma tomada de posição filosófica de argumentação demasiadamente intricada – a de que a pessoa é livre de escolher uma ação, de omitir ou manter um comportamento. Mais do que uma discussão tendencialmente perpétua quanto ao livre-arbítrio humano, está aqui em questão o próprio conceito de *pessoa*. E isto só se pudermos considerar que a questão do livre-arbítrio e a pessoa, conceitualmente, são produções culturais e, por isso, revisíveis. Qualquer nota de transcendentalidade nesta matéria pode ser letal ao conceito de pessoa jurídica. E, por co-implicação, à fundamentação do que o Direito seja e deva ser.

As duas notas ou funções tradicionalmente reconhecidas ao Direito são, precisamente, as de organizar e sancionar. Pressupõem, portanto, uma dimensão individual – de subjetividade, de vontade, de liberdade – da pessoa, e também uma dimensão comunitária – de solidariedade, partilha e responsabilidade – da mesma pessoa. Estes são, desde há muito, os pilares sobre os quais se sustenta a própria existência do Direito[7]. Com eles contaremos também, neste apontamento. Só com eles se pode compreender a fulcralidade da compreensão da capacidade jurídica e só através deles se poderá envidar uma aproximação ao estatuto da *(in)imputabilidade.*

Semelhante tomada de posição não vem desonerar-nos. Continua a ser absolutamente fulcral que consigamos repostas satisfatórias ao que é a imputabilidade, ao que justifica a inimputabilidade e à razão pela qual se não punem os inimputáveis. Estas questões trazem consigo, também elas, as suas respostas tradicionais, historicamente conservadas, que, contudo, já não podem satisfazer-nos. Não podem, porque hodiernamente a função sancionatória do Direito, em especial no espaço europeu, não se delimita pelos mesmos contornos. A sanção civil e a punição criminal não assumem um desígnio meramente conservador, reparador de uma esfera jurídica ou socialmente retributivo, respetivamente. Ao Direito de Hoje pede-se mais. O trabalho fundamental do jurista e,

[7] **A. Castanheira Neves**: "O Direito como Alternativa Humana. Notas de reflexão sobre o problema actual do direito" in *Digesta. Escritos acerca do Direito, do Pensamento Jurídico, da sua Metodologia e outros*, vol. 1º, Coimbra: Coimbra Editora, 2005, pp. 287 – 310.

em particular, do jusfilósofo é, a cada dia, compreender *o quê* e quais as implicações disso.

1.1. Saúde Mental: Culpa, Angústia e Adaptação

"Falar de inimputabilidade é falar de culpa. E falar de culpa é falar de liberdade. A definição dos contornos da inimputabilidade questiona as conceções sobre a viabilidade da liberdade humana e sobre o fundamento do direito de punir"[8].

Imputar significa atribuir. No âmbito jurídico significa, precisamente, atribuir responsabilidade. Seria natural deduzir que *inimputar* é, juridicamente, não atribuir responsabilidade, sendo este, aliás, o caminho mais comummente seguido pelos juristas. No entanto, pode não ser rigorosamente isso que se verifica, dado que o estatuto de inimputabilidade não é natural, mas exclusivamente normativo. Quer-se com isto chamar a atenção para o facto de que o Direito, num primeiro momento, atribui – *imputa!* – o facto ilícito a um agente, afirmando que aquela pessoa é o sujeito daquele comportamento e firmando assim uma relação de dependência entre uma pessoa concreta e um facto ilícito, pressupondo, em princípio, a sua responsabilidade, e, num segundo momento, e mediante determinados pressupostos não isentos de perplexidades, concluirá pela não censurabilidade do comportamento, não responsabilizando o sujeito: o nexo de imputação do facto ao agente implica uma imputação concreta de um facto a uma pessoa que é absolutamente independente da imputabilidade jurídica do sujeito e, por maioria de razão, de um juízo de culpa. É difícil, numa análise transdisciplinar, a ideia de que apesar de ocorrer o cometimento de um facto ilícito, a ilicitude do facto não pode ser imputada ao agente. Num olhar externo face ao âmbito normativo, facilmente se vislumbraria o paradoxo da ausência de nexo entre o sujeito e a ação, e entre a ação em si e a sua valoração. Será uma questão meramente terminológica? Por certo não, pois aqui se compreende a tradicional confusão entre o juízo de censura do Direito enquanto fundamental exigência comunitária de convivência social, e algo de muito diferente, que é a auto-censurabilidade, dependente da autonomia pessoal e social, da cultura e da construção moral subjetiva.

[8] **Carlota Pizarro de Almeida**: *Modelos de Inimputabilidade. Da teoria à prática*, Coimbra: Edições Almedina, 2000, p. 15.

Esta analítica torna clara a necessidade de compreender a capacidade jurídica a diferentes níveis e, desde logo, de ter sempre presente que um menor de idade, um esquizofrénico, uma pessoa inabilitada ou mesmo interdita por qualquer motivo não são, necessariamente, irresponsáveis – e inimputáveis – quanto a qualquer comportamento. Como dissemos, a inimputabilidade não se define «a priori».

A culpa de uma pessoa por uma ação depende, pois, da ação. E o que pressupõe uma ação? Certamente pressupõe um sujeito, uma deliberação, uma motivação e uma previsão das consequências[9]. Juridicamente, acreditamos que, em certas pessoas, a consciência de si mesmo, das suas escolhas, dos seus motivos, bem como a valoração ética e social das consequências dos seus atos, se encontra constrangida por desvios do foro psicológico e cognitivo. Esta é a *pedra-de-toque* do estatuto de inimputabilidade jurídica que, para justificar uma concreta inimputação, terá de fundamentar-se, quer na condição concreta do agente lesante, quer na específica finalidade da sanção em cada ramo do Direito.

O Direito considera inimputável quem não for capaz de avaliar a ilicitude de um facto ou de se determinar de acordo com essa avaliação[10]; quem esteja incapacitado de entender ou querer um determinado comportamento[11] consubstanciador de um facto ilícito. Esta opção é juridicamente justificada pela consideração de que o inimputável não tem culpa, o que, particularmente no âmbito penal, é absolutamente fulcral, pois em caso algum a medida da pena poderá ultrapassar a *medida da culpa*[12]. De resto, também no direito privado a culpa figura como pressuposto-regra da responsabilidade civil[13].[14]

Colocada a questão nestes termos, compreende-se com naturalidade que se tenha procedido a uma construção normativa da ideia de culpa como elemento funcional do tráfego jurídico, embora tal construção

[9] Por exemplo, **Pedro Polónio**: Psiquiatria Forense, *cit*, p. 74.
[10] Artigo 20º/1 do Código Penal português; doravante *CP*.
[11] Artigo 488º/1 do Código Civil português; doravante *CCiv*.
[12] Artigo 40º/2 CP.
[13] Artigo 483º/2 CCiv.
[14] Do modo mais completo, **João de Matos Antunes Varela**: *Das Obrigações em geral*, vol. 1, Coimbra: Edições Almedina, 1996, 9º edição, pp. 540 e ss.

não corresponda – nem aparentemente pretenda corresponder – a pressupostos biológicos, psíquicos ou sociais do que a culpa é[15].

Diferentes Autores se vão pronunciando, mais ou menos alternadamente, por uma valoração normativa *concreta* ou *abstrata* da culpa, vale dizer, por uma valoração que leve sobretudo em conta aspetos particulares da personalidade do agente e da história da sua relação pessoal com a juridicidade, ou que valore sobremaneira a sua conduta propriamente dita em face da que seria expectável por parte de um «bonus pater familias»[16]. Não obstante, é acentuada a tendência dos juristas para evitar os aspetos íntimos do agente, por ser supostamente obscuro o universo das emoções, em aberta contradição ao âmbito jurídico, universo de certeza e de segurança. A conceção normativa do conceito de culpa refere-a assim como *censurabilidade* por o agente ter agido como agiu[17], sendo aceite pelo jurista comum como um juízo de valor/censura sobre a prática de um facto. Ora, afirma a melhor Doutrina que a culpa não pode ser isto: enquanto princípio jurídico, a culpa não pode esgotar-se num mero juízo de valor sobre um comportamento[18], além de que afirmar que a culpa exprime censurabilidade não esclarece o que se censura *(se o facto na sua revelação objetiva, se a inobservância da norma (...); se a personalidade ou atitude interna manifestada no facto e que o fundamenta*[19]*)*.

Outra distinção habitual serve ao nível dos pressupostos da culpabilidade. Tradicionalmente, a culpa exigiria, objetivamente, a *antijuridicidade* e, subjetivamente, a *imputabilidade* do agente. A imputabilidade do sujeito lesante, compreendendo a sua capacidade de entender e querer

[15] "... este conceito psicológico de culpa acabou por soçobrar perante as críticas de que toda a orientação positivista-naturalista se tornou passível desde os começos do séc. XX.; e, concretamente quanto ao conceito de culpa, perante a descoberta de que a censura ao agente em que a culpa há-de traduzir-se não tem só a ver com elementos de raiz psicológica, mas também - porventura sobretudo - com momentos normativos." **Jorge de Figueiredo Dias**: *Direito Penal – Questões Fundamentais; A Doutrina Geral do Crime*, Parte Geral, Tomo I, 2ª Edição, Coimbra: Coimbra Editora, 2007, p. 512.

[16] Em síntese, **Marcelo Junqueira Calixto**: *A Culpa na Responsabilidade Civil. Estrutura e Função*, Rio de Janeiro: Renovar, 2008, pp. 13 a 15.

[17] **Frank**, *Über den Aufbau des Schuldbegriffs*, 1907, *apud* **Jorge de Figueiredo Dias:** *Direito Penal..., cit.*, p. 512.

[18] Cfr. **Pires De Lima, Antunes Varela**: *Código Civil Anotado*, vol. I, Coimbra: Coimbra Editora, 1987, p. 474.

[19] *Idem*, p. 513.

determinada conduta e o discernimento suficiente para depreender o seu carácter antijurídico, manifestar-se-ia, por sua vez, em dois aspectos fundamentais: a *maturidade* e a *sanidade mental*[20]. Com base nestas duas dimensões da imputabilidade do agente pode afirmar-se nitidamente a distinção entre capacidade natural, capacidade negocial, capacidade delitual e capacidade para consentir[21]-[22].

É costume distinguir a *culpa civil* da *culpa penal*, tendo em conta os diferentes fins da responsabilidade a que correspondem. Há momentos, não obstante, em que a linha de separação se atenua e todo o jogo conceptual se complica, especialmente se considerarmos, como tem vindo a ser considerado[23], que ao direito civil não cabe apenas a reparação de danos, deixando aflorar a ideia de sanção jurídica, mas também a de prevenção.[24] Em todo o caso, há uma identificação da culpa com a finalidade da resposta jurídica ao dano.

[20] Em resumo, **Marcelo Junqueira Calixto**: *A Culpa na Responsabilidade Civil. Estrutura e Função*, Rio de Janeiro: Renovar, 2008, pp. 23 a 30.

[21] Detidamente em **André Gonçalo Dias PEREIRA**: *O Consentimento Informado na Relação Médico-Paciente. Estudo de Direito Civil*, Coimbra: Coimbra Editora, Centro de Direito Biomédico (FDUC), 2004, pp. 148 a 173.

[22] Particularmente interessante é a conceção de **Amelung** ao pressupor (na capacidade para consentir, sobre a qual se detém) a existência de um *sistema de valores subjetivo* (*Wertsystem*) e a *capacidade para compreender os factos* e *os processos causais* (*Tatsachenentscheidung*), a par com a capacidade para compreender as alternativas e se autodeterminar com base na avaliação pessoal. *Vide* **André Gonçalo Dias Pereira**: *O Consentimento Informado na Relação Médico--Paciente. Estudo de Direito Civil*, Coimbra: Coimbra Editora, Centro de Direito Biomédico (FDUC), 2004, pp. 154 a 160.

[23] Vide, em síntese, **Mafalda Miranda Barbosa**: "Reflexões em torno da Responsabilidade Civil: teleologia e teleonomologia em debate" in Boletim da Faculdade de Direito, Ano LXXXI (2005), especialmente pp.513 e ss (pp. 511 a 600).

[24] Ou quando lembramos algumas hipóteses de responsabilidade independente de culpa (*responsabilidade objetiva*): "Dir-se-á tradicionalmente que, sendo a imputabilidade uma condição da culpabilidade, a ausência da primeira, obstando à formulação de um juízo de censura, fará improceder uma eventual pretensão indemnizatória. A aparente simplicidade da resposta esvanece-se quando (...) relembramos algumas hipóteses (...). Pense-se, por exemplo, no caso de A, portador de uma doença mental profundíssima e permanente, ser proprietário de um cão e este (...) atacar B, lesando a sua integridade física. (...) Estará o legislador [no artigo 502º CCiv.] a afirmar que, embora se esteja perante uma hipótese de responsabilidade independente de culpa, esta só existirá – de forma plena – quando o lesante seja passivel de um juizo de censura? Ou em causa estará apenas e só uma limitação da indemnização em atenção às condições especiais do agente inimputável que o tornam

A superação da doutrina da pena como instrumento de retribuição – expiação ou compensação pelo mal do crime – por se considerar que ela é desadequada ao sentido da intervenção penal às funções do próprio Direito como um todo, traz consigo a necessidade de justificar a conexão entre a culpa do agente e o facto ilícito de um modo outro. A solução encontrada pelos juristas é, naturalmente, uma solução eminentemente normativa, que acentua o pressuposto da censura jurídica pelas qualidades do agente que se exprimem no facto ilícito e o justificam. Trata-se de uma resposta técnica ao problema da culpa, em que esta se afere a partir do facto e sem recorrer a uma avaliação direta da personalidade do agente, o que, teoricamente, poderia colocar em causa a sua dignidade e, seguramente, não responderia em primeira linha ao problema jurídico em causa.

Se é fundamental, portanto, não perder de vista o problema jurídico em causa – o de aferir a capacidade para a prática de um ato ilícito – a questão pode não ver-se devidamente esclarecida ao trazer-se à causa outras pendências.

Como referimos, insiste-se em que, apesar de ocorrer o cometimento de um facto ilícito, a ilicitude do facto não pode ser imputada ao agente[25], e é neste sentido que se afirma que o doente mental é incapaz de culpa e não pode incorrer em pena. Porém, o que deverá significar isto de a ilicitude não ser imputada ao agente, em que se relaciona isto, exatamente, com a sua culpa?

No âmbito do direito penal, paradigmaticamente, se entendermos que o crime é um facto típico, ilícito, culposo e punível, não pode afirmar-se que o inimputável haja cometido qualquer crime[26]. Um inimputável nunca poderia cometer um crime, apenas um facto ilícito.

Esta afirmação não comporta tão só consequências de doutrina criminal, mas importantes contributos reflexivos para pensar as mais elementares funções do Direito. No entendimento da Doutrina atual, se as condições psíquicas em que uma pessoa age determinam a sua imputabilidade, é esta imputabilidade que vai qualificar juridicamente o comportamento tido. Vale dizer que não é, em si, o comportamento ilí-

vulnerável, numa clara intenção de protecção do mesmo? **Mafalda Miranda Barbosa**, cit., pp. 485 e 486.

[25] **Carlota Pizarro de Almeida**, cit., p. 74.

[26] *Ibidem*.

cito que está em causa, mas a imputabilidade ou não do agente, que define tudo o resto.[27] Parece absurdo que possa estabelecer-se semelhante confusão entre a caracterização da ação e a caracterização da pessoa, se pensarmos que, no plano factual, a ação concreta – isto é, a sua incisão sobre a realidade – é naturalisticamente indiferente à capacidade de discernimento do agente: uma pessoa sã e uma pessoa doente podem cometer um ato ilícito em tudo idêntico.

A qualificação do ato como ilícito civil ou crime deve depender tão-só de uma referência à censura operada pelo Direito objetivada no pressuposto da ilicitude, ela mesma muitas vezes moralista e irracional. Evidentemente, os contornos de um ato ilícito cometido por um doente mental podem denotar maior ou menor violência, mas tal não exprime uma relação direta com a sua capacidade de culpa[28]. Segundo cremos, aliás, a violação voluntária de uma regra social é sempre expressão de uma dificuldade pessoal em canalizar adequadamente a violência. Além do mais, concentrando a atenção no que o facto exprime, a culpa do sujeito da ação não poderá, efetivamente, ser mais do que uma ficção dependente de uma valoração subjetiva, uma hierarquização subjetiva da gravidade dos comportamentos. E bastaria referir que é psiquiatricamente muito evidente que, exceção feita para os deficientes mentais, o doente mental preencheria muitas vezes os elementos emocional e intelectual do dolo ou da negligência[29], se fosse considerado capaz de culpa: em suma, facilmente vislumbramos os elementos intelectuais do dolo ou da negligência no ato de um incapaz – é indesmentível que este pode querer praticar um ato ilícito, ou descuidar-se quando poderia ter estado atento, ainda e quando sofra de uma doença mental permanente e irreversível, e mesmo estando interditado.

Isto acontece porque a culpa de que o Direito fala é uma construção sua e, factualmente, não existe qualquer relação entre a vontade e

[27] Uma vez mais, direito penal e direito civil aproximam-se. Veja-se **João de Matos Antunes Varela**, *Das Obrigações...*, cit., p. 583: "Em primeiro lugar, importa saber quem é imputável..." Mais uma vez não se procura uma objectiva qualificação jurídica do facto por referência a elementos de Direito; afirma-se que depende da imputabilidade do agente.

[28] *Vide* **Pedro Polónio**, cit., pp. 61 e ss.. A violência imanente do ser humano, e a sua expressão agressiva, têm um papel essencial na estruturação das relações, e a sua relação com a culpa pessoal é bem mais complexa do que o que o Direito afirma.

[29] Veja-se **João de Matos Antunes Varela**: *Das Obrigações...*, cit., pp. 590 a 594.

um sentimento de culpa[30]. Por todas as razões que depreendemos das afirmações anteriores, a manutenção da construção normativa da culpa veio a sedimentar-se numa ficção necessária: a de que a expressão de um juízo de censura ao nível da ilicitude depende da prévia aferição da imputabilidade do agente. Ora, naturalmente, a ilicitude tem de aferir-se objetivamente a partir do próprio facto e não a partir das características do agente. O denominador operativo deve ser, em primeira instância, o da ilicitude, aferida por referência aos princípios e exigências fundamentais que o sistema jurídico vigente exprime e reivindica. Só assim podemos afirmar que o Direito pretende sancionar atos ou condutas e não a personalidade ou doença mental de uma pessoa[31].

Se considerarmos que o juízo de ilicitude depende da não conformidade com a juridicidade expressa no facto danoso, que o juízo de inimputabilidade está dependente apenas de uma avaliação casuísta do discernimento do agente, e que o dolo e a negligência se aferem pelo grau de consciência das consequências de uma conduta ilícita, podemos perceber a inutilidade de se falar em *culpa*. As finalidades de prevenção geral do direito penal, bem como, em sede de reparação de danos, a possibilidade de se proceder ao ressarcimento recorrendo ao próprio incapaz por motivos de equidade, parecem reforçar a inutilidade do *princípio da culpa*.

Sempre se contra-argumentará, com proveito, que não se separa assim a ação da circunstância do agente. Ora, isto valeria incondicionalmente, também para a qualificação jurídica dos factos, se esta não fosse sempre uma apreciação «post factum», não sincrónica com a prática do facto, e sem uma relação umbilical com a ação ilícita em si (e isto porque, *como*

[30] Cfr. **Manuel Curado**: "Os desafios das ciências da mente" in *Revista Portuguesa de Bioética*, suplemento nº II, 2011, p. S131: "Categorias de análise do comportamento como a de «vontade» e a de «responsabilidade» dependem do nível de conhecimento científico de uma época. Quando este conhecimento aumenta, aquelas diminuem. Mesmo que ainda não se tenha alcançado um estado de transparência completa sobre a origem dos comportamentos e das intenções, o que já se sabe tende a desresponsabilizar os indivíduos."

[31] Infelizmente, a relação entre o tratamento da doença mental e o direito penal, e entre a loucura e o castigo, mostrou-se, ao longo da História umbilical e incindível. *Vide* **Cunha Rodrigues**: "Sobre o estatuto jurídico das pessoas afectadas de anomalia psíquica" in *A Lei da Saúde Mental e o Internamento Compulsivo*, Centro de Direito Biomédico (FDUC), Coimbra: Coimbra Editora, 2000, pp. 49 e 50.

constatou Hussaye, "le «fait» est très probablement quelque chose qui «n'existe pas»"...[32]). A qualificação de um problema como jurídico não começa no vislumbre dos factos, mas no reflexo de uma imagem dos factos, pois existe uma distância contingente entre a situação factual concreta e a história contada nos considerandos ditos «de facto» num julgamento[33].

Teremos de afirmar que uma pessoa comete um ato que é ilícito independentemente da sua imputabilidade jurídica, e que os juízos de imputação do facto e de ilicitude são juízos juridicamente radicados e normativamente circunscritos, sob pena de termos de admitir que a ilicitude não está no facto mas na pessoa, e que a culpa é, indispensavelmente, fundamento da ilicitude.

É, portanto, absolutamente fulcral articular a relação entre o sujeito e a realidade sem remeter todo o conceito de culpa (para efeitos jurídicos) no fator intencional do sujeito e na circunstância do seu *discurso*, mas também sem eliminar a dimensão ôntica do sujeito atuante da apreciação jurídica de um (f)ato[34]. O facto ilícito, enquanto manifestação humana, não é explicável somente por factores psicológicos, antes está também condicionado pelos factores sociais que o circunscrevem[35]-[36].

O que procuram os juristas na imputabilidade? *A culpa,* dizemos. E o que é afinal, independentemente de toda a construção normativa, a culpa? Como surge a noção de que o ser humano, ao contrário dos outros animais, tem *culpa*? Nenhuma outra Escola, como a Psicanálise freudiana, pôde melhor esgotar uma resposta a esta questão:

A culpa começa por ser, ao nível interno do sujeito, uma emoção. Freud foi o pioneiro na exploração do potencial patológico das emoções

[32] Parafraseamos **Mircea Djuvara**: "Dialectique et expérience juridique" *in Revista de Filosofie U. Bucareste,* 2, 1938, p. 5.

[33] Como afirma **Pierre Moor**: *Dynamique du système juridique,* Bruxelles: Schulthess Éditions Romandes, 2010, p. 101.

[34] O problema do lugar do sentido e do discurso na mente, exemplarmente em: **Maria Luísa COUTO SOARES**: *Do outro lado do espelho,* Porto: Fundação Eng. António de Almeida, 2005, especialmente pp. 203 e 204.

[35] *Vide* **Manuel António Lopes Rocha**: "O Subconsciente em Criminologia. Visão psicanalítica do delito" in *Scientia Iuridica,* 1969, Ano 18, pp. 568 a 599.

[36] *Vide* também **Paul-Laurent Assoun**: *A Metapsicologia,* Lisboa: Climepsi Editores, 2002, especialmente pp. 113 a 119.

alteradas[37], sublinhando a sua fulcralidade. No estudo das emoções por parte da Psicanálise emergem duas ideias essenciais bastante complexas: por um lado, a de que as emoções se relacionam com todo o raciocínio, toda a intuição, todo o juízo e toda a ação, determinando cada modo de expressão humana, pessoal ou profissional[38]; por outro lado, a de que boa parte destes mecanismos, e em porção significativa da sua extensão, se tornam operativos sem qualquer deliberação consciente, à revelia da possibilidade de *tradução* proporcionada pela linguagem[39].

O homem percebe desde muito cedo que outra(s) pessoa(s), em cada circunstância, é (são) simultaneamente um meio e um obstáculo à fruição do objecto desejado. O problema primordial do homem é o problema primordial do Direito e o problema principal da Psicanálise: a partilha do mundo. E o *Instinto de Vida* ou "Eros" de que fala Freud, que assegura a sobrevivência biológica do indivíduo, garantindo a reprodução celular, a procriação, e o encaminhamento do corpo para uma morte «natural», não é suficiente para garantir a partilha do mundo em condições suportáveis. O ser humano tem portanto um outro instinto que o protege de *mortes* não apropriadas (não «naturais») – o "Thanatos". O *Instinto de Morte* é muito adaptável: quando confrontado com obstáculos exteriores (como a natureza, as circunstâncias materiais, ou o comportamento do outro) resulta em agressividade; quando oposto a ameaças ao próprio nível interno, como aquele da expectativa frustrada que acompanha a obediência ou a conformação, origina um comportamento auto-destrutivo, porque, precisamente, se investe contra si mesmo. Não é estranho que a luta contra a culpa seja tão dolorosa se ela exprime sempre essa situação inconciliável, de conflito, de a satisfação de um desejo ser o que tem de ser e o que não pode ser, simultaneamente (uma satisfação substitutiva, conseguida à revelia da consciência e, por isso mesmo, ainda faltante). E, evidentemente, a doença mental,

[37] **António Damásio**: *O Sentimento de Si – O Corpo, a Emoção e a Neurobiologia da Consciência*, 16ª edição, trad. P. E. A. e António Damásio, Mem Martins: Publicações Europa-América, 2008, p. 59.

[38] "... A ideia que cada um de nós elabora acerca de si mesmo (...) baseia-se na memória autobiográfica, é construída ao longo de anos e é constantemente sujeita a remodelação. Creio que uma grande parte dessa construção ocorre de forma não consciente, e a sua própria remodelação também não é consciente..." *Idem*, p. 259.

[39] *Idem*, especialmente pp. 68 e 69 e 105 a 109.

ou o cometimento de um ato imoral ou amoral em si mesmo, nunca é ausência de culpa ou ausência de juízo (para não dizer que é exatamente *culpa*; que é exatamente *juízo...*).

É fácil compreender as implicações do que vem de se afirmar na compreensão da saúde mental, mas mais difícil a relevância desta noção para o Direito. Vejamos então:

Raskolnikov cometeu dois homicídios. À luz do ordenamento jurídico atual só se cumprirá o tipo de culpa doloso de que a punibilidade, em geral, depende se ao seu cometimento se puder imputar *uma atitude íntima do agente contrária ou indiferente ao Direito e às suas normas*[40]. Para o nosso Direito, pois, não há dolo sem culpa, mas a inversa não é verdadeira.

Detendo-nos no fundamental, devemos perguntar-nos como se afere a atitude íntima do agente, de modo a valorar se ela é ou não contrária ou indiferente ao Direito, e tendo em atenção de que se trata de duas atitudes muito diferentes. O exame a fazer só pode ser um exame comportamental e biográfico, e por isso mesmo um exame que não pode mais do que demonstrar manifestações de motivos circunstanciais e não exatamente uma *atitude íntima*. Mesmo desvalorizando a falta de rigor da expressão, esta confusão entre manifestações e atitude íntima da pessoa não é inócua, pois significa que o juízo do dolo pode ser demasiado *pragmático* mas de parca justeza concreta.

Poderá este desvalor de que se serve a avaliação do dolo aferir-se pela *angústia*? E não é a angústia, afinal, parte da *culpa*?

Se um ato – um ato ilícito, por exemplo – ainda que não consciente ou premeditado, depende sempre de um impulso volitivo a que chamamos *libido* (empregando a terminologia freudiana, por nos parecer a mais significativa de tal impulso de *conseguir, estar* e *ter*), qualquer censura – culpa – que antecipe o, ou suceda ao, seu cometimento tem o objetivo de prevenir o mal-estar de uma angústia plena, de uma punição egoística desmedida. Tanto na reação ao ato, na sua recusa e na *clivagem* do comportamento, como na sua idealização ou, no radical, na sua *anulação [mnésica] retroactiva*, encontramos na verdade um «mecanismo de defesa»[41] contra a angústia. É a angústia, tal como todas estas defesas mentais destinadas a moderá-la, que determinam a adaptabilidade

[40] **Jorge de Figueiredo Dias**, cit., p. 529.

[41] **Alain, Sophie Mijolla**: *Psicanálise*, cit., p. 361.

humana. E a angústia não tem apenas que ver com a intangibilidade, potencial ou efetiva, de um *objeto* consciente ou inconscientemente desejado – como o alívio da tensão da violência numa ofensa à integridade física ou num homicídio, por exemplo – mas pode implicar-se numa *perda* psíquica: uma morte emocional, um niilismo moral.

E desta possibilidade, ainda, a mente precisa defender-se.

Portanto, a relação entre a culpa e a imputabilidade não pode dizer-se evidente ou elementar.

A razão pela qual é tão árduo definir uma intenção ou disposição mental para a prática de um ato prende-se com o facto de o estado mental de disposição ser ele mesmo não intencional[42]. A capacidade para agir, ou mesmo a racionalidade, são estados mentais não intencionais. É muito difícil separar o estado mental em si da disposição para, ou mesmo da perceção automática das coisas. A pessoa, na sua singularidade, é única e irrepetível, e pretende-se livre e autónoma, regendo-se plenamente pela sua própria vontade individual. Esta pessoa, que é subjetividade autónoma, está no mundo com os outros, razão pela qual, na sua dimensão comunitária, é necessariamente solidária e responsável, co-envolvida e convivente.

1.2. Capacidade e imputabilidade

A discussão acerca da disposição mental para a prática de qualquer ato, inclusivamente, de um ato ilícito, depende «ab initio» da própria ideia de «mente» ou «mental», tão amplamente debatida.

Houve dezenas de tentativas de aproximação ao tema ao longo dos últimos anos, mas nenhuma até agora beneficiou de consenso suficiente.[43]

Os principais problemas levantados pela apreciação do que a mente seja prendem-se com a sua imaterialidade, com o facto de não ocupar volume físico; de ser um ente de tempo mas não de espaço. Outra grande dificuldade intrínseca é, evidentemente, a sua acessibilidade exterior.

Do mesmo modo, não existe sequer consenso acerca do que pertence ou não à mente, ou como pode ela ser dividida. É pois importante acentuarmos o que, independentemente da multiplicidade de carac-

[42] **Per-Anders Tengland**: *Mental Health. A Philosophical Analysis*, Dordrecht: Kluwer Academic Publishers, 2001, p. 101.

[43] *Vide* **Per-Anders Tengland**: *Mental Health...*, cit., p. 9.

terizações, não pode deixar de estar na mente. (A nossa apreciação, saliente-se, não é uma proposta de classificação ou categorização da mente, mas apenas uma convicção sobre o seu mínimo irredutível.)

Autores tão diversificados como Freud, Lacan, Arendt e Cury identificaram na mente três instâncias distintas. Estes e outros autores denominaram e identificaram diferentemente essas divisões. Da sua leitura conjunta obtemos a afirmação indecomponível da existência de (1) uma instância inconsciente, (2) outra consciente, e de (3) um Eu que não pode identificar-se estritamente com qualquer das divisões anteriores.

Supomos que aquilo que Freud denominou como «isto» (*Id*) é uma força inconsciente que opera permanentemente um registo mnésico automático, correspondendo ao modo mais elementar da dimensão «homo interpres». Identificamo-lo com os factos ou entes em si mesmos, razão pela qual o tomamos como perceção refletida; algo que, perante o Eu, parece localizar-se no passado. Esta perceção refletida consubstancia todo o Inconsciente e corresponderia, no esquema *borromeaniano* tomado por Lacan, ao *anel [do] real*, sendo portanto não dialética, não linguística (o que equivale a que, colocada perante o Eu, não seja capaz de afirmar que algo *é* em si mesmo, ainda que o faça sentir).

O Eu (*Ego*) inclui em si, para vir à sua existência, a vontade ou *libido*. Assim tem de ser necessariamente para que se afirme – o Eu afirma-se em colapso, ou seja, afirma o seu *ser* sendo: no «jogo de espelhos» entre Inconsciente e Consciência, que mutuamente se refletem, o Eu surge e subsiste em si, impondo-se a ambas e mantendo a sua autonomia. Sem o Eu, tal «jogo de espelhos» não teria mote ou causa de reflexão. O Eu opera uma leitura virtual ou simbólica da perceção refletida que o Inconsciente é, através de uma comparação dos símbolos que interioriza através da perceção consciente. Esta leitura da memória operada pelo Eu é *voluntária*, isto é, é vontade, e pela intensidade da vontade opera complexas seleções entre dados a recordar *muito* e dados a não recordar. O Eu é presente; consubstancia a *re-flexão* espiral do «jogo de espelhos». Sendo o Eu a libido leitora da mente, operando colapsalmente uma fusão simbólica entre o Inconsciente e a Consciência, parece razoável supor que ele se encontra em permanente emancipação das coisas em si – aqui amplamente como realidades materiais e imateriais – que interpreta, e que é, em potência, uma vontade que quer ser além de ser, uma primeira célula da noção de dever-ser que permite a idealização a partir da memória (sendo a noção de dever-ser extremamente avançada nos seres humanos, por força da nossa sofisticação linguística).

Aquilo a que comummente chamamos *Consciência*, e que identificamos com a dimensão de «homo intelligens», sobrevém então como uma instância de reconstituição dinâmica do todo mental. Sabemos que ela compreende uma extensão crítica de máxima potência argumentativa, apta a solucionar problemas que nenhum outro animal conseguiria resolver, porque se serve de instrumentos da linguagem de um aprimoramento sem par. Sabemos também que este seu mecanismo de identificação, distinção e seleção da realidade não é possível sem a particularidade da imaginação. Não sabemos, verdadeiramente, muito mais do que isto.

Assim também a doença mental não deverá ser colocada como produto inconsciente (produto da censura do Supereu) como se este não dependesse também de uma noção consciente. Isto porque o real para o Eu não é simplisticamente a realidade exterior ao sujeito, nem meramente a realidade extralinguística dos referentes, mas um significante verdadeiramente perdido na memória, que pode adotar uma forma substitutiva na consciência, sendo tomado por equivalentes forjados. Trata-se pois do *abismo*, da *fenda* ou *branco*, em que a verdade das coisas em si está perdida e nunca é reencontrada, o que é motivo de todas as buscas humanas[44]. Neste sentido, qualquer falência ou deficiência mental, independentemente da sua gravidade (sendo ou não caracterizada como uma doença) é designada por essa *falta*. Dela deriva também a angústia, a *melancholia*: o ser humano é, mais ou menos mas eminentemente, um ser *faltante*.

É com base numa extremamente complexa noção de mente que deve aferir-se, para efeitos de capacidade jurídica, a saúde mental. As faculdades de entender e querer pressupõem um equilíbrio mínimo do todo mental, e este depende de factores biológicos (neurológicos, em particular), de factores puramente psicológicos (ou *não materiais*; de simbolismo e idealização) e também de factores sócio-culturais (incluindo os aspetos económicos e ambientais). O que acabamos de afirmar, sendo embora herdeiro do discurso bio-psico-social contemporâneo que tudo

[44] *Vide* **Fernando Belo**: *Linguagem e Filosofia. Algumas questões para hoje*, Lisboa: Imprensa Nacional Casa da Moeda, 1987, p. 42 e ss..

quer justificar, e por isso mesmo, é alvo natural de críticas por parte daqueles que procuram ainda a certeza lógica ou sócio-tecnológica de um modelo restrito, biologista ou sociologista, respetivamente. Nenhuma dessas interjeições *orgulhosamente sós*, contudo, poderá colocar completamente e ao mesmo nível ambas as premissas do paradoxo de o homem ser e não ser (o que Vercors terá designado) um «animal desnaturado».

Guilherme Freire Falcão de Oliveira – um pensador, um humanista

A. Meliço-Silvestre*

Guilherme de Oliveira, insigne Professor Catedrático da Faculdade de Direito da Universidade de Coimbra, personalidade que admiro, foi meu colega no Colégio Nuno Álvares em Coimbra, escola de ensino em continuidade com a Praça da Republica e com o Jardim Escola João de Deus.

No colégio Nuno Álvares partilhamos uma forte amizade, subitamente interrompida por o Guilherme ter sido transferido, por decisão do seu distinto Pai, o Dr. Guilherme de Oliveira, para o Colégio Militar em Lisboa, um outro "mundo" bem diferente.

Foi uma perda que todos sentimos, dos Braga da Cruz aos Lucas Pires, Novais, Veloso de Brito, Pombo Cajido...

E, logicamente, a partir dessa altura, as noticias que esporadicamente recebíamos, eram-nos transmitidas pelo seu distinto Pai, Guilherme de Oliveira, um espírito brilhante, academista convicto, personalidade ilustre que pontificava nas tertúlias dos cafés da "baixa", da Rua Ferreira Borges à Visconde da Luz, como a Brasileira, o Arcádia e o Santa

* Faculdade de Medicina da Universidade de Coimbra.

Cruz, dinamizadas por vultos enormes da cultura e da ciência como Mário Mendes, Albertino de Barros, Adolfo Rocha, Manuel Queiró e tantas outras ilustres personalidades de diferentes áreas do saber.

Era assim a ordem natural das coisas, com as circunstâncias e os imprevistos da vida que geravam situações tantas vezes impensáveis, que teimavam em nos desencontrar.

E, diga-se de passagem, que foi em circunstâncias bem pontuais que certo dia, na Avenida Afonso Henriques, já em Coimbra, em meio universitário, selámos num forte abraço, a amizade que apesar da distância sempre nos acompanhou.

Amizade que a vida real potencializou, ao confrontar-nos, simultaneamente e no contexto da vida profissional, com o estudo necessariamente complementar de uma patologia clínica muito estranha, que bruscamente aflorou no mundo, por simples acaso ou por desígnio dos deuses, a SIDA-Sindroma de Imunodeficiência Adquirida.

Patologia bem perversa que marcou, para sempre, os nossos destinos profissionais, esgotando os nossos conhecimentos, da área médica e sua real base cientifica à área jurídica, na dinâmica de um "state of the heart", processo terapêutico dinâmico em contínua evolução.

Competência e frontalidade de Guilherme de Oliveira, que tanto nos ajudou a ultrapassar os problemas imensos de uma patologia que abalou o mundo e nos tentou destruir como seres vivos, o Síndrome de Imunodeficiência Adquirida que, com a panóplia de problemas com que confrontou o Homem, nos desafiou a mente, estimulou a argúcia e nos mobilizou, neste desafio gigantesco de confrontar esse temível agente que a todos ameaçava e ainda ameaça.

E Guilherme de Oliveira irmanado na mesma guerra, no objectivo comum de perturbarmos, e, se possível virmos a destruir à distância o temível agente patogénico, o vírus da Sida, tantos têm sido os desafios e tantos de extrema complexidade.

E, neste exigente capitulo, o pensamento profundo e bem estruturado de Guilherme de Oliveira, veio a revelar-se como fundamental, pelas decisões bem difíceis e que forçosamente tínhamos de analisar, para melhor as saber interpretar e no possível resolver, como por exemplo a reflexão sobre a especificidade da declaração obrigatória desta patologia, que determinadamente conseguimos institucionalizar e assim obter um mais fidedigno registo dos casos, possibilitando robustas análises estatísticas.

Registe-se, a título de exemplo, a importância enorme desta decisão, um marco imprescindível, um salto científico incomensurável, que revolucionou a forma de enfrentar a terrível epidemia da SIDA dos fins do Século XX, avanços da ciência alavancados nos processos ético-jurídicos do Centro de Direito Biomédico, da direcção de Guilherme de Oliveira.

Que dizer do consentimento informado como estratégia de defesa, em matéria tão sensível e tão devastadora da sociedade envolvente, que raciocínio sobre imputabilidade/inimputabilidade nos deve preocupar na análise dos comportamentos.

Mas hoje, passadas 4 décadas, um nada no tempo, o homem finalmente ganha a forte aposta, no avanço da ciência "sensus latus", em terapêuticas mais eficazes, num processo que se vai esvaindo, numa patologia crónica que perdura, na bruma crescente que contudo teima em se manter, mas que nunca por nunca se deve desvalorizar.

No entanto, o ostracismo impiedoso continua a grassar, qual mancha negra de uma sociedade que se quer fraterna.

E Guilherme de Oliveira e André Dias Pereira, sempre presentes no conselho amigo e no parecer jurídico que estrutura a decisão.

SIDA, doença que espreitava o seu lugar ao sol, num hediondo processo de devastação do homem, "homo sapiens" tão senhor dos seus pergaminhos, o de controlador de doenças infecciosas, essas pragas imensas no paralelo com a evolução dos conhecimentos científicos. Não mais a absurda pneumopatia pelo "pneumocistis", um agente patológico que destruía o homem numa semana, não mais os deformantes e brutais tumores de Kaposi, nunca mais a cegueira pelo citomegalovirus, um vírus tão cruel.

Num ápice relanço o olhar inquirindo a memória sobre o Síndrome de Imunodeficiência Adquirida, essa patologia tenebrosa hoje passada à cronicidade pelo saber do homem.

Coimbra
Junho de 2015

ÍNDICE